国家社会科学基金项目
"矿产资源开发利益统筹与西部地区科学发展研究"
（批准号：09XJY002）

矿产资源开发利益统筹
与
西部地区科学发展研究

程宏伟　冯茜颖　著

中国社会科学出版社

图书在版编目(CIP)数据

矿产资源开发利益统筹与西部地区科学发展研究/程宏伟、冯茜颖等著. —北京：中国社会科学出版社，2012.11
ISBN 978-7-5161-1625-8

Ⅰ.①矿… Ⅱ.①程…②冯… Ⅲ.①矿产资源开发—研究—西北地区②矿产资源开发—研究—西南地区
Ⅳ.①F426.1

中国版本图书馆 CIP 数据核字(2012)第 251190 号

出 版 人	赵剑英
责任编辑	郭晓鸿
特约编辑	骆 珊
责任校对	邓晓春
责任印制	戴 宽

出 版	中国社会科学出版社
社 址	北京鼓楼西大街甲 158 号 (邮编 100720)
网 址	http://www.csspw.cn
	中文域名:中国社科网　010-64070619
发 行 部	010-84083685
门 市 部	010-84029450
经 销	新华书店及其他书店

印 刷	北京君升印刷有限公司
装 订	廊坊市广阳区广增装订厂
版 次	2012 年 11 月第 1 版
印 次	2012 年 11 月第 1 次印刷

开 本	710×1000　1/16
印 张	31
插 页	2
字 数	456 千字
定 价	66.00 元

凡购买中国社会科学出版社图书,如有质量问题请与本社联系调换
电话:010-64009791

前　　言

　　矿产资源开发利益矛盾是西部社会经济发展的主要矛盾，是西部地区各种矛盾的集中表现，直接影响西部地区科学发展、社会和谐与国家资源安全。利益矛盾的化解急需建立有效的利益统筹机制，在价值创造中培育自生能力，促进西部地区科学发展。矿产资源开发利益统筹需要以生态正义、资源平等、制度公正为基础，以实现人与自然和谐、人与人和谐相统一为最终目标，校正矿产资源开发中的利益失衡，实现利益主体间全生命周期收入与成本配比、区域要素资本共生发展与协调耦合，使人与自然共生系统动态优化。西部矿产资源开发利益统筹不仅是校正机制，也是优化机制，更是公正机制。

　　研究团队在整理主要矿业国资源管理体制、资源产业组织、资源企业管理有关数据以及借鉴国内外矿产资源开发利益统筹经验的基础上，汇聚高校、资源地政府、资源企业、资源研究机构、专家学者等多方力量，采用问卷调查、实地访谈和报告会议、调研会议相结合的方式，深入四川、内蒙古、陕西、青海、宁夏等省（区）典型的资源富集地区与资源企业搜集一手数据，通过统计和博弈分析，解释了利益矛盾的形成背景与演化机理，分区域、分层次、分类别提出了利益矛盾统筹机制。

　　本书的主要研究观点：

　　（1）利益分成比例是西部矿产资源开发利益矛盾的核心，反映了利益主体在利益分割中的地位，并对社会体制的公正性进行直接检验。按利益主体划分，利益分配矛盾具体表现为：中央与地方的矛盾；政府与企业的矛盾；居民与政府、企业的矛盾。中央与地方的矛盾包括财权与事权的矛盾、区域矛盾，其中，区域矛盾表现为矿产资源区域供需矛盾、税收与税源背离矛盾。政府与企业利益矛盾包括矿权矛盾、税收矛盾、收益分配矛盾，其中，税收矛盾表现为资源企业税负高于国外企业、高于国内其他企业，结构差异明显；收益分配矛盾表现为生态成本与企业收益矛盾、分配比例与企业发展矛盾、收益用途与生态补偿矛盾。居民与政府、企业利益矛盾包括补偿矛盾、就业矛盾、环境矛盾，其中，补偿矛盾表现为失地与征地补偿不足，基础设施改善与生活成本增加；就业矛盾表现为生产性就业不充分，收入水平下降；环境矛盾表现为生态环境污染，社会环境复杂化。

（2）矿产资源开发利益矛盾是资源分布客观性与资源利益分配主观性共同作用产生的结果，矿产资源开发利益矛盾产生的主要原因是资源分布的不平衡与资源利益分配的不均衡，直接原因是利益主体的收益与成本不配比，间接原因是现行矿产资源管理体制对相关利益主体博弈能力缺乏必要的制衡机制，根源则在于缺乏生态正义基础上的资源平等与制度公正统筹机制，从而导致利益主体之间的冲突协商缺乏必要的共同基础。中央政府、地方政府、资源地居民、资源企业等不同利益主体围绕生态利益、经济利益、社会利益、政治利益的偏好组合排序差异形成错综复杂的利益关系，在矿山生命周期的原初自然状态、生产阶段、生态恢复状态等不同阶段的配比错位，产生不同程度的利益矛盾。

（3）科学发展是以人为本与生态为本的统一，以人为本只有在资源地居民的基本权利得到保证的基础上才能够真正实现。矿产资源开发利益统筹是在根本上探索一条适合于西部资源富集地区的科学发展之路，将资源存在的客观性与资源利益分配的主观性有机统一起来，从而建立有效的资源开发与利益分配体制，使矿产资源开发的利益矛盾在生态利益基础上得到有效统筹。资源利益统筹既是区域科学发展的直观反映,也是区域科学发展奠定和谐社会的基础。

本书的创新之处:

(1)构建矿产资源开发利益矛盾理论分析结构。矿产资源开发利益矛盾是由资源分布客观性与资源利益分配主观性二元背离,相关利益主体围绕生态、经济、社会、政治四种利益偏好组合差异,矿产资源开发利益的分阶段配比与矿山生命全周期错位综合作用的结果。

(2)设计以要素资本共生与利益统筹为基础的区域科学发展评价体系,研究发现:西部各省区科学发展程度较低,差异较小;对西部各省区科学发展程度影响相对较大的指标是矿山占用和破坏土地面积占辖区面积比例、文盲人口占 15 岁及以上人口比例、新型农村合作医疗覆盖率;对西部各省区科学发展程度影响相对较小的指标是科技经费筹集总额占地区生产总值比例、主要矿产资源基础储量经济价值、地质勘察投入。

(3)以生态正义、资源平等与制度公正为基础,提出矿山生命周期发展红利测度、资源地居民生计能力可持续、资源企业生态利润评价的矿产资源利益统筹机制设计原则。

(4)针对西部地区矿产资源开发中的主要利益矛盾,构建以包容性矿产资源管理体制为核心,以资源产业链优化整合为纽带,矿业社区合作治理与资源企业生态发展互动的矿产资源开发利益统筹机制。

科学技术的发展和国际政治经济关系的演变对矿产资源社会需求结构与供给结构产生变革性影响,矿产资源开发利用主体边界的模糊化和格局的复杂化使得矿产资源开发利益结构呈现动态变化的特征,新的利益矛盾表现形式在逐渐涌现,这必然带来矛盾统筹机制的随之调整,对矿产资源开发与区域科学发展关系的研究也将随着利益矛盾的演化而逐步深化。

本书期望直面现实问题,构建矿产资源开发与区域科学发展的理论框架,并提出利益统筹的解决思路。对于书中存在的不当之处,恳请读者朋友不吝赐教。

目　录

图目录

表目录

第一章 导言

第一节 研究背景

资源是社会发展的基础，人类历史既是一部资源开发利用史，也是一部资源概念拓展史[①]，更是一部资源利益冲突史[②]。矿产资源作为人类最早开发利用的自然物，始终在人类社会演进中充当着重要角色，并依然是资源概念的核心组成部分。矿产资源开发与区域发展的天然内在联系正是由矿产资源在人类社会发展中的基础作用决定的。西部地区矿产资源的相对比较优势[③]，以及西

[①] 资源概念的拓展呈现的主要特征是：有形资源到无形资源、硬资源到软资源、内部资源到外部资源、有界资源到无界资源、实体资源到虚拟资源、基础资源到衍生资源、核心资源到外围资源、自然资源到社会资源。本书中出现的"资源"概念除进行特殊说明之外，一般均指矿产资源。根据全国科学技术名词审定委员会对"矿产资源"的定义，矿产资源指由地质作用形成的，在当前和可预见将来的技术条件下，具有开发利用价值的，呈固态、液态和气态的自然矿物。

[②] 有关资源利益冲突的研究成果具体参见 [加] 莫德·巴洛、托尼·克拉克《水资源战争》，张岳、卢莹译，当代中国出版社 2008 年版；[美] 迈克尔·T. 克莱尔《资源战争：全球冲突的新场景》，重新耕，之也译，上海译文出版社 2002 年版；[美] 约翰·伽思维尼恩《能源战争：非洲石油资源与生存状态大揭秘》，伍铁译，国际文化出版公司 2008 年版。

[③] 西部地区包括重庆、四川、贵州、云南、西藏、陕西、甘肃、青海、宁夏、新疆、内蒙古、广西 12 个省、自治区、直辖市。

部地区所处的发展阶段决定了矿产资源开发与利用是当前以及未来相当长时期西部地区发展的重要战略支撑。西部地区经济、社会、环境协调发展从根本上取决于矿产资源开发过程中如何有效统筹人与自然、人与人的关系，人与自然、人与人的和谐程度对西部地区实现科学发展①具有至关重要的影响。科学发展是生态为本、以人为本的统一，是人与自然和谐基础上人与人的和谐共生，是西部大开发战略深入实施的内在要求。

矿产资源开发中的利益矛盾是西部社会经济发展的主要矛盾之一，直接影响西部地区科学发展、社会和谐与国家资源安全，资源利益优化分配成为西部大开发新十年战略的主题②。矿产资源开发利益矛盾既是矿产资源开发所导致的直接后果，也是其他社会矛盾的间接反映，是西部地区各种矛盾的集中表现。利益博弈已经是中国社会当前及未来发展不可忽视的基本制度背景，"中国进入利益博弈时代"③。矿产资源开发所出现的各种矛盾已经在某种程度上影响了西部地区的科学发展。利益分成比例是利益矛盾的核心问题，它直接反映了利益主体在利益分割中的地位，并对社会体制的公正性进行直接检验。利益主体的地位与其利益博弈能力直接配比，而其地位则是由当前社会体制决定的，因此，资源利益优化分配本质上是资源管理体制的深层次变革。

矿产资源开发利益矛盾是客观因素与主观因素共同作用的结果。资源的分布具有客观性，资源利益的分配则具有主观性。资源的不平衡与资源利益的不均衡是资源富集地区产生各种矛盾的核心问题。资源的客观性要求资源的开发必须从科学发展的角度对资源进行整体性开发，并系统分析资源开发对不同利

---

① "科学发展观"是中共中央总书记胡锦涛在 2003 年 7 月 28 日十六届三中全会《关于进一步深化经济体制改革的若干问题的决定》的讲话中明确提出的，在中共十七大上写入党章。"科学发展观第一要务是发展，核心是以人为本，基本要求是全面协调可持续发展，根本方法是统筹兼顾"。

② 2010 年 7 月 5—6 日，中共中央、国务院召开的西部大开发工作会议在北京举行，会议提出了西部大开发新十年的发展战略，具体参见《中央确定西部大开发新十年战略　优化资源利益分配》，ht-tp：//bt.xinhuanet.com/2010－07/07/content_20266677.htm。

③ 孙立平：《中国进入利益博弈时代》，《经济研究参考》2005 年第 68 期。

益主体可能产生的各种影响。资源利益的主观性要求必须对资源开发的利益相关者进行整体考虑，将资源利益兼顾到不同的利益相关者，在充分征求资源开发利益相关者要求的基础上对资源开发利益进行优化分配，特别需要注意相对处于弱势的主体的利益要求。弱势利益主体的利益是解决资源利益优化的短板，如果这个问题无法得到有效解决，就可能导致系统的整体平衡无法实现。资源利益分配的主观性可以通过制度变革优化资源利益分配，从而为西部地区的科学发展奠定和谐的社会基础。

实现西部地区的科学发展需要将资源优势转化为资源利益优势。西部地区具有资源优势，但是这种优势更多地表现为资源客观存在的优势，还不能表现为资源利益的优势。资源利益社会分配制度的主观性更需要合理的利益统筹机制来协调因制度不公正引发的社会问题。因此，西部地区的科学发展是在合理的资源利益统筹机制作用下对资源的有效开发，从而在根本上减少由于制度不公正所产生的资源利益分配问题，以及由此产生的社会矛盾。矿产资源开发利益统筹就是在根本上探索一条适合于西部资源富集地区的科学发展之路，将资源的客观存在性与资源利益的主观分配性有机统一起来，从而建立有效的资源开发与利益分配体制，使资源开发的过程成为人与自然、人与人的和谐相处的过程。利益矛盾化解需要建立有效的利益统筹机制，在价值创造中培育自生能力，促进西部地区科学发展。

西部的优势在于资源，西部的矛盾也在于资源。在西部矿产资源开发中实现人的全面发展是西部地区科学发展的根本要求。本书旨在研究西部地区科学发展背景下矿产资源开发中的利益矛盾与统筹机制，主要研究以下问题：如何有效评价资源富集地区的科学发展？矿产资源开发对资源富集地区的经济发展产生怎样的影响？矿产资源开发利益矛盾对区域科学发展的影响是什么？矿产资源开发中相关利益主体之间的矛盾具体表现是什么？矿产资源开发利益是如何在相关利益主体之间进行分割的？矿产资源开发相关利益主体之间博弈的核心是什么？利益主体之间进行利益统筹的基础是什么？如何构建促进西部地区科学发展的矿产资源开发利益统筹机制？

第二节 研究动态

一 区域发展的经济与生态理论演进

区域发展理论的演进可以划分为四个阶段：前农业社会、农业社会、工业社会、后工业社会。前农业社会以采集和狩猎为主，是人适应自然的过程；农业社会以种植和饲养家禽为主，是人利用自然的过程；工业社会以开发自然资源为主，以经济增长为核心，资本雇佣劳动，是人改造自然的过程；后工业社会以科学发展为主，人与自然高度协调发展。[①] 同时，区域发展理论的演进又包含有两条逻辑主线：一条是以崇尚人类发展为主的经济增长理论，另一条是以崇尚自然为主的生态发展理论（见图1—1）。两条逻辑主线对人与自然的关系的侧重点不同（见图1—2），由于经济增长理论的侧重点在于人类发展，因此主张图中的阴影部分以及右下角的空白部分的权益归属于人类；而生态发展理论的侧重点在于自然，因此主张图中的阴影部分以及左上角的空白部分的权益归属于自然。经济增长理论与生态发展理论争论的焦点就是图中的阴影部分，而阴影部分的核心便是人与人的

---

① 与丹尼尔·贝尔的划分方法不同，丹尼尔·贝尔将美国社会的发展划分为前工业社会、工业社会、后工业社会三个发展阶段。"前工业社会以采掘业为主，生存率低下，是一场'人与大自然的争斗'；工业社会利用能源将自然环境转化为技术环境，其中心则是人与机器的关系，是一场'人与人为自然的争斗'；后工业社会出现了以信息为基础的'智力技术'，对科学活动以及从事科学活动的机构进行组织、管理是他的首要任务，这个社会是一场'人与人之间的争斗'。"丹尼尔·贝尔所划分的三个阶段均属于我们定义的工业社会阶段。具体参见〔美〕丹尼尔·贝尔《后工业社会（简明本）》，彭强译，科学普及出版社1985年版。

关系。① 经济增长理论扩大了人类社会对自然环境的挤出作用，而生态发展理论扩大了自然环境对人类社会的挤出作用。人类对自然过多的挤出导致自然变"空"，自然对人类过多的挤出则导致自然变"满"②。自然无论是过"空"或是过"满"都不利于人类社会的发展，只有当人类与自然达到最优平衡点时，人与自然以及人与人的发展才会达到和谐状态，即科学发展，此时人类社会的发展才达到最优（见图1—3）。

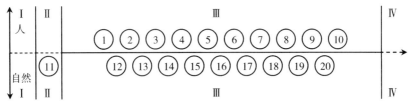

图1—1 区域发展理论的演进

注1："Ⅰ"：前农业社会；"Ⅱ"：农业社会；"Ⅲ"：工业社会；"Ⅳ"：后工业社会。注2：经济增长理论和生态发展理论按照最具代表性的理论观点出现的时间排序。注3：经济增长理论的代表人物："①"：威廉·配第；"②"：托马斯·孟；"③"：亚当·斯密；"④"：马克思；"⑤"：约瑟夫·阿洛伊斯·熊彼特；"⑥"：C. W. 柯布、P. H. 道格拉斯；"⑦"：西奥多·W. 舒尔茨；"⑧"：诺思；"⑨"：保罗·克鲁格曼；"⑩"：R. M. 奥蒂。注4：生态发展理论的代表人物："⑪"：李耳；"⑫"：亨利·戴维·梭罗；"⑬"：彼得·S. 温茨；"⑭"：蕾切尔·卡森；"⑮"：罗马俱乐部；"⑯"：赫尔曼·E. 戴利；"⑰"：S. 米歇尔；"⑱"：默里·布克金；"⑲"：中国政府；"⑳"：塔基斯·福托鲍洛斯。

资料来源：作者整理。

经济增长理论的演进可追溯至古典政治经济学时期，围绕生产函数 $g = f(M, H, X)$③展开，古典政治经济学的代表人物威廉·配第认为"土地为财

---

① 自然资源的稀缺性约束了人类社会的发展，而人类贪婪的本质使得人类掠夺资源不仅仅是为了满足自身能量摄入的需要，更是为了满足人类无止境的控制欲，从而导致人与人关系的紧张。

② "空"与"满"的表述受赫尔曼·E. 戴利（2006）关于"空的世界"和"满的世界"描述的影响，具体参见［美］赫尔曼·E. 戴利《超越增长：可持续发展的经济学》，诸大建、胡圣译，上海译文出版社2006年版，第57页。

③ M表示人造资本；H表示人力资本；X表示其他影响因素的集合。

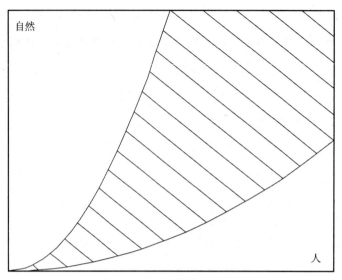

图1—2 人与自然生态系统

资料来源：作者整理。

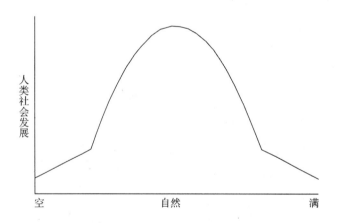

图1—3 自然与人类社会发展关系

资料来源：作者整理。

富之母，而劳动则为财富之父和能动要素"[1]，即经济增长取决于生态资本 E

---

[1] ［英］威廉·配第：《赋税论·献给英明人士·货币略论》，马妍译，商务印书馆1963年版，第71页。

和人力资本 H。重商主义的代表人物托马斯·孟认为对外贸易是国家致富的手段[①]，即经济增长取决于外贸资本 F[②]。亚当·斯密认为经济增长的因素包括劳动、资本、土地以及社会经济制度[③]，即经济增长取决于人力资本 H、人造资本 M、生态资本 E 和社会资本 S。卡尔·马克思认为技术进步和资本积累决定了经济的增长[④]，即经济增长取决于知识资本 K 和人造资本 M。约瑟夫·阿洛伊斯·熊彼特认为创新是将生产要素和生产条件重新组合下的新生产函数[⑤]，即经济增长取决于知识资本 K。C.W. 柯布和保罗·H. 道格拉斯运用经典生产函数 $P=f(H, M)=bH^\alpha M^\beta$[⑥] 对 1899—1992 年美国制造业的分析表明经济增长取决于人力资本 H 和人造资本 M[⑦]。西奥多·W. 舒尔茨认为经济增长取决于人力资本 H。[⑧] 道格拉斯·C. 诺思认为经济增长的长期动力源自于制度因素（即社会资本 S）。[⑨] 保罗·克鲁格曼认为经济增长取决于地理因素及贸易（即外贸资本 F）。[⑩] 奥蒂（R. M. Auty）则对传统经济增长提出了反思，认为自然资源开发阻碍了区域经济的增长。[⑪] 经济增长理论表明人类对自然过多的挤出导致自然变"空"（见图1—4），经济增长理论以单纯地追求经济增长为出发点，而将生态环境束之高阁，由此引发环境污染问题。

生态发展理论的演进可追溯至春秋时期，春秋时期楚国的哲学家和思想家

---

① ［英］托马斯·孟：《英国得自对外贸易的财富》，李琼译，华夏出版社 2006 年版。

② 这里的外贸资本 F 不仅仅指国家之间的资本流动，同样包含区域之间的资本流动。

③ ［英］亚当·斯密：《国富论》，郭大力、王亚南译，华夏出版社 2005 年版。

④ ［德］马克思：《资本论（第三卷）：政治经济学批判》，曾令先、卞彬、金永译，人民出版社 1954 年版。

⑤ ［美］约瑟夫·阿洛伊斯·熊彼特：《经济发展理论：对利润、资本、信贷、利息和经济周期的探究》，叶华译，中国社会科学出版社 2009 年版。

⑥ P 表示产量；M 表示人造资本投入；H 表示人力资本投入；b、α、β 为待估计参数。

⑦ Cobb C. W., Douglas P. H., *A Theory of Production*, The American Economic Review, 1928, 18 (1): 139—165.

⑧ ［美］西奥多·W. 舒尔茨：《论人力资本投资》，吴珠华译，北京经济学院出版社 1990 年版。

⑨ ［美］道格拉斯·C. 诺思：《制度、制度变迁与经济绩效》，杭行译，格致出版社 2008 年版。

⑩ ［美］保罗·克鲁格曼：《地理和贸易》，张兆杰译，北京大学出版社 2000 年版。

⑪ Auty R. M., *Sustaining Development in Mineral Economies: The Resource Curse Thesis*, London: Rout ledge, 1993.

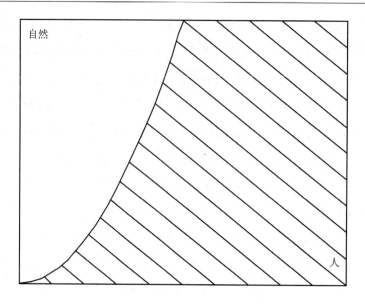

图1—4　人与自然生态系统（经济增长理论）

资料来源：作者整理。

李耳提出了"人法地，地法天，天法道，道法自然"的"天人合一"思想，[1] 这种思想一直持续到工业社会的早期。而工业社会环境污染的加剧加快了生态发展理论的演进步伐，亨利·戴维·梭罗认为大规模的利用和改造大自然，严重破坏了生态环境，使得原本田园牧歌式的淳朴恬淡的乡村生活销声匿迹。[2] 彼得·S. 温茨研究了环境资源稀缺性和过度消费时的分配正义理论。[3] 蕾切尔·卡森的研究则表明杀虫剂的使用严重破坏了自然环境，彻底打乱了大自然的平衡状态，使得大自然占优势的状态一去不复返。[4] 罗马俱乐部的仿真模拟表明人口及物质资本的扩张最终将导致人口增长的终结。[5] 赫尔曼·E. 戴利认

①　（春秋）李耳：《道德经》，蓝天出版社2006年版。

②　[美] 亨利·戴维·梭罗：《瓦尔登湖》，徐迟译，中国国际广播出版社2008年版。

③　[美] 彼得·S. 温茨：《环境正义论》，朱丹琼、宋玉波译，上海人民出版社2007年版。

④　[美] 蕾切尔·卡森：《寂静的春天》，吕瑞兰、李长生译，上海译文出版社2008年版。

⑤　[美] 德内拉·梅多斯、乔根·兰德斯、丹尼斯·梅多斯：《增长的极限》，李涛译，机械工业出版社2006年版。

为区域发展并不等同于经济增长，环境资源是稀缺的，地球的承载能力亦有限，经济增长并不是根治环境问题的灵丹妙药。[①] 米歇尔（S. Michel）倡导用自然契约来协调人与自然的关系，以实现人与自然的共生。[②] 默里·布克金则认为："真正的问题是：人类和自然是何时起陷入相互对立或彼此分离的？'文明'的历史是人类不断疏离自然的一个过程，并使二者发展成为完全的对立。如今比以往任何时代都更严重的是，我们已经失去了使我们自身成为自然的一个方面的目的感——不仅体现在我们与自身的'需要'与'利益'的关系上，也体现在自然内含的意义性上。"[③] 中国共产党的十六届三中全会提出必须要"坚持以人为本，树立全面、协调、可持续的发展观，促进经济社会和人的全面发展"的科学发展观；并强调"按照统筹城乡发展、统筹区域发展、统筹经济社会发展、统筹人与自然和谐发展、统筹国内发展和对外开放的要求"，完善社会主义市场经济体制的目标和任务。[④] 塔基斯·福托鲍洛斯认为："在增长经济的框架内，权力的主要形式是经济上的，经济权力的集中蕴涵着统治精英不断努力地去控制人和自然界"，从而引发生态危机，解决生态危机的关键便是包容性民主。[⑤] 生态发展理论表明自然对人类过多的挤出导致自然变"满"（见图1—5），生态发展理论摒弃了传统经济增长理论以单纯追求经济增长为出发点的增长观，转而将生态环境作为区域发展理论的核心。

　　人类在利用和改造自然的过程中存在一个隐性的边界，即生态承载边界线 $f(\beta)$；当人类社会的发展在生态承载边界线 $f(\beta)$ 附近时，人与自然的发展将达到局部和谐状态，当人类社会发展刚好落在生态承载边界线 $f(\beta)$ 上时，

---

　　① ［美］赫尔曼·E. 戴利：《超越增长：可持续发展的经济学》，诸大建、胡圣译，上海译文出版社 2006 年版。

　　② Michel Serres. *The Natural Contract*, Ann Arbor: University of Michigan Press，1995.

　　③ ［美］默里·布克金：《自由生态学：等级制的出现与消解》，郇庆治译，山东大学出版社 2008 年版，第 371 页。

　　④ 《中共中央关于完善社会主义市场经济体制若干问题的决定》，人民出版社 2003 年版，第 2—3 页。

　　⑤ ［希］塔基斯·福托鲍洛斯：《当代多重危机与包容性民主》，李宏译，山东大学出版社 2008 年版，第 122 页。

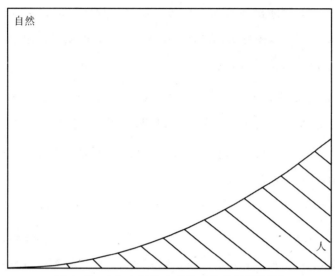

图 1—5　人与自然生态系统（生态发展理论）

资料来源：作者整理。

人与自然的发展将达到最佳和谐状态，即区域科学发展，此时人类社会的发展才达到最优，图 1—6。

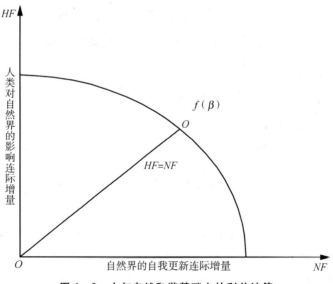

图 1—6　人与自然和谐基础上的利益统筹

资料来源：作者整理。

利益主体利益统筹的最优结果是：存在均衡点"O"，使得利益统筹效果V取得最大值 maxV；人类社会发展刚好落在生态承载边界线 $f(\beta)$ 上，人类对自然界索取和生态环境影响的边际增量 HF 等于自然界自我更新的边际增量 NF。当利益主体利益统筹程度偏离利益统筹最优结果时，V 的取值会低于最大值 maxV，生态承载边界线 $f(\beta)$ 会发生偏移，HF 与 NF 亦会偏离均衡线 $HF = NF$。

二 西部矿产资源开发利益矛盾的研究述评

矿产资源开发阻碍资源富集地经济发展的现象被抽象为"资源诅咒"命题奥蒂（Auty，1993），但菲利浦（Philippe，2005）提出丰裕的自然资源对经济增长的影响是双向的，关键在于资源开发能力由参与学习过程的性质决定。西部大开发以来，西部地区因其丰富的资源，成为国家资源基地，对社会经济发展起到重要作用；与此同时，西部地区也出现了"守着煤山砍柴烧"等"富饶的贫困"现象，资源开发在局部地区引发群体性事件。"资源诅咒"命题在现实中表现为资源利益矛盾的激化。实证研究表明（徐康宁、王剑，2006；邵帅、齐中英，2008a），"资源诅咒"在西部资源开发过程中已经显现，而胡健（2007）验证了油气资源开发能够带动区域经济协调发展。关于西部资源开发利益矛盾的理论研究成果在不断丰富，急需通过系统述评推进相关问题的深入研究，为资源利益优化分配提供研究基础。

1. 西部矿产资源开发利益矛盾主要表现

西部矿产资源开发涉及中央政府、地方政府、资源企业、资源地居民等利益主体，各主体依托不同的权利角色，参与矿产资源开发利益分配，利益矛盾表现形式错综复杂。

中央政府与地方政府的利益矛盾。税费分成比例是中央政府与地方政府之间的直接矛盾。按照我国资源税费分配政策，除海洋石油外的资源税属于地方，资源补偿费由中央与地方按 4 ∶ 6 或 5 ∶ 5 分成，矿业权出让权益由中央与地方按 2 ∶ 8 分成。从表面上看，地方政府获得较大收益，但是，马衍伟（2009）认为，资源税费税负低，在地方政府财政收入中比重不高。按我国分税制体制，增值税和所得税属于中央与地方共享税，75％的增值税和 60％的所得税收入归中央，大部分增值税和所得税集中到中央，影响了地方利益。资源权、责、利不配比是中央政府与地方政府之间的深层矛盾。中央政府是资源产权主体，获得所有权收益，地方政府不具有资源所有权，但可以通过资源开发许可权的行政配置和投资权的控制来获取收益，中央与地方谁拥有开发权，将会导致不同的利益分配格局。崔光莲等（2007）指出，新疆自治区政府只是在煤炭资源开发上具有一定的自主权，石油天然气资源的所有权与开发权都集中于中央政府，因此，中央政府在资源开发中比地方政府享有更多的经济利益。具有经济人特征的地方政府为获得资源权利不可避免与中央政府产生利益矛盾，陕北油气资源的产权纷争具有代表性：陕北民营油井经历了中央政府发布"收回令"与地方政府反"收回令"等几轮博弈，最终陕西政府抢先收回，成立延长石油（集团）公司，确保了地方政府在石油开采中的财政和经济利益（胡健等，2007；张云，2007）。

政府与资源企业的矛盾。资源企业是矿产资源开发的主体，通过向政府取得矿业权进行矿产资源开发，并向政府缴纳相应税费，因此，企业与政府的利益矛盾主要体现在税费征收与矿权定价上。多数学者认为，我国现行税费体系造成资源企业负担过重。段治平等（2006）综合对比国内外矿业税收，发现我国矿业税费率较国外高出 6 个百分点，增值税和资源税是负担较重的主要因素。[①] 而张云（2007）则认为是过高的增值税和所得税给企业带来沉重的成本负担。与税费负担过高形成反差的是企业低价获得矿业权，随着矿产资源价格

---

① 根据工信部 2009 年的调研，国内冶金矿山企业税费负担率均在 20％以上，部分地区甚至达到 30％以上。而国际三大矿山巨头的综合税费率只有 4％—5％。（具体参见《工信部专项治理，减轻国内矿业企业税费负担》，http://news.163.com/09/1230/10/5RPA0GAM000120GR.html。）

升高,产生的溢价绝大部分被计入企业的利润,造成政府权益流失。武盈盈(2009)对矿产资源收益相关主体利益分配扭曲程度的测算表明,在我国矿产资源收益分配中,资源所有者、中央政府以及地方政府应获权益中的很大比例被转移到开采商手中,成为其超额垄断利润,致使政府利益受损。

地方政府与中央企业的矛盾。西部地区矿产资源开发主要由中央企业直接进行,所开发的资源以外输为主,中央企业生产经营与地方政府发展经济的目标存在矛盾。资源地政府为保障地方的长远利益,通常会发展附加值更高的资源利用和深加工项目,但是,张云(2007)对陕北地区资源开发的研究发现,中央企业在进行资源开发时基本不考虑地方的产业规划,当地很难利用或依靠中央企业发展出可使地方经济获益的后继延伸产业,相反,规模经济效应和中央企业的垄断行为,剥夺了地方企业和民营企业的市场份额,直接影响资源地政府的经济利益。铁卫(2007)进一步指出,中央企业不但没有考虑当地的经济发展,资源开采还导致资源枯竭、环境恶化等问题。而中央企业留给地方的收益难以补偿资源开采过程中造成的环境成本。王利清等(2010)研究锡林郭勒盟矿产资源开发时发现,中央企业在当地开发资源,而在总部所在地纳税,并且不执行省以下政府的收费项目,对该地区的贡献极为有限,而且一旦矿山资源枯竭就撤离,环境治理问题留给地方政府。因此,西部地方政府尤其是市县级地方政府为了增加财政收入和发展经济,往往偏向于鼓励利税更大的地方企业、集体和私营企业加入,而对中央企业在当地的开发经营活动予以抵制(汪生金,2007)。

政府、企业与资源地居民的矛盾。资源地居民是资源开发的负外部性承担者,在矿产资源开发利益分配中处于弱势地位。资源企业因占用土地及造成环境外部性与资源地居民产生直接利益矛盾;资源地政府既要发展经济又要维护社会稳定,在土地补偿与环境影响上与资源企业和居民都存在矛盾。胡健(2007)认为矿业征地的核心问题是征地补偿问题,不仅涉及农民切身利益还涉及地方政府利益。地方政府实际上控制着土地的收益和处分权,通过地权转让获得征地、用地费用，并与企业就转让价格谈判，农户在征地补偿上没有发言权，致使利益受损，为维护切身利益会采取一定的行动来影响补偿额的决定。此外，梅付春（2007）研究发现，实践中绝大多数地区采取"一次性货币补偿"方式，忽略失地农民长远利益，缺乏长期稳定的生活保障，并且存在基层组织侵占、截留、挪用补偿款的现象。资源地居民不仅无法获得资源开发利益，还要承担开发中的外部环境成本。马衍伟（2009）指出，开采企业与资源富集地之间的利益矛盾冲突表现为资源企业在开采矿产资源过程中给周围环境带来了负面影响，侵害到当地居民的环境权益，威胁到他们的生存、发展权，产生环境冲突。在利益矛盾激化时，居民为维护自身利益会采取一些过激行为。杨宁等（2005）在对鄂尔多斯盆地的调查中发现，随着开发程度加大，该区域生态环境破坏严重，地表塌陷、地下水位下降等问题引发资源地群众对资源开发企业的"仇视"态度，陕西神木县、山西保德县频繁出现围堵企业生产的事件，陕西塌陷区群众因补偿问题多次进京上访。

区域矛盾。区域矛盾主要表现在资源跨区域开发各方的税收收益分割以及资源产品收益转移流出。我国矿产资源的自然地理分布不均衡，资源地、生产地、使用地政府之间的主要矛盾体现在对税收权限的划分。黄比智等（2004）认为，资源跨区域开发的税基具有很高的转移性，合作开发各方均有理由争夺税收管辖权，各方博弈结果造成资源地政府的财政利益受到侵害。同时，在西部资源开发过程中存在资源产品收益流出现象。李同升（2000）认为西部地区自然资源以廉价原材料供给东部地区而获利甚少，同时，西部地区又高价从东部地区购买一些高附加值的工业品，造成西部地区利益的双重流失。税收与资源产品的收益的流出，加剧了区域间的发展不平衡，特别是东部与西部的发展差距矛盾。区域之间矛盾的实质是产业链发展不平衡的矛盾，西部资源以外输为主，产业结构呈现出能源和原材料工业比重较高的特征，处于产业链的上游。

2. 西部矿产资源开发利益矛盾成因分析

"所有资源问题本质上产生于资源及从中得到的福利随时间和空间在各集

团之间分配方式的冲突"(朱迪·丽丝,2002)。由于资源可得性的空间分布、资源开发与消费、资源财富分配的不平衡衍生了经济势力、行政结构和政治体制间复杂的利益矛盾。张复明(2007)认为,资源型经济现象源于资源开发、收益分配和人力资源开发等制度的缺失。西部矿产资源开发过程中各利益主体均追求自身利益最大化,但是不同利益主体争取和表达自身利益的能力存在显著差异。利益主体诉求能力的差异主要是现行制度安排不能充分反映不同利益诉求,缺少用组织方式争取合法利益的机制。

利益主体之间诉求能力的差异是矛盾产生的基础,各利益主体在利益分配中采取博弈手段,试图增进自身利益。赵全军(2002)认为,在向市场经济的转轨中,中央政府赋予地方政府一定的相对独立的利益和经济的管理自主权,使得地方政府隐性经济人特性日渐明显,具备了与中央政府讨价还价的能力,进而成为独立的利益博弈主体。但是权利划分的不彻底和不完善,使中央政府与地方政府在利益分配上存在更多博弈空间。在政府与企业的利益关系上,汪生金(2007)认为,因所授予的权限、上属管理机构的不同,不同性质的资源企业在与政府的利益关系格局中所处的地位也不同。中央企业隶属关系不在地方,在资源占有使用上具有较大的自主权利,地方政府对其生产规划也难以进行控制。资源开发地居民作为资源开发负外部性的承担者,维护自身权益的意识逐渐增强,希望从矿产资源开发中获得收益。然而王雁等(2007)认为,资源地居民在利益追求能力上处于弱势地位,缺乏与资源企业谈判的能力,缺少利益表达通道,特别是在当地政府与开发企业联合的情况下,当地居民的话语权几乎被剥夺。

利益主体诉求能力差异化缘于我国特殊的制度背景:资源产权制度及资源开发管理体制、资源税费体制、资源地居民利益保障机制。

资源产权制度及资源开发管理体制问题。矿产资源利益分配矛盾充分暴露了我国矿产资源产权制度的诸多问题。矿产资源属于国家所有,但是在实际操作上缺乏与之相对应的产权实现的制度安排。张云(2007)认为,法律所规定的各级政府之间的资源产权分配在实践上没有得到贯彻，产权边界与产权责任划分不清造成利益主体间的诸多矛盾。在资源产权制度不完善的现实条件下，胡健（2007）对土地产权与资源产权的关系进行了探讨，认为一元矿权与二元地权两种财产权之间的冲突引发矿区权属争议，造成多利益主体之间的利益矛盾。除产权归属问题外，矿业权能否顺畅流转的市场化配置制度还存在局限。张新伟等（2008）认为，我国矿产资源产权至今尚没有真正走出公共所有、政府管制的计划供给模式，矿产资源产权市场运行基本还停留在"公"权市场阶段，西部地区矿产资源产权市场的低效与利益分配不均衡问题尤为突出。在资源产权安排既定的情况下，资源开发管理体制存在两方面问题：一方面，国家绝对的所有权控制和高度集权的管理体制，在西部资源开发时未能兼顾地方利益。由于矿产资源的所有权与开采权归国家所有，优势资源往往由中央企业垄断开采，地方参与资源开发的领域受到严格约束，从资源开发中获得的利益有限（铁卫、王军，2006）。另一方面，国家终极所有权的多层委托代理关系，容易产生政府代理失效。徐康宁、王剑（2006）认为，地方政府和各级资源管理部门对矿业资源行使事实上的所有权，导致腐败和寻租现象产生，资源开发过程中的成本由国家和地方政府等代理人承担，而大部分收益却为经营者及少数政府官员所享有。张云（2007）则认为，地方政府缺乏探矿、采矿经营权，难以通过合法途径从资源开发中获得合理收益，会出现代理人道德风险，即地方政府放任滥采行为或与地方企业合谋掠夺中央所有的资源权益，造成各利益主体间不可忽视的矛盾。

资源税费体制问题。现有资源税费制度无法真正反映资源利益的合理划分。在整体税收结构上，资源税费定位不科学，资源价值没有充分实现；普通税负过重，加之附加性收费较多，加重企业负担。孙钢（2007）认为，资源税费关系混淆，征收不规范，且资源税计征依据欠合理、征收范围偏窄。我国资源税实行定额税率、从量计征的方式，且资源税税率较低，在资源价格上涨的情况下，增加的收益落入企业和个人手中。赵仕玲（2007）通过对比国内外税费制度，发现我国所得税应税所得的确定与国际通用做法差距很大，影响企业自我发展能力。在税权划分上，我国税收的立法权限、税种的开征和停征权、税目税额的调整权均集中在中央，地方仅有小部分税收减免权。西部地区地方政府财政紧张，又面临环境治理、公共建设的繁重任务，由于不能从税收上解决补偿资金的来源问题，转而寻求收费渠道，产生形式多样的税外收费，加重企业负担（马衍伟，2009）。在税费财政分配上，分税制在一定程度上规范了中央与地方之间的纵向财政分配关系，但缺乏规范区域间横向税收分配关系的制度性安排。黄比智等（2004）指出，在资源开发区域性的越界税收问题上，税收法规对"纳税地点"的模糊判定，造成资源地与外来投资总机构所在地政府之间流转税税收管辖权发生冲突，致使资源地税收流出。

资源地居民利益保障机制问题。资源地居民作为资源开发的直接利益相关者，其各项收益权利都没有在制度上得到保障。第一，在土地补偿政策上，现行各项补偿标准由政府直接制定，而与土地关系最为密切的村民只能被动接受。梅付春（2007）认为，我国征地补偿制度有关概念模糊不清，在实际工作中引起诸多争议，并且存在补偿标准不合理、补偿期限过短等问题，使失地农民权益受到损害。第二，居民环境权没有得到尊重。张云（2007）认为，资源开发中的外部环境成本，实质上是矿区居民环境权的价值损失，由于我国法律体系仅在社会集体层面上界定环境主体，而没有赋予居于自然主体地位的当地居民具体的环境权利。因此，矿区居民对资源开发造成的环境危害进行维权时缺乏保障，同时，资源开发的环境不经济没有通过生态补偿制度得到合理补偿。程琳琳等（2007）指出，我国并没有专门的关于矿区生态补偿机制、矿区生态恢复的法规，由于缺乏法律依据和政策指引，地方生态补偿实践处于探索阶段。第三，居民不能分享资源开发利益。按照我国现行的利益分配机制，居民参与利益分配的权利被排除在外，资源地居民很难在矿产资源持续开发过程中获得收益。张金麟（2007）认为，在参与利益分配时居民组织的权利受限，村民小组（村委会）是唯一代表农民权利的合法组织，但由于法律未赋予其权利，在村民利益与社会利益、政府利益冲突的情况下，其做出的承诺往往倾向于政府利益和社会利益。此外，在农村民主政治不健全的情况下，资源地居民集体行动存在障碍，加上在信息获得上处于劣势，权益无法真正有效的表达，总体利益保障效果不佳。

3. 西部矿产资源开发利益矛盾协调机制

为避免"资源诅咒"困境，化解资源利益矛盾，哈姆弗雷斯（Humphreys，2001）提出资源产业的可持续发展要以提升资源产业本身的竞争力为基础；布鲁斯（2004）认为在处理资源分配或环境事务产生的冲突时，替代性争端化解（ADR）较之政治、行政、司法途径更优，ADR 应逐渐向替代性治理（AG）过渡；在世界银行、国际采矿与金属协会（ICMM）等机构关于矿业可持续发展研究中，卡斯瑞恩（Kathryn，2008）提出多重利益相关者参与，完善矿产资源法规，加强宏观管理和优化治理等具体对策。

利益矛盾的协调既需要考虑国情、区情背景，也需要战略指导和操作层面的保障实施。从国情角度，林毅夫（2008）提出共享式增长是构建和谐社会的有效途径；张雷（2004）运用矿产资源消费生命周期理论，提出合理利用和有效开发矿产资源对于实现国家工业化尤为重要；刘灿（2009）提出在借鉴英国的适度集权化的"大部委制"矿业管理体制的基础上，消除中央政府与地方政府关于矿业生产、矿产资源产权制度改革方面的信息壁垒，实现中央与地方政府在矿产资源管理体制改革中从"分权"到"合作"。从区情角度，《中国西部经济发展报告 2008》提出西部开发新阶段必须以提升自我发展能力为核心，在资源补偿方面探索产权分享机制。在战略层面，2009 年《政府工作报告》关于整顿规范矿产资源开发秩序，健全社会矛盾纠纷调处化解机制，以及完善有利于科学发展的体制机制等内容进一步明确了科学发展观在西部矿产资源开发中的重要指导意义；在具体对策上，围绕价值补偿，成金华（2007）提出"环境成本内化"发展模式解决环境补偿问题；朱学义（2008）建立了矿产所有权权益、发现权权益和使用权权益相统一的矿产资源价值补偿体系；许家林

（2008）从生态循环、经济循环和会计循环统一角度，提出价值补偿的资源会计框架。针对西部矿产资源利益矛盾，学者们从矿权制度、税费制度、组织机制、利益分享机制等方面提出了解决措施。

建立合理明晰的矿权制度。现代资源产权制度是实现资源经济利益合理分配的基础，完善的产权制度有利于产权各方的合法权益通过规范有序的渠道得以实现。胡健等（2007）针对油气资源开发提出初始矿权的二元分布模式，即依据土地的二元所有权分别将油气资源的初始矿权划归中央政府和地方（省）政府所有，两级所有者均可通过矿权行使和转让获得收益。这一模式借鉴了国外矿权从属于地权的制度，但在土地所有权存在争议的情况下实施存在困难。铁卫等（2006）建议将国家的单主体所有权制改为多主体所有权制，在法律上确认资源地政府对资源的部分所有权。崔光莲等（2007）则更具体地提出将资源产权按照国家产权、地方产权、企业产权和自然人产权分解，按照产权比例入股分享资源开发收益。但具体如何实施、产权分配比例如何计算等问题还需解决，而且产权分解不当可能引发新一轮的利益争夺。明晰产权合理归属之后，还需建立市场化的矿业权流转制度，以提高矿业权转让的透明度，规范交易程序，缩小权力对利益分配的扭曲作用。张新伟等（2007）建议从资源产权价值确定机制、补偿机制与市场交易机制等方面完善西部矿产资源产权价值实现，提高市场配置效率。目前产权改革的研究集中在宏观体制上，缺乏具体的程序设计，考虑到资源产权改革需进行宪法和相关法律法规的修改，涉及利益关系复杂、需要周期较长，现阶段无法有效实施，因此学者建议近期更应从资源管理体制改革入手。铁卫等（2006）认为，应给予西部资源地政府资源管理权和开发权，改变中央企业代行所有权并直接管理、垄断开发和经营的体制，实行多元投资主体平等开发的模式。

完善资源税费制度。为调整现行资源利益分配格局，进行资源税费改革是学者共识，但提出的解决方式却不尽相同。赵仕玲（2007）认为应取消资源税或者把资源税与资源补偿费合一，改为国际通用的权利金制度。孙钢（2007）

则建议在今后较长时期内仍实行税费并存制度，但提出调整资源税征收依据并提高相应税率、费率。马衍伟（2009）提出改矿产资源补偿费为资源税，并将其他具有税收特征的政府资源收费（基金）并入资源税。相应的，学者也对资源税费的计征依据、税基、税率等调整方式提出了框架设计。调整资源税费必然会对资源企业产生影响，从利益关系调整角度来看，还需进行配套改革，因此，学者还建议改革资源企业增值税和所得税制度，如降低增值税税率，改生产型增值税为消费型增值税，实行所得税返还政策等（赵仕玲，2007；张云，2007）。但是，高小萍（2007）认为目前仅仅依靠税费改革仍无法解决矿产资源利益分配问题，需要运用财政工具，建立价、税、费、租的联动机制。在解决税收分配矛盾上，多数学者认为应将中央高度集中的税权向地方下放，赋予西部地区资源税收政策管理权，将税收分享比例向地方倾斜，形成中央向地方让利的局面。李社宁（2007）认为，在税收权限划分模式中应就某些地方税种给予地方税目、税率的调整权限，同时适当下放立法权限。在税费分成比例上，崔光莲等（2007）提出中央政府与地方政府的增值税分成改为 5：5，而铁卫（2007）则建议中央与地方 6：4 分成；高萍（2009）提出将矿产资源补偿费中央与地方分成比例改为 2：8。虽然学者给出了不同的分配比例，但并没有给出改变分配比例的测算依据，具体的分成比例调整还需更加科学、准确的数量依据。而且由于存在区域税收与税源背离的情况，即使调整中央与地方分享比例，也并不能保障西部资源地得到实际的收益。马衍伟（2009）提出将资源税收入统归中央政府，中央建立完善的资源税收利用机制，按照各地区的经济差异进行分配，通过财政转移支付补偿给资源地。统归中央模式强调中央宏观调控的作用，但必然会对地方政府财政自主权产生影响，需要设计更为合理的政府间财政平衡机制。

建设利益主体广泛参与的组织机制。要使利益主体的利益得到合理保护，前提是建立能使政府、企业和矿区居民共同参与收益分配的组织机制，在程序上维护利益分配公平。国外的资源开发经验表明，矿区居民可以通过社区组织、社会团体等组织形式，向资源企业和政府表达自己的利益要求；为了应对非政府组织的批评，资源企业应积极履行社会责任。我国目前还缺乏代表弱势群体利益的组织和相应的协商机制，王雁等（2007）针对陕北地区矿区群众的利益表达问题，提出建立可以表达矿区群众利益的相关组织，建立、健全以矿区群众为载体的协商对话制度，借助弱势群体同政府、企业平等对话平台，使得群众利益表达通道顺畅。张金麟（2007）认为，应借鉴国际经验，在矿产资源开发项目决策过程中广泛吸收社会各阶层代表参与决策，完善开发项目评估系统，并配备社会学专家，以避免或尽可能减少项目开发对当地社会造成冲击。

建立矿区居民利益分享机制。在国际上，各国政府广泛承认矿区居民在资源开发中的利益，通过立法维护矿区居民的环境权和生存权，建立了矿区居民参与利益分享的合理机制。1982 年美国阿拉斯加州议会通过将石油资源开发的租性收入以永久基金的形式实施"全民分红"方案，成为共有资源市场化运作的样板。张云（2007）认为，矿区居民及其后代获得可持续收入可仿效美国阿拉斯加基金的做法，将矿业财富通过股票、投资基金乃至现金方式派送给矿区居民。矿产资源收益社会分红涉及许多利益团体，阿拉斯加永久基金经历了几年的重复博弈才最终确立，至今运行模式还存在争论，在我国实行全民分红还存在法律法规调整、公共资产管理组织机制建设等待解决的问题，因此更多研究者提出变革现有补偿形式使居民获得持续收入。张金麟（2007）提出在按市场价格计算地价的基础上，改一次性补偿做法为土地入股、按年赔付、按年支付土地租金等形式。王晓萍（2009）从矿区居民属地者身份出发，提出通过建立生态补偿制度使矿区居民从生态补偿中获得利益，由资源开发者和资源使用受益者对受到环境影响的居民进行补偿。不同于资源开发者和资源使用受益者直接补偿方式，刘传江、徐建玲（2006）针对西北地区资源利益补偿问题博弈分析，提出国家纵向利益补偿及地区间横向补偿机制，即：纵向上，中央政府对西北地区进行直接财政拨付；横向上，国家从中东部地区强制提取财政收入，向西北地区转移。这一方案强调中央政府财政手段的调控力度，为协调区域利益冲突提供了指导方法。地方政府在实践上的创新也为利益分享机制的建立提供了借鉴模式，如四川省出台政策规定失地农民可将土地使用权、林木等折资入股，参与资源开发收益分配；而青海省天峻县则提出牧民直接入股资源开发的新模式，不仅保障失去草场牧民的权益，更是为全体矿区居民获得持续收益提供途径。

现有研究为缓解西部矿产资源开发利益矛盾提供了思路，但也存在不足之处：

首先，利益主体间利益归属、界定缺乏量化分析，利益划分依据不清晰，并且忽视了矿产资源开发利用不同阶段利益主体时空错位引发的矛盾。

其次，利益矛盾成因的分析主要集中于对矿权体制、税费体制等制度因素的探讨，定性分析较多，缺少对制度变量的实证分析。在税费政策研究上，很少考虑建立模型以资源企业实际数据分析税收负担，或以定量模拟方法研究税收结构对矿产资源生产、消费以及政府收益的影响。

最后，解决机制多从单一角度出发，缺乏总体协调性，没有考虑局部利益矛盾协调对总体均衡的影响。矿权制度研究在方案设计上缺乏具体实施程序，可操作性不强；税费改革研究理论依据不一致，税率、费率以及分享比例调整缺乏合理的数量依据，没有考虑改革后果的可预测性；组织机制与利益分享机制的研究还比较少，没有充分考虑矿产资源开发中居民生存权、发展权等基本权益的要求。

第三节　研究方法与思路

本书主要采用文献比较研究、理论演绎、实地访谈、问卷调查、计量分析、博弈分析等方法，追踪国内外理论研究与实践动态，收集整理矿产资源开发利益矛盾的基础数据，提出利益统筹机制设计方案。

运用文献比较研究，对国内外矿产资源开发与区域发展的相关理论研究成果、实践动态进行比较分析，归纳整理其中的发展逻辑，为西部地区矿产资源开发利益矛盾分析提供参照物，为利益统筹机制设计奠定理论与实践基础。

通过理论演绎，以矿产资源分布客观性与矿产资源利益分配主观性配比为分析逻辑，解释利益矛盾的形成背景与演化机理；以生态资本为核心，构建区域发展要素资本平衡表，为区域科学发展评价提供基本分析工具；以资源平等、制度公正、生态正义为分析框架，围绕生态利益提出包容性矿产资源管理体制、矿业社区合作治理、资源产业链整合、资源企业生态发展等利益统筹机制设计方案。

采用实地访谈、问卷调查等方法，对比较典型的资源富集地区矿产资源开发所产生的经济、环境、社会影响采集现场数据，分析资源地居民利益的损益程度，深入了解资源地政府、居民、企业在矿产资源开发中的利益关系，为利益矛盾分析提供现实数据。

建立计量分析模型，以统计年鉴、官方网站为基础收集整理相关数据，对矿产资源开发与西部地区经济发展的关系进行计量检验，对西部地区科学发展程度进行评价，为矿产资源开发与西部地区科学发展的研究提供宏观数据支撑。

应用博弈理论分析范式，对矿产资源开发利益主体之间的关系进行博弈分析，揭示利益矛盾产生的深层原因，为利益统筹机制设计提供制度背景。

本书研究的主要思路：以实现资源富集地区科学发展为目标，以全生命周期利益结构表为分析框架，通过矿产资源分布客观性与矿产资源利益分配主观性配比分析，建立生态资本、人力资本、人造资本、知识资本、社会资本、外贸资本等要素资本内在关联的区域发展要素资本平衡表，分析中央政府、地方政府、企业、居民等利益主体对经济利益、社会利益、政治利益、生态利益不同偏好的组合排序，构建包容性资源管理体制、矿业社区合作治理、资源产业链整合、资源企业生态发展等利益统筹机制，通过主体与利益在时间、空间的配比，在利益和谐的基础上积累区域发展红利，从根本上实现区域科学发展。本书具体研究思路见图1—7。

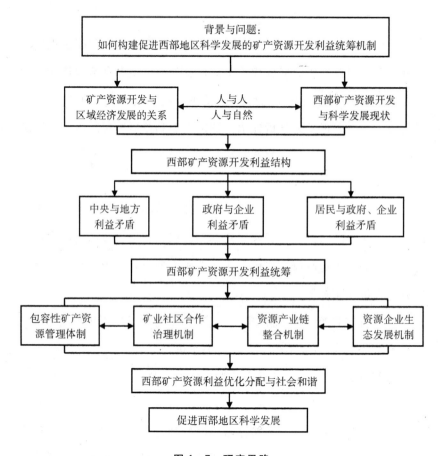

图1—7 研究思路

第四节　研究内容

研究内容主要包括：矿产资源开发与区域经济发展的关系、西部地区矿产资源开发与各省区科学发展现状评价、西部地区矿产资源开发利益结构、西部地区矿产资源开发中的利益矛盾、西部地区矿产资源开发利益统筹机制设计，具体内容如下：

矿产资源开发与区域经济发展关系研究。比较分析国内外关于矿产资源开发与区域经济发展的分析逻辑与实证检验结论，着重比较"资源诅咒"命题相关研究成果的演进思路，以此为基础建立计量模型实证检验矿产资源开发对国内各省区经济发展的影响，重点研究矿产资源开发对西部各省区经济发展的影响。

西部地区矿产资源开发与各省区科学发展现状评价。西部地区矿产资源开发现状从矿产资源储量与分布、资源产业效率、资源企业发展能力等方面以统计数据为基础进行分析。比较区域科学发展不同评价体系，以资本结构与发展红利为基础构建区域发展要素平衡表，以平衡表为基础设计区域科学发展评价指标体系，对西部各省区科学发展现状进行评价。

西部矿产资源开发利益结构分析。主要研究中央、地方、企业、居民等利益主体对经济利益、社会利益、政治利益、生态利益的不同偏好组合所形成的利益关系，建立矿产资源开发全生命周期利益结构表，比较不同利益主体在矿产资源开发中的收益与成本，分析利益主体在矿产资源开发全生命周期中的损益变动。

西部矿产资源开发中央与地方利益矛盾。在现行矿产资源管理体制背景下分析中央与地方的博弈关系，通过财权与事权比较分析中央与地方在矿产资源开发中收益与成本配比情况，通过区域经济差异、矿产资源供需区域差异、税收与税源背离等问题分析中央与地方因资源利益的区际转移产生的利益矛盾。

西部矿产资源开发政府与企业利益矛盾。围绕租、税、费、利，分析政府与企业在矿权、税收、收益分配等方面的利益矛盾。矿权矛盾主要分析行政性垄断与市场化需求背景下政府与企业的利益关系；税收矛盾主要分析资源企业的税负、税种结构等问题；收益分配矛盾主要分析生态成本与企业收益、分红比例与企业发展、收益用途与生态补偿问题。

西部矿产资源开发居民与政府、企业利益矛盾。主要研究矿产资源开发对弱势利益主体居民的保障程度，分析居民与政府、企业在补偿、就业、环保等方面存在的矛盾。补偿矛盾主要分析失地与征地、基础设施建设、生活成本等问题；就业矛盾主要分析生产就业、生活水平等问题；环境矛盾主要分析生态环境污染与社会环境复杂化等问题。

西部矿产资源开发利益统筹机制设计。比较分析国内外矿产资源开发利益统筹的实践经验，以生态正义导向、生命周期发展红利测度、生计可持续、生态利润评价为机制设计原则，构建包容性矿产资源管理体制、矿业社区合作治理、资源产业链整合、资源企业生态发展战略地图四位一体的综合性利益统筹机制。

第二章 矿产资源开发与区域经济发展的关系

发展是人与自然关系的演进过程。矿产资源作为人类发展的自然物在人与自然关系中扮演着重要角色，既是人类改造自然的产物，也是人类作用于自然的主要载体。在矿产资源开发中人和自然的关系经历着主次地位的转化，并进一步影响到人和人的关系演化，因此，区域发展必须从生态系统的整体观来看待矿产资源开发与区域发展的关系。有关自然资源禀赋与区域经济发展关系的研究存在三种观点：丰裕的自然资源不阻碍区域经济发展，丰裕的自然资源对区域经济发展具有双向影响，丰裕的自然资源阻碍区域经济发展。我们将在对国内外关于自然资源禀赋与区域经济发展关系检验研究文献的对比分析基础上，构建面板数据回归模型和横截面数据回归模型，用以考察我国矿产资源开发对经济发展的短期影响和长期影响。全国省际层面的检验表明：短期内，矿产资源开发能显著促进我国各省区经济增长，然而随着时间流逝，这种促进效应逐步减弱；从长期来看，我国各省区经济增长并非矿产资源开发驱动型，而是投资驱动型。

第一节　矿产资源开发与区域经济发展的理论综述

　　有关自然资源禀赋与区域经济发展关系的研究一直是经济学界热议的话题。自奥蒂（Auty，1993）将矿产资源开发阻碍资源地经济发展的现象抽象为"资源诅咒"命题后，关于自然资源禀赋与区域经济发展关系的研究成果开始大量涌现。研究成果主要围绕"资源诅咒"命题成立与否以及"资源诅咒"的传导机制两大主题展开，有关"资源诅咒"命题的研究脉络见图2—1。

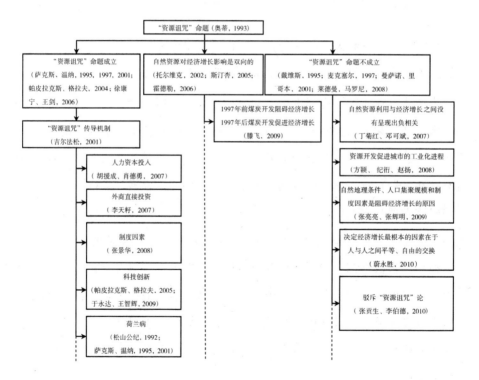

图 2—1　"资源诅咒"命题研究脉络

资料来源：作者整理。

一　"资源诅咒"命题成立与否

尽管部分学者认为丰裕的自然资源并不会阻碍区域经济发展，即"资源诅咒"命题不成立；也有部分学者认为丰裕的自然资源对区域经济发展的影响是双向的；但更多的研究则表明丰裕的自然资源阻碍了区域经济发展，即"资源诅咒"命题成立。

"资源诅咒"命题不成立。戴维斯（Davis，1995）通过对 22 个资源型经济体[①]与 57 个非资源型经济体的对比发现：22 个资源型经济体的经济发展要好于 57 个非资源型经济体的经济发展；丰裕的自然资源并不会阻碍资源型经济体的发展；如果存在"资源诅咒"的话，也仅仅是个例而不是经济发展的必然规律。麦克塞尔（Mikesell，1997）通过对 16 个资源型经济体的统计分析以及巴布亚新几内亚、博茨瓦纳、牙买加、秘鲁、委内瑞拉、智利、印度尼西亚、阿曼等国家的案例分析发现：资源型经济体经济发展不景气的现象并不能用"资源诅咒"来解释；经济结构（如多元化经营）与经济发展无关；影响资源型经济体发展的决定因素包括制度因素（如政府对利益的分配制度）、通货膨胀因素、投资因素及流通部门的生产积极性。曼萨诺、里哥本（Manzano & Rigobon，2001）指出，传统论证"资源诅咒"命题是否存在的实证研究忽略了两个重要问题：一是回归模型中并没有引入和初级产品出口密切相关的控制变量；二是过去 30 年中，资源产品的价格呈现下降的趋势。曼萨诺、里哥本（Manzano & Rigobon）将上述两个重要问题纳入传统计量模型，对模型进行修正后的实证检验发现"资源诅咒"现象消失了。莱德曼、马罗民（Lederman & Maloney，2008）分析了传统实证研究文献中的不足，构建了全新的动

---

① 资源型经济体主要包括以下三类：第一类是大量生产矿产资源的国家或地区；第二类是大量出口矿产资源的国家或地区；第三类是拥有大量矿产资源的国家或地区。

态经济增长模型，对 1980—2005 年的国际数据进行实证分析发现并不存在"资源诅咒"现象。

丰裕的自然资源对区域经济发展的影响是双向的。托尔维克（Torvik，2002）在传统实证检验模型中增加了寻租因素，认为自然资源的禀赋导致资源企业将更多的精力花费在寻租上，而忽略了生产运营，丰裕的资源带来的却是低福利，而增加资源企业生产能力对福利的影响是双向的，关键取决于企业在寻租行为中获得的利益。萨拉—伊—马丁、苏布拉玛尼安（Sala - i - Martin & Subramanian，2003）分析了尼日利亚的资源禀赋与经济增长之间的关系，认为丰裕的自然资源并没有给尼日利亚带来应有的经济效益，浪费和腐败是尼日利亚经济发展不景气的原因；然而国际数据的实证研究却表明丰裕的自然资源能促进经济增长，并且这种促进作用非常强劲。布尔特、达马尼亚、迪肯（Bulte，Damania & Deacon，2005）通过检验自然资源禀赋与人类福利之间的关系发现：在既定的收入水平下，资源密集型国家的发展水平较低，而非资源密集型国家的发展水平较高。斯汀杰（Stijns，2005）提出丰裕的自然资源对经济增长的影响是双向的，关键在于资源开发能力由参与学习过程的性质决定。霍德勒（Hodler，2006）对尼日利亚、挪威、安哥拉和博茨瓦纳的分析表明：资源禀赋与经济发展的决定因素是冲突，区域民族冲突越是激烈，财产控制权就越弱，收入就越少；挪威和博茨瓦纳丰裕的自然资源促进了经济增长，而尼日利亚和安哥拉丰裕的自然资源却阻碍了经济增长。

"资源诅咒"命题成立。萨克斯、温纳（Sachs & Warner，1995，1997，2001）通过对 97 个国家和地区 1970—1989 年的历史数据的实证检验表明，资源禀赋与经济发展之间呈现显著的负相关，资源型经济体的经济发展速度要落后于非资源型经济体的发展速度。雷特、魏德曼（Leite & Weidmann，1999）通过对 72 个国家和地区 1970—1990 年的历史数据的实证检验表明，资源禀赋与经济发展之间呈现显著的负相关，资本密集型的资源产业发生腐败的概率较高，劳动密集型的资源产业发生腐败的概率较小。帕皮拉克斯、格拉夫（Papyrakis & Gerlagh，2004）通过对 103 个国家和地区 1975—1996 年的历史数据的实证检验表明，资源禀赋与经济发展之间呈现显著的负相关；然而加入控制变量（腐败因素、投资因素、开放程度、对外贸易和教育因素）后，对 39 个国家和地区 1975—1996 年的历史数据的实证检验却表明"资源诅咒"消失了。阿尔扎基、普洛克（Arezki & Ploeg，2007）采用人均收入作为因变量对 96 个国家和地区 1965—1990 年的历史数据的实证检验表明，资源禀赋与经济发展之间呈现显著的负相关，而采用自然资本存量作为资源丰裕的替代变量时亦表明资源禀赋与经济发展之间呈现显著的负相关。

尽管不同学者对"资源诅咒"命题的看法不一，但通过比较全球 101 个国家或地区的矿业产值占 GNP 的比例与 1970—1990 年的人均真实 GDP 增长率之间的关系发现：中国台湾、新加坡、韩国、中国香港的资源并不丰裕，但经济发展速度较快（见图 2—2 中"＊"标示的部分）；加蓬、塞拉利昂、毛里塔尼亚的资源丰裕，但经济发展速度缓慢，甚至出现经济负增长（见图 2—2 中"◇"标示的部分）[①]。

二　"资源诅咒"的传导机制

"资源诅咒"现象产生的原因在于自然资源开发对其他要素产生了挤出效应，吉尔法松（Gylfason，2001）将其总结为"资源诅咒"的传导机制。一般的传导机制包括：贸易因素、教育因素、投资因素、创新因素、政治因素、寻

---

　　① 对于"资源诅咒"问题，赞比亚总统认为"我们只能（为贫困）承担部分责任，因为铜匙卡在了我们的嘴里，这是一个与生俱来的诅咒"；而沙特阿拉伯的石油大臣也曾发表感叹"我们为什么发现的是石油，而不是水呢！"具体参见蔡昉《中国人口与劳动问题报告 No.6（2005）：资源型城市的就业与社会保障问题》，社会科学文献出版社 2005 年版。

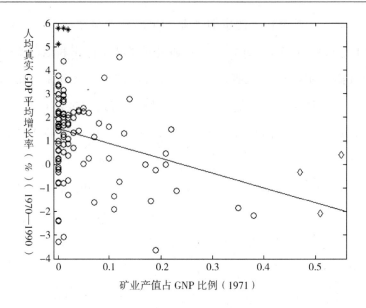

图 2—2 自然资源丰度与经济增长关系

资料来源：根据哈佛大学国际发展中心提供的研究数据（研究数据详见：http：//www.cid.harvard.edu/ciddata/warner_files/nr97.xls）整理所得。

租因素、腐败因素、"荷兰病"[①] 因素。

贸易因素。鲁茨（Lutz，1994）的实证检验表明，贸易波动与产量增长之间存在负相关关系，而贸易波动是受进出口价格影响的，任何稳定贸易波动的政策都必须控制进出口价格。罗米（Ramey，1995）对 92 个国家和地区及经济合作与发展组织成员国的实证检验发现，贸易波动越高的国家经济发展越缓慢，即贸易波动与经济增长之间呈负相关关系，在引入控制变量后

---

① "荷兰病"一般被认为是 1959 年荷兰发现石油和天然气之后，制造业开始衰落的现象，最早由英国《经济学人》于 1977 年提出，用以解释自然资源禀赋与经济增长之间的关系。科登、尼瑞（1982）给出了经典的"荷兰病"理论模型（Corden M，Neary J P. Booming Sector and De‑Industrial‑isation in a Small Open Economy，*Economic Journal*，1982，92：825—848）。冯宗宪等人以中国的数据进行实证检验，发现"荷兰病"是资源禀赋与经济发展悖论的一个原因，具体参见冯宗宪、于璐瑶、俞炜华《资源诅咒的警示与西部资源开发难题的破解》，《西安交通大学学报（社会科学版）》2007 年第2 期；冯宗宪、姜昕、赵驰：《资源诅咒传导机制之"荷兰病"——理论模型与实证研究》，《当代经济科学》2010 年第 4 期。

这种负相关关系更加显著；政府刺激消费并不能加速经济增长，相反会阻碍经济发展。

　　教育因素。阿西亚、拉赫瑞（Asea & Lahiri，1999）采用两部门内生增长模型分析了资源禀赋与经济增长之间的关系，研究发现技术性人力资本是经济发展的发动机；提高资源开发过程中的技术性人力资本积累可以加速经济发展；通过对 94 个国家和地区 1970—1989 年的历史数据的实证检验亦表明资源禀赋与经济增长之间呈负相关，而技术性人力资本的积累与经济增长之间呈正相关，资源的开发抑制了技术性人力资本的积累从而阻碍了经济发展，因此技术性人力资本是"资源诅咒"的主要传导机制。吉尔法松（Gylfason，2001）对 85 个国家和地区 1965—1988 年的历史数据的实证检验表明，自 1965 年以来的自然资本禀赋与经济增长之间呈负相关，女童的中学入学率和总的中学入学率与经济增长之间呈正相关，自然资本对人力资本的挤出效应放慢了经济增长的步伐。帕皮拉克斯、格拉夫（Papyrakis & Gerlagh，2007）对美国 49 个州 1986—2000 年的历史数据的实证检验亦表明，教育因素是"资源诅咒"的主要传导机制。

　　投资因素。吉尔法松、索伊加（Gylfason & Zoega，2001）的研究表明自然禀赋可能会直接影响到储蓄以及投资活动，并间接减缓经济体系的发展速度，从而阻碍经济的发展。自然资源富裕、经济发展较慢的国家的平均总投资率为 14％，而自然资源匮乏、经济发展较快的国家的平均总投资率为 28％。帕皮拉克斯、格拉夫（Papyrakis & Gerlagh，2006）构建了包含投资的内生经济增长模型，在这种背景下，资源寻租行为的增加将导致投资的减少，由于投资减少的幅度超过了资源开发收益上升的幅度，因此随着时间的推移，长期经济增长将减缓。

　　创新因素。萨克斯、温纳（Sachs & Warner，2001）认为资源产业部门的高额工资会鼓励企业家和潜在的创新者转而进入资源产业部门就业，从而导致丰裕的自然资源对企业家才能和创新能力的挤出，资源丰裕的国家因此将面对创新能力低下、企业家的管理才能低下、政府治理水平低下、经济发展缓慢的现实。帕皮拉克斯、格拉夫（Papyrakis & Gerlagh，2005）构建了包含创新的拉姆齐—卡斯—库普曼斯内生经济增长模型，研究表明：企业的制造活动对企业的创新能力产生了挤出效应，从而导致丰裕的自然资源阻碍了经济的发展；可通过直接减少劳动力和间接鼓励部分劳动力转向创新岗位两种途径来提高经济发展速度。

政治因素。罗斯（Ross，2001）对 113 个国家和地区 1971—1997 年的时间序列和横截面混合的面板数据实证检验发现，石油出口和独裁统治之间具有正相关关系，并且这种正相关关系并不仅限于中东地区，其他类型的矿产品出口也有类似的反民主效果，而非矿产品出口并没有这种反民主效果；石油和矿物产品出口无法带来社会和文化的变化，但更趋向于建立一个民主政府。当宁（Dunning，2005）通过博弈模型对博茨瓦纳、扎伊尔、印度尼西亚的资源禀赋与经济增长的关系分析表明，全球资源市场的结构、社会稳定程度、非资源部门的发展程度都会影响到政治稳定，从而导致经济发展不景气。罗宾森、托尔维克、温迪（Robinson、Torvik & Verdier，2006）认为，政治激励是判断"资源诅咒"存在与否的关键因素，建立行政问责制的国家能够从资源开发中获利，相反没有建立行政问责制的国家将陷入"资源诅咒"。

寻租因素。托尔维克（Torvik，2002）认为自然资源丰裕阻碍经济发展的最简单原因是寻租机制，丰裕的自然资源增加了企业家的寻租活动，反而减少了企业家的生产运营活动，导致生产经营活动的下降幅度超过了寻租行为增加的资源收益，因此丰裕的自然资源带来的是低福利。罗宾森、托尔维克、温迪（Robinson、Torvik & Verdier，2006）则认为，行政问责制的不健全导致资源租的分配受地方官员的影响较大，资源租的分配不合理势必会阻碍经济发展。而一些国家（如挪威）的资源控制权及资源租的分配已开始从地方官员手中转移。

腐败因素。雷特、魏德曼（Leite & Weidmann，1999）的研究表明，丰裕的自然资源为寻租行为创造了大量的机会，而寻租行为又是影响国家腐败程度的重要因素。通过经济增长理论模型可以证明资源禀赋、腐败程度和经济增长之间具有相关关系，而实证检验表明资源禀赋与腐败程度之间的相关关系是负向的。潘德加、克拉克、科特（Pendergast、Clarke、Kooten，2008）认为，腐败因素是"资源诅咒"的传导机制，丰裕的自然资源并非直接影响经济的发展，而是通过寻租过程中的腐败行为间接影响社会福利（无论是采用联合国的人类发展指数还是采用人均 GDP 指标来衡量社会福利，得出的结论都相同）。

"荷兰病"因素。科登、民瑞（Corden ＆ Neary，1982）构建了描述"荷兰病"的经典经济学模型，在模型中，科登、民瑞（Corden ＆ Neary）将一个国家的经济部门划分为：不可贸易部门（包括服务业）、蓬勃发展的可贸易部门（如石油开采、天然气开采、矿产资源开发、咖啡生产、可可粉生产）、非蓬勃发展的可贸易部门（制造业或农业）。资源产业的蓬勃发展可通过两种途径影响经济的增长：一是蓬勃发展的可贸易部门对劳动力需求的增加导致非蓬勃发展的可贸易部门的劳动力转移到蓬勃发展的可贸易部门，二是不可贸易部门对劳动力需求的增加导致非蓬勃发展的可贸易部门的劳动力转移到不可贸易部门。劳动力转移的结果是非蓬勃发展的可贸易部门的工业产能下降，最终导致经济发展持续疲软。品托（Pinto，1987）对尼日利亚和印度尼西亚的案例分析表明，尼日利亚受"荷兰病"的困扰，经历了经济发展的低谷期，而印度尼西亚通过政策调整成功摆脱了"荷兰病"的困扰。法德曼什（Fardmanesh，1991）对阿尔及利亚、厄瓜多尔、印度尼西亚、尼日利亚和委内瑞拉1966—1986 年的历史数据的分析亦证明了"荷兰病"的存在。速水佑次郎和神门善久（2009）认为，"资源丰富国家的危险，如同 1973—1975 年的第一次石油危机和 1979—1981 年的第二次石油危机的资源出口的景气，经历了出口品价格和收益的大幅度提高，但这种景气却只是突发的和短命的"，必须要规避"荷兰病"。

第二节　矿产资源开发与区域经济发展的模型构建

一　国内主要实证检验模型比较

国内有关资源禀赋与区域经济发展关系的实证检验呈现两种主要的观点：徐康宁、王剑（2006），胡援成、肖德勇（2007），李天籽（2007），邵帅、齐中英（2008a）等人的研究表明，我国省际层面上自然资源禀赋与经济增长呈负相关，人力资本投入（胡援成、肖德勇，2007）、外商直接投资（李天籽，2007）、制度因素（张景华，2008）、产业结构（王必达、王春晖，2009）和科技创新（于永达、王智辉，2009）成为自然资源开发阻碍区域经济发展的传导因素；丁菊红、邓可斌（2007），方颖、纪衎、赵扬（2008），冯宗宪、姜昕、王青（2010）等人的研究表明，我国城市层面上自然资源的富裕程度与经济增长之间并没有显著的相关性。上述学者所建立的模型、选取的变量、数据来源、研究期间、研究特殊点及结论如表2—1所示。

现有实证检验模型的共性之处在于：实证检验模型采用的是多元线性回归模型；回归模型同时包含解释变量和控制变量；解释变量中包含初始经济发展水平，用以检验经济发展是否存在条件收敛。现有实证检验模型的不同之处在于：所建立的多元线性回归模型分为面板数据模型和横截面数据模型两种；经济增长指标（或采用人均经济增长率指标，与经济增长率指标的度量方式一致）的度量主要采取四种方式：一是经济增长率＝（本年地区生产总产值－上年地区生产总值）/上年地区生产总值，二是经济增长率＝（本年地区生产总值指数－上年地区生产总值指数）/上年地区生产总值指数，三是经济增长率＝

表 2—1　　　　　　　　　**资源禀赋与区域经济发展实证研究文献比较**

研究者	项目	内容
徐康宁王剑（2006）	模型	$y_{it} = C_i + \alpha KMining_{it} + \beta KManu_{it} + \theta_1 KRd_{it} + \theta_2 KEdu_{it} + \theta_3 Inst_{it} + \theta_4 Y_{i0} + u_i + \varepsilon_{it}$ $y_{it} = C_i + \alpha LMining_{it} + \beta LManu_{it} + \theta_1 LRd_{it} + \theta_2 LEdu_{it} + \theta_3 Inst_{it} + \theta_4 Y_{i0} + u_i + \varepsilon_{it}$
	变量	$KMining$：采掘业固定资产投资/固定资产投资总额；$LMining$：采掘业从业人员/从业人员总数；$KManu$：制造业固定资产投资/固定资产投资总额；$LManu$：制造业从业人员/从业人员总数；KRd：科技三项费用/财政支出总额；LRd：科研和综合技术服务业从业人员/从业人员总数；$KEdu$：教育事业费/财政支出总额；$LEdu$：中高等院校在校学生数/人口总数；$Inst$：人民币表示的进出口贸易总额/国内生产总值；$Y = \ln$（1980 年的国内生产总值），$\ln$ 为自然对数符号；$y = (GDP_t / GDP_{t-1} - 1) \times 100\%$
	数据	《中国统计年鉴》、《中国财政统计年鉴》、《中国劳动统计年鉴》、《中国固定资产投资统计年鉴》
	时间段	1995—2003 年
	类型	面板数据模型，省际层面 261 组数据
	特殊点	西藏被排除在样本之外，重庆的数据并入四川省
	结论	"资源诅咒"通过资本转移、劳动转移抑制经济增长
胡援成肖德勇（2007）	模型	$g_{it} = \mu_i + \theta x_{it} + \beta_1 NR_{it} I (thre_{it} \leqslant \gamma_1) + \beta_2 NR_{it} I (\gamma_1 < thre_{it} \leqslant \gamma_2) + \beta_3 NR_{it} I (thre_{it} > \gamma_2) + \varepsilon_{it}$
	变量	g：人均 GDP 增长率，g＝本年人均 GDP 指数-上年人均 GDP 指数；x：控制变量，包括储蓄水平（人均金融机构储蓄率）、物质资本投入（固定资本形成总额/GDP）、金融支持力度（金融机构贷款余额/GDP）、人力资本投入（大专以上人口数/总人口数）、制度因素（三资企业资产贡献率）、经济开放程度（外商直接投资总额/GDP）、研发投入（三项费用支出/财政支出）、政府投入（政府最终消费/GDP）；NR：自然资本投入，NR＝采掘业基本建设投资/固定资产投资
	数据	《中国统计年鉴》和高校财经数据库（www.bjinfobank.com）
	时间段	1999—2004 年
	类型	面板数据模型，省级层面 186 组数据
	结论	自然资源的富裕程度与经济发展成负相关；人力资本的投入水平、制度因素、研发水平和外商投资是影响资源诅咒的因素
李天籽（2007）	模型	$G_i^t = \alpha_0^t + \alpha_1 \ln (GDP_0^t) + \alpha_2 R_i^t + \alpha_3 X_i^t + \varepsilon_i^t$
	变量	$\ln (GDP)$：初始经济发展水平；R：自然资源丰裕度，采掘业总产值/工业总产值；X：控制变量，包括外商直接投资（外商直接投资/GDP）、国内投资（国内固定资产投资/GDP）、教育（教育事业费支出/财政支出）、创新[$\ln$（专利申请授权量）]；G：经济增长率，$G = \ln (GDP_t / GDP_{t-1})$
	数据	《新中国五十年统计资料汇编》、《中国统计年鉴》、《中国工业经济统计年鉴》、《中国固定资产投资统计年鉴》、《中国财政统计年鉴》、《中国财政统计（1950—1991）》、《中国科技统计年鉴》

研究者	项目	内容
李天籽 (2007)	时间段	1989—2003 年
	类型	面板数据模型，省级层面 420 组数据
	特殊点	西藏和海南被排除在样本之外，重庆的数据并入四川省
	结论	资源丰裕度似乎阻碍了经济增长
邵帅 齐中英 (2008a)	模型	$y_t^i = \alpha_0 + \alpha_1 \ln GP_{t-1}^i + \alpha_2 E_t^i + \alpha_3 Inv_t^i + \alpha_4 Ope_t^i + \alpha_5 RD_t^i + \alpha_6 Edu_t^i + \alpha_7 Cor_t^i + \varepsilon_t^i$
	变量	y：人均 GDP 增长率；$\ln GP_{t-1}$：滞后一期人均 GDP 的自然对数；E：能源工业产值占工业总产值比值；Ope：人民币表示的进出口贸易总额与 GDP 的比值；Edu：平均每千人口高等学校在校生人数；RD：研究与开发机构从业人数占总从业人数的比重；Cor：平均每万人国有单位职工中被人民检察院立案侦查的职务犯罪（包括贪污贿赂、挪用公款、渎职侵权）人数；Inv：全社会固定资产总投资占 GDP 比重
	数据	《中国统计年鉴》、《中国工业经济统计年鉴》、《中国科技统计年鉴》、《中国检察年鉴》和各省统计年鉴及高校财经数据库（www.bjinfobank.com）
	时间段	1991—2006 年
	类型	面板数据模型，省际层面 160 组数据
	特殊点	西藏被排除在样本之外，重庆的数据并入四川省
	结论	西部地区的能源开发阻碍了经济增长
丁菊红 邓可斌 (2007)	模型	$\ln(y_t) = \beta_0 + \beta_1 \ln(y_0) + \beta_2 \ln(rincome_0) + \beta_3(\Delta rincome_t) + \beta_4 \ln(rincome_t) + \beta_5 \ln PE_t + \beta_6 \ln PD_t + \beta_7 \ln(fixa_t) + \beta_8 \ln(inter_t) + \beta_9 D + \varepsilon_t$
	变量	y_t：$GDP_t / GDP_{t-1} - 1$；y_0：基期地区 GDP 除以固定资产投资值；$rincome_0$：基期资源开采收入占总收入的比例；$\Delta rincome_t$：相邻两期的资源收入比变化值的绝对值；$rincome_t$：各期资源开采收入占总收入比例；PE_t：地区高校在校生数量与地区人口之比；PD_t：平均人口密度；D：离大型海港的距离；$fixa$：固定资产投资年增长率；$inter$：（财政支出-科教支出）/GDP
	数据	《中国统计年鉴》、资讯数据库以及中经网统计数据库查询与辅助决策系统
	时间段	1999—2002 年
	类型	面板数据模型，城市层面 84 组数据
	特殊点	选取广州、天津、上海、福州、哈尔滨、沈阳、北京、济南、唐山、潍坊、桂林、石家庄、吉林、南昌、昆明、兰州、贵阳、呼和浩特、乌鲁木齐、太原、成都 21 个样本城市
	结论	"资源诅咒"在我国地区层面并不明确

续表

研究者	项目	内容
方颖 纪衎 赵扬 （2008）	模型	$\ln\left(Y_i\right)=\alpha+\beta\ln\left(Y_{i,1990}\right)+\delta mining_i+\pi X_i+u_i$
	变量	Y_i：2006 年人均 GDP，$Y_{i,1990}$：1990 年人均 GDP，$mining$：采掘业从业人数和当地人口数的比重，X_i：影响经济长期增长的其他变量，u_i：随机扰动项
	数据	中经网、世界银行
	时间段	1997—2005 年
	类型	横截面数据模型，城市层面 95 组数据
	特殊点	选取 95 个样本城市
	结论	城市自然资源丰裕度与经济增长之间并没有显著的相关性
冯宗宪 姜昕 王青 （2010）	模型	$G^i=\beta_0+\beta_1 NR^i+\beta_2 INV^i+\beta_3 HR^i+\beta_4 GEO^i+\beta_5 OPEN^i+\varepsilon^i$
	变量	G^i：人均 GDP 增长率、人均可支配收入或真实收入；NR^i：能源丰度指数、采矿业从业比例、农业从业比例、第一产业比重；INV^i：投资率；HR^i：高中以上文化程度人口比例、女性高中以上文化程度人口比例、科教从业比例、科教财政支出；GEO^i：前 13 年人均 GDP 平均年增长率、区位虚拟变量；$OPEN^i$：开放政策
	时间段	1992—2007 年
	类型	横截面数据模型，省际层面 31 组数据
	结论	"资源诅咒"在我国并不明显存在（农业开发与经济增长呈弱负相关；矿业开发与经济增长呈弱正相关）

资料来源：根据徐康宁、王剑（2006），胡援成、肖德勇（2007），李天籽（2007），邵帅、齐中英（2008a），丁菊红、邓可斌（2007），方颖、纪衎、赵扬（2008），冯宗宪、姜昕、王青（2010）等文献整理。

ln（本年地区生产总值/上年地区生产总值），四是经济增长率＝ln（本年地区生产总值指数/上年地区生产总值指数）；自然资源禀赋指标（以矿产资源禀赋为例）的度量主要采取四种方式：一是采掘业固定资产投资占全社会固定资产投资的比例，二是采掘业工业总产值占工业总产值的比例，三是采掘业从业人数占当地从业人数的比例，四是采掘业收入占总收入的比例；研究期、样本容量以及控制变量的选取不尽相同。

二　模型的构建与变量说明

基于对国内（徐康宁、王剑，2006；胡援成、肖德勇，2007；李天籽，

2007；邵帅、齐中英，2008a；丁菊红、邓可斌，2007；方颖、纪衍、赵扬，2008）和国外（Sachs & Warner，1995，1997，2001；Papyrakis & Gerlagh，2004）文献所使用模型的比较，分别建立面板数据回归模型和横截面数据回归模型用以考察矿产资源开发对经济增长的短期影响和长期影响。

面板数据回归模型：

$$\ln (y_t^i / y_{t-1}^i) = \alpha_0 + \alpha_1 \ln (y_{t-1}^i) + \alpha_2 R_t^i + \alpha_3 Z_t^i + \varepsilon \qquad (2—1)$$

横截面数据回归模型：

$$\ln (y_T^i / y_0^i) / T = \alpha_0 + \alpha_1 \ln (y_0^i) + \alpha_2 R_0^i + \alpha_3 Z^i + \varepsilon \qquad (2—2)$$

式中，y_t^i 表示第 i 个省份第 t 年的地区生产总值指数，被解释变量 $\ln (y_t^i / y_{t-1}^i)$ 表示第 i 个省份第 t 年的经济增长率，解释变量 $\ln (y_{t-1}^i)$ 表示第 i 个省份第 $t-1$ 年的地区生产总值的自然对数，解释变量 R_t^i 表示第 i 个省份第 t 年的矿产资源开发强度。T 表示横截面数据的研究期间，y_0^i 表示第 i 个省份研究期期初的经济总量，y_T^i 表示第 i 个省份研究期期末的经济总量，被解释变量 $\ln (y_T^i / y_0^i) / T$ 表示第 i 个省份研究期的平均经济增长率。解释变量 $\ln (y_0^i)$ 表示第 i 个省份研究期期初地区生产总值的自然对数；解释变量 R_0^i 表示第 i 个省份研究期期初的矿产资源开发强度。解释变量 Z_t^i 和 Z^i 表示控制变量，包括人力资本、人造资本、知识资本、社会资本、外贸资本等。α_0 表示常数项，α_1、α_2、α_3 表示系数，ε 表示随机扰动项。面板数据回归模型和横截面数据回归模型中的被解释变量、解释变量、控制变量的详细说明如表 2—2 所示。

三　样本及数据选择

囿于数据的可得性，最终将研究期间确定为 2002—2008 年，研究样本分为两组：一组是全国 22 个省、4 个直辖市、5 个自治区；另一组是西部 6 个省、1 个直辖市、5 个自治区。原始数据从《新中国六十年统计资料汇编》、《中

表 2—2　　　　　　被解释变量、解释变量、控制变量的详细说明

变量	变量说明	数据来源
$\ln(y^i_t/y^i_{t-1})$ $\ln(y^i_T/y^i_0)/T$	经济增长率（平均经济增长率①），面板数据模型中的具体计算公式为：$\ln$（本年地区生产总值指数/上年地区生产总值指数）；横截面数据模型中的具体计算公式为：$\ln$（2008 年地区生产总值指数/2001 年的地区生产总值指数）/7（1952 年的地区生产总值指数为 100）	《新中国六十年统计资料汇编》
$\ln(y^i_{t-1})$ $\ln(y^i_0)$	初始经济发展水平，用以检验省际层面的经济发展是否存在条件收敛，系数为负表示条件收敛。面板数据模型中的具体计算公式为：$\ln$（上年地区生产总值）；横截面数据模型中的具体计算为：$\ln$（2001 年地区生产总值）	《中国统计年鉴》
R^i_t R^i_0	矿产资源开发强度②，古典经济学派将自然资源作为经济发展的影响因素。面板数据模型中的具体计算：本年采掘业固定资产投资/本年全社会固定资产投资；横截面数据模型中的计算为：2002 年采掘业固定资产投资/全社会固定资产投资	《中国固定资产投资统计年鉴》
人力资本	劳动力素质，古典经济学派和新古典经济学派都将劳动作为经济发展的影响因素。面板数据模型中的具体计算为：本年高等学校在学人数/本年年底总人口；横截面数据模型中的具体计算为：2002—2008 年高等学校在学人数占年底总人口的平均值	《中国统计年鉴》
人造资本	资本积累，古典经济学派和新增长理论学派都将资本作为经济发展的影响因素。面板数据模型中的具体计算为：本年固定资产投资/本年地区生产总值；横截面数据模型中的具体计算为：2002—2008 年固定资产投资占地区生产总值的平均值	《中国统计年鉴》
知识资本	科学技术，新古典经济学派、新增长理论学派和新制度学派都将技术作为经济发展的影响因素。面板数据模型中的具体计算为：本年研发经费支出/本年地区生产总值；横截面数据模型中的具体计算为：2002—2008 年研发经费支出占地区生产总值的平均值	《中国统计年鉴》、《科技部：中国科技统计数据》
社会资本	制度因素③，新剑桥学派和新制度学派都将制度作为经济发展的影响因素。面板数据模型中的具体计算为：本年非国有固定资产投资/本年固定资产投资；横截面数据模型中的具体计算为：2002—2008 年非国有固定资产投资占固定资产投资的平均值	《中国统计年鉴》
外贸资本	对外贸易，古典经济学派将对外贸易作为经济发展的影响因素。面板数据模型中的具体计算为：本年人民币表示的进出口总额/本年地区生产总值；横截面数据模型中的具体计算为：2002—2008 年人民币表示的进出口总额占地区生产总值的平均值	《中国统计年鉴》、《中国金融年鉴》

资料来源：作者整理。

---

　① 萨克斯、温纳（Sachs & Warner，1997）在研究国家层面的资源丰度与经济增长的关系时将人均真实 GDP 增长率作为经济增长的替代变量。囿于数据的可得性，我们参考萨克斯、温纳（1997）的做法，选取真实地区生产总值增长率作为经济增长的替代变量。

　② 徐康宁、王剑（2006）认为采掘业的投入与自然资源的可得性具有相关性，采掘业的投入可以最大限度地反映自然资源禀赋；邵帅、齐中英（2008）将能源工业产值占工业总产值的比重作为能源开发强度。囿于数据的可得性，我们借鉴徐康宁、王剑（2006）的做法。

　③ 张景华（2008）认为中国的产权变迁与经济成分的性质有关，具体参见张景华《自然资源是"福音"还是"诅咒"：基于制度的分析》，《上海经济研究》2008 年第 1 期。

国统计年鉴》、《中国固定资产投资统计年鉴》、《中国金融年鉴》、《科技部：中国科技统计数据》等统计资料中获得。

第三节　矿产资源开发与区域经济发展的实证分析

一　全国省际层面的面板数据检验

面板数据模型解释变量的基本统计特征如表 2—3 所示，解释变量之间的相关系数如表 2—4 所示。从表 2—4 可知，解释变量之间的相关系数绝对值均小于 0.8，相关性较小，不存在较强的多重共线性问题。

表 2—3　　　　　全国省际层面面板数据解释变量的描述性统计

解释变量	样本容量	平均值	标准差	最小值	最大值
$\ln(y_{t-1})$	217	11.556721	0.465434	10.142170	12.492542
R_t	217	0.047480	0.049067	0.000645	0.245772
人力资本	217	0.012407	0.006971	0.003160	0.035786
人造资本	217	0.488976	0.129488	0.263246	0.825219
知识资本	217	0.011088	0.010976	0.001194	0.074078
社会资本	217	0.610060	0.127306	0.061212	0.862505
外贸资本	217	0.364109	0.476165	0.042979	1.842892

资料来源：作者整理。

表 2—4　　　　　　　　全国省际层面面板数据解释变量之间的相关系数

	$\ln(y_{t-1})$	R_t	人力资本	人造资本	知识资本	社会资本	外贸资本
$\ln(y_{t-1})$	1	-0.17081	0.38534	-0.43052	0.260733	0.765515	0.395529
R_t	-0.17081	1	-0.07258	0.177061	-0.21946	-0.13594	-0.30019
人力资本	0.38534	-0.07258	1	-0.0145	0.774997	0.422464	0.635536
人造资本	-0.43052	0.177061	-0.0145	1	-0.07206	-0.17378	-0.29337
知识资本	0.260733	-0.21946	0.774997	-0.07206	1	0.235927	0.655744
社会资本	0.765515	-0.13594	0.422464	-0.17378	0.235927	1	0.390366
外贸资本	0.395529	-0.30019	0.635536	-0.29337	0.655744	0.390366	1

资料来源：作者整理。

在检验矿产资源开发对全国各省区经济增长的短期影响时，通过逐步回归法引入解释变量中的控制变量，以观察各控制变量对矿产资源开发强度与经济增长关系的影响。由于面板数据同时包含了横截面因素和时间序列因素，所以参数估计值会受到省际层面差异和时间差异的双重影响。在不变截距模型、固定影响变截距模型和随机影响变截距模型中，选择何种计量模型来估算面板数据模型的参数值，需要通过事先设定的检验函数来确定。对于不变截距模型和变截距模型的选择，可通过协方差分析假设检验（F 假设检验）来确定，对于接受 F 假设检验的选择不变截距模型求解，对于拒绝 F 假设检验的可通过 Hausman 假设检验（H 假设检验）来确定选择固定影响变截距模型还是随机影响变截距模型，对于接受 H 假设检验的选择随机影响变截距模型求解，对于拒绝 H 假设检验的选择固定影响变截距模型求解，面板数据模型的参数估算模型选择过程见图 2—3。面板数据当中经常出现的问题还包括异方差问题，因此在对面板数据回归模型参数进行估算时采用了广义最小二乘法中的截面加权回归法，以减少横截面数据造成的异方差影响。面板数据回归模型的参数估算值如表 2—5 所示。

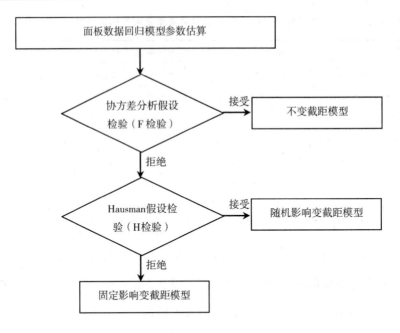

图2—3　面板数据模型的参数估算模型选择过程

资料来源：作者整理。

表2—5　　全国省际层面面板数据矿产资源开发与经济增长关系检验

解释变量	(1)	(2)	(3)	(4)	(5)	(6)
$\ln (y_{t-1})$	0.006709*** (3.7006)	-0.019980*** (-3.6572)	-0.018777*** (-3.3788)	-0.021609*** (-3.8503)	-0.027406*** (-4.5880)	-0.026930*** (-4.4633)
R_t	0.031139* (1.8400)	0.058306** (2.3767)	0.083789*** (3.3528)	0.081309*** (3.2107)	0.060980** (2.4862)	0.070282*** (2.8419)
人力资本		1.820111*** (8.0717)	1.167832*** (4.8738)	1.327406*** (5.3468)	1.163127*** (4.5928)	1.046825*** (3.8154)
人造资本			0.029851*** (5.7924)	0.032910*** (6.3491)	0.026780*** (5.2045)	0.029376*** (5.5326)
知识资本				-0.400544*** (-2.6543)	-0.431474*** (-2.8785)	-0.540242*** (-3.4551)
社会资本					0.032465*** (3.4640)	0.029132*** (3.1069)

续表

解释变量	(1)	(2)	(3)	(4)	(5)	(6)
外贸资本						0.010723＊＊ (2.1499)
F 假设检验	5.7961 (0.0000)	7.5439 (0.0000)	5.5635 (0.0000)	5.2960 (0.0000)	5.3618 (0.0000)	5.4727 (0.0000)
H 假设检验	6.2545 (0.0438)	24.7137 (0.0000)	20.2455 (0.0004)	28.2529 (0.0000)	32.6237 (0.0000)	32.8008 (0.0000)
模型方式	随机影响 变截距模型	固定影响 变截距模型	固定影响 变截距模型	固定影响 变截距模型	固定影响 变截距模型	固定影响 变截距模型
R^2	0.076042	0.621877	0.688007	0.699719	0.702918	0.700815
样本容量	217	217	217	217	217	217
标准误差	0.006249	0.005634	0.005242	0.005157	0.005048	0.005001

注：F 检验括号外的数字为协方差分析检验值，括号内的数字为不变截距模型发生的概率；H 检验括号外的数字为 Hausman 检验值，括号内的数字为随机影响变截距模型发生的概率；其他括号内的数字为 T 检验值；＊、＊＊、＊＊＊分别代表 10％、5％和 1％的显著性检验水平。

资料来源：作者整理。

由表 2—5 可知，在第（1）列中只估计初始经济发展水平和矿产资源开发强度对经济增长的影响时，发现初始经济发展水平变量的系数为 0.006709，在 1％的显著性水平上我国省际层面的经济发展不存在条件收敛，矿产资源开发强度变量的系数为 0.031139，在 10％的显著性水平上与经济增长呈显著的正相关，但这并不能说明我国省际层面的经济发展不存在条件收敛以及矿产资源开发在短期内是促进经济增长的，必须加入控制变量来消除其他因素的影响。在第（2）列中加入了人力资本控制变量，其系数为 1.820111，在 1％的显著性水平上与经济增长呈显著的正相关，初始经济发展水平变量的系数由正值变为负值（－0.019980），在 1％的显著性水平上我国省际层面的经济发展存在条件收敛，矿产资源开发强度变量的系数仍然为正值（0.058306），并在 5％的显著性水平上与经济增长呈显著的正相关。在第（3）列中加入了人造资本控制变量，其系数为 0.029851，在 1% 的显著性水平上与经济增长呈显著的正相关，矿产资源开发强度变量的系数仍然为正值（0.083789），并在 1% 的显著性水平上与经济增长呈显著的正相关。在第（4）列中加入了知识资本控制变量，其系数为 - 0.400544，在 1% 的显著性水平上与经济增长呈显著的负相关[①]，矿产资源开发强度变量的系数仍然为正值（0.081309），并在 1% 的显著性水平上与经济增长呈显著的正相关。在第（5）列中加入了社会资本控制变量，其系数为 0.032465，在 1% 的显著性水平上与经济增长呈显著的正相关，矿产资源开发强度变量的系数仍然为正值（0.060980），并在 5% 的显著性水平上与经济增长呈显著的正相关。在第（6）列中加入了外贸资本控制变量，其系数为 0.010723，在 5% 的显著性水平上与经济增长呈显著的正相关，矿产资源开发强度变量的系数仍然为正值（0.070282），并在 1% 的显著性水平上与经济增长呈显著的正相关。

二 全国省际层面的横截面数据检验

横截面数据模型解释变量的基本统计特征如表 2—6 所示，解释变量之间

---

① 胡援成、肖德勇（2007）的实证分析表明，研发投入与经济增长呈负相关，但并不显著，其原因在于"政府财政支出不能向实体经济有效转化，研发主要由科研机构完成，与企业结合不紧密，研发与生产相分离，研发成果、发明专利等不能及时转化为生产技术实现经济效益"。邵帅、齐中英（2008a）的实证分析表明，在资本方程式中研发投入与经济增长呈正相关（10% 的显著性检验水平），在劳动方程式中研发投入与经济增长呈负相关，但不显著；邵帅、齐中英（2008b）的理论解释认为"与制造业相比，以初级产品开采与加工为主的资源型产业的产业关联程度、技术更新速度、技术创新动力水平及其对高技能劳动力的需求都较低，对其投入的加大必然会导致对制造业投入的减少，这样，高份额的资源型产业会间接导到那些对高技能劳动力和先进技术需求较大、产品附加值较高的制造业的衰退，从而制约资源型地区经济发展中的技术扩散能力，进一步减缓资源型地区的科技进步和人力资本积累，最终延缓经济增长的步伐"。我们认为，研发资源的控制权与研发人员的资源使用权错位导致科研资源专用于研发活动的效率降低，削弱了研发人员的积极性，科研资源配置的失衡对组织效率产生了负面影响，导致组织实际创新效率的不足，难以产生对社会经济发展具有显著推动作用的科研成果，特别是能够转化为现实经济社会效益的科研成果，致使科研活动在低水平上重复；而科研体制的不完善使得科研人员在获取项目时向主管部门寻租，这种行为不仅滋生了腐败而且产生了冗余交易费用，致使科研资源的投入陷入耗散；最终阻碍了经济增长的步伐。

的相关系数如表 2—7 所示。从表 2—7 可知，解释变量中人力资本与知识资本之间的相关系数绝对值为 0.845240，二者具有较强的相关性，不能同时作为解释变量引入回归模型，而其他解释变量之间的相关系数绝对值均小于 0.8，相关性较小，不存在较强的多重共线性问题。

表 2—6　　　　　全国省际层面横截面数据解释变量的描述性统计

解释变量	样本容量	平均值	标准差	最小值	最大值
$\ln(y_0)$	31	11.366599	0.450623	10.142170	12.027256
R_0	31	0.036126	0.041050	0.000655	0.162382
人力资本	31	0.012407	0.006414	0.005226	0.033410
人造资本	31	0.488976	0.104096	0.323732	0.749002
知识资本	31	0.011088	0.010918	0.002086	0.061340
社会资本	31	0.610060	0.111696	0.227036	0.782898
外贸资本	31	0.364109	0.477149	0.059061	1.598732

资料来源：作者整理。

表 2—7　　　　　全国省际层面横截面数据解释变量之间的相关系数

	$\ln(y_0)$	R_0	人力资本	人造资本	知识资本	社会资本	外贸资本
$\ln(y_0)$	1	− 0.06368	0.294754	− 0.73663	0.247475	0.769106	0.386640
R_0	− 0.06368	1	− 0.02318	− 0.06337	− 0.16909	− 0.09947	− 0.24096
人力资本	0.294754	− 0.02318	1	− 0.25947	0.845240	0.322933	0.684189
人造资本	− 0.73663	− 0.06337	− 0.25947	1	− 0.14482	− 0.53651	− 0.39210
知识资本	0.247475	− 0.16909	0.845240	− 0.14482	1	0.256866	0.668366
社会资本	0.769106	− 0.09947	0.322933	− 0.53651	0.256866	1	0.431664
外贸资本	0.386640	− 0.24096	0.684189	− 0.39210	0.668366	0.431664	1

资料来源：作者整理。

在检验矿产资源开发对全国各省区经济增长的长期影响时，通过逐步回归法引入解释变量中的控制变量以观察各控制变量对矿产资源开发强度与经济增长关系的影响。为降低横截面数据模型中的异方差影响，采用 White 异方差调整的最小二乘法对横截面数据回归模型系数进行估算得出回归模型系数的估算值如表 2—8 所示。

表 2—8　　全国省际层面横截面数据矿产资源开发与经济增长关系检验

解释变量	（1）	（2）	（3）	（4）	（5）	（6）
ln（y_0）	0.001998 （1.5666）	0.001423 （1.0125）	0.006548＊＊ （1.9686）	0.007155＊＊ （2.3140）	0.005848 （1.4846）	0.006091 （1.4825）
R_0	−0.007248 （−0.3588）	−0.007149 （−0.3617）	0.001403 （0.0703）	0.000424 （0.0195）	0.001824 （0.0895）	0.006894 （0.2781）
人力资本		0.137192 （0.7518）	0.160359 （0.8100）		0.153563 （0.7794）	0.070908 （0.3178）
人造资本			0.030392 （1.6616）	0.029513 （1.5831）	0.030139 （1.5980）	0.032265 （1.6505）
知识资本				−0.015056 （−0.1964）		
社会资本					0.003608 （0.4333）	0.002179 （0.2475）
外贸资本						0.001873 （0.9020）
R^2	0.029671	0.052137	0.193097	0.163327	0.195130	0.205576
样本容量	31	31	31	31	31	31
标准误差	0.005720	0.005757	0.005413	0.005512	0.005513	0.005590

注：括号内的数字为 T 检验值；＊、＊＊、＊＊＊分别代表 10%、5% 和 1% 的显著性检验水平。
资料来源：作者整理。

由表 2—8 可知，在第（1）列中只估计初始经济发展水平和矿产资源开发强度对经济增长的影响时，发现初始经济发展水平变量的系数为 0.001998，表明我国省际层面的经济增长不存在条件收敛，矿产资源开发强度变量的系数为−0.007248，表明矿产资源开发与经济增长呈负相关，但由于矿产资源开发强度变量和初始经济发展水平的 t 检验值并不是非常显著，以及并未选取控制变量，因此，并不能说明我国省际层面的经济发展不存在条件收敛以及矿产资源开发在长期内是阻碍经济增长的，必须加入控制变量来消除其他因素的影响。在第（2）列中加入了人力资本控制变量，其系数为 0.137192，表明人力资本与经济增长呈正相关，矿产资源开发强度变量的系数仍然为负值（−0.007149），但并不显著。在第（3）列中加入了人造资本控制变量，其系数为 0.030392，表明人造资本与经济增长呈正相关，矿产资源开发强度变量的系数由负值变为正值（0.001403），但并不显著。在第（4）列中加入了知识资本，减少了人力资本[①]，知识资本的系数为 -0.015056，表明知识资本与经济增长呈负相关，矿产资源开发强度变量的系数仍然为正值（0.000424），但并不显著。在第（5）列中引入了社会资本，其系数为 0.003608，表明社会资本与经济增长呈正相关，矿产资源开发强度变量的系数仍然为正值（0.001824），但并不显著。在第（6）列中引入了外贸资本，其系数为 0.001873，表明外贸资本与经济增长呈正相关，矿产资源开发强度变量的系数仍然为正值（0.006894），但并不显著。

三　全国省际层面的检验结论

面板数据回归模型的分析结果表明：在短期内，矿产资源开发显著促进全国各省区经济增长（1％的显著性水平上）；我国省际层面的经济发展存在显著的条件收敛（1％的显著性水平上）；人力资本的投入能显著促进全国各省区经济增长（1％的显著性水平上），并能扩大矿产资源开发的经济增长的正向效应；人造资本的投入显著促进全国各省区经济增长（1％的显著性水平上），并能扩大矿产资源开发对经济增长的正向效应；知识资本的投入显著阻碍了全国各省区经济增长（1％的显著性水平），并同时降低了矿产资源开发对经济增长的正向效应[②]；社会资本的投入能显著促进全国各省区经济增长（1％的显著

---

① 人力资本和知识资本之间具有较强的相关性，因此不能同时作为控制变量引入横截面数据回归模型。

② 知识资本的投入必须达到一定的临界值才能从根本上改变现行组织体制进行资源配置的内在结构，激发组织成员进行创新；知识资本投入如果不能突破临界值，将会被现行组织体制以惯性方式耗散，投入不足是知识资本没有发挥正向效应的根本原因，通过比较我国与世界主要国家研发支出占国内生产总值的比重可以看出我国的知识资本投入存在数量不足问题。2006 年我国研发支出占国内生产总值的 1.42％，世界平均水平为 2.31％，以色列 4.53％、瑞典 3.82％、芬兰 3.43％、日本 3.40％、韩国 3.23％、美国 2.61％、德国 2.52％、奥地利 2.46％、丹麦 2.44％、新加坡 2.39％、法国 2.12％（数据来源于世界经济年鉴编辑委员会：《世界经济年鉴 2009—2010》，经济科学出版社 2010 年版）。

性水平上），但同时减低了矿产资源开发对经济增长的正向效应；外贸资本的投入能显著促进全国各省区经济增长（5％的显著性水平上），并能扩大矿产资源开发对经济增长的正向效应。

横截面数据回归模型的分析结果表明：在长期内，矿产资源开发与全国各省区经济增长之间的关系并不明确；我国省际层面的经济发展并不存在条件收敛（在20％的置信水平上才呈现显著性）；人力资本、社会资本、外贸资本能促进全国各省区经济增长，但这种关系并不显著；知识资本阻碍了全国各省区经济增长，但是这种关系同样并不显著；人造资本能促进全国各省区经济增长（在15％的置信水平上才呈现显著性），并能促使矿产资源开发从阻碍经济增长转变为促进经济增长。

面板数据回归模型和横截面数据回归模型的分析结果表明：短期内，矿产资源开发能显著促进我国各省区经济增长，然而随着时间推移，这种促进效应逐步减弱；人造资本能显著促进我国各省区经济增长，随着时间推移，这种促进效应并未减弱；从长期来看，我国经济增长并非矿产资源开发驱动型，而是投资驱动型。

四　西部省际层面的面板数据检验

面板数据模型解释变量的基本统计特征如表2—9所示，解释变量之间的相关系数如表2—10所示。从表2—10可知，解释变量之间的相关系数绝对值均小于0.8，相关性较小，不存在较强的多重共线性问题。

在检验矿产资源开发对西部各省区经济增长的短期影响时，通过逐步回归法引入解释变量中的控制变量以观察各控制变量对矿产资源开发强度与经济增长关系的影响。按全国省际面板数据中的假设检验方法选取参数估算模型后，运用广义最小二乘法中的截面加权回归法估算出面板数据回归模型的参数值如表2—11所示。

表 2—9　　　　　西部省际层面面板数据解释变量的描述性统计

解释变量	样本容量	平均值	标准差	最小值	最大值
ln（y_{t-1}）	84	11.223046	0.443764	10.142170	12.021408
R_t	84	0.063021	0.057960	0.001314	0.245772
人力资本	84	0.008602	0.003936	0.003160	0.022320
人造资本	84	0.570623	0.122278	0.305589	0.825219
知识资本	84	0.007710	0.006337	0.001194	0.029814
社会资本	84	0.519029	0.130218	0.061212	0.719426
外贸资本	84	0.110885	0.051918	0.047714	0.367087

资料来源：作者整理。

表 2—10　　　　西部省际层面面板数据解释变量之间的相关系数

	ln（y_{t-1}）	R_t	人力资本	人造资本	知识资本	社会资本	外贸资本
ln（y_{t-1}）	1	0.180066	0.124613	0.356344	0.368501	-0.02224	0.211864
R_t	0.180066	1	0.103635	0.436173	-0.49252	0.336498	0.684689
人力资本	0.124613	0.103635	1	0.224955	0.074081	-0.11125	0.263797
人造资本	0.356344	0.436173	0.224955	1	0.239012	0.646266	0.371969
知识资本	0.368501	-0.49252	0.074081	0.239012	1	-0.14694	-0.09734
社会资本	-0.02224	0.336498	-0.11125	0.646266	-0.14694	1	0.119698
外贸资本	0.211864	0.684689	0.263797	0.371969	-0.09734	0.119698	1

资料来源：作者整理。

表 2—11　　西部省际层面面板数据矿产资源开发与经济增长关系检验

解释变量	（1）	（2）	（3）	（4）	（5）	（6）
ln（y_{t-1}）	0.009169** (2.2197)	-0.003222 (-0.5504)	0.004047 (0.7079)	0.004060 (0.7134)	0.001285 (0.1923)	-0.016836 (-1.5701)
R_t	0.040672 (1.4541)	0.024758 (0.8854)	0.024454 (0.9436)	0.023150 (0.8958)	0.020189 (0.7392)	0.078641** (2.2879)
人力资本		1.238538*** (3.0479)	0.117973 (0.2329)	0.170152 (0.3346)	0.120534 (0.2305)	0.225774 (0.3675)
人造资本			0.036709*** (3.2318)	0.035615*** (3.1281)	0.035229*** (3.0819)	0.042568*** (3.5238)

解释变量	（1）	（2）	（3）	（4）	（5）	（6）
知识资本				− 0.221522 （− 0.7608）	− 0.215798 （− 0.7210）	− 0.692790＊＊ （− 2.0236）
社会资本					0.010073 （0.7329）	0.026479＊ （1.7996）
外贸资本						0.028113＊ （1.6851）
F 假设检验	9.2239 （0.0000）	8.0916 （0.0000）	7.7075 （0.0000）	7.8467 （0.0000）	8.2128 （0.0000）	7.9985 （0.0000）
H 假设检验	2.5091 （0.2852）	3.3487 （0.3409）	5.2267 （0.2648）	7.5889 （0.1804）	9.2167 （0.1618）	25.4925 （0.0006）
模型方式	随机影响 变截距模型	随机影响 变截距模型	随机影响 变截距模型	随机影响 变截距模型	随机影响 变截距模型	固定影响 变截距模型
R^2	0.158584	0.250562	0.334676	0.339469	0.345769	0.761932
样本容量	84	84	84	84	84	84
标准误差	0.005626	0.005302	0.005050	0.005063	0.005041	0.004785

注：F 检验括号外的数字为协方差分析检验值，括号内的数字为不变截距模型发生的概率；H 检验括号外的数字为 Hausman 检验值，括号内的数字为随机影响变截距模型发生的概率；其他括号内的数字为 T 检验值；＊、＊＊、＊＊＊分别代表 10％、5％和 1％的显著性检验水平。

资料来源：作者整理。

由表 2—11 可知，在第（1）列中只估计初始经济发展水平和矿产资源开发强度对经济增长的影响时，发现初始经济发展水平变量的系数为 0.009169，在 5％的显著性水平上西部省际层面的经济发展不存在条件收敛，矿产资源开发强度变量的系数为 0.040672，表明矿产资源开发与经济增长呈正相关，但由于矿产资源开发强度变量的 t 检验值并不是非常显著，以及并未选取控制变量，因此，并不能说明西部省际层面的经济发展不存在条件收敛以及矿产资源开发在长期内是阻碍经济增长的，必须加入控制变量来消除其他因素的影响。在第（2）列中加入了人力资本控制变量，其系数为 1.238538，在 1％的显著性水平上与经济增长呈显著的正相关，初始经济发展水平变量的系数由正值变为负值（− 0.003222），但并不显著，矿产资源开发强度变量的系数仍然为正值（0.024758），但并不显著。在第（3）列中加入了人造资本控制变量，其系数为 0.036709，在 1％的显著性水平上与经济增长呈显著的正相关，初始经济发展水平变量的系数由负值变为正值（0.004047），但并不显著，矿产资源开发强度变量的系数仍然为正值（0.024454），但并不显著，人力资本控制变量的系数仍然为正值（0.117973），但并不显著。在第（4）列中加入了知识资本控制变量，其系数为－0.221522，表明知识资本与经济增长呈负相关，矿产资源开发强度变量的系数仍然为正值（0.023150），但并不显著。在第（5）列中加入了社会资本控制变量，其系数为 0.010073，表明社会资本与经济增长呈正相关，矿产资源开发强度变量的系数仍然为正值（0.020189），但并不显著。在第（6）列中加入了外贸资本控制变量，其系数为 0.028113，在 10％的显著性水平上与经济增长呈显著的正相关，初始经济发展水平变量的系数由正值变为负值（－0.016836），但并不显著，矿产资源开发强度变量的系数仍然为正值（0.078641），在 5％的显著性水平上与经济增长呈显著的正相关。

五　西部省际层面的横截面数据检验

由于西部省际层面横截面数据模型的样本容量有限，过多的引入控制变量可能会导致模型估算不精确，因此西部省际层面横截面数据模型的检验与全国省际层面横截面数据模型的检验不同。我们对全国省际层面横截面数据模型稍作修改，建立西部省际层面横截面数据回归模型：

$$\ln(y_T^i/y_0^i)/T = \alpha_0 + \alpha_1 \ln(y_0^i) + \alpha_2 R_0^i + \varepsilon \qquad (2\text{—}3)$$

式中，T 表示横截面数据的研究期间，y_0^i 表示第 i 个省份研究期期初的经济总量，y_T^i 表示第 i 个省份研究期期末的经济总量，被解释变量 $\ln(y_T^i/y_0^i)/T$ 表示第 i 个省份研究期的平均经济增长率。解释变量 $\ln(y_0^i)$ 表示第 i 个省份研究期期初经济总量的自然对数；解释变量 R_0^i 表示第 i 个省份研究期期初的矿产资源开发强度。α_0 表示常数项，α_1、α_2 表示系数，ε 表示随机扰动项。被解释变量 $\ln(y_T^i/y_0^i)/T$、解释变量 $\ln(y_0^i)$ 和 R_0^i 的详细说明与全国省际层面的横截面检验一致。

解释变量的基本统计特征如表 2—12 所示，解释变量之间的相关系数如表 2—13 所示。

表 2—12　　　　　　　　　　　解释变量的描述性统计

解释变量	样本容量	平均值	标准差	最小值	最大值
$\ln\,(y_0)$	12	11.028511	0.437958	10.142170	11.645595
R_0	12	0.036558	0.046163	0.001314	0.162382

资料来源：作者整理。

表 2—13　　　　　　　　　　　解释变量之间的相关系数

	$\ln\,(y_0)$	R_0
$\ln\,(y_0)$	1	0.017977
R_0	0.017977	1

资料来源：作者整理。

在检验矿产资源开发对西部各省区经济增长的长期影响时，我们通过多元线性回归法观察西部矿产资源开发强度与经济增长之间的关系。为降低横截面数据模型中的异方差影响，采用 White 异方差调整的最小二乘法对横截面数据回归模型系数进行估算得出回归方程为：

$$\ln\,(y_T/y_0)\,/T=0.039378+\underset{(1.4309)}{0.001104}\ln\,(y_0)\,-\underset{(-1.0385)}{0.025556}R^{①}\quad(2-4)$$

回归方程表明：初始经济发展水平变量的系数为 0.001104，表明西部省际层面的经济增长并不存在条件收敛，矿产资源开发强度变量的系数为 −0.025556，表明矿产资源开发与经济增长呈负相关，但由于矿产资源开发强度变量和初始经济发展水平的 t 检验值并不是非常显著，因此，并不能说明西部省际层面的经济发展不存在条件收敛以及矿产资源开发在长期内是阻碍经济增长的，必须加入控制变量来消除其他因素的影响。

---

　①　括号内的数字为 T 检验值，R^2 为 0.025013，标准误差为 0.008745。

六　西部省际层面的检验结论

面板数据回归模型的分析结果表明：在短期内，矿产资源开发显著促进西部各省区经济增长（5％的显著性水平上）；西部省际层面的经济发展并不存在显著的条件收敛（在15％的置信水平上才呈现显著性）；人力资本能促进西部各省区经济增长，但这种关系并不显著；人造资本的投入能显著促进西部各省区经济增长（1％的显著性水平上）；知识资本的投入显著阻碍了西部各省区经济增长（5％的显著性水平）；社会资本的投入能显著促进西部各省区经济增长（10％的显著性水平上）；外贸资本的投入能显著促进西部各省区经济增长（10％的显著性水平上）。短期内西部各省区的经济增长由矿产资源开发、人造资本、社会资本、外贸资本共同驱动。横截面数据回归模型的分析结果表明：在长期内，矿产资源开发与经济增长之间的关系并不明确；我国省际层面的经济发展是否存在条件收敛也并不明确。

第三章 西部矿产资源开发与科学发展现状分析

西部地区矿产资源比较优势突出，但受到自然、经济、社会等条件的限制，地质勘察工作程度较低，矿产资源勘察、开发利用的潜力很大。西部矿产资源产业仅凭天然的资源储量优势，以采掘业为主，但加工业稍显劣势，致使矿产资源产业链尚未实现有效整合。资源开采业与资源加工业的二元分离导致"矿产资源空间分布客观性"与"矿产资源利益分配主观性"错位。我们以资源企业经济、社会、环境协调发展为基础，构建资源企业发展能力评价体系，评价西部资源企业发展水平；按照统筹城乡发展、统筹区域发展、统筹经济社会发展、统筹人与自然和谐发展、统筹国内发展和对外开放的要求，构建以生态资本、人力资本、人造资本、知识资本、社会资本、外贸资本为准则的评价指标体系，评价西部各省区科学发展水平。

第一节 西部矿产资源开发现状分析

一 西部矿产资源储量与分布

1. 西部地区主要矿产资源基础储量

《全国矿产资源规划》明确指出"西部地区矿产资源比较优势突出，具备形成特色支柱产业的资源基础，对缓解国家急缺矿产的供需矛盾具有非常重要的意义。虽然西部地区成矿地质条件好，但地质勘察工作程度较低，矿产资源勘察、开发利用的潜力很大。在 45 种主要矿产中，西部地区的天然气、铜、磷、钾盐、锰、铬、钛、镍、铂族、锶、锌等 20 余种矿产的保有储量占全国的 50％以上，另有 9 种矿产也具有比较优势。"[1] "全国已查明资源储量的 158 种矿产中，西部地区拥有 138 种。"[2] 2009 年东、中、西部主要能源、黑色金属、有色金属、非金属矿产基础储量如表 3—1 所示。表 3—1 表明，西部地区除铁矿、菱镁矿、高岭土的基础储量低于东部地区外，其他能源、黑色金属、有色金属、非金属矿产的基础储量均居全国之首，特别是天然气、铬矿、钒矿、原生钛铁矿、铅矿、锌矿的基础储量占全国总储量的 2/3 以上，属于绝对优势资源。

表 3—1　　　　　2009 年东、中、西部主要能源、黑色金属、有色金属、

非金属矿产基础储量

资源＼地区	东部	中部	西部	全国	西部比例（％）
石油（万吨）	79970.6	79200.4	95584.6	294919.8	32.41
天然气（亿立方米）	1171.4	2103.5	30744.4	37074.2	82.93
煤炭（亿吨）	214.2	1365.1	1610.3	3189.6	50.49
铁矿（矿石、亿吨）	125.7	24.8	62.5	213.0	29.34
锰矿（矿石、万吨）	1655.0	6761.5	10160.1	18576.6	54.69
铬矿（矿石、万吨）	6.9	0.0	515.6	522.5	98.68
钒矿（万吨）	19.3	286.4	953.2	1258.9	75.72
原生钛铁矿（万吨）	480.0	0.5	22810.9	23291.4	97.94
铜矿（万吨）	221.8	1540.8	1188.4	2951.0	40.27
铅矿（万吨）	231.1	202.4	906.6	1340.1	67.65

---

① 中华人民共和国国土资源部：《全国矿产资源规划》(2007 - 10 - 17)，http：//www. mlr. gov. cn/zwgk/ghjh/200710/t20071017 _ 658630. htm。

② 中华人民共和国国土资源部：《〈中国的矿产资源政策〉白皮书（全文）》(2004 - 06 - 25)，ht-tp：//www. mlr. gov. cn/zwgk/flfg/kczyflfg/200406/t20040625 _ 16533. htm。

续表

资源＼地区	东部	中部	西部	全国	西部比例（%）
锌矿（万吨）	545.1	331.7	2961.7	3838.5	77.16
铝土矿（矿石、万吨）	864.7	33704.5	49354.7	83923.9	58.81
菱镁矿（矿石、万吨）	207742.2	3.2	236.4	207981.8	0.11
硫铁矿（矿石、万吨）	35385.5	49592.5	77155.4	162133.4	47.59
磷矿（矿石、万吨）	3.9	11.2	16.6	31.7	52.37
高岭土（矿石、万吨）	38124.7	6310.9	19157.5	63593.1	30.13

资料来源：根据中华人民共和国国家统计局：《中国统计年鉴2010》，中国统计出版社2010年的整理所得。

2009年西部各省区主要能源、黑色金属、有色金属、非金属矿产基础储量如表3—2所示。表3—2表明，西部地区绝对优势资源的分布情况为：天然气主要分布于新疆、内蒙古、四川、陕西、重庆和青海（天然气的全国储量分布状况见图3—1）；铬矿主要分布于西藏、内蒙古、甘肃和新疆（铬矿的全国储量分布状况见图3—2）；钒矿主要分布于四川、广西和甘肃（钒矿的全国储量分布状况见图3—3）；原生钛铁矿主要分布于四川（原生钛铁矿的全国储量分布状况见图3—4）；铅矿主要分布于内蒙古、云南、甘肃、青海和四川（铅矿的全国储量分布状况见图3—5）；锌矿主要分布于内蒙古、云南和甘肃（锌矿的全国储量分布状况见图3—6）。

表3—2　　　　　2009年西部各省区主要能源、黑色金属、有色金属、

非金属矿产基础储量

资源＼地区	内蒙古	广西	重庆	四川	贵州	云南
石油（万吨）	7618.3	181.7	161.7	105.1	0	12.2
天然气（亿立方米）	6721.3	3.4	1969.8	6487.0	4.5	2.5
煤炭（亿吨）	772.7	7.7	21.3	52.3	128.1	77.5
铁矿（矿石、亿吨）	15.8	1.1	0	28.9	0.5	4.2
锰矿（矿石、万吨）	568.7	3848.1	1806.9	32.1	2479.6	582.4
铬矿（矿石、万吨）	126.7	0	0	0	0	0.1
钒矿（万吨）	0.8	171.5	0	689.8	0	0.1

续表

资源＼地区	内蒙古	广西	重庆	四川	贵州	云南
原生钛铁矿（万吨）	0	0	0	22763.3	0	0
铜矿（万吨）	290.0	13.9	0	83.7	0.3	289.4
铅矿（万吨）	385.8	18.3	3.9	78.1	6.0	179.5
锌矿（万吨）	1005.8	153.6	14.8	220.0	14.7	820.0
铝土矿（矿石、万吨）	0	22573.4	3639.1	14.4	20430.6	1971.3
菱镁矿（矿石、万吨）	0	0	0	186.5	0	0
硫铁矿（矿石、万吨）	17485.5	4636.5	1907.1	40605.6	5716.2	6111.7
磷矿（矿石、万吨）	0.1	0	0	3.5	4.1	8.1
高岭土（矿石、万吨）	433.2	18185.0	0	56.1	10.4	391.7

资源＼地区	西藏	陕西	甘肃	青海	宁夏	新疆
石油（万吨）	0	22490.2	13798.8	4361.7	190.9	46664.0
天然气（亿立方米）	0	5658.7	163.6	1377.3	2.2	8354.1
煤炭（亿吨）	0.1	268.7	58.4	20.0	55.5	148.0
铁矿（矿石、亿吨）	0.3	4.1	3.9	0.1	0	3.6
锰矿（矿石、万吨）	0	287.5	132.4	0	0	422.4
铬矿（矿石、万吨）	209.1	1.1	125.1	0.8	0	52.7
钒矿（万吨）	0	0.9	89.9	0	0	0.2
原生钛铁矿（万吨）	0	0	0	0	0	47.6
铜矿（万吨）	199.4	16.0	178.2	45.9	0	71.6
铅矿（万吨）	0	13.5	103.0	86.4	0	32.1
锌矿（万吨）	0	64.2	436.1	145.7	0	86.8
铝土矿（矿石、万吨）	0	725.9	0	0	0	0
菱镁矿（矿石、万吨）	0	0	0	49.9	0	0
硫铁矿（矿石、万吨）	0	577.6	1.0	96.8	0	17.4
磷矿（矿石、万吨）	0	0.2	0	0.6	0	0
高岭土（矿石、万吨）	0	81.1	0	0	0	0

资料来源：中华人民共和国国家统计局：《中国统计年鉴2010》，中国统计出版社2010年版。

2. 西部地质勘察现状与规划

随着西部大开发战略的推进，西部地区矿产资源勘察、开采力度以及探矿权、采矿权交易不断加强。2008年全国地质勘察经费、矿产资源勘察许可证发证数、矿产资源采矿许可证发证数如表3—3所示，2008年全国探矿权、采矿权交易情况如表3—4所示。

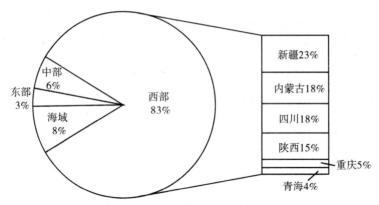

图 3—1　我国天然气资源分布状况

资料来源：根据表 3—1、表 3—2 整理所得。

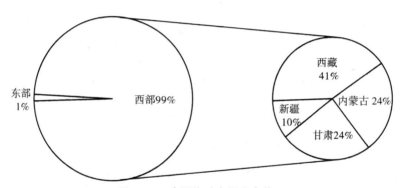

图 3—2　我国铬矿资源分布状况

资料来源：根据表 3—1、表 3—2 整理所得。

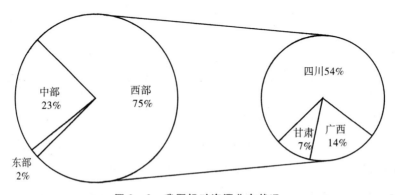

图 3—3　我国钒矿资源分布状况

资料来源：根据表 3—1、表 3—2 整理所得。

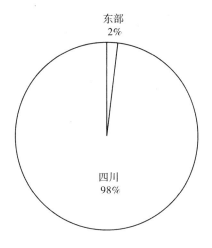

图 3—4　我国原生钛铁矿资源分布状况

资料来源：根据表 3—1、表 3—2 整理所得。

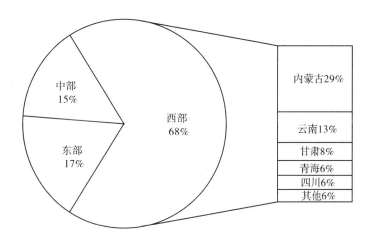

图 3—5　我国铅矿资源分布状况

资料来源：根据表 3—1、表 3—2 整理所得。

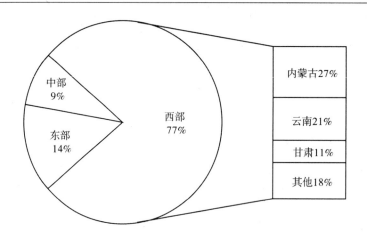

图 3—6　我国锌矿资源分布状况

资料来源：根据表 3—1、表 3—2 整理所得。

表 3—3　　　　　　　**2008 年地质勘察经费、矿产资源勘察许可证发证数、**

采矿许可证发证数

项目　　　　　　地区	东部	中部	西部	其他	全国	西部比例（%）
地质勘察经费（万元）	2266273	1115773	3898498	77041	7357585	52.99
矿产资源勘察许可证发证数（个）	4993	4995	22783	3974	36745	62.00
矿产资源采矿许可证发证数（个）	23526	31327	40417	1848	97118	41.62

资料来源：中华人民共和国国土资源部：《中国国土资源统计年鉴 2009》，地质出版社 2009 年版。

表 3—4　　　　　　　**2008 年全国探矿权、采矿权交易情况**

项目　　　　　　地区	东部	中部	西部	其他	全国	西部比例（%）
探矿权出让宗数（宗）	480	458	1013	578	2529	40.06
探矿权出让合同金额（万元）	28200	82948	219916	12239	343303	64.06
采矿权出让宗数（宗）	6886	8529	8600	37	24052	35.76
采矿权出让合同金额（万元）	450717	509936	323805	203866	1488324	21.76
探矿权转让宗数（宗）	284	137	916	42	1379	66.42
探矿权转让合同金额（万元）	346704	170851	298784	0	816339	36.60
采矿权转让宗数（宗）	315	225	547	4	1091	50.14
采矿权转让合同金额（万元）	179584	118980	209760	7507	515831	40.66

　　注：探矿权、采矿权出让是指主管部门以招标、拍卖、挂牌的方式确定探矿权、采矿权竞得人的活动；探矿权、采矿权转让是指探矿权、采矿权人通过合资、合作、作价入股、出售等方式将探矿权、采矿权让与他人（根据《探矿权采矿权招标拍卖挂牌管理办法》整理）。

　　资料来源：《中国矿业年鉴》编辑部：《中国矿业年鉴 2009》，地震出版社 2010 年版。

　　表3—3表明，2008年西部地区的地质勘察经费占我国地质勘察总经费的52.99％；截至2008年底，西部地区获得的矿产资源勘察许可证发证数占全国总发证数的62.00％，西部地区获得的矿产资源采矿许可证发证数占全国总发证数的41.62％。表3—4表明，2008年西部地区从主管部门获得了40.06％的探矿权、35.76％的采矿权；66.42％的探矿权转让活动、50.14％的采矿权转让活动发生在西部地区；西部地区的探矿权、采矿权交易活动更为频繁。西部地区的矿产资源勘察、开采以及探矿权、采矿权交易情况表明：我国矿产资源勘察及开采活动主要集中在西部地区，西部地区具有丰裕的矿产资源。

　　西部地区不仅当前的资源开发优势明显，而且未来的发展潜力巨大。《全国地质勘察规划》对西部地区的规划为："贯彻国家西部大开发战略，根据加强西部基础设施建设、推进生态环境保护、发展特色优势产业的需求，全面提高地质工作程度。加快西部重要矿产资源接替区勘察，为重要资源开发基地建设提供资源保障。加强塔里木、准噶尔、柴达木、鄂尔多斯、四川等盆地油气、煤炭等能源矿产勘察，开展铀矿资源勘察。加强雅鲁藏布江、西南三江、天山—北山等重点成矿区带资源远景调查和潜力评价。"[1]

　　全国能源类矿产资源总体勘察规划为：石油天然气勘察规划区如表3—5所示；煤炭和煤层气勘察规划区如表3—6所示；其他能源矿产重点调查评价区如表3—7所示。表3—5表明，西部油气能源矿产勘察区主要集中在新疆、陕西、四川、重庆和青海。表3—6表明，西部煤炭能源矿产勘察区主要集中在内蒙古、陕西、新疆、贵州和云南。表3—7表明，西部其他能源矿产勘察区主要集中在内蒙古、广西、四川、贵州、云南、西藏、甘肃、青海和宁夏。

---

　　[1]　中华人民共和国国土资源部：《全国地质勘察规划》（2010 - 04 - 20），http：//www. mlr. gov. cn/zwgk/ghjh/201004/P020100420516606295737.doc.

表 3—5　　　　　　　　　　　　石油天然气勘察规划区

类别	矿　区
油气调查评价区（新区新领域）	松辽盆地外围断陷盆地群、华北地区主要盆地前古近系地层分布区、西北地区主要盆地中生界—古生界地层分布区（塔里木盆地塔东坳陷、准噶尔盆地昌吉凹陷、柴达木盆地石炭系地层）、南方地区海相地层分布区（四川盆地北部、米苍山—大巴山地区、东秦岭—大别造山带两侧推覆带地区、川东南—黔北、渝东—湘鄂西、黔南—桂中坳陷、江汉平原深部地层、下扬子地区深部地层）、青藏高原盆地群、河西走廊盆地群、北山盆地群及银额盆地、南海北部深水地区、南黄海、东海陆架盆地西部和东南部海域
油气重点勘察区	渤海湾盆地滩海地区、富油凹陷；松辽盆地大庆油田外围地区、盆地北部深部地层分布区及盆地南部地区；鄂尔多斯盆地陕北、西部等地区；塔里木盆地塔北、塔中、巴楚等地区，麦盖提、孔雀河等地区，以及库车坳陷和塔西南坳陷；准噶尔盆地南部地区、中央坳陷、西部隆起；柴达木盆地西部坳陷、北部地区和东部坳陷；四川盆地的川东、川北、川中的深部地层、鄂西渝东、川西坳陷中部地区；东海西湖凹陷；珠江口盆地和琼东南盆地的深水地区

资料来源：中华人民共和国国土资源部：《全国地质勘察规划》（2010 - 04 - 20），http：//www. mlr. gov. cn/zwgk/ghjh/201004/P020100420516606295737. doc。

表 3—6　　　　　　　　　　　　煤炭和煤层气勘察规划区

类别	矿　区
煤炭调查评价区	鄂尔多斯盆地（陕蒙）、吐哈盆地、内蒙古海拉尔—二连含煤区、苏鲁豫皖重点矿区外围深部、新疆南部库—拜含煤区、青藏铁路沿线（柴达木盆地东北缘含煤区、唐古拉含煤区、安多县土门含煤带）、阿拉善含煤区、东北地区中西部含煤区、通辽含煤区、南方闽赣湘渝、长江上游地区等煤炭资源远景区
煤炭重点勘察区	东胜、准噶尔、榆横、潞安、河保偏、霍州、大同、乡宁、淮北、登封、郑州、平顶山、邯郸邢台、黄河北、鸡西、双鸭山、晋城、阳泉、淮南、鹤岗、古叙、黔北、盘县、恩洪庆云、巨野、织纳、神府新民、榆神、渭北、彬长、沁源、古交、柳林、灵武鸳鸯湖、枣滕、乌鲁木齐等国家规划矿区；西部边远地区—吐哈盆地：艾丁湖煤矿区、沙尔湖煤矿勘察区、野马泉煤矿区；柴达木盆地北缘：滩间山—鱼卡、绿草山—大煤沟；唐古拉聚煤区；乌丽、扎曲地区；南方—萍乐煤田；湘中黄丰桥—兰村煤矿田、闽西北含煤区的永定、龙岩、漳平、永安、大田等煤田
煤层气调查区	大同、焦作、黔西滇东、晋城、宁武、抚顺、红阳、二连霍林河周缘、淮南、伊犁等较有利区带

资料来源：中华人民共和国国土资源部：《全国地质勘察规划》（2010 - 04 - 20），http：//www. mlr. gov. cn/zwgk/ghjh/201004/P020100420516606295737. doc。

　　全国非能源类重要矿产资源重点调查评价区规划为：西南三江成矿带、雅鲁藏布江成矿带、天山成矿带、南岭成矿带、大兴安岭成矿带、阿尔泰成矿带、昆仑—阿尔金成矿带、北山成矿带、秦岭成矿带、川滇黔相邻区成矿带、晋冀成矿区、豫西成矿区、湘西鄂西成矿带、辽东吉南成矿带、长江中下游成矿带、武夷山成矿带和其他成矿区共 17 个成矿区（带）。其中西南三江成矿带、

表 3—7　　　　　　　　　**其他能源矿产重点调查评价区**

矿种	重点调查评价区
铀	塔里木、准噶尔、柴达木、焉耆、昭苏、白银—喜集水、雅布赖、敦煌、酒泉、巴音戈壁、布尔津、巴丹吉林、六盘山、鄂尔多斯、商都、二连—海拉尔、松辽、三江、四川、滇西、西藏等盆地、成矿远景区、找矿空白区和工作程度极低地区
油页岩	松嫩含矿区、鄂尔多斯盆地、准噶尔盆地、依兰—舒兰含矿区、抚顺—密山含矿区、三江东部坳陷油页岩含矿区、内蒙古乌拉特后旗、豫西南凹陷区、豫中东濮凹陷、广东茂名盆地、羌塘盆地、伦坡拉盆地、百色—田东盆地、宁明—上思盆地
油砂	准噶尔、松辽、四川、柴达木、塔里木、鄂尔多斯、二连等盆地
页岩气	四川盆地及雪峰山以西地区、滇黔桂、长江中下游、华南中小型页岩盆地
生物气	三江平原、黄河、长江三角洲等第四纪厚层沉积区、松辽、渤海湾等含油气盆地浅层、洞庭等中小型沉积盆地浅层
水溶气	河西走廊盆地群、贺兰—银根盆地群、北山盆地群、陆上主要含油气盆地
地热	苏北盆地、南襄—江汉盆地、苏鲁山地、河套盆地、太行山地区的断陷盆地

资料来源：中华人民共和国国土资源部：《全国地质勘察规划》（2010 - 04 - 20），http：//www.mlr.gov.cn/zwgk/ghjh/201004/P020100420516606295737.doc。

雅鲁藏布江成矿带、天山成矿带、大兴安岭成矿带、阿尔泰成矿带、昆仑—阿尔金成矿带、北山成矿带、秦岭成矿带和川滇黔相邻区成矿带共 9 个成矿区（带）主要分布在西部地区，并且其他成矿区中的 55.56% 亦分布在西部地区。

全国非能源类重要矿产资源重点勘察区规划为 161 个勘察区，包括 A 类勘察区 60 个，B 类勘察区 101 个。[①] 其中 A 类勘察区中的 26 个（43.33%）分布在西部地区，B 类勘察区中的 58 个（57.43%）分布在西部地区，总计共 84 个（52.17%）勘察区分布在西部地区。

全国能源类矿产资源总体勘察规划及全国非能源类重要矿产资源总体勘察规划表明：我国矿产资源勘察区规划的重点仍然是西部地区；西部地区具有矿

---

① "A 类区：勘察工作程度较高、勘察潜力大、有一定勘察风险的地区。加强统一规划，鼓励多元勘察投资；国家煤炭规划矿区，通过中央地质勘察基金安排，开展煤炭资源的普查和必要的详查。B 类区：勘察潜力大或较大，但外部条件等因素较差的地区，或勘察风险较大、商业性矿产资源勘察投资不活跃的地区。加强中央地质勘察基金投入，为后续勘察降低风险。加快形成一批国家后备勘察开发基地。"（中华人民共和国国土资源部：《全国地质勘察规划》（2010 - 04 - 20），http：//www.mlr.gov.cn/zwgk/ghjh/201004/P020100420516606295737.doc。）

产资源开发的比较优势。同时，受自然、经济、社会等条件约束，西部矿产资源开发优势与劣势并存[①]。

二 西部矿产资源产业效率分析

1. 矿产资源产业分类

矿产资源产业是对矿产资源的开发、保护与利用的各种经济社会活动。矿产资源产业按其在产业链中所处的位置可划分为：矿产资源采矿业和矿产资源加工业（见图3—7）。矿产资源采矿业是指对自然资源进行开采的行业，包括煤炭采选业（B01）、石油和天然气开采业（B03）、黑色金属矿采选业（B05）、有色金属矿采选业（B07）、非金属矿采选业（B09）和其他矿采选业（B49）。矿产资源加工业是指对矿产品的加工及再加工行业，包括黑色金属冶炼及压延加工业（C65）、有色金属冶炼及压延加工业（C67）。

2. 西部地区资源型城市与矿产资源企业分布

产业的发展是以城市为据点的，矿产资源产业的发展更是以城市为中心向四周辐射，矿产资源产业的集聚形成了资源型城市。西部各省区资源型城市分布表明，西部地区的矿产资源型城市共172个，其中处于幼年期的矿产资源型城市共41个（23.84%）；处于中年期的矿产资源型城市共111个（64.53%）；处于老年期的矿产资源型城市共20个（11.63%）。处于幼年期和中年期的矿产资源型城市共152个（88.37%），表明西部地区资源型城市的资源开发并未出现大面积的枯竭状况，具有较大的资源开发潜力，矿产资源产业的发展后劲较足。贵州的矿产资源型城市最多，有23个（13.37%）；西藏的矿产资源型城市最少，只有3个（1.74%）。

---

① 西部矿产资源开发具有比较优势的同时，也存在开发难度大、耗竭速度快等问题，具体参见丁任重《西部经济发展与资源承载力研究》，人民出版社2005年版，第21—24页。

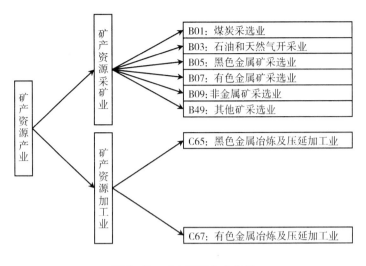

图 3—7 矿产资源产业分类

资料来源：根据《上市公司行业分类指引》（http://www.csindex.com.cn/sseportal/csi-portal/zs/jbxx/file/hyflzy.pdf）整理所得。

资源企业是直接对自然资源进行开采、对矿产品进行加工及再加工的企业，是直接与大自然进行交流的主体，亦能体现各地区资源产业发展水平与经济发展水平。表 3—8 反映了西部各省区资源类上市公司分布情况①。表 3—8 表明，西部的资源类上市公司总共有 29 家，其中采矿业上市公司 10 家（34.48%），矿产资源加工业上市公司 19 家（65.52%），西部的资源类上市公司主要以矿产资源加工业为主；云南、内蒙古的资源类上市公司较多，分别为 6 家和 5 家；广西、重庆、贵州、西藏、宁夏的资源类上市公司较少，均为 1 家。

---

① 数据截至 2009 年底。包含《上市公司行业分类指引》中 B01、B03、B05、B07、B09、B49、C65、C67 的所有 A 股、B 股上市公司。后文西部资源企业发展能力的评价、资源企业税负结构、资源企业收益分配的研究均是在本表的基础上的进一步的筛选，筛选原则包括税费、分红等。

表 3—8   西部各省区矿产资源类上市公司分布

省区	采矿业上市公司	矿产资源加工业上市公司
内蒙古（5）	平庄能源（000780）、露天煤业（002128）、伊泰 B 股（900948）	包钢股份（600010）、包钢稀土（600111）
广西（1）	—	柳钢股份（601003）
重庆（1）	—	重庆钢铁（601005）
四川（3）	西部资源（600139）	攀钢钒钛（000629）、ST 东碳（600691）
贵州（1）	盘江股份（600395）	—
云南（6）	驰宏锌锗（600497）	云铝股份（000807）、云南铜业（000878）、锡业股份（000960）、ST 锌电（002114）、贵研铂业（600459）
西藏（1）	西藏矿业（000762）	—
陕西（2）	—	西部材料（002149）、宝钛股份（600456）
甘肃（2）	靖远煤电（000552）	酒钢宏兴（600307）
青海（4）	贤成矿业（600381）、西部矿业（601168）	西宁特钢（600117）、金瑞矿业（600714）
宁夏（1）		东方钽业（000962）
新疆（2）	—	八一钢铁（600581）、新疆众和（600888）

资料来源：根据"国泰安数据服务中心：CSMAR 中国股票市场交易数据库"提供的数据整理所得。

表 3—9 反映了 2009 年采矿业企业累计单位数。表 3—9 表明，我国采矿企业主要分布在中部地区（39.39%）[①] 和西部地区（31.71%）；从企业性质来看，采矿企业主要以私营企业（61.03%）为主。

表 3—10 反映了 2009 年矿产资源加工业企业累计单位数。表 3—10 表明，我国矿产资源加工企业主要分布在东部地区（58.61%）；从企业性质来看，矿产资源加工业企业亦主要以私营企业为主。西部各省区矿产资源产业上市公司的分布、矿产资源采矿业企业的分布和矿产资源加工业企业的分布表明：矿产

---

① 中部地区的矿产资源采矿企业主要集中在煤炭大省山西，为 3592 家，占全国矿产资源采矿企业的 17.74%，占中部地区矿产资源采矿企业的 45.04%，直接导致中部地区拥有最多的矿产资源采矿企业。

资源采矿业企业与矿产资源的分布基本一致，而矿产资源加工业企业却与矿产资源的分布相背离，导致矿产资源开采地和矿产资源加工地的二元分离，由此引申出"矿产资源空间分布客观性"与"矿产资源利益分配主观性"，这是各种利益矛盾产生的根源；西部各省区矿产资源产业企业的分配不平衡致使西部各省区经济发展的失衡，从而陷入"结构性贫困"。

表 3—9　　　　　　　　2009 年矿产资源采矿业企业累计单位数

区域	国有企业	集体企业	股份合作企业	股份制企业	私营企业	外商和港澳台投资企业	其他	合计
东部	257	637	30	94	3840	161	834	5853
中部	436	990	122	231	4429	85	1683	7976
西部	340	436	95	178	4089	57	1226	6421

资料来源：根据"国研网统计数据库：工业统计数据库"提供的数据计算整理所得。

表 3—10　　　　　　　　2009 年矿产资源加工业企业累计单位数

区域	国有企业	集体企业	股份合作企业	股份制企业	私营企业	外商和港澳台投资企业	其他	合计
东部	113	318	171	144	6186	1214	1246	9392
中部	80	111	32	131	2206	152	881	3593
西部	125	118	41	130	1621	120	884	3039

资料来源：根据"国研网统计数据库：工业统计数据库"提供的数据计算整理所得。

3. 西部矿产资源产业的效率

西部地区的矿产资源产业工业总产值，除重庆、贵州、西藏、青海、宁夏外，其余 7 个省均在 1000 亿元以上，矿产资源产业已成为西部地区的重要产业。表 3—11 列示了 2008 年全国各省区矿产资源产业工业产值及地区生产总值。表3—11 表明，内蒙古、云南、陕西、甘肃、青海、宁夏、新疆的矿产资源产业占地区生产总值的比重超过了全国平均水平（29.70％）；东部、中部、西部矿产资源产业占地区生产总值的比例分别为 26.12％、35.52％、33.66％，东部地区低于全国平均水平，中部地区、西部地区高于全国平均水平。

表 3—11　　　2008 年全国各省区矿产资源产业工业产值及地区生产总值

区域	矿产资源采矿业（万元）	矿产资源加工业（万元）	矿产资源产业（万元）	地区生产总值（万元）	矿产资源产业占地区生产总值比重（％）
北京	3777721	5491611	9269332	104880300	8.84
天津	10746293	23469276	34215569	63543800	53.85
河北	21670489	81413226	103083714	161886100	63.68
山西	34187090	23219096	57406186	69387300	82.73
内蒙古	18454088	21190424	39644511	77618000	51.08
辽宁	16094003	38490917	54584920	134615700	40.55
吉林	7317564	5895585	13213149	64240600	20.57
黑龙江	23834503	2735984	26570487	83100000	31.97
上海	178669	20927780	21106449	136981500	15.41
江苏	5123119	83145912	88269031	303126100	29.12
浙江	1465995	29441619	30907614	214869200	14.38
安徽	8581808	19186152	27767960	88741700	31.29
福建	3423707	11077361	14501067	108231100	13.40
江西	4415430	24477715	28893145	64803300	44.59
山东	41643487	55572420	97215907	310720600	31.29
河南	32995384	40044733	73040116	184077800	39.68
湖北	4841275	17115159	21956433	113303800	19.38
湖南	7014717	20884908	27899625	111566400	25.01
广东	11395829	33734037	45129866	356964600	12.64
广西	2091754	12247283	14339037	71715800	19.99
海南	490334	148556	638890	14592300	4.38
重庆	2455018	6493455	8948473	50966600	17.56
四川	12764776	18244879	31009655	125062500	24.80
贵州	3645298	5468681	9113980	33334000	27.34
云南	4207789	15218063	19425851	57001000	34.08
西藏	135891	0	135891	3959100	3.43
陕西	19896424	7008317	26904741	68513200	39.27
甘肃	3747197	11692695	15439893	31761100	48.61
青海	2805998	3717562	6523560	9615300	67.85
宁夏	1921398	2674031	4595428	10985100	41.83
新疆	15576987	4448348	20025335	42034100	47.64
全国	326900030	644875784	971775813	3272198000	29.70

资料来源：根据《中国统计年鉴（2009）》、国研网统计数据库：工业统计数据库的数据计算整理所得。

为量化西部矿产资源产业的发展现状，采用矿业区位商来判定西部矿产资源产业的效率：

$$采矿业区位商_i = \frac{地区采矿业产值_i / 地区生产总值_i}{全国采矿业总产值 / 国内生产总值} \qquad (3—1)$$

$$矿业加工业区位商_i = \frac{地区矿业加工业产值_i / 地区生产总值_i}{全国矿业加工业总产值 / 国内生产总值} \qquad (3—2)$$

$$矿业产业区位商_i =$$

$$\frac{(地区采矿业产值_i + 地区矿业加工业产值_i) / 地区生产总值_i}{(全国采矿业总产值 + 全国矿业加工业总产值) / 国内生产总值} \qquad (3—3)$$

式中，采矿业区位商$_i$表示第i个省份的矿产资源采矿业区位商，地区采矿业产值$_i$表示第i个省份的矿产资源采矿业产值，地区生产总值$_i$表示第i个省份的地区生产总值；矿业加工业区位商$_i$表示第i个省份的矿产资源加工业区位商，地区矿业加工业产值$_i$表示第i个省份的矿产资源加工业产值；矿业产业区位商$_i$表示第i个省份的矿产资源产业区位商。

采矿业区位商$_i$大于1，说明省份i的矿产资源采矿业专业化程度高于全国平均水平，竞争力强，具有比较优势，采矿业区位商$_i$等于1，说明省份i的矿产资源采矿业专业化程度保持全国平均水平，竞争力一般，不具备比较优势，采矿业区位商$_i$小于1，说明省份i的矿产资源采矿业专业化程度低于全国平均水平，竞争力弱，处于劣势状态。

表3—12列示了2008年东部各省矿业区位商，表3—13列示了2008年中部各省矿业区位商，表3—14列示了2008年西部各省矿业区位商。表3—12至表3—14表明，从采矿业来看，西部地区内蒙古、四川、贵州、陕西、甘肃、青海、宁夏、新疆的采矿业区位商均大于1，矿产资源采矿业专业化程度高于全国平均水平，竞争力较强，其中新疆、青海、陕西、内蒙古的采矿业区位商大于2，极具竞争力；而广西、重庆、云南、西藏的采矿业区位商均小于1，矿产资源采矿业专业化程度低于全国平均水平，竞争力较弱。从矿业加工业来看，西部地区内蒙古、云南、甘肃、青海、宁夏的矿业加工业区位商大于

1，矿产资源加工业专业化程度高于全国平均水平，竞争力较强；而广西、重庆、四川、贵州、西藏、陕西、新疆的矿业加工业区位商小于 1，矿产资源加工业专业化程度低于全国平均水平，竞争力较弱。从矿业产业来看，西部地区内蒙古、云南、陕西、甘肃、青海、宁夏、新疆的矿业产业区位商大于 1，矿产资源产业专业化程度高于全国平均水平，竞争力较强；而其余 5 个省（市、区）的矿业产业区位商小于 1，矿产资源产业专业化程度低于全国平均水平，竞争力较弱。

表 3—12 　　　　　　　　2008 年东部各省矿业区位商

区域	采矿业区位商	矿业加工业区位商	矿业产业区位商
北京	0.360546	0.265686	0.297597
天津	1.692817	1.874088	1.813110
河北	1.339935	2.551813	2.144144
辽宁	1.196721	1.450862	1.365370
上海	0.013056	0.775220	0.518832
江苏	0.169175	1.391814	0.980525
浙江	0.068294	0.695266	0.484356
福建	0.316642	0.519335	0.451150
山东	1.341534	0.907513	1.053515
广东	0.319555	0.479520	0.425709
海南	0.336351	0.051657	0.147427
东部平均	0.607844	1.017036	0.879386

资料来源：根据国研网统计数据库；工业统计数据库；中华人民共和国国家统计局：《中国统计年鉴 2009》（中国统计出版社 2009 年版）提供的数据计算整理所得。

从整体来看（见图 3—8），东部地区采矿业区位商为 0.61，中部地区采矿业区位商为 1.58，西部地区采矿业区位商为 1.51，矿产资源采矿业主要集中在中部地区和西部地区，具有比较优势，而中部地区的矿产资源采矿业主要集中在山西省，采矿业区位商为 4.93，极具比较优势。东部地区矿业加工业区位商为 1.02，中部地区矿业加工业区位商为 1.00，西部地区矿业加工业区位商为 0.94，矿产资源加工业主要集中在东部地区，具有比较优势。东部地区矿

表 3—13　　　　　　　　　　　2008 年中部各省矿业区位商

区域	采矿业区位商	矿业加工业区位商	矿业产业区位商
山西	4.931815	1.697965	2.785814
吉林	1.140201	0.465673	0.692580
黑龙江	2.870977	0.167061	1.076644
安徽	0.968001	1.097043	1.053634
江西	0.682025	1.916625	1.501313
河南	1.794223	1.103843	1.336083
湖北	0.427701	0.766478	0.652515
湖南	0.629363	0.949867	0.842051
中部平均	1.582456	0.999952	1.195903

资料来源：根据国研网统计数据库；工业统计数据库；中华人民共和国国家统计局：《中国统计年鉴 2009》（中国统计出版社 2009 年版）提供的数据计算整理所得。

表 3—14　　　　　　　　　　　2008 年西部各省矿业区位商

区域	采矿业区位商	矿业加工业区位商	矿业产业区位商
内蒙古	2.379878	1.385290	1.719864
广西	0.291958	0.866540	0.673253
重庆	0.482163	0.646478	0.591203
四川	1.021670	0.740248	0.834917
贵州	1.094637	0.832451	0.920649
云南	0.738918	1.354691	1.147549
西藏	0.343573	0.000000	0.115576
陕西	2.906868	0.519043	1.322294
甘肃	1.180961	1.868025	1.636900
青海	2.921118	1.961819	2.284522
宁夏	1.750806	1.235167	1.408625
新疆	3.709423	0.536983	1.604174
西部平均	1.506927	0.944197	1.133496

资料来源：根据国研网统计数据库；工业统计数据库；中华人民共和国国家统计局：《中国统计年鉴 2009》（中国统计出版社 2009 年版）提供的数据计算整理所得。

业产业区位商为 0.88，中部地区矿业产业区位商为 1.20，西部地区矿业产业区位商为 1.13，东部地区矿产资源产业专业化程度低于全国平均水平，中部地区、西部地区矿产资源产业专业化程度高于全国平均水平。相比矿产资源采矿业，西部地区矿产资源加工业稍显劣势，西部地区虽然地大物博、矿产资源丰裕，但是加工制造能力明显低于东部地区和中部地区，仅凭借天然的矿产资源优势，即"矿产资源空间分布客观性"在全国占有较高地位，而没有掌控"矿产资源利益分配主观性"的主导权。

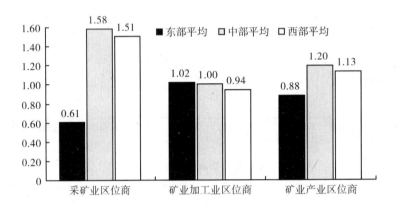

图3—8　2008年东、中、西部地区矿业产业区位商

资料来源：根据表3—12、表3—13和表3—14整理所得。

"矿产资源空间分布客观性"使得东部地区在矿产资源的开采上不具有天然优势，甚至远远落后于西部地区，但这并没有阻碍东部地区矿业产业的发展，正是由于矿产资源开采上的劣势要求东部地区不断通过资源的优化配置将最优资源分配到矿业加工业，从而掌握了"矿产资源利益分配主观性"，缩小了在矿业产业上与西部地区的差异。而西部地区仅凭借"矿产资源空间分布客观性"发展采矿业，忽视了掌握"矿产资源利益分配主观性"的矿业加工业，从而无法继续扩大在矿业产业上的优势。资源开采业对环境的破坏较大，发生安全事故的概率较高；资源加工业对环境的破坏较小，发生安全事故的概率较低；环境污染以及安全事故主要集中在资源开采地。西部地区以牺牲环境和高事故风险为代价的发展模式一方面导致资源开采业与资源加工业严重不配比，另一方面影响了西部地区产业链和社会、环境的整体发展。

4. 西部主要矿产资源产品产量与效益分析

西部地区主要矿产资源产品中的天然气、煤炭、硫酸、农用氮、磷、钾化肥占全国总产量的 1/3 以上，其中天然气的产量占全国总产量的 78.88%，如表 3—15 所示。表 3—15 表明，虽然西部地区具有天然的资源丰裕优势，但是西部矿产资源产业在全国却没有占据主导地位，对矿产资源深入加工程度不足，没有充分发挥西部地区矿产资源丰裕的潜能，直接导致矿产资源采矿业与矿产资源加工业没有实现配比发展，如铁矿石的 29.34%（见表 3—1）分布在西部地区，然而西部地区只生产了 14.42% 的生铁、12.96% 的粗铁、12.23% 的钢材（见表 3—15），原油的 32.41%、天然气的 82.93%（见表 3—1）分布在西部地区，然而西部地区只生产了 11.05% 的乙烯。

表 3—15　　　　　　2009 年东、中、西部主要矿产资源产品产量

主要矿业产品 ＼ 地区	东部	中部	西部	全国	西部比例（%）
原煤（亿吨）	3.5	11.9	14.11	29.73	47.46
原油（万吨）	8280.9	5196.0	5472.06	18948.96	28.88
天然气（亿立方米）	107.2	72.9	672.57	852.69	78.88
原盐（万吨）	3758.1	1362.4	1542.33	6662.79	23.15
发电量（亿千瓦小时）	16432.1	9893.2	10821.25	37146.51	29.13
化学纤维（万吨）	2529.3	147.0	70.94	2747.28	2.58
硫酸（万吨）	1395.3	1803.7	2761.91	5960.9	46.33
烧碱（万吨）	1074.1	349.6	408.61	1832.37	22.30
纯碱（万吨）	962.7	441.0	541.15	1944.77	27.83
农用氮、磷、钾化肥（万吨）	1648.9	2480.9	2255.25	6385.01	35.32
化学农药原药（万吨）	138.4	62.2	25.56	226.22	11.30
乙烯（万吨）	789.4	164.7	118.53	1072.62	11.05
水泥（万吨）	73738.6	49048.2	41610.96	164397.78	25.31
平板玻璃（万重量箱）	38235.7	11883.6	8454.81	58574.07	14.43
生铁（万吨）	34406.6	12902.9	7974.01	55283.46	14.42
粗铁（万吨）	36575.2	13224.9	7418.16	57218.2	12.96
钢材（万吨）	46908.9	14009.2	8487.23	69405.40	12.23

资料来源：中华人民共和国国家统计局：《中国统计年鉴 2010》，中国统计出版社 2010 年版。

表 3—16   2008 年东、中、西部矿产资源产业绩效

项目＼地区	东部	中部	西部
矿产资源采矿业亏损企业比例（％）	9.89	9.84	15.57
矿产资源采矿业总资产（万元）	116042404	147564091	127080201
矿产资源采矿业销售利润率（％）	23.17	22.39	26.65
矿产资源加工业亏损企业比例（％）	19.25	17.12	32.37
矿产资源加工业总资产（万元）	283819322	119279443	90180052
矿产资源加工业销售利润率（％）	3.78	4.04	2.56
矿产资源产业亏损企业比例（％）	15.74	12.10	20.54
矿产资源产业总资产（万元）	399861726	266843534	217260253
矿产资源产业销售利润率（％）	8.32	12.21	13.86

资料来源：国泰安研究服务中心：中国工业行业统计数据库。

西部地区的矿产资源亏损企业比例最高，但矿产资源产业的销售利润率却是最高的，如表 3—16 所示。表 3—16 表明：西部地区矿产资源采矿业亏损企业比例为 15.57％，远高于东部地区的 9.89％和中部地区的 9.84％，然而西部地区矿产资源采矿业销售利润率却为 26.65％，略高于东部地区的 23.17％和中部地区的 22.39％；西部地区矿产资源加工业亏损企业比例为 32.37％，远高于东部地区的 19.25％和中部地区的 17.12％；西部地区矿产资源加工业销售利润率为 2.56％，略低于东部地区的 3.78％和中部地区的 4.04％；西部地区矿产资源产业亏损企业比例为 20.54％，远高于东部地区的 15.74％和中部地区的 12.10％；然而西部地区矿产资源产业销售利润率却为 13.86％，略高于东部地区的 8.32％和中部地区的 12.21％。西部地区矿产资源采矿业的赢利能力要高于矿产资源加工业的赢利能力；西部地区矿产资源采矿业的总资产略高于东部地区，然而西部地区矿产资源加工业的总资产远低于东部地区，导致西部地区矿产资源采矿业的规模与矿产资源加工业的规模严重不配比。

西部地区矿产资源丰富，同时矿产资源采矿业与东部相比极具比较优势，矿产资源采矿业的聚集使得西部地区同时具备了开采成本以及开采技术创新优势，因此与东部地区相比西部地区矿产资源采矿业的销售利润率要高于东部地

区。同理，东部地区的矿业加工业与西部相比具有比较优势，矿产资源加工业的聚集使得东部地区同时具备了加工成本及加工技术产新优势，因此与西部地区相比东部地区矿产资源加工业的销售利润率要高于西部地区。但无论是矿产资源采矿业还是矿产资源加工业西部地区的企业亏损数都高于东、中部地区，西部地区企业经营水平要落后于东、中部地区。

三　西部矿产资源企业发展能力评价

（一）企业发展与利益统筹

企业的本质是利益相关者的契约集合体，企业的发展是企业契约不断履行的过程。企业不能局限于微观的财务视角，应从宏观战略视角出发，合理统筹经济、社会、环境三者的利益，扬弃工业文明下的利润获取法则，从生态利润视角思考企业发展方向，以社会契约集合嵌入自然契约，在谋求经济利益的同时注重社会和自然利益相关者的诉求。

各行业企业中，资源企业的地位尤为特殊。资源企业的生存依赖于自然资源的供给状态，同时社会与环境又对其发展有着严格制约，如何协调资源企业发展与其利益相关者的关系，基本前提是重新确立资源企业绩效的评价目标。评价目标的改变将从根本上变革资源企业的发展路径，并从根本上确立资源企业与其利益相关者的主要关系。

（二）西部资源企业发展能力评价指标构建

企业绩效体系应该突破单一的经济绩效维度，向经济绩效、生态绩效、社会绩效三重绩效转变。[①] 按照"三重绩效"的观点，分别从企业的经济绩效、

---

① "三重绩效"评价原理首先由约翰·埃尔金顿提出（John Elkington. *Cannibals with Forks*: *The Triple Bottom Line of 21st Century Business*, Capstone, Oxford, 1997.），温素彬等（2005）结合科学发展观构建了企业三重绩效评价模型，具体参见温素彬、薛恒新《基于科学发展观的企业三重绩效评价模型》，《会计研究》2005 年第 4 期。

社会责任、环境友好三个层面来衡量西部资源企业的可持续发展能力，引导社会资源合理有序地在资源企业开发矿产资源过程中有效配置，实现利益统筹。

1. 西部资源企业发展能力评价指标设计原理

以原点 O 点作为基本起点，延伸出 X、Y、Z 三个坐标象限组成企业的"发展空间"（见图 3—9），坐标轴分别代表企业的经济绩效、社会责任履行、环境友好程度。

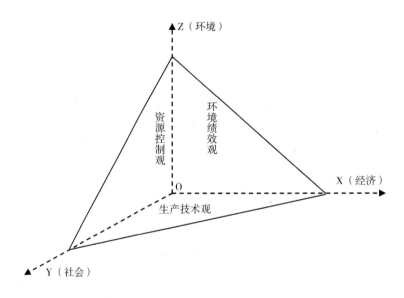

图 3—9 资源企业发展三重绩效观

资料来源：作者整理。

企业可持续发展视角。企业可持续发展视角包括：

资源控制视角：平面 YOZ 由环境与社会之间的相互关系组成。企业竞争力能否持续取决于企业对资源的控制能力，产业链正是实现企业能力与外部资源内在统一的机制。因此资源产业链完整程度（包括上游和下游）以及资源控制能力是企业与社会发生更多经济交换的基础。资源企业在发展过程中不能忽视这种资源控制能力，它是实现其持续发展的根本。

生产技术视角：平面 XOY 由经济与社会之间的相互关联组成。社会生产率的提高促进经济发展，同时技术高度与创新程度又从根本上促进社会生产率的提高。吴延兵（2006）通过实证研究认为，研发对生产率有显著正影响，因此在衡量资源企业发展能力时应适当纳入技术创新能力指标对企业的经济绩效进行全面考量。

环境绩效视角：平面 XOZ 由经济和环境之间相互作用组成。"企业进行严格的环境管理能改进企业的竞争力，环境绩效与经济绩效正相关"。[①] 同时，金碚（2009）通过理论研究认为："近十多年来，中国工业竞争力与资源环境管制强度表现出显著的正相关性。"企业在运营过程中时刻与自然环境发生各种能量与资源的交换，这种交换程度以资源企业最为突出。因此资源企业与自然之间的友好程度就决定了企业是否拥有持续的生态竞争力，在资源企业发展能力评价中应遵循生态发展理论的观点。

企业可持续发展根本观点——生态利润观。遵循"生态利润"观点，企业环境支出不应"成本化"成为会计利润的抵减项，在造成环境破坏之后再进行事后治理，而应内化成企业的"环境资产"从生产流程上降低企业对环境的影响，从本质上改变企业以破坏环境为代价的"利润最大化目标"。

企业可持续发展根本方法——利益统筹。平面 XYZ 是环境、社会、经济共同作用的平面。资源企业以资源的开发利用为主营业务，环境保护者及社会利益相关者的诉求尤为重要，因此资源企业在考虑自身经济利益的同时也应当考虑社会利益与生态利益。

2. 西部资源企业发展能力评价指标设计原则[②]

第一，易获得性原则。作为企业的外部分析者，指标数值的易获得性直接决定了评价质量的好坏。因此在选择指标时应摒弃需要大量企业内部成本管理

---

① M. E. Porter，C. van der Linde. *Toward a new conception of the environment-competitiveness relationship*，The Journal of Economic Perspectives，1995，9（4）：97—118.

② 西部矿产资源企业发展能力评价指标设计原则是在参考一般企业评价基本原则的基础上，结合对资源企业可持续发展能力内涵的理解得到。一般企业评价基本原则详见 2002 年财政部颁布的《企业绩效评价操作细则（修订）》。

数据的指标，选择尽可能多的公开披露数据，主要包括上市公司年报、社会责任报告以及公司主页信息，以减少数据缺失，保证评价基础的稳定。

第二，定量为主、定性为辅原则。定量指标通过量化数据来体现不同公司的差异程度，评价过程中对全部经济绩效指标和部分社会责任指标、环境友好指标进行量化。对于不便于进行定量评定的指标采用定性评估。

第三，可比性原则。主营业务、规模和地域等客观差异会导致不同企业的指标缺乏横向可比性。因此在指标设计时多采用相对指标以剔除相对差异，选择评价样本时采用同一区域和同一产业的企业，以剔除地域和行业的影响。

3. 西部资源企业发展能力评价指标体系

根据设计原理，遵循设计原则，西部资源企业发展能力评价指标体系如表3—17 所示。

经济绩效维度[1]：赢利能力采用销售利润率衡量企业整体销售收益能力，成本利润率衡量企业总体成本控制情况，每股经营活动现金净流量衡量企业的赢利质量。由于资产负债率本质反映了企业的资本结构，与企业偿债能力并不完全正相关，因此采用流动比率和速动比率衡量企业的偿债能力。采用总资产周转率衡量企业整体资产运营能力，存货周转率衡量企业生产过程中的资产周转状况，应收账款周转率衡量企业销售收现情况。成长能力采用销售收入增长率、净利润增长率、权益增长率衡量。按照资源控制观点，将资源企业的控制能力划分为上游控制力（供应商）、下游控制力（客户）和矿产资源控制能力。按照生产技术观点，采用专利项数、技术人员比重和研发经费比重衡量资源企业研发能力。

社会责任维度：企业在一定的社会环境中创造价值，在整个经营过程中需要处理与利益相关者的交易关系。企业在产品生产过程中与员工之间存在雇用

---

[1] 根据 2007《企业财务通则》第六十七条，结合资源企业可持续发展能力评价的特殊性，设计了资源企业可持续发展能力经济绩效指标。一般企业财务评价体系详见财政部企业司《〈企业财务通则〉解读》，中国财政经济出版社 2007 年版，第 244—249 页。

表 3—17 　　　　　　　　　　　　资源企业发展能力评价指标体系

目标层	准则层	指标层	指标解释
经济绩效指标	赢利能力	销售利润率	净利润/营业收入
		成本利润率	净利润/营业成本
		每股经营活动现金净流量	经营活动现金净流量/普通股股数
	偿债能力	流动比率	期末流动资产/期末流动负债
		速动比率	（期末流动资产-存货）/期末流动负债
	营运能力	总资产周转率	营业收入/期末资产
		存货周转率	营业成本/期末存货
		应收账款周转率	营业收入/期末应收账款
	成长能力	销售收入增长率	（本期销售收入-上期销售收入）/上期销售收入
		净利润增长率	（本期净利润-上期净利润）/上期净利润
		资本积累率	所有者权益增长额/年初所有者权益
	控制能力	上游控制力	五大供应商购买额占总购买额的比重
		下游控制力	五大外部客户收入占营业收入比重
		矿产资源控制能力	采矿权账面价值
	技术创新能力	专利	本年申请或荣获专利项目数
		技术人员比重	技术人员人数/总人数
		研发经费比率	开发支出/营业收入
社会责任指标	员工责任	职业健康安全管理	职业健康安全管理体系（有、无）
		人均工资	支付给职工及为职工支付的现金/总人数
	消费者责任	产品质量	产品质量体系认证（有、无）
	股东责任	现金股利支付率	现金股利/留存收益
	社区责任	社会公益支出	公益捐赠总额
		社会贡献	支付的各项税费/营业收入
		社会责任信息披露	社会责任信息披露（有、无）
环境友好指标	环境治理	环境管理	环境管理体系（有、无）
		环保投入强度	（矿产资源补偿费＋应交资源税＋可持续发展基金＋环保专项基金）/营业收入
	资源消耗	收入成本率	营业成本/营业收入（逆指标）
		原料消耗程度	原材料账面平均余额/营业收入（逆指标）
	环境污染	排污费	排污费（逆指标）
		环境达标状况	是、否

　　注：职业健康安全管理体系、产品质量体系认证（ISO9000、ISO9001、ISO9002）、社会责任信息披露、环境管理体系（ISO14000、ISO14001）、环境达标状况指标均为定性指标。
　　资料来源：作者整理。

关系、产品销售之后和消费者之间存在购销关系、获得利润与股东之间存在利润分配关系、与所在地域行政部门存在管制关系。交易关系网络决定企业必须承担相应的员工责任、消费者责任、股东责任和社区责任。

环境友好维度：按照能量交换的顺序分别评价企业的资源消耗程度、环境污染程度和环境治理程度。企业消耗的资源在会计计量中大部分都归入成本，因此收入成本率能反映企业综合资源[①]消耗状况，同时采用单位收入原材料耗用量对企业总体资源消耗状况进行辅助评价。排污费是环境管理部门根据企业废水排放量征收的补偿性费用，企业排污费缴纳的越多说明其对环境造成的危害越大，因此选择企业上缴的排污费作为衡量企业环境污染程度的指标。

（三）数据来源与评价方法

1. 数据来源

评价样本主要为开采、生产、加工地在西部的资源企业，共 21 家，包括 20 家以矿产采选、矿产资源加工为主营业务的上市公司，以及拟上市资源公司：龙蟒钛业[②]。上市公司评价数据来自其 2008 年年报、社会责任报告和公司主页信息，龙蟒钛业评价数据来自其 2008 年招股说明书。

2. 数据处理

对评价指标进行无量纲化处理是进行评价的前提，由于各项评价指标从不同的角度来反映资源企业发展能力的不同侧面，度量单位以及度量方向不尽一致，因此需要对评价指标进行无量纲化处理，以消除指标量纲的影响，从而使不同类型的评价指标具有线性合成的基础条件，我们采用极值处理法进行无量纲化处理。无量纲化处理公式如下[③]：

---

① 这里的资源理解为广义资源，包括自然资源、人力资源等。

② 龙蟒钛业代表了西部民营资源企业发展的较高水平，发展路径具有较强的借鉴意义，应将其纳入评价体系。龙蟒钛业原定于 2008 年上市，并已发布招股说明书，课题组对其进行了实地调研获取了相关资料。

③ 郭亚军：《综合评价理论、方法及应用》，科学出版社 2007 年版，第 17 页。

对于正向指标：

$$y_{ij} = \frac{x_{ij} - \min(x_{*j})}{\max(x_{*j}) - \min(x_{*j})} \quad (i=1, 2, \cdots, m; j=1, 2, \cdots, n) \quad (3\!-\!4)$$

对于逆向指标：

$$y_{ij} = \frac{\max(x_{*j}) - x_{ij}}{\max(x_{*j}) - \min(x_{*j})} \quad (i=1, 2, \cdots, m; j=1, 2, \cdots, n) \quad (3\!-\!5)$$

式中 x_{ij} 表示第 i 个企业第 j 个指标的原始数据，y_{ij} 表示第 i 个企业第 j 个指标的无量纲化处理后的值，$\min(x_{*j})$ 表示所有企业第 j 个指标的最小值，$\max(x_{*j})$ 表示所有企业第 j 个指标的最大值，m 表示待评价企业总数，n 表示指标总数，经过无量纲化处理后的值 $y_{ij} \in [0, 1]$，度量方向全部转化为正向影响。

3. 权重分配

评价指标体系权重分配的不同将会对西部资源企业发展能力评价的最终结果产生显著影响，因此要对评价指标的权重进行科学、合理的分配。目前对指标权重进行分配的方法较多，但可以划分为两大类：主观赋权法、客观赋权法，由于主观赋权法的价值判断标准因人而异，同时又过分依赖评价主体的知识及经验积累，因此我们采用客观赋权法中的逼近理想点法来确定评价指标的权重。权重计算公式如下[1]：

设理想系统的评价指标集为 $S^* = (y_1^*, y_2^*, \cdots, y_n^*)$，[2] 第 i 个企业的评价指标集为 $S_i = (y_{i1}, y_{i2}, \cdots, y_{in})$，$S_i$ 与 S^* 间的加权欧式距离平方和为：

$$h_i = \sum_{j=1}^{n} [w_j(y_{ij} - y_j^*)]^2 = \sum_{j=1}^{n} w_j^2 (y_{ij} - y_j^*)^2 \quad (3\!-\!6)$$

式中 y_{ij} 表示第 i 个企业第 j 个指标的无量纲化处理后的值，y_j^* 表示第 j

---

[1]　郭亚军：《综合评价理论、方法及应用》，科学出版社 2007 年版，第 71—72 页。

[2]　采用极值处理法对原始数据进行无量纲化处理后使得 $y_{ij} \in [0, 1]$，度量方向全部转化为正向影响，因此理想系统为 $S^* = (1, 1, \cdots, 1)$。

个指标的理想值，w_j 表示第 j 个指标的权重，h_i 表示第 i 个企业的评价指标集与理想系统的评价指标集间的加权欧式距离平方和。

所有企业的评价指标集与理想系统的评价指标集间的加权欧式距离平方和汇总为：

$$H = \sum_{i=1}^{m} h_i = \sum_{i=1}^{m} \sum_{j=1}^{n} w_j^2 (y_{ij} - y_j^*)^2 \qquad (3-7)$$

那么，最优权重 w_j（$j = 1，2，\cdots，n$）应为使 H 取最小值时的权重，即求解优化问题：

$$\begin{cases} \min H = \sum_{i=1}^{m} \sum_{j=1}^{n} w_j^2 (y_{ij} - y_j^*)^2 \\ \sum_{j=1}^{n} w_j = 1 \\ w_j > 0 \end{cases} \qquad (3-8)$$

建立拉格朗月（Lagrange）函数 $L（w_1，w_2，\cdots，w_n，\lambda）= \sum_{i=1}^{m} \sum_{j=1}^{n} w_j^2 (y_{ij} - y_j^*)^2 + \lambda(\sum_{j=1}^{n} w_j - 1)$ 分别对 $w_j、\lambda$ 求偏导数 $\partial L / \partial w_j、\partial L / \partial \lambda$，并令 $\partial L / \partial w_j = 0$、$\partial L / \partial \lambda = 0$，可解得：

$$w_j = \frac{\dfrac{1}{\sum_{i=1}^{m} (y_{ij} - y_j^*)^2}}{\sum_{j=1}^{n} \dfrac{1}{\sum_{i=1}^{m} (y_{ij} - y_j^*)^2}} \qquad (3-9)$$

4. 综合评价指数

综合评价指数的构建大体可划分为两大类：线性加权综合法、非线性加权综合法，采用线性加权综合法计算西部资源企业发展能力指数为：

$$I_i = \sum_{j=1}^{n} w_j \cdot y_{ij} \qquad (3-10)$$

综合评价满分为 1 分，最低为 0 分。得分在区间（0，0.6）评价结果为"不合格"，得分在区间（0.6，0.7）评价结果为"合格"，得分在区

间（0.7，0.8）评价结果为"良好"，得分在区间（0.8，1］评价结果
为"优秀"。

（四）西部资源企业发展能力评价结果

各指标的权重分配如表3—18所示。由表3—18可知，在评价体系中权重
较大并超过10％的指标是原材料消耗程度、净利润增长率和排污费，权重超
过3％的指标是每股经营活动现金净流量、社会贡献，权重超过2％的指标是
环境达标状况、销售净利润率、上游控制力、下游控制力、收入成本率。资源
控制能力指标采用采矿权账面价值进行衡量。在会计核算中，采矿权作为无形
资产需要按时间摊销，因此存在处于摊销末期的企业其采矿权账面价值低于摊
销初期的企业，在反映实际的资源控制情况时会存在一定偏差，但由于该指标
权重不高，存在偏差的影响也较小，可以忽略。

经济绩效指标评价结果排名如表3—19和图3—10所示。排名第一的是金
钼股份，其偿债能力、成长能力、矿产资源控制力和研发经费比率在西部企业
中得分相对较高。排名最后的是金瑞矿业，较多的指标数值为负导致得分偏
低。根据权重分配结果，经济绩效指标评价满分应为0.467，大部分企业得分
不到满分的60％。

社会责任绩效指标评价结果排名见图3—11和表3—20所示。资源企业社
会责任指标得分差距较大，并且低分企业较多，如靖远煤电、平庄能源、西部
资源，其经济绩效得分排名分别为11、4、8，而社会责任得分排名却名列后
三，经济绩效良好的企业在社会责任的履行上没有做到齐头并进，反映出部分
资源企业社会责任意识的缺失。

根据权重分配结果，社会责任指标评价满分应为0.127，得到满分60％以
上的企业有6家。社会责任指标得分排名最高的是驰宏锌锗，因其有高的现金
股利支付率、社会贡献率和人均工资。公益捐赠额最高的西部矿业因其未披露
社会责任报告，得分相对较低。得分最低的西部资源在社会责任各个指标上的
表现均不佳。经济绩效指标得分排名和社会责任指标得分排名差距最大的是平

表 3—18　　　　　　　　　资源企业发展能力评价指标权重

目标层	准则层	指标层	权重
经济绩效指标	赢利能力	销售净利润率	0.0241
		成本利润率	0.0176
	偿债能力	流动比率	0.0124
		速动比率	0.0120
		每股经营活动现金净流量	0.0745
	营运能力	资产周转率	0.0175
		存货周转率	0.0166
		应收账款周转率	0.0119
	成长能力	净利润增长率	0.1518
		资本积累率	0.0153
		销售收入增长率	0.0147
	控制能力	上游控制力	0.0220
		下游控制力	0.0209
		资源控制能力	0.0134
	技术创新能力	本年申请或荣获专利项目数	0.0118
		技术人员占总人数比重	0.0176
		研发经费比率	0.0128
社会责任指标	员工责任	职业健康安全管理体系	0.0167
		人均工资	0.0175
	消费者责任	产品质量体系认证	0.0118
	股东责任	现金股利支付率	0.0150
	社区责任	社会公益支出	0.0167
		社会贡献/营业收入	0.0361
		社会责任信息披露	0.0135
环境友好指标	环境治理	环境管理体系	0.0197
		环保投入强度	0.0146
	资源消耗	收入成本率	0.0207
		原材料消耗程度	0.1936
	环境污染	排污费	0.1331
		环境达标状况	0.0241
合计			1.0000

资料来源：作者整理。

表 3—19　　　　　　　　　　　经济绩效指标评价结果排名

股票代码	股票简称	经济绩效指标	排名
601958	金钼股份	0.3000	1
600395	盘江股份	0.2862	2
600381	贤成矿业	0.2796	3
000780	平庄能源	0.2691	4
002128	露天煤业	0.2659	5
600497	驰宏锌锗	0.2638	6
600307	酒钢宏兴	0.2580	7
600139	西部资源①	0.2481	8
—	龙蟒钛业	0.2470	9
000629	攀钢钒钛	0.2415	10
000522	靖远煤电	0.2413	11
000762	西藏矿业	0.2381	12
000960	锡业股份	0.2323	13
600111	包钢稀土	0.2286	14
002114	ST 锌电	0.2203	15
600117	西宁特钢	0.2195	16
600459	贵研铂业	0.2189	17
601688	西部矿业	0.2160	18
000515	攀渝钛业	0.1861	19
000878	云南铜业	0.1641	20
600714	金瑞矿业	0.0786	21

资料来源：作者整理。

庄能源，它在 2008 年未披露社会责任报告、未建立职工健康安全管理体系、公益捐赠额为零、现金股利支付数额为零。

环境友好绩效指标评价结果排名如表 3—21 和图 3—12 所示。西宁特钢、酒钢宏兴和金瑞矿业评价得分偏离总体平均值较大，而其他企业的得分则较为平均。根据权重分配结果，环境友好指标评价满分应为 0.406 分，得到满分

① 2009 年"绵阳高新"更名为"西部资源"，股票代码未发生改变，下同。

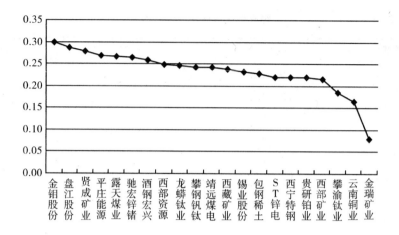

图 3—10 经济绩效指标评价结果排名

资料来源：作者整理。

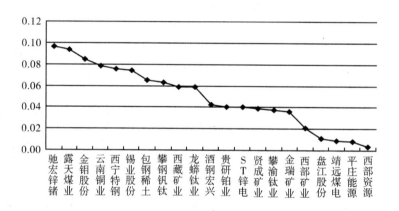

图 3—11 社会责任指标评价结果排名

资料来源：作者整理。

60％以上的企业有 19 家。环境友好指标得分排名最高的是金钼股份，因其环保投入强度在被评价企业中最高，同时保持着较低的原材料消耗水平，在企业内部实行环境管理体系。得分最低的金瑞矿业在环境友好各个指标上的表现均不佳。

表 3—20　　　　　　　　　　　社会责任指标评价结果排名

股票代码	股票简称	社会责任指标得分	排名
600497	驰宏锌锗	0.0963	1
002128	露天煤业	0.0933	2
601958	金钼股份	0.0849	3
000878	云南铜业	0.0782	4
600117	西宁特钢	0.0754	5
000960	锡业股份	0.0744	6
600111	包钢稀土	0.0655	7
000629	攀钢钒钛	0.0630	8
000762	西藏矿业	0.0593	9
—	龙蟒钛业	0.0587	10
600307	酒钢宏兴	0.0425	11
600459	贵研铂业	0.0405	12
002114	ST 锌电	0.0400	13
600381	贤成矿业	0.0386	14
000515	攀渝钛业	0.0374	15
600714	金瑞矿业	0.0363	16
601688	西部矿业	0.0205	17
600395	盘江股份	0.0113	18
000522	靖远煤电	0.0089	19
000780	平庄能源	0.0083	20
600139	西部资源	0.0038	21

资料来源：作者整理。

表 3—21　　　　　　　　　　　环境友好指标评价结果排名

股票代码	公司简称	环境友好指标	排名
601958	金钼股份	0.3792	1
002128	露天煤业	0.3789	2
000629	攀钢钒钛	0.3731	3
000522	靖远煤电	0.3650	4
000960	锡业股份	0.3648	5

续表

股票代码	公司简称	环境友好指标	排名
600139	西部资源	0.3533	6
600111	包钢稀土	0.3497	7
—	龙蟒钛业	0.3495	8
600381	贤成矿业	0.3416	9
600395	盘江股份	0.3354	10
000780	平庄能源	0.3340	11
000515	攀渝钛业	0.3318	12
601688	西部矿业	0.3291	13
600459	贵研铂业	0.3248	14
000762	西藏矿业	0.3226	15
000878	云南铜业	0.3200	16
600497	驰宏锌锗	0.3196	17
002114	ST 锌电	0.2965	18
600117	西宁特钢	0.2661	19
600307	酒钢宏兴	0.2334	20
600714	金瑞矿业	0.1350	21

资料来源：作者整理。

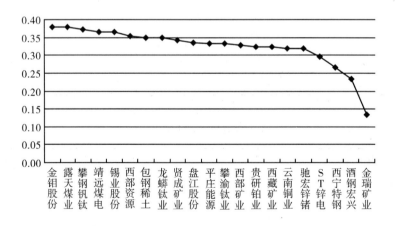

图3—12　环境友好指标评价结果排名

资料来源：作者整理。

西部资源企业发展能力总体评价排名如表3—22和图3—13所示。根据评价得分的判定区间，发展能力为"优秀"的企业没有，"良好"的企业2家，"合格"的企业11家，不合格的企业8家，合格率为61.9%。

表 3—22　　　　　　　　　西部资源企业发展能力总体评价结果排名

股票代码	公司简称	总体评价结果	排名
601958	金钼股份	0.7642	1
002128	露天煤业	0.7382	2
600497	驰宏锌锗	0.6798	3
000629	攀钢钒钛	0.6777	4
000960	锡业股份	0.6716	5
600381	贤成矿业	0.6599	6
—	龙蟒钛业	0.6553	7
600111	包钢稀土	0.6439	8
600395	盘江股份	0.6330	9
000762	西藏矿业	0.6201	10
000522	靖远煤电	0.6154	11
000780	平庄能源	0.6114	12
600139	西部资源	0.6052	13
600459	贵研铂业	0.5843	14
601688	西部矿业	0.5658	15
000878	云南铜业	0.5624	16
600117	西宁特钢	0.5610	17
002114	ST 锌电	0.5569	18
000515	攀渝钛业	0.5554	19
600307	酒钢宏兴	0.5340	20
600714	金瑞矿业	0.2500	21

资料来源：作者整理。

总体评价结果与经济绩效评价结果对比，总体评价结果排名下降的企业有盘江股份、贤成矿业、平庄能源、酒钢宏兴、西部资源、ST锌电、西宁特钢；总体评价结果排名上升的企业有露天煤业、驰宏锌锗、龙蟒钛业、攀钢钒钛、西藏矿业、锡业股份、包钢稀土、贵研铂业、西部矿业、云南铜业；排名未发

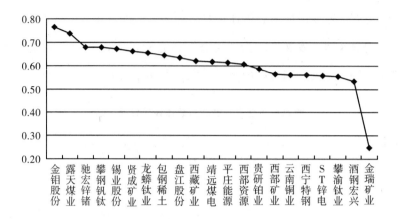

图 3—13　西部资源企业发展能力总体评价结果排名

资料来源：作者整理。

生变化的企业有金钼股份、靖远煤电、攀渝钛业、金瑞矿业。其中酒钢宏兴总体评价结果排名下降最多，因其在环境友好指标中得分偏低，可见该企业需要重视环境管理，以保证企业与环境的和谐程度；排名上升幅度较大的为攀钢钒钛、锡业股份与包钢稀土，因其在社会责任、环境友好指标上的表现较为突出。

　　通过对西部资源企业发展能力的综合评价可以看出，资源企业需要在重视经济绩效的同时，强化社会责任绩效和环境友好绩效的提升，否则将导致三重绩效的非均衡发展，最终失去可持续发展能力。

第二节　西部省区科学发展现状分析

一　区域科学发展不同评价体系比较

　　党的十六届三中全会首次明确提出"科学发展观"的概念，区域科学发展迫切需要一套有效的评价体系，通过科学评价，提高区域利益统筹程度，促进区域和谐发展，最终实现全面建设小康社会，基本实现现代化的目标；而非科学的评价则会导致区域资源配置重心错位，使区域丧失可持续发展能力。区域科学发展评价体系的设计需要解决构建原理、指标构成、数据处理与权重分配、利益统筹等关键问题。

关于区域科学发展评价的探索，既有理论研究，又有实践应用。国内主要的评价方法有：中国人民大学 2007 年提出的中国发展指数[①]、国务院发展研究中心发展战略和区域经济研究部课题组 2007 年提出的区域科学发展评价体系[②]、牛文元 2009 年提出的区域科学发展评价体系[③]、广东省委、广东省人民政府 2008 年提出的区域科学发展评价体系[④]、江苏省委、江苏省人民政府 2008 年提出的区域科学发展评价体系[⑤]。现有评价体系的共性之处在于：一是多数评价体系采用层次分析法和模糊数学法，将区域科学发展指数细分成若干评价指标集，采用专家咨询法和头脑风暴法从指标集遴选出最能反映科学发展程度的指标并赋予一定的权重，并逐级加权合成区域科学发展评价结果；二是评价体系仅适用于对一般区域的科学发展评价，不适用于对特定区域的科学发展评价。

1. 构建原理比较

尽管 5 种评价体系均以"科学发展观"为出发点，即"坚持以人为本，树立和落实全面、协调、可持续的发展观，做到统筹城乡发展、统筹区域发展、

---

① 中国人民大学中国调查评价中心：《中国发展指数的编制研究》，中国人民大学中国调查评价中心 2006 年版；中国人民大学中国调查评价中心：《中国发展指数（2008）编制成果研究》，《中国人民大学学报》2009 年第 1 期。

② 国务院发展研究中心发展战略和区域经济研究部课题组：《中国区域科学发展研究》，中国发展出版社 2007 年版。

③ 牛文元：《中国科学发展报告 2009》，科学出版社 2009 年版。

④ 广东省人民政府：《广东省市厅级党政领导班子和领导干部落实科学发展观评价指标体系及考核评价办法（试行）》，《广州日报》2008 年 8 月 13 日（A9）。

⑤ 罗志军：《关于建立科学发展评价考核体系的调研报告》，《群众》2008 年第 10 期。

统筹经济社会发展、统筹人与自然和谐发展、统筹国内发展和对外开放"，但5种评价体系的评价目的和构建原理却不尽相同，表明不同研究学者对科学发展观内涵的理解还存在分歧。

中国发展指数、国务院区域科学发展评价体系、牛文元区域科学发展评价体系的建立是为了转变粗放的经济发展方式，调节人与人之间、人与自然之间的矛盾，测度中国各地区的科学发展现状，最终实现全面、协调、可持续发展。广东省、江苏省区域科学发展评价体系的建立是为了切实引导当地经济社会发展进入科学发展轨道，又好又快地推进率先全面建设小康社会、率先基本实现现代化的目标，同时为了"加强领导干部班子和干部队伍建设，改进和完善干部考核评价工作"。5种不同区域科学发展评价体系的构建原理如下：

中国发展指数是"在 HDI（联合国人类发展指数）的指标体系基础上，结合我国政府统计部门公开发表的地区社会经济指标，依据定性选取指标的原则（即目的明确、综合全面、切实可行、稳定性强、协调一致），从以人为本地客观评价社会经济综合发展的实际需要出发，找出部分代表性强的指标。"

国务院区域科学发展评价体系是"以地区生产总值及其增长作为出发点，综合考虑经济增长的环境友好状况、经济增长与社会发展的协调状况以及当期增长对未来增长的影响状况而构造的指数。该指标体系围绕地区生产总值这一描述区域发展最为核心的指标来构建，然而又不仅限于地区生产总值，它详细刻画各个地区生产总值增长、为达到这样的地区生产总值增长消耗了多少资源、对环境产生多大的影响、当地居民又从这些地区生产总值增长中获得多少、这些居民所得优势在不同类型的居民中怎样分配、对外开放的成果在多大程度上惠及所在地区的居民、居民所享受的各种公共服务是否与地方经济发展相协调以及目前的增长对各地未来的增长潜力造成了何种影响。"

牛文元区域科学发展评价体系充分体现了人与自然的和谐、人与人的关系和谐两大主题，实现了科学发展动力、发展质量和发展公平这三大元素的逻辑自洽。一个区域的"发展实力"、"发展潜力"、"发展速度"及其可持续性，构成了推进该区域"发展"的动力表征；一个区域的"人与自然协调"、"文明程度"、"生活质量"及其对于理性需求的整体接近程度，构成了衡量区域"发展"的质量表征；一个区域的"共同富裕"程度及其对于贫富差异和区域差异的克服程度，构成了判断区域发展的公平表征。科学发展评价体系正是基于"动力—质量—公平"的系统观构建的。

广东省区域科学发展评价体系是在"五个坚持"的基础上构建的，即：在确定评价考核指标体系时要"坚持科学导向，以人为本，引导领导班子和领导干部树立和落实正确的政绩观，努力推动经济社会全面协调可持续发展；坚持实事求是，分类指导，调动领导班子和领导干部深入贯彻落实科学发展观的积极性、主动性和创造性；坚持发扬民主，群众公认，促进领导班子和领导干部把对上级负责与对人民群众负责有机统一起来；坚持公开透明，简便易行，规范考核评价工作，增强考核评价结果的公正性和权威性；坚持边探索、边总结、边完善，在实践中完善，在工作中创新，讲求实效，力戒形式主义"。

江苏省区域科学发展评价体系是在"五个体现，五个突出"的基础上构建的，即：在确定评价考核指标体系时要"体现发展第一要义，突出发展质量和效益；体现发展方式转变，突出创新驱动；体现协调发展，突出社会进步；体现可持续发展，突出生态文明建设；体现以人为本，突出民生改善"。

总体而言，中国发展指数紧随国际形势，以人类发展指数为模板，立足我国国情，构建出适合我国的发展指数，实为中国化的人类发展指数。国务院和牛文元的区域科学发展评价体系是建立在系统论科学基础之上的，综合考虑"自然—经济—社会"之间的复杂关系，遴选出大量评价指标；广东省和江苏省的区域科学发展评价体系紧密围绕科学发展观的内涵展开指标设计，同时将人民群众对科学发展的满意程度也纳入了考核体系中，带有较强的政府背景。

5种区域科学发展评价体系中有4种（除牛文元的区域科学发展评价体系）的构建原理都属于层次分析法和模糊数学法的范畴，为松散的指标体系模式，通过将区域科学发展指数细分成若干评价指标集，采用专家咨询法和头脑风暴法从指标集遴选出最能反映科学发展程度的指标并赋予一定的权重，并逐级加权合成区域科学发展评价结果。运用层次分析法和模糊数学法的局限在于：①指标的权重分配方法以主观赋权法为主，主观赋权法是对评价主体知识及经验积累的反映，能充分体现评价主体的主观偏好程度，但由于评价主体的价值判断标准因人而异，故而构建出的权数缺乏一定的稳健性。主观赋权法还要求评价主体在区域科学发展评价领域有较深的研究以及丰富的知识及经验积累。②不能反映出指标之间的包含关系、相关关系以及逻辑关系，可能导致具有高度相关性的指标被重复使用。

2. 指标构成比较

5 种区域科学发展评价体系都选取了建立指标体系的方式来衡量区域的科学发展程度。选用指标评价法的优点在于："它是将半定性、半定量问题转化为定量问题的行之有效的一种方法，通过逐层比较多种关联因素来为分析、决策、预测或控制事物的发展提供定量依据，它特别适用于那些难于完全用定量进行分析的复杂问题，为解决这类问题提供一种简便适用的方法。"[①] 而选用指标评价法的缺点在于：①评价指标之间的逻辑关系不强或是根本不存在逻辑关系，指标的选取没有统一的标准；②指标选择的多寡存在较大的随意性，亦没有统一的标准；③具体指标的选用缺乏通用的准则，对于同一研究问题，不同研究学者选取的指标可能不一样，甚至相互矛盾。5 种不同区域科学发展评价体系的指标构成如下：

中国发展指数包含健康指数、教育指数、生活水平指数、社会环境指数 4 个分指数 15 个评价指标。具体的指标结构如下：①健康指数：出生预期寿命、婴儿死亡率、每万人平均病床数；②教育指数：成人文盲率、大专以上文化程度人口比例；③生活水平指数：农村居民人均纯收入、人均 GDP、城乡居民

---

① 韩中庚：《数学建模方法及其应用》，高等教育出版社 2005 年版。

年人均消费比、城镇居民恩格尔系数；④社会环境指数：城镇登记失业率、第三产业增加值占 GDP 的比例、人均道路面积、单位地区生产总值能耗、省会城市空气质量达到并好于二级的天数（省会城市 API）、人均环境污染治理投资额。

国务院区域科学发展评价体系共包含经济增长指数、环境友好指数、社会协调指数、潜力增进指数 4 个分指数 43 个评价指标。

牛文元区域科学发展评价体系包含创新发展指数、资源节约指数、环境友好指数、社会公平指数、管理质量指数 5 个分指数 16 个细指数 70 个评价指标。细指数结构如下：①创新发展指数：信息化水平、全球化水平、人力资源水平、科技贡献水平；②资源节约指数：集约化水平、低碳化水平、产出效率水平；③环境友好指数：环境保护水平、循环利用水平、生态建设水平；④社会公平指数：行业差异水平、城乡差异水平、区域差异水平；⑤管理质量指数：经济管理水平、社会管理水平、行政管理水平。

广东省区域科学发展评价体系包含经济发展、社会发展、人民生活、生态环境 4 个分指数。按照不同地区的功能定位，分为都市发展区（广州、深圳）31 个评价指标、优化发展区（珠海、佛山、东莞、中山）32 个评价指标、重点发展区（汕头、汕尾、惠州、江门、阳江、茂名、湛江、潮州、揭阳、云浮、肇庆、清远）34 个评价指标和生态发展区（韶关、河源、梅州）34 个评价指标，每类区域评价指标体系的 4 个分指数框架不变，但具体的评价指标选择以及权重分配各有侧重，变化细微，充分体现了分类原则。

江苏省区域科学发展评价体系包含经济发展、科技创新、社会进步、生态文明、民生改善 4 个分指数 28 个评价指标体系。

5 种区域科学发展评价体系的评价指标涵盖的内容相当广泛，包含了对经济发展、社会和谐及环境友好的评价指标。但是，5 种区域科学发展评价体系的指标选取仍然有其不足之处：①缺乏评价社会稳定程度的指标。社会稳定程度、治安水平的好坏直接关系到和谐社会的构建，稳定的社会和良好的治安是实现科学发展的前提条件。②缺乏评价性别歧视的指标。由于我国受封建文化思想影响较重，重男轻女思想还十分普遍，对性别歧视越高的地区其科学发展程度理应越低。③缺乏评价少数民族就业情况的指标。我国是个多民族国家，少数民族就业和失业情况不仅关系到民族之间的友爱、团结、和睦，而且关系到国泰民安，关注少数民族的就业状况对区域的科学发展显得尤为重要。④缺乏评价永久性耕地面积保有量的指标。农业是我国国民经济发展的基石，在推进工业化城镇化的同时，仍需要保证农村居民的耕地。⑤缺乏评价饮用水水质状况的指标。饮用水水质的好坏直接关系到公民的健康状况。⑥缺乏评价可再生能源利用状况的指标。可再生能源一般是清洁能源，可再生能源利用率越高，节约的传统石化能源就越多，而且排放的污染物也越少，符合低碳经济发展的时代背景。

3. 数据处理与权重分配比较

对数据进行无量纲化处理是进行评价的前提，由于各项指标从不同的角度来反映区域科学发展的不同侧面，度量单位以及度量方向不尽一致，因此需要对原始数据进行标准化处理，以消除指标量纲的影响，从而使不同类型的指标具有了合成的基础条件。另外，由于各项指标的权重不同，对科学发展评价的最终结果会产生显著影响，因此要对评价指标的权重进行科学、合理的分配。目前对指标权重进行分配的方法亦较多，但可以划分为两大类：主观赋权法、客观赋权法。主观赋权法包括专家评判法（德尔菲法）、层次分析法、模糊数学法等。客观赋权法包括变异系数法、复相关系数法、熵值法、均方差法、离差最大化法等。5 种不同区域科学发展评价体系的数据处理与权重分配如下：

中国发展指数的数据处理与权重分配方法是：①根据考察内容获取健康、教育、生活水平、社会环境项目各指标的原始数据，或者根据设计的指标加工原始数据。②根据考察内容，定义相应的指标，并计算指标的具体量值。③采用功效函数 $d = 60e^{-(x-x^s)/(x^h-x^s)\ln 0.6}$ 把这些数据标准化为 [60，100] 区间上的无量纲的纯数字，得到最底层的指数。式中：d 为单项评价指标的评价值，x 为单项指标的实际值，x^s 为不容许值，x^h 为满意值。对于正向指标 x^s 取实际数值的最小值，x^h 取实际数值的最大值。对于逆向指标 x^s 取实际数值的最大值，x^h 取实际数值的最小值。④中国发展指数认为健康、教育、生活水平和社会环境四个单项指标，对总指数计算的重要性应当是相等的，即上述四个单项指数在计算总指数时是等权的，以体现协调发展的观念。按等权重对最终指标进行合成，合成采用加权几何平均合成模型 $d = \prod_{i=1}^{n} d_i^{w_i}$。式中，$d$ 为被评价事物的综合评价值，w_i 为各评价指标的归一化后的权数，d_i 为单个指标的评价值，n 为评价指标的个数。

国务院区域科学发展评价体系的数据处理与权重分配方法是：①根据考察内容获取经济增长指数、环境友好指数、社会协调指数、潜力增进指数项目各指标的原始数据，或者根据设计的指标加工原始数据。②根据考察内容，定义相应的指标，并计算指标的具体量值。③把这些数据标准化（有关标准化的方法，报告中没有详细披露）为 [1, 10] 区间上的无量纲纯数字，得到最底层的指数。④根据区域科学发展指数的构造原则，采用专家打分的办法，分析各级指数对上一级指数的重要程度，进而确定各级指数合成上一级指数的权重（权重的确定方法，报告中没有详细披露；而权重的大小，报告中有详细披露），并逐级加权合成。

牛文元区域科学发展评价体系的数据处理与权重分配方法是：①根据考察内容获取创新发展指数、资源节约指数、环境友好指数、社会公平指数、管理质量指数项目各指标的原始数据，或者根据设计的指标加工原始数据。②根据考察内容，定义相应的指标，并计算指标的具体量值。③把这些数据标准化（有关标准化的方法，报告中没有详细披露）得到无量纲纯数字，得到最底层的指数。④根据确定的权重（有关权重的确定方法，报告中并没有详细披露；权重的大小，报告中亦没有详细披露）采取逐级加权合成。

广东省区域科学发展评价体系的权重已经给定。都市发展区经济发展、社会发展、人民生活、生态环境的权重分别为 0.30、0.22、0.23、0.25。优化发展区经济发展、社会发展、人民生活、生态环境的权重分别为 0.31、0.21、0.23、0.25。重点发展区经济发展、社会发展、人民生活、生态环境的权重分别为 0.33、0.19、0.20、0.28。生态发展区经济发展、社会发展、人民生活、生态环境的权重分别为 0.27、0.21、0.22、0.30。

江苏省区域科学发展评价体系对每项指标分别计算各地区的满意值 max (X_i) 和不容许值 min (X_i)；然后计算极差：$R = \max (X_i) - \min (X_i)$；最后计算各项评价指标的标准化值 X_i^*，其公式为：$X_i^* = 40 \times (X_i - \min (X_i))/R + 60$。这样处理之后的指标取值范围均落入 [60，100] 内，兼具直观性和可比性，对于体系中逆向指标，采用取相反数的方法加以处理。科学发展评价考核体系对每项指标的权重采用的是简单平均赋权法。

对数据进行无量纲化处理的方法较多，要根据评价对象的实际情况选择不同的功效函数。具体来说功效函数可以分为线性功效函数和非线性功效函数。江苏省科学发展评价体系选用的是线性功效函数；中国发展指数选用的是非线性功效函数。线性功效函数的特点在于无论原始数据与满意度值的距离为多少，功效分值上升的速度都是一样的。非线性功效函数又分为上凸函数和下凸函数，上凸函数的特点在于当原始数据越接近满意度值时，功效分值上升得就越慢，下凸函数的特点在于当原始数据越接近满意度值时，功效分值上升得就越快。无论是选用上凸函数还是选用下凸函数，对评价结果的最终排名是不会产生任何影响的。但选用下凸函数，会使得排名靠前的区域之间的科学发展指数差异大，排名靠后的区域之间的科学发展指数差异小。选用上凸函数，会使得排名靠前的区域之间的科学发展指数差异小，排名靠后的区域之间的科学发展指数差异大。因此，在选用非线性功效函数时要慎重。

中国发展指数和江苏省区域发展评价体系对权重的分配采用的是简单平均法，国务院区域科学发展评价体系、牛文元区域科学发展评价体系和广东省区域科学发展评价体系对权重的分配采用的是专家评判法。事实上简单平均法和专家评判法均归属于主观赋权法。主观赋权法是对评价主体知识及经验积累的反映，能充分体现评价主体的主观偏好程度，但由于评价主体的价值判断标准因人而异，故而构建出的权数缺乏一定的稳健性。客观赋权法则过分依赖于原始数据，不能反映出评价指标对研究问题的实际重要程度。另外，权重容易受指标原始数据的影响，原始数据稍有变化，评价指标的权重就会随之变化。采用复合赋权法，将主观赋权与客观赋权相结合，可有效提高权重分配的科学性和合理性。"运用组合评价方法还能对不同单一评价方法得到的不同评价结果进行修正，保证不同评价方法评价结果的一致性，解决不同单一方法评价结果相互矛盾的问题。"①

4. 评价结果比较

中国发展指数自 2007 年首次发布以来，在社会各界引起了强烈反响。最新一期的中国发展指数为中国发展指数 2008，采用《中国统计年鉴 2008》的数据对中国内地 31 个省级行政区划进行了科学发展评价，得到了科学发展总指数。而牛文元区域科学发展评价体系亦采用《中国统计年鉴 2008》的数据对中国内地 31 个省级行政区划进行了科学发展评价，得到了科学发展总水平。由于中国发展指数 2008 和牛文元科学发展评价体系的数据来源一致，因此两种评价体系评选出的结果可以进行比较。中国发展指数 2008 和牛文元区域科学发展评价体系的评价结果如表 3—23 所示。

由表 3—23 可知，虽然中国发展指数仅选用了 15 个评价指标，牛文元区域科学发展评价体系选用了多达 70 个评价指标，但两者得到的评价结果却相似，表明牛文元区域科学发展评价体系中有大量高度相关的评价指标。两者的评价结果中排名前 5 位的区域均一致，表明这 5 个省级行政区划的科学发展程度较高。排名后 5 位的都包含青海、甘肃、贵州、西藏，相似度达到了 80%，

① 迟国泰、杨中原：《基于循环修正思路的科学发展评价模型》，《系统工程理论与实践》2009 年第 11 期。

排位顺序不尽相同，表明这 4 个省级行政区划的科学发展程度较低。区域科学发展程度呈现出的现状为：东部地区科学发展程度最高，中部地区科学发展程度次之、西部地区科学发展程度最低。

表 3—23   科学发展不同评价体系评价结果比较

排名	中国发展指数	牛文元区域科学发展评价体系
1	北京	北京
2	上海	上海
3	天津	天津
4	浙江	浙江
5	江苏	江苏
…	…	…
27	青海	甘肃
28	云南	青海
29	甘肃	宁夏
30	贵州	贵州
31	西藏	西藏

资料来源：中国人民大学中国调查评价中心：《中国发展指数（2008）编制成果研究》，《中国人民大学学报》2009 年第 1 期；牛文元：《中国科学发展报告 2009》，科学出版社 2009 年版。

两者的评价结果亦验证了国务院区域科学发展评价体系的研究。国务院区域科学发展评价体系将中国内地 31 个省级行政区划分成东部、东北、中部、西部进行科学发展评价，得出 2005 年四大区域板块的科学发展指数依次为 6.46、4.90、5.28、4.38，全国科学发展指数为 5.28，仅东部地区科学发展程度高于全国水平，中部地区科学发展程度与全国水平几乎相同，东北地区和西部地区的科学发展程度则低于全国水平。

由于广东省和江苏省的区域科学发展评价体系的评价对象属于省辖市，因此不能与评价对象属于省际层面的中国发展指数、牛文元区域科学发展评价体系、国务院区域发展评价体系进行比较。而广东省和江苏省的省辖市不同，两者之间亦不便进行比较。

中国发展指数 2008 的研究亦表明：发展较快的地区是中西部地区，各地区之间的差距呈现缩小的趋势；重视环境建设的省区，综合发展状况都有了较大提升；而排名最高的北京，却存在发展不均衡的问题。

不同评价体系的评价结果同时存在两点悖论：一是既然北京存在发展不均衡的问题，那么为什么北京的排名却最高？二是既然西藏排名最后，那么为什么越来越多的旅行者或是驴友更向往去西藏旅游，去感受西藏的青山绿水、蓝天白云？第一个悖论的产生是由于现有评价体系的设计均对指标赋予一定的权重，并逐级加权合成区域科学发展评价结果，而这种评价体系并没有考虑各类分指数之间的差异性，分指数的不均衡造成分指数高的利益主体的利益诉求得到了较好的保证，而分指数低的利益主体的利益诉求得不到保证。排名导致的结果是发展不均衡的地区区域科学发展程度反而优于发展均衡地区，区域科学发展评价体系显然还存在误区；第二个悖论的产生是由于现有评价体系中环境分指数的指标选择集中在污染物的排放、能源的消耗以及环境污染治理的投资上，这种指标选择方式只考虑了人为的环境破坏和治理情况，而并没有考虑植被的吸附能力和自然界的自我净化功能，以及自然资源禀赋和自然资本存量。

5. 总体评价结论

5 种评价体系从理论研究和实践应用方面对区域科学发展评价进行了有益探索，但仍存在不足之处：

（1）评价方法单一。多数区域科学发展评价体系都是采用的层次分析法和模糊数学法，较少有评价方法采用逻辑结构模式和概念模式。区域科学发展评价体系的构建原理还可以围绕逻辑模式、经济学模式、社会学模式、生态学模式展开。常见的逻辑模式是联合国经济合作与发展组织（OECD）于 1991 年提出的基于"压力—状态—响应（PSR）"的区域可持续发展评价体系；[1] 联合

① Organization for Economic Co - operation and Development. *OECD Environmental Indictors 2001: Toward Sustainable Development*, Paris: Organization for Economic Co - operation and Development, 2001.

国可持续发展委员会也以"PSR"为蓝本于 1995 年提出了基于"驱动力—状态—响应（DSR）"的区域可持续发展评价体系;[1] 牛文元的区域科学发展评价体系也属于逻辑模式的范畴。[2] 经济学模式主要有世界银行提出的基于"真实储蓄"和"真实储蓄率"的可持续发展评价体系[3]。社会学模式主要有戴利（Daly）和柯布（Cobb）提出的可持续经济福利指数。[4] 生态学模式主要有能值分析[5]和生态足迹[6]，这两种生态学概念模式在区域可持续发展评价方面都有所应用。[7]

（2）评价指标过多。多数区域科学发展评价体系都是选用了近百个评价指标，导致具有高度相关性的指标被重复使用，部分成为冗余指标。区域科学发展评价指标体系的设计应体现精简性，数据的来源要体现权威性，数据收集口径要一致。"精简性要求指标体系要在信息全面性和指标数量尽可能少之间寻找最优均衡点，因为指标数量的增多意味着数据获取成本增加，另外指标之间可能存在一定的相关性，致使一些指标成为冗余指标。"[8] 数据来源于权威部门是各评价体系必须遵循的原则，只有当数据的来源真实、准确、可信，评价

① United Nations. *Indicators of Sustainable Development*：*Guidelines and Methodologies*（*Third Edition*），New York：United Nations，2007.

② 牛文元：《中国科学发展报告 2009》，科学出版社 2009 年版。

③ Connor J O. *Monitoring Environmental Progress*：*A Report on Work in Progress*，Washington，D. C.：World Bank Publications，1996.

④ Daly H E，Cobb J B，Cobb C W. *For the Common Good*：*Redirecting the Economy toward Community*，*the Environment and a Sustainable Future*，Boston：Beacon Press，1989.

⑤ Odum H T，*Emergy in Ecosystems// Polunin N*，*Environmental Monographs and Symposia*，New York：John Wiley，1986，337—369.

⑥ Rees W E. *Ecological Footprints and Appropriated Carrying Capacity*：*What Urban Economics Leaves Out*，Environment and Urbanization，1992，4（2）：121—130.

⑦ "Scotti M，Bondavalli C，Bodini A. *Ecological Footprint as A Tool for Local Sustainability*：*The Municipality of Piacenza*（*Italy*）*as A Case Study*，Environmental Impact Assessment Review，2009，29（1）：39—50."；"Yang Z F，Jiang M M，Chen B，Zhou J B，Chen G Q，Li S C，*Solar Emergy Evaluation for Chinese Economy*，Energy Policy，2010，38（2）：875—886."；"Siche R，Pereira L，Agostinho F，Ortega E. *Convergence of Ecological Footprint and Emergy Analysis as A Sustainability Indicator of Countries*：*Peru as Case Study*，Communications in Nonlinear Science and Numerical Simulation，2010，15（10）：3182—3192."

⑧ 牛文元：《中国科学发展报告 2009》，科学出版社 2009 年版。

结果才真实、有效，才具有说服力，而只有当数据收集的口径一致时，各区域之间才可比。

（3）科学发展观的核心以人为本体现得不够充分。尽管各类区域科学发展评价体系意在突出以人为本这一核心思想，但就目前的评价体系而言，以人为本体现得不尽如人意。如广东省和江苏省区域科学发展评价体系都认为应将人民群众对科学发展成果的满意度作为区域科学发展评价的一个影响因素。但是对如何使用该指标，广东省区域科学发展评价体系将其作为领导干部班子及干部队伍建设，改进及完善干部考核评价的一部分而不在指标体系之中，这种安排造成该指标与区域科学发展评价体系的相对独立。而江苏省区域科学发展评价体系则针对如何使用该指标提供了三种思路："一是作为辅助指标，不参与定量评价，二是作为指标体系的一部分，直接参与定量评价，三是作为系数指标，对定量计算的综合评价指数进行修正。"这表明江苏省区域科学发展评价体系对如何应用该指标还存在分歧。该指标的设计本意上是想充分反映以人为本的核心思想，然而该指标的使用情况却没有达到应有的效果。

对区域科学发展评价方法的研究应重点放在评价方法的构建原理上，在构建区域科学发展评价方法时，还需要注意以下几个问题：

区域的可比性。我国东部地区、中部地区和西部地区在自然资源的禀赋和经济的发展上都存在明显的差异。西部地区与东部地区、中部地区相比有着鲜明的特征：一是矿产资源更为丰富，在我国 16 种主要矿产资源基础储量中，西部地区 9 种矿产资源基础储量占全国总储量的 50％以上；二是经济发展相对落后，2008 年西部地区人均生产总值是东部地区的 45％、中部地区的 86％；三是环境污染相对严重，2008 年西部地区单位生产总值工业废气排放量是东部地区的 1.54 倍、中部地区的 1.28 倍，单位生产总值工业废水排放量是东部地区的 1.47 倍、中部地区的 1.33 倍，单位生产总值工业固体废物产生量是东部地区的 2.40 倍、中部地区的 1.26 倍；四是地质灾害频繁发生，2008

年西部地区地质灾害发生次数为东部地区的 22.07 倍、中部地区的 2.33 倍；五是少数民族相对集聚，西部地区主要居住着 50 个少数民族，东部地区主要居住着 10 个少数民族，中部地区主要居住着 14 个少数民族；[①] 六是市场化程度相对落后[②]，2007 年西部地区市场化指数为 5.92，东部地区为 9.54，中部地区为 7.06。针对东部、中部、西部地区巨大的差异性，采用同一套科学发展评价方法是否合理？这是在构建区域科学发展评价方法时必须要回答的核心问题。

区域的特殊性。目前的区域科学发展评价体系大多流于一般，对特殊领域的关注度不够，如何评价特殊领域的科学发展程度（如矿产资源富集地区、牧区、林区等）？这是未来科学发展评价研究关注的重点。

区域的层次性。区域科学发展评价可划分为国家科学发展评价、省域科学发展评价、市域科学发展评价、县域科学发展评价等。在进行区域科学发展评价时，要根据评价对象的层次选择相对适合的评价方法。

发展的潜力性。目前的区域科学发展评价指标重点集中在对现状的评价，现状是区域科学发展的一个方面，但发展的潜力亦不容忽视。在进行区域科学发展评价方法的设计时，还应关注区域的发展潜力。

指标的前瞻性。区域科学发展评价指标的设计不仅要紧随国际社会的步伐，而且要有一定的前瞻性。不仅要针对国际社会的热点问题，而且要针对国际社会可能的发展趋势，设置相应的评价指标。

二 要素资本共生与区域科学发展评价体系构建

（一）区域发展要素资本平衡表

经济增长理论将区域发展的影响因素抽象为生态资产、人力资产、人造资

---

① 数据来源：中华人民共和国国家统计局：《2009 中国统计年鉴》，中国统计出版社 2009 年版。

② 樊纲、王小鲁、朱恒鹏：《中国市场化指数——各地区市场化相对进程 2009 年报告》，经济科学出版社 2010 年版，第 6—7 页。

产、知识资产、社会资产、外贸资产，而一个区域最终所能控制的要素资产又表现为要素资本，要素资产与要素资本之间的差异为发展红利，即要素资产＝要素资本＋发展红利，发展红利为区域发展的扰动因子[①]。

　　针对矿产资源开发的特性，我们将区域发展要素资本[②]定义如下：生态资本[③]是指从自然资源禀赋、资源利用效率、环境治理和环境污染等方面影响区域发展的要素；人力资本[④]是指从人力资源素质、人力资源就业、人力资源保障等方面影响区域发展的要素；人造资本[⑤]是指从采矿业投入、采矿业效益、信息化水平、基础设施建设、经济发展增速等方面影响区域发展的要素；知识资本是指从科研投入、科研效益等方面影响区域发展的要素；社会资本是指从利益统筹效率、政府管理效率等方面影响区域发展的要素；外贸资本是指从采矿业对外贸易、外资投入、外资效益等方面影响区域发展的要素。基于要素资本的区域发展要素平衡表如表3—24所示。区域发展要素资本平衡表的设计是为了厘清要素资本之间的关系，了解各类资本不同耦合状态下对区域科学发展的影响。

---

　　① 我们将发展红利定义为区域要素资产、要素资本结构内部关系的协调以及总体关系的协调、匹配程度，反映区域发展要素存量与流量结构关系。

　　② 要素资本与要素资产的区别仅在于：要素资本为区域最终所能控制的要素资产价值。

　　③ 与保罗·霍肯（Paul Hawken）等人关于自然资本的定义不同，保罗·霍肯等人认为自然资本"包括常见的为人类所利用的资源——水、矿物、石油、森林、鱼类、土壤、空气等，也包括草原、大草原、沼泽地、港湾、珊瑚礁、河岸走廊，苔原和雨林在内的生命系统"。我们认为，生态资本除了包括上述自然资本外还包括自然资本的利用效率以及人类对生态环境的保护与破坏。全国科学技术名词审定委员会（http：//www.cnctst.gov.cn）的定义"生态资产指自然界中生物与其环境相互作用所形成的有形、无形收益的总和，其中包括对人类的服务收益；生态资产中用于进行价值再生产或再创造的部分或全部投入份额称为生态资本"与我们的定义类似，具体参见［美］保罗·霍肯《自然资本论：关于下一次工业革命》，王乃粒、诸大建、龚义台译，上海科学普及出版社2000年版。

　　④ 比全国科学技术名词审定委员会关于人力资本的定义更为广泛，全国科学技术名词审定委员会认为人力资本"指通过教育、培训、保健、劳动力迁移、就业信息等获得的凝结在劳动者身上的技能、学识、健康状况和水平的总和"。我们的定义还包括人口的老龄化程度。

　　⑤ 与徐玉高、侯世昌的定义"人造资本是指自然界无法提供而通过人类的后天创造生产出来的资本，与传统经济学中所定义的物质资本概念相同"类似，具体参见徐玉高、侯世昌《可持续的、可持续性和可持续发展》，《中国人口·资源与环境》2000年第1期。

表 3—24   区域发展要素资本平衡表

资产	资本
生态资产	生态资本
人力资产	人力资本
人造资产	人造资本
知识资产	知识资本
社会资产	社会资本
外贸资产	外贸资本
	发展红利

资料来源：作者整理。

各类要素资本并非孤立存在，而是有着内在的联系。生态资本是一切资本赖以存在的基础，自然界孕育人类并为人类生存和发展提供了基本的物质资源保障，从而形成了人力资本，人类通过利用和改造大自然从而创造了人造资本，人类在利用和改造大自然的过程中不断积累的经验和知识又构成了知识资本，人类的管理才能以及人与人之间的关系又构成了社会资本，区域与区域之间的交流与合作又形成了外贸资本，要素资本之间的耦合最终表现为区域的发展。

利益统筹是要素资本实现耦合的有效途径，其本质是区域发展要素资本结构的优化问题。要素资产由要素资本和发展红利构成，分别表征了区域要素资本的数量积累和质量积累。受到自然环境、地理环境、认知水平等因素的影响，区域发展和人类历史发展类似，具有阶段性，意味着在某一个发展阶段内，要素资本的数量积累总量是相对恒定的，在进入新的发展阶段之前，只会维持在一定的区间范围内，不会有突破性的增长，因此要实现区域科学发展，增加要素资产的总量，只局限在谋求要素资本的数量积累是不够的，而应该着眼于提高区域发展红利，从结构优化的角度出发实现要素资本耦合，通过各种要素资本间的彼此转化达到资本结构的动态调整，使得要素资本在互相包容的基础上互相促进，为区域科学发展奠定以发展红利为主要来源的动力基础。

（二）区域要素资本共生模式、利益统筹与科学发展

区域要素资本在利益统筹与科学发展中所起的作用可通过共生度和共生系

数来描绘。由于自然孕育人类，人类无法超脱自然，自然界通过各种运动为人类提供自然资源，而人类要想生存必须通过利用和改造自然界从而获得生态资本，倘若没有自然界的运动，就不会产生自然资源，倘若没有人类的利用和改造，自然资源就不会转化为生态资本，人与自然是在和谐的大环境下逐步发展的。因此，区域的发展始于人类与自然界的相互作用，即生态资本和人力资本的共生，而其他要素资本在生态资本与人力资本的共生中逐渐演化出来。

假设生态资本 N 与人力资本 H 分别有决定共生单元特性的质参量 Z_i、Z_j，则生态资本 N 与人力资本 H 的共生度[①] δ_{ij} 为：

$$\delta_{ij} = \frac{dZ_i/Z_i}{dZ_j/Z_j} = \frac{Z_j}{Z_i} \cdot \frac{dZ_i}{dZ_j} \qquad (3—11)$$

δ_{ij} 表示共生单元生态资本 N 与人力资本 H 的以质参量描述的共生度，其含义是生态资本 N 的质参量 Z_i 的变化率所引起或对应的人力资本 H 的质参量 Z_j 的变化率之比。

定义生态资本 N 与人力资本 H 质参量的共生系数为：

$$\theta_i = \frac{|\delta_{ij}|}{|\delta_{ij}| + |\delta_{ji}|} ; \quad \theta_j = \frac{|\delta_{ji}|}{|\delta_{ij}| + |\delta_{ji}|} \qquad (3—12)$$

显然：$\theta_i + \theta_j = 1$

在对称共生的情况下，共生系数为：

$$\theta_i = \theta_j = 0.5$$

由此可以得出：$\theta_i = 0$，表示生态资本 N 对人力资本 H 无任何作用；只有人力资本 H 对生态资本 N 有作用；$\theta_i = 1$，表示人力资本 H 对生态资本 N 无任何作用；只有生态资本 N 对人力资本 H 有作用；$0 < \theta_i < 0.5$，表示人力资本 H 对生态资本 N 的影响要大于生态资本 N 对人力资本 H 的影响；$\theta_i = 0.5$，表明人力资本 H 对生态资本 N 的影响与生态资本 N 对人力资本 H 的影响相

---

① 袁纯清（1998）认为共生度的基本含义是"两个共生单元或共生系统之间质参量变化的关联度"，我们关于共生度以及共生能量的推演过程亦源自袁纯清对共生度及共生能量的推演，具体参见袁纯清《共生理论——兼论小型经济》，经济科学出版社 1998 年版。

同；$0.5<\theta_i<1$，表示生态资本 N 对人力资本 H 的影响要大于人力资本 H 对生态资本 N 的影响。

生态资本 N 与人力资本 H 的共生体一旦形成后就会产生共生能量。假设共生体的总能量为 E，非共生条件下，生态资本的能量为 E_N，人力资本的能量为 E_H，共生条件下新增的能量为 E_P，共生条件下损耗的能量为 E_C，则有：

$$E=E_N+E_H+E_P-E_C \tag{3—13}$$

在共生关系的稳定与发展中起关键作用的就是新增能量和损耗能量的分配，要实现共生关系的稳定与发展，新增能量和损耗能量在生态资本与人力资本之间的分配应满足：

$$\frac{E_{PN}}{E_{CN}}=\frac{E_{PH}}{E_{CH}}=K_{PC}\ (E_{PN}+E_{PH}=E_P,\ E_{CN}+E_{CH}=E_C) \tag{3—14}$$

K_{PC} 为共生稳定的分配系数，"在这种状态下，共生体系不仅处于最佳稳定状态，而且对应共生体系具有理想激励效率。这种状态下共生能量的分配呈对称性分配，这种分配机制具有对所有共生单元一致的激励功能，因此，这种状态又可称为最优激励兼容状态，也称理想共生状态。"[①] 然而，在实际共生体系中：

$$\frac{E_{Pi}}{E_{Ci}}=K_{Pi}\ (i\ 表示生态资本\ N\ 或人力资本\ H) \tag{3—15}$$

K_{Pi} 并不等于 K_{PC}，即实际共生体系往往偏离理想共生状态，令

$$K_{Pi}=(1+\alpha)\ K_{PC} \tag{3—16}$$

α 为共生体系偏离理想状态的系数，为非对称分配因子，若存在 α_0 为共生体系不解体的临界非对称分配系数，则当 $\alpha\leqslant\alpha_0$ 时，共生体系依然存在，$\alpha=\alpha_0$ 时共生体系将解散。因此：$K_{Pi}=(1+\alpha)\ K_{PC}\ (\alpha\leqslant\alpha_0)$ 为扩展的共生稳定分配条件。

共生理论分析的结论表明：生态资本 N 与人力资本 H 产生最大能量的

前提是生态资本 N 与人力资本 H 存在最佳的配置效率，即只有在对称分配条件下，才能产生最大能量。在对称分配条件下，生态资本 N 与人力资本 H 达到最优配置，要素资本耦合效率最高，其表现为人与自然和谐基础上的人与人的和谐，即区域科学发展。在实际共生状态中生态资本 N 与人力资本 H 受人造资本 M、知识资本 K、社会资本 S、外贸资本 F、发展红利 D 的影响围绕理想共生状态波动（生态资本 N 与人力资本 H 的共生状态见图 3—14）。

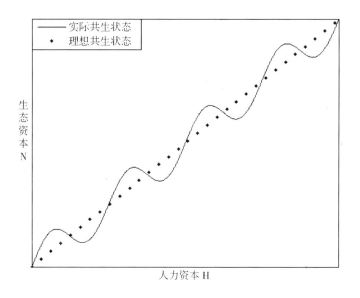

图 3—14　生态资本与人力资本的共生状态

资料来源：作者整理。

假设非对称分配因子 α 与人造资本 M、知识资本 K、社会资本 S、外贸资本 F、发展红利 D 之间的函数关系为：

$$\alpha = f\ (M,\ K,\ S,\ F,\ D) \qquad (3—17)$$

人造资本 M、知识资本 K、社会资本 S、外贸资本 F、发展红利 D 之间通过相互转换从而影响非对称分配因子 α，以此改变生态资本 N 与人力资本 H 的共生状态，当人造资本 M、知识资本 K、社会资本 S、外贸资本 F、发展红

利 D 的耦合程度达到最优时,非对称分配因子 $\alpha=0$,生态资本 N 与人力资本 H 达到理想共生状态(要素资本之间的关系见图 3—15)。

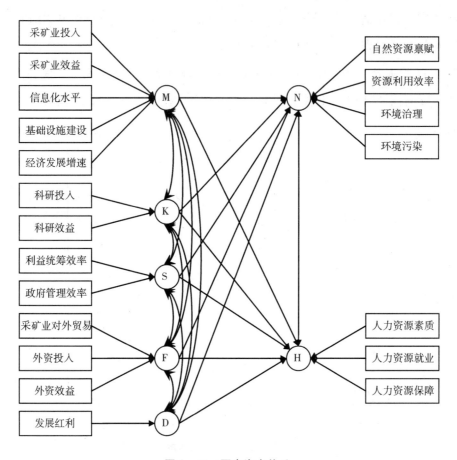

图 3—15 要素资本关系

资料来源:作者整理。

生态资本 N 与人力资本 H 在理想共生状态下(即对称共生状态下),要素资本耦合效率最高,区域的科学发展程度亦最高,此时区域之间的能量流动见图 3—16。风、太阳、雨水和地球的自我循环为区域生态资本 N 提供了一部分直接可再生资源(水能、生物质能、风能、太阳能、地热能和海洋能等),同时为生态资本 N 中的草场、牧场、森林、农作物的生长提供了能量,地球

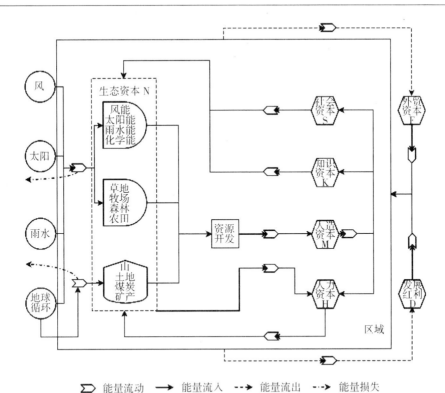

能量流动 ➡ 能量流入 --➤ 能量流出 --➤ 能量损失

图 3—16 基于矿产资源开发的区域科学发展能量流动

资料来源：作者整理。

的自我循环又形成了煤炭等能源矿产资源和其他矿产资源，从而使能量流入到区域，增加了区域的生态资本 N。生态资本 N 为人力资本 H 提供了赖以生存的物质基础，人类的生产活动在消耗生态资本 N 的同时又促进了生态资本 N 的增长，能量在生态资本 N 和人力资本 H 之间循环流动。而矿产资源开发活动在减少生态资本 N 的同时，增加了人造资本 M，人造资本 M 的一部分流向了人力资本 H，另一部分流向了知识资本 K，剩余的一部分流向了社会资本 S，知识资本 K[①] 和社会资本 S[②] 的增加或是促进生态资本 N 的增加，或是减

---

① 科技进步使得大多数企业开始实施循环经济以降低能耗，提高资源利用效率，减少废气、废水、固体废弃物的排放，降低环境污染与破坏程度，从而减少对生态资本的耗散。

② 矿山环境恢复治理投入资金能一定程度的修复矿山占用破坏的土地面积，从而增加生态资本。

少生态资本 N 的消耗。外贸资本 F[①] 和发展红利 D 的引入使得能量流从一个区域流向另一个区域。

（三）基于要素资本共生体系的区域科学发展评价体系构建

1. 构建原理

《易经》云："易有太极，始生两仪，两仪生四象，四象生八卦。"区域科学发展评价指标体系的构建原理充分借鉴了《易经》万物化生的过程以及资本共生模式，构建了基于"一目标，三协调，五统筹，六资本"的区域科学发展评价指标体系，即区域科学发展评价指标体系是以实现区域科学发展为最终目标，综合考虑经济、社会、环境之间的协调关系，按照统筹城乡发展、统筹区域发展、统筹经济社会发展、统筹人与自然和谐发展、统筹国内发展和对外开放的要求，构建的以生态资本、人力资本、人造资本、知识资本、社会资本、外贸资本为准则的评价指标体系（见图3—17）。

2. 构建原则

人与自然的和谐发展。关于人与自然辩证关系的研究，一直是哲学界颇具争议的话题，由此形成"人类中心论"和"生态中心论"两种针锋相对的观点。"人类中心论"认为人主宰自然，人是宇宙的中心，人是最重要的生命形式，其他生命形式的存在是为人类服务的；"生态中心论"认为自然主宰人，生命发端于宇宙，自然界有其存在的内在价值，自然界的存在不仅仅服务于人类。[②] "人类中心论"过分扩大了人改造自然的能力，"生态中心论"过分缩小了人利用自然的能力。自然孕育人类，人类无法超脱自然，自然界通过各种运动（如煤、石油、天然气的形成）为人类提供自然资源，而人类要想生存必须

---

① 对外贸易能在一定程度上促进区域的发展，托马斯·孟将"增加我国商品输出和减少对国外贸易品消费"作为国家致富的一个手段，英国通过鸦片战争向中国攫取大量的黄金白银，而清朝末期的闭关锁国则严重阻碍了清朝的发展，具体参见［英］托马斯·孟《英国得自对外贸易的财富》，李琼译，华夏出版社2006年版。

② Kortenkamp K V，Moore C F. *Ecocentrism and Anthropocentrism*：*Moral Reasoning About Ecological Commons Dilemmas*，Journal of Environmental Psychology，2001，21（3）：261—272.

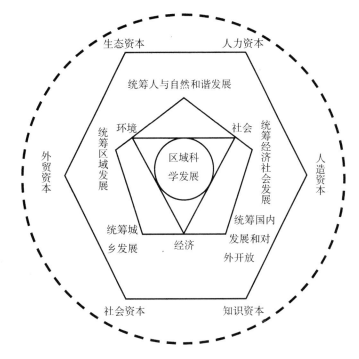

图 3—17　基于要素资本共生的西部各省区科学发展评价指标体系设计原理

资料来源：作者整理。

通过利用和改造自然界来获得生态资本。倘若没有自然界的运动，就不会产生自然资源；倘若没有人类的利用和改造，自然资源就不会转化为生态资本。人与自然应该在和谐的环境下发展，"人类中心论"抑或"生态中心论"的论断过于片面，"人类凌驾于自然之上"抑或"自然驾驭人类"的论断亦不可取，人与自然的和谐发展构成了人与自然辩证统一的哲学基础。人与自然的和谐发展要求矿产资源的开发不能超过矿产资源的自我更新能力，污染物的排放不能超过自然界的自我净化能力。人与自然和谐发展的原则要求区域科学发展评价指标体系的构建，既要考虑矿产资源的消费量，又要考虑污染物的排放量。

人的全面发展与价值实现。新中国经济发展经历了两个阶段：第一阶段

（1949—1977 年）以政治斗争为中心，在阶级斗争为纲的指引下，经历了大跃进运动导致的三年自然灾害，以及"文化大革命"导致的内乱，致使"全国近三分之一的农村人口仍处在贫困境地"[①]；第二阶段（1978 年至今）以经济建设为中心，在坚持四项基本原则、坚持改革开放的指引下，经历了深圳、珠海、汕头、厦门等经济特区的建立，以及西部大开发、振兴东北、中部崛起等一系列战略举措的实施，基本完成了全面建设小康社会的宏伟目标。"在新世纪新阶段，经济和社会发展的战略目标是，巩固和发展已经初步达到的小康水平，到建党一百年时，建成惠及十几亿人口的更高水平的小康社会；到建国一百年时，人均国内生产总值达到中等发达国家水平，基本实现现代化。"[②] 第一阶段，中国人民关注的重心是如何解决温饱问题；第二阶段，中国人民关注的重心是如何建设小康社会；在新世纪新阶段，中国人民关注的重心将是如何通过协调生态资本、人力资本、人造资本、知识资本、社会资本、外贸资本的资本结构，实现人与人的和谐发展、人与社会的和谐发展、人与自然的和谐发展，最终完成人的全面发展与价值实现，真正实现"包容性增长"[③]。人的全面发展与价值实现原则要求区域科学发展评价指标体系的构建，既要考虑人均地区生产总值等反映人造资本硬实力积累的指标，还需要考虑科研、教育、文化事业、卫生事业、社会保障等反映人力资本、知识资本等软实力积累的指标。

3. 评价指标集

驱动区域科学发展的要素资本。区域科学发展要素资本是指能够影响区域科学发展程度的要素，包括生态资本、人力资本、人造资本、知识资本、社会

---

① 新华社：《中国人民进行 60 年努力成功解决数亿人口温饱问题》（2009 - 09 - 10），http：// www. gov. cn/jrzg/2009 - 09/10/content_ 1414008. htm。

② 新华社：《授权发布：中国共产党章程（2007 年 10 月 21 日通过）》（2007 - 10 - 25），http：// www. gov. cn/jrzg/2007 - 10/25/content_ 786434. htm。

③ 胡锦涛指出，"实现包容性增长，根本目的是让经济全球化和经济发展成果惠及所有国家和地区、惠及所有人群，在可持续发展中实现经济社会协调发展。"

资本、外贸资本等。生态资本是基础，人力资本是核心，生态资本、人力资本是人造资本、知识资本、社会资本、外贸资本赖以存在的前提。

基于要素资本的评价指标集。根据区域科学发展评价指标体系构建原理、区域科学发展评价指标体系构建原则，同时为了突出西部各省区矿产资源开发的特性遴选出基于生态资本、人力资本、人造资本、知识资本、社会资本、外贸资本的反映科学发展程度的评价指标共计 55 个，评价指标体系如表 3—25 所示。

主要矿产资源基础储量经济价值。主要矿产资源基础储量经济价值的计算公式如下：

$$V = \sum_{i=1}^{n} P_i \cdot R_i \qquad (3\text{—}18)$$

式中 V 表示主要矿产资源基础储量经济价值，P_i 表示第 i 种矿产资源的交易价格，R_i 表示第 i 种矿产资源的基础储量，n 表示纳入统计的主要的矿产资源总数。[①] 新型农村合作医疗覆盖率。新型农村合作医疗覆盖率计算公式如下：

$$新型农村合作医疗覆盖率 = \frac{开展新型农村合作医疗县（市、区）数}{县（市、区）数} \qquad (3\text{—}19)$$

民航机场飞机起降架次。民航机场飞机起降架次计算公式如下：

---

① 纳入统计的主要矿产资源为《中国统计年鉴 2009》公布的各地区主要能源、黑色金属、有色金属、非金属矿产资源，包括：石油、天然气、煤炭、铁矿（矿石）、锰矿（矿石）、铬矿（矿石）、钒矿、原生钛铁矿、铜矿（铜）、铅矿（铅）、锌矿（锌）、铝土矿（矿石）、菱镁矿（矿石）、硫铁矿（矿石）、磷矿（矿石）、高岭土（矿石）。矿产资源的基础储量数据来自《中国统计年鉴 2009》；石油、天然气、煤炭、铁矿、锰矿、铬矿、菱镁矿、硫铁矿、磷矿、高岭土的价格为"海关信息网——在线查询（http：//www. haiguan. info/OnLineSearch/index. aspx）"公布的相应矿产资源 2008 年进出口总值与进出口总量的比值，铜矿、铅矿、锌矿的价格为"中国铅业网——历史行情（http：//www. zgpb. net/history/）"公布的铜、铅、锌 2008 年现货交易平均价格，钒矿、原生钛铁矿、铝土矿的价格为《中国矿业年鉴 2009》公布的铌钽钒砂及其精矿、钛矿砂及其精矿、氧化铝 2008 年进出口总值与进出口总量的比值；所涉及的汇率为中国人民银行公布的美元兑人民币 2008 年 12 月 31 日中间价：1 美元＝6.8346 元人民币；所涉及的天然气密度为标准状况下（101325 帕，15.5 摄氏度），天然气混合物的平均密度：0.725 千克/立方米。

表 3—25 　　　　　　　　　　西部各省区科学发展评价指标体系

目标	准则	子准则	指标
西部各省区科学发展评价	生态资本	自然资源禀赋	A_1 主要矿产资源基础储量经济价值（＋）；A_2 矿产资源开发利用种类（＋）；A_3 森林覆盖率（＋）；A_4 湿地面积占辖区面积比例（＋）；A_5 农用地面积占辖区面积比例（＋）；A_6 水资源总量（＋）
		资源利用效率	A_7 万元产值能耗（－）；A_8 万元产值电耗（－）；A_9 万元产值用水总量（－）
		环境治理	A_{10} 矿山环境恢复治理投入资金占地方财政支出比例（＋）；A_{11} 环境保护支出占财政支出比例（＋）；A_{12} 造林面积占辖区面积比例（＋）；A_{13} 自然保护区面积占辖区面积比例（＋）
		环境污染	A_{14} 矿山占用破坏土地面积占辖区面积比例（－）；A_{15} 万元产值工业废水排放量（－）；A_{16} 万元产值工业废气排放量（－）；A_{17} 万元产值工业固体废弃物产生量（－）
	人力资本	人力资源素质	B_1 65 岁及以上人口占总人口比例（－）；B_2 大专以上人口占 6 岁及以上人口比例（＋）；B_3 文盲人口占 15 岁及以上人口比例（－）
		人力资源就业	B_4 采矿业从业人数占工业从业人数比例（＋）；B_5 城镇登记失业率（－）
		人力资源保障	B_6 教育支出占财政支出比例（＋）；B_7 新型农村合作医疗覆盖率（＋）；B_8 城镇基本医疗保险参保人数占总人口比例（＋）；B_9 养老保险参保人数占总人口比例（＋）；B_{10} 万人卫生技术人员数（＋）；B_{11} 人均公共图书馆藏书量（＋）
	人造资本	采矿业投入	C_1 矿产资源勘察许可证发证数（＋）；C_2 矿产资源采矿许可证发证数（＋）；C_3 地质勘察投入（＋）；C_4 采矿业固定资产投资占全社会固定资产投资比例（＋）
		采矿业效益	C_5 采矿业产值占工业产值比例（＋）；C_6 人均采矿业产值（＋）；C_7 采矿业销售利润率（＋）
		信息化水平	C_8 万人互联网上网人数（＋）；C_9 万人移动电话拥有量（＋）
		基础设施建设	C_{10} 铁路密度（＋）；C_{11} 公路密度（＋）；C_{12} 民航机场飞机起降架次（＋）
		经济发展增速	C_{13} 地区生产总值增长率（＋）；C_{14} 人民币储蓄存款增长率（＋）
	知识资本	科研投入	D_1 科技经费筹集总额占地区生产总值比例（＋）；D_2 万人从事科技活动人员数（＋）；D_3 科技拨款占财政支出比例（＋）
		科研效益	D_4 万人三种专利授权数（＋）
	社会资本	利益统筹效率	E_1 资源税与资源费占财政收入比例（＋）；E_2 城乡消费水平对比（－）；E_3 农村居民人均纯收入与城镇居民人均可支配收入比例（＋）
		政府管理效率	E_4 矿产资源勘探、开采违法案件查处件数（－）；E_5 财政收入占地区生产总值比例（＋）；E_6 国有及国有控股工业企业总资产贡献率（＋）
	外贸资本	采矿业对外贸易	F_1 矿产品进出口总额占全部产品进出口总额比例（＋）
		外资投入	F_2 外商投资企业年底投资总额（＋）
		外资效益	F_3 外商投资和港澳台投资工业企业总资产贡献率（＋）

　　注："＋"：表示该指标为正向指标，指标值越大，科学发展程度越高；"－"：表示该指标为逆向指标，指标值越大，科学发展程度越低。
　　资料来源：作者整理。

$$F_j = \sum_{i=1}^{n_j} f_{ji} (j = 1, 2, \cdots, m) \qquad (3-20)$$

式中 F_j 表示第 j 个省份的民航机场飞机起降架次，f_{ji} 表示第 j 个省份第 i 个民航机场的飞机起降架次，n_j 表示第 j 个省份的民航机场总数，m 表示纳入统计的省份总数。[1]

资源税与资源费占财政收入比例。计算公式如下：

$$资源税与资源费占财政收入比例 = \frac{资源税 + 资源费}{地方财政收入} \times 100\%^{[2]} \qquad (3-21)$$

三　西部省区科学发展评价

1. 评价样本及数据选择

研究样本为西部各省区，包括内蒙古自治区、广西壮族自治区、重庆市、四川省、贵州省、云南省、西藏自治区、陕西省、甘肃省、青海省、宁夏回族自治区、新疆维吾尔自治区 12 个省级行政单位。评价原始数据从《全国省级矿产资源总体规划》[3]、《中国统计年鉴 2009》、《中国国土资源统计年鉴 2009》、《中国科技统计年鉴 2009》、《中国劳动统计年鉴 2009》、《中国环境统计年鉴 2009》、《国泰安研究服务中心：中国工业行业统计数据库》、《国务院发展研究中心信息网统计数据库：对外贸易数据库》、《中国民用航空局：2008 年民航机场生产统计公报》等统计资料中获得。其中矿产资源开发利用种类为 2000 年数据，森林覆盖率为第六次全国森林资源清查（1999—2003 年）资料，湿

---

[1]　纳入统计的民航机场及民航机场飞机起降架次为《中国民用航空局：2008 年民航机场生产统计公报》（http：//www.caac.gov.cn/I1/K3/200903/P020090316404943831137.xls）公布的民航机场飞机起降架次。

[2]　资源费为《国泰安研究服务中心：中国工业行业统计数据库》公布的采选业产品销售收入与西部地区资源费平均负担的乘积，根据我们对西部地区拥有采矿权与探矿权的采选业上市公司资源费平均负担的测算得出：西部地区资源费平均负担为 0.32%。

[3]　鹿心社、叶冬松：《全国省级矿产资源总体规划》，地质出版社 2004 年版。

地面积为首次湿地调查（1995—2003 年）资料，其余评价指标为 2008 年数据。由于矿产资源开发利用种类、森林覆盖率、湿地面积为资源禀赋类指标，而自然资源禀赋是自然界通过长期的运动过程产生的，在短时期内的变化甚微，因此在数据缺失的条件下，矿产资源开发利用种类、森林覆盖率、湿地面积数据可以用短时期内其他年份的数据作近似替代。由于西藏自治区万元产值能耗、万元产值电耗、城镇登记失业率指标数据的缺失，因此在对西部各省区进行科学发展评价时采用了两种处理方法：第一种方法是采用插值法，即对缺失数据取其他 11 个省级行政区划的平均值作近似替代；第二种方法是采用去除法，即对缺失数据的西藏自治区不予评价。西部各省区科学发展评价采用逼近理想点法，具体过程与西部资源企业发展能力评价一致。采用插值法和去除法计算的西部各省区科学发展评价指标的权重，如表 3—26 所示。

表 3—26　　　　　西部各省区科学发展评价指标权重分配

指标	A_1	A_2	A_3	A_4	A_5	A_6	A_7
权重*	0.00811844	0.02281605	0.01344235	0.01170000	0.02797999	0.00982852	0.02725838
权重**	0.00832606	0.02630814	0.01447674	0.01124035	0.02936003	0.01258838	0.02722322

指标	A_8	A_9	A_{10}	A_{11}	A_{12}	A_{13}	A_{14}
权重*	0.03582255	0.03499026	0.01183877	0.02256932	0.01568117	0.00980869	0.04696122
权重**	0.03531930	0.04527636	0.01178296	0.02211118	0.01802392	0.00985252	0.04458735

指标	A_{15}	A_{16}	A_{17}	B_1	B_2	B_3	B_4
权重*	0.04029946	0.02104124	0.01608514	0.02493971	0.01567537	0.04526734	0.02441407
权重**	0.04096238	0.03019828	0.02089357	0.02369108	0.0123821	0.01935548	0.02420442

指标	B_5	B_6	B_7	B_8	B_9	B_{10}	B_{11}
权重*	0.01591896	0.01414969	0.04146857	0.01255885	0.02117495	0.01601562	0.01031966
权重**	0.01627092	0.01631865	0.03937234	0.01435655	0.01748658	0.01684185	0.01085582

指标	C_1	C_2	C_3	C_4	C_5	C_6	C_7
权重*	0.00996189	0.01204004	0.00874094	0.01001144	0.01337350	0.01049759	0.01171704
权重**	0.01052738	0.0135611	0.00947505	0.01105569	0.01283114	0.01171785	0.01162574

续表

指标	C₈	C₉	C₁₀	C₁₁	C₁₂	C₁₃	C₁₄
权重*	0.01096154	0.01347312	0.01246959	0.01001667	0.01172725	0.01697664	0.02805187
权重**	0.01134264	0.01491941	0.01423678	0.01048878	0.01316916	0.01519035	0.02010529

指标	D₁	D₂	D₃	D₄	E₁	E₂	E₃
权重*	0.00751360	0.01176108	0.02002109	0.01010728	0.01027798	0.02683969	0.01275326
权重**	0.00793364	0.01308733	0.01905388	0.01004639	0.01062098	0.02820567	0.01362841

指标	E₄	E₅	E₆	F₁	F₂	F3	—
权重*	0.03157936	0.01651588	0.01494033	0.01413860	0.01018951	0.01519888	—
权重**	0.03087381	0.01359388	0.0114970	0.01456405	0.01032372	0.01665835	—

注："*"：包含西藏自治区数据时的权重；"**"：不包含西藏自治区数据时的权重。
资料来源：作者整理。

从表3—26可知，对西部各省区科学发展程度影响相对较大的指标是矿山占用破坏土地面积占辖区面积比例（0.0470）、文盲人口占15岁及以上人口比例（0.0453）、新型农村合作医疗覆盖率（0.0415），对西部各省区科学发展程度影响相对较小的指标是科技经费筹集总额占地区生产总值比例（0.0075）、主要矿产资源基础储量经济价值（0.0081）、地质勘察投入（0.0087）。

2. 综合评价结果

根据上述基于"一目标，三协调，五统筹，六资本"的区域科学发展评价模型，经计算整理得2008年西部各省区科学发展指数如表3—27所示，西部各省区及理想系统科学发展指数，见图3—18，西部各省区各类资本的得分及排名如表3—28所示，各类资本总分及西部各省区各类资本得分占总分比例见图3—19至图3—30。

从表3—27中的排名可以看出：①2008年陕西省（0.6514）、内蒙古自治区（0.6299）、重庆市（0.6047）的科学发展程度相对较高，西藏自治区（0.4115）、广西壮族自治区（0.4870）、贵州省（0.4902）的科学发展程度相对较低；②西部各省区的科学发展程度差异较小，科学发展程度最高的陕西省科学发展指数为0.6514，科学发展程度最低的西藏自治区科学发展指数为

表 3—27　　　　　　　　　　西部各省区科学发展评价结果

区　域	指数 *	排序 *	指数 * *	排序 * *
内蒙古	0.629917	2	0.612620	2
广　西	0.486963	11	0.469352	9
重　庆	0.604717	3	0.597378	3
四　川	0.581296	5	0.576274	5
贵　州	0.490212	10	0.462074	10
云　南	0.567426	6	0.550780	6
西　藏	0.411476	12	—	—
陕　西	0.651414	1	0.642535	1
甘　肃	0.507599	8	0.480468	8
青　海	0.521159	7	0.486341	7
宁　夏	0.493367	9	0.454648	11
新　疆	0.602265	4	0.583326	4

注："*"：包含西藏自治区数据时的指数；"* * "：不包含西藏自治区数据时的排序。
资料来源：作者整理。

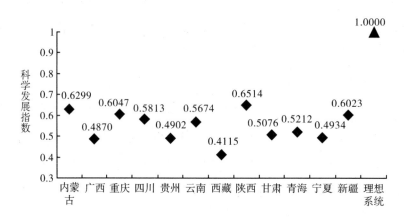

图 3—18　西部各省区及理想系统科学发展评价结果

资料来源：作者整理。

0.4115。从图 3—18 中的得分可以看出：西部各省区科学发展程度介于 0.41 至 0.66 之间，与理想状态 1.00 的距离较大。

表 3—28 西部各省区各类资本得分及排序

区域	生态资本 (0.3763)		人力资本 (0.2419)		人造资本 (0.1800)		知识资本 (0.0494)		社会资本 (0.1129)		外贸资本 (0.0395)	
	得分	排名	得分	排名	得分	排名	得分	排名	得分	排名	得分	排名
内蒙古	0.2649	5	0.1578	4	0.1047	2	0.0136	10	0.0665	5	0.0224	3
广 西	0.2167	9	0.1367	8	0.0495	11	0.0161	6	0.0442	11	0.0239	1
重 庆	0.2764	1	0.1240	10	0.0742	7	0.0397	1	0.0705	3	0.0199	5
四 川	0.2758	2	0.1103	11	0.0768	5	0.0209	5	0.0748	2	0.0227	2
贵 州	0.2251	7	0.1421	7	0.0682	8	0.0143	8	0.0215	12	0.0190	7
云 南	0.2669	4	0.1345	9	0.0664	9	0.0148	7	0.0651	6	0.0197	6
西 藏	0.2290	6	0.0945	12	0.0213	12	0.0011	12	0.0505	10	0.0152	9
陕 西	0.2757	3	0.1547	5	0.1037	3	0.0318	2	0.0650	7	0.0205	4
甘 肃	0.2213	8	0.1498	6	0.0543	10	0.0115	11	0.0549	9	0.0157	8
青 海	0.1633	11	0.1697	3	0.0843	4	0.0139	9	0.0839	1	0.0060	11
宁 夏	0.1382	12	0.1902	1	0.0760	6	0.0265	4	0.0606	8	0.0018	12
新 疆	0.1969	10	0.1800	2	0.1134	1	0.0302	3	0.0691	4	0.0126	10

注：括号内的数字表示各类资本的总分。

资料来源：作者整理。

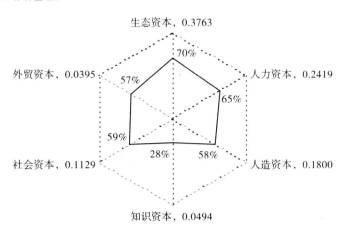

图 3—19 内蒙古各类资本得分占总分比例

资料来源：作者整理。

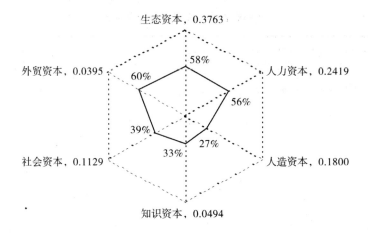

图 3—20　广西各类资本得分占总分比例

资料来源：作者整理。

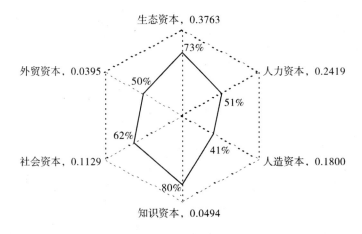

图 3—21　重庆各类资本得分占总分比例

资料来源：作者整理。

　　从表3—28中的排名可以看出：①生态资本相对较高的是重庆市（0.2764）、四川省（0.2758）、陕西省（0.2757），相对较低的是宁夏回族自治区（0.1382）、青海省（0.1633）、新疆维吾尔自治区（0.1969）；②人力资本相对较高的是宁夏回族自治区（0.1902）、新疆维吾尔自治区（0.1800）、青海省（0.1697），相对

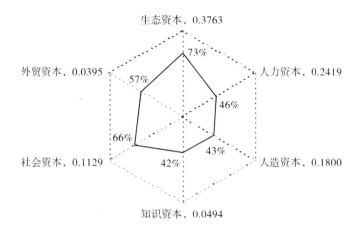

图3—22　四川各类资本得分占总分比例

资料来源：作者整理。

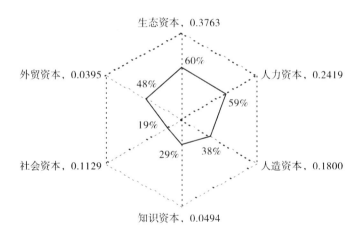

图3—23　贵州各类资本得分占总分比例

资料来源：作者整理。

较低的是西藏自治区（0.0945）、四川省（0.1103）、重庆市（0.1240）；③人造资本相对较高的是新疆维吾尔自治区（0.1134）、内蒙古自治区（0.1047）、陕西省（0.1037），相对较低的是西藏自治区（0.0213）、广西壮族自治区（0.0495）、甘肃省（0.0543）；④知识资本相对较高的是重庆市（0.0397）、陕西省

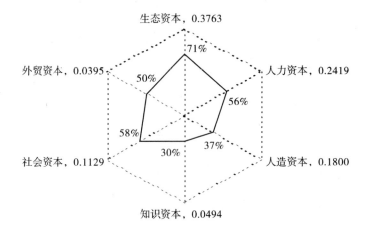

图 3—24 云南各类资本得分占总分比例

资料来源：作者整理。

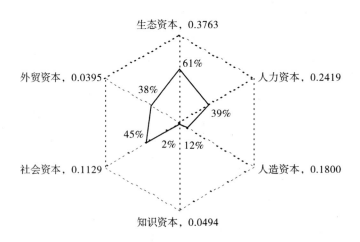

图 3—25 西藏各类资本得分占总分比例

资料来源：作者整理。

（0.0318）、新疆维吾尔自治区（0.0302），相对较低的是西藏自治区（0.0011）、甘肃省（0.0115）、内蒙古自治区（0.0136）；⑤社会资本相对较高的是青海省（0.0839）、四川省（0.0748）、重庆市（0.0705），相对较低的是贵州省（0.0215）、广西壮族自治区（0.0442）、西藏自治区（0.0505）；⑥外贸资本相对

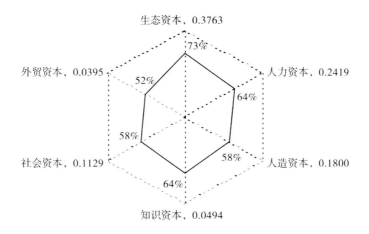

图 3—26　陕西各类资本得分占总分比例

资料来源：作者整理。

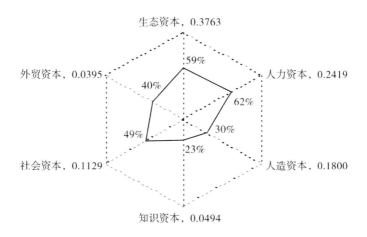

图 3—27　甘肃各类资本得分占总分比例

资料来源：作者整理。

较高的是广西壮族自治区（0.0239）、四川省（0.0227）、内蒙古自治区（0.0224），相对较低的是宁夏回族自治区（0.0018）、青海省（0.0060）、新疆维吾尔自治区（0.0126）。

生态资本方面，重庆市以其较高的资源利用效率、环境治理投入以及较低

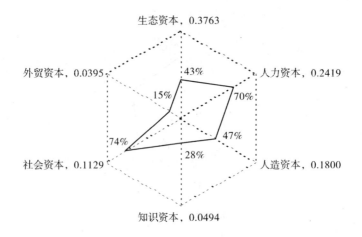

图 3—28　青海各类资本得分占总分比例

资料来源：作者整理。

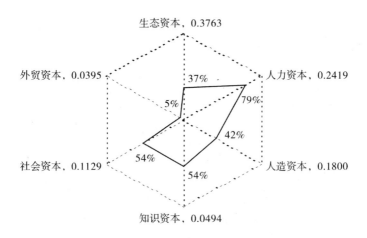

图 3—29　宁夏各类资本得分占总分比例

的环境污染获得了较高的得分；四川省以其较高的自然资源禀赋、资源利用效率、环境治理投入以及较低的环境污染获得了较高的得分；陕西省以其较高的自然资源禀赋、资源利用效率、环境治理投入获得了较高的得分；宁夏回族自治区、青海省以其较低的自然资源禀赋、资源利用效率和较高的环境污染获得

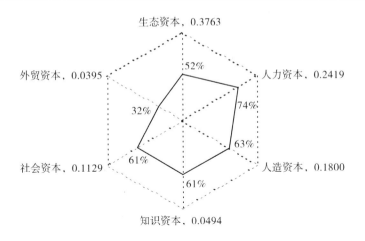

图 3—30　新疆各类资本得分占总分比例

资料来源：作者整理。

了较低的得分；新疆维吾尔自治区以其较低的自然资源禀赋和环境治理投入获得了较低的得分。

　　人力资本方面，宁夏以其较高的人力资源素质、人力资源保障条件获得了较高的得分；新疆维吾尔自治区、青海省以其较高的人力资源素质、人力资源就业条件、人力资源保障条件获得了较高的得分；西藏自治区以其较低的人力资源素质、人力资源保障条件获得了较低的分数；四川省、重庆市以较低的人力资源素质、人力资源就业条件、人力资源保障条件获得了较低的分数。

　　人造资本方面，新疆维吾尔自治区以其较高的采矿业投入、采矿业效益、信息化水平获得了较高的得分；内蒙古自治区以其较高的采矿业投入、采矿业效益、信息化水平、经济发展增速获得了较高的得分；陕西省以其较高的采矿业效益、信息化水平、经济发展增速获得了较高的得分；西藏自治区以其较低的采矿业投入、信息化水平、基础设施建设、经济发展增速获得了较低的得分；广西壮族自治区以其较低的采矿业投入、采矿业效益、信息化水平、经济发展增速获得了较低的得分；甘肃省以其较低的采矿业投入、采矿业效益、信息化水平、基础设施建设、经济发展增速获得了较低的得分。

知识资本方面，重庆市、陕西省以其较高的科研投入、科研效益获得了较高的得分；新疆维吾尔自治区以其较高的科研投入获得了较高的得分；西藏自治区、甘肃省、内蒙古自治区以其较低的科研投入、科研效应获得了较低的得分。

社会资本方面，青海省以其较高的利益统筹效率、政府管理效率获得较高的得分；四川省以其较高的利益统筹效率获得了较高的得分；重庆市以其较高的政府管理效率获得了较高的得分；贵州省、广西壮族自治区、西藏自治区以其较低的利益统筹效率、政府管理效率获得了较低的得分。

外贸资本方面，广西壮族自治区以其较高的采矿业对外贸易、外资投入获得了较高的得分；四川省以其较高的外资投入、外资效益获得了较高的得分；内蒙古自治区以其较高的采矿业对外贸易、外资投入、外资效益获得了较高的得分；宁夏回族自治区、青海省、新疆维吾尔自治区以其较低的采矿业对外贸易、外资投入、外资效益获得了较低的得分。

从图 3—19 至图 3—30 可以看出：内蒙古自治区的相对强势资本是生态资本，主要取决于内蒙古自治区丰富的煤炭资源，相对弱势资本是知识资本；广西壮族自治区的相对强势资本是外贸资本，主要取决于广西壮族自治区独特的地理优势（东南部靠海，西南部与东南亚国家接壤），相对弱势资本是人造资本；重庆市的相对强势资本是知识资本，相对弱势资本是人造资本；四川省的相对强势资本是生态资本，相对弱势资本是知识资本；贵州省相对强势资本是生态资本，相对弱势资本是社会资本；云南省相对强势资本是生态资本，相对弱势资本是知识资本；西藏自治区相对强势资本是生态资本，相对弱势资本是知识资本；陕西省相对强势资本是生态资本，相对弱势资本是外贸资本；甘肃省相对强势资本是人力资本，相对弱势资本是知识资本；青海省相对强势资本是社会资本，相对弱势资本是外贸资本；宁夏回族自治区相对强势资本是人力资本，相对弱势资本是外贸资本；新疆维吾尔自治区相对强势资本是人力资本，相对弱势资本是外贸资本。

第四章　西部矿产资源开发利益结构分析

矿产资源开发利益结构分析为利益矛盾的提炼与利益统筹机制的设计提供了依据。矿产资源开发利益主要表现为经济利益、社会利益、生态利益与政治利益。中央政府、地方政府、资源企业、资源地居民等矿产资源开发利益相关主体由于资源禀赋差异与利益追求能力差异决定了其对生态利益、社会利益、经济利益、政治利益的偏好排序组合差异，从而形成以政治利益为核心的中央政府利益结构、以地方经济利益为核心的地方利益结构、以企业经济利益为核心的企业利益结构、以生态利益为核心的资源地居民利益结构。在矿山生命周期中的原初自然阶段、生产阶段和生态恢复阶段三个阶段，各利益主体由于具有不同的收益与成本，其利益结构也随之不同。

第一节　西部矿产资源开发利益主体

"矿产资源空间分布客观性"与"矿产资源利益结构主观性"是矿产资源开发利益矛盾分析的基本约束条件，从根本上决定了矿产资源开发利益与相关利益主体并不存在完全的对应关系，即矿产资源开发的收益主体与成本负担主体存在错位问题，其关键是对矿产资源开发的相关利益主体的利益结构进行分析。矿产资源开发相关利益主体的利益结构主要表现为经济利益、社会利益、政治利益、生态利益的组合①，见图 4—1，而生态利益又表现为经济利益、社会利益、政治利益的组合，经济利益、社会利益、政治利益的配比程度越高，生态利益也就越高。各利益主体之间利益矛盾的根源在于各利益主体对经济利益、社会利益、政治利益、生态利益的偏好排序组合不同，核心利益不一致。

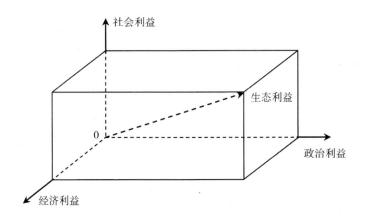

图 4—1　矿产资源开发利益主体利益结构

资料来源：作者整理。

利益统筹 V 是各利益主体（中央政府 CG、地方政府 LG、资源企业 RE、当地居民 LP）的组合；即 $V = f\ (V_{CG},\ V_{LG},\ V_{RE},\ V_{LP})$。各利益主体的利益又由经济利益 I_E、社会利益 I_S、政治利益 I_P、生态利益 I_N 四种利益组合而成；经济利益 I_E、社会利益 I_S、政治利益 I_P 的组合为人类总体利益 I_H（I_E, I_S, I_P）。各利益主体在四种利益的组合中不能仅从自身因素考虑经济利益 I_E、

---

　　① 利益主体的存在与发展是不同网络结构下能量的积累与转化，社会网络嵌入自然网络，自然法则是决定能量转化的终极标准。利益主体在网络中的能量交换能力决定了该主体的存在价值，利益交易中的力量不平衡必然引起利益冲突，并需要构建利益主体互惠共生的利益统筹机制。经济利益、社会利益、政治利益、生态利益分别是人类在经济活动网络、社会活动网络、政治活动网络、生态活动网络中的能量分配与转化。

社会利益 I_S、政治利益 I_P，而忽视生态利益 I_N，生态利益 I_N 是各利益主体生存和发展的底限，人类社会利益 I_H 与生态利益 I_N 的统筹要求各利益主体在整体生态利益 I_N 的指导下统筹自身的经济利益 I_E、社会利益 I_S、政治利益 I_P。由于各利益主体对经济利益 I_E、社会利益 I_S、政治利益 I_P、生态利益 I_N 的偏好组合排序不同，因此，各利益主体的利益可表示为：

中央政府的利益 $V_{CG} = g_{CG}$ （I_E，I_S，I_P，I_N）

地方政府的利益 $V_{LG} = g_{LG}$ （I_E，I_S，I_P，I_N）

资源企业的利益 $V_{RE} = g_{RE}$ （I_E，I_S，I_P，I_N）

当地居民的利益 $V_{LP} = g_{LP}$ （I_E，I_S，I_P，I_N）

1. 中央政府利益

中央政府的核心利益是政治利益，其次是经济利益，再次是社会利益，最后是生态利益。中央政府作为国家行使权力的机关，首先考虑的是国家的政治利益，即维护国家的安定团结，维持社会的稳定秩序。政治利益是中央政府的核心利益，是其行使权力的根本保障，是追求其他利益的前提，只有在国家安定团结、社会稳定有序的前提下，中央政府才会考虑其他利益。当中央政府的政治利益得到保障时，便会大力发展国家经济，追求自己的经济利益，只有国家经济实力强大后，才能为社会提供优质的公共服务，追求社会利益和生态利益。我国《矿产资源法》规定矿产资源属于国家所有，国家保有对矿产资源的处理权和收益权。中央政府作为国家权力的代表和执行者，拥有对矿产资源最终的处理权和收益权，所以中央政府对矿产资源的分配和处理是有法律保障的，并不会影响其政治利益。在政治利益得到保障的情况下，中央政府便会决定一个矿产资源分配比率及其收益分配比率，以使自己的经济利益最大化，所以中央政府倾向于把矿产资源输送到单位效益更高的地方利用。当中央政府经济利益得到满足时，才有能力和财力为公共服务与环境保护投入更多资金。

2. 地方政府利益

地方政府是中央政府在地方的代理人，当国家安定、社会有序时，中央政府的主要职责就是发展国家经济，因此，在中央政府政治利益获得保障时，地方政府的主要职责就是发展地方经济，经济利益就是其核心利益，与中央政府的利益一致。自改革开放以来，我国地方官员选拔和提升的标准由过去的纯政治指标变成经济绩效指标，尤其是地方 GDP 增长的绩效，所以发展地方经济既是中央政府的要求，也是地方政府获得政治晋升的首要前提。地方政府又是地方群众的代理人，在经济上更加依赖于地方财政而不是中央财政，因此为了地方的利益也倾向于发展地方经济，使自身的经济利益与地方群众的利益得到统一。地方政府在获得自身的经济利益后，便会考虑社会利益，为地方提供更多的社会公共服务，以得到地方群众的支持。最后，地方政府才会考虑生态利益，倡导群众进行环境治理，投资环境保护事业。经济利益、社会利益、生态利益都是地方政府的显性利益，都有一定的标准衡量，是地方政府能够直接追求的，而在显性利益背后，是地方政府间接追求的政治利益，是地方政府的隐性利益。政治利益需要以前三个利益作为标准来衡量，只有前三个利益得到较好的保障后，地方政府才有可能获得自身的政治利益，表现为职位晋升等。政治利益融于显性利益之中，通过显性利益的取得而衍生。因此，在矿产资源开发过程中，地方政府首先考虑的是怎样利用当地的矿产资源来发展地方的经济，其次才考虑怎样利用通过矿产资源获得的资金为社会服务，最后考虑矿产资源开发对生态的影响。

3. 资源企业利益

资源企业作为赢利组织，其核心利益是经济利益，实现资产的保值增值，由此才具备纳税和利润分配及履行社会责任的基础。企业社会责任除了对企业自身利益相关者的责任外，还包括对社区、社会的责任，如企业噪声的减少、对社会的捐赠回馈等。虽然为了社会利益企业会付出相应的成本，但同时，企业也会获得声誉等无形收入。而由资源企业的特殊性所确定的另外一项基本的社会责任——生态利益，却没有同等效益。资源企业对生态的破坏程度较一般企业严重，按照"谁污染，谁治理"原则，应由企业承担生态恢复的责任。然而，资源企业若考虑生态利润势必为此付出相应的成本，且数额不小，继而减少企业的经济利益。因此，企业会将自己的生态责任转移给政府或者社会。若政府强制要求其实施，企业则会将生态破坏"阴暗化"，即将污染由明转暗，如将白天的污染储存起来，晚上统一排放，或秘密将污染物倾泻等。由此，政府不但不能实现生态利益目标，反而会造成更为严重的生态利益损害。

4. 资源地居民利益

矿产资源地居民以生态利益为核心，居民只有在生存的基础上才能可持续发展[①]，只有在获得生态利益的基础上才能获得持续的经济利益。只有在生态权保全的基础上才有人的全面发展与参与社会和政治活动的积极性，并进一步追求社会利益，最终上升为政治利益要求。单纯从经济利益去考虑区域发展问题，以此涵盖生态利益是对人的生存权的不尊重。生态环境良好为居民可持续生计提供环境基础，矿产资源地居民的核心利益不在于从资源开发中获得多少收益，而在于其生态利益是否在资源开发中得到保障或改善，其真正的经济利益在于资源地生态保全的前提下基础设施条件改善与相关经济产业发展带来的收益。

第二节　西部矿产资源开发利益关系

一　矿产资源开发利益结构

按照我国现行的法律法规，资源企业与政府的利益分配关系主要通过企业上缴探矿权采矿权使用费、探矿权采矿权使用价款、相关税费、利润及地方行政性收费来调整；资源企业与当地居民的利益分配关系主要通过企业提供土地补偿费、安置补助费、地上附着物和青苗的补偿费、工资、福利、捐赠、利润

---

① "马斯洛需求层次理论"指出人的最基本需求是维持自身的生存，在生存得到保障的基础上才会去追求经济、社会、政治的发展，具体参见［美］马斯洛《动机与人格》，马良诚译，华夏出版社1987年版。

分配来调整；政府与当地居民的利益分配关系主要通过政府转移支付和治理环境完成。通过这一系列法律法规，形成了矿产资源开发的经济利益结构，如表4—1所示。表4—1中，我们将矿山视为一个生命体，将其划分为原初自然状态①、生产阶段、生态恢复自然状态三个阶段。

表 4—1　　　　　　　　　　**矿产资源开发利益结构**

矿山生命周期②		成本			收益		
		政府	企业	居民	政府	企业	居民
自然状态		资源勘察支出		农牧活动支出	地质勘察成果		农牧活动收入
生产阶段	取得开采权		探矿权采矿权使用费 探矿权采矿权价款		探矿权采矿权使用费 探矿权采矿权价款	形成无形资产	
	征地	移民安置费 生态移民费	征地补偿费 地面附着物补偿费 生态移民费	失去土地 结构性失业	相关税费 地方行政性收费		征地补偿费 地面附着物补偿费 生态移民费
	生产期	环境治理 环境污染	地质灾害补偿费 资金投入 工资、福利 企业捐赠 相关税费 环境污染	生活成本增加 环境污染		形成固定资产 获取利润	劳务性收入 地质灾害补偿费 企业捐赠
	利润分配	政府转移支付	利润分配		企业上缴利润	盈余公积 未分配利润	参与企业利润分配 政府转移支付
生态恢复阶段		环境治理 耕地开发	环境治理	环境治理			生态利益

　　资料来源：在传统生产周期的基础上增加了自然状态、生态恢复阶段扩展而成（传统生产周期的利益分配参见世界银行、国家民族事务委员会项目课题组《中国少数民族地区自然资源开发社区受益机制研究》，中央民族大学出版社2009年版）。

---

　　①　"自然状态"由霍布斯在《利维坦》中提出，具体参见［英］托马斯·霍布斯《利维坦》，黎思复、黎廷弼译，商务印书馆1985年版；"原初状态"由罗尔斯在《正义论》中提出，具体参见［美］约翰·罗尔斯《正义论》，何怀宏译，中国社会科学出版社1988年版。"自然状态"与"原初状态"都是逻辑假设，而"原初自然状态"是本书分析现实问题的客观存在，是人类活动不影响自然修复能力条件下的生态环境。

　　②　有别于"矿产资源消费需求生命周期理论"、"生命周期评估"，我们将矿山视为一个生命体，将其一生划分为自然状态、生产阶段、生态恢复阶段。（"矿产资源消费需求生命周期理论"和"生命周期评估"可参见张雷《矿产资源开发与国家工业化：矿产资源消费生命周期理论研究及意义》，商务印书馆2004年版和王立彦、耿建新《环境会计与管理（第2版）》，北京大学出版社2004年版）

1. 原初自然状态

矿山在原初自然状态下，主要表现为当地居民的农业生产活动。各类主体对自然界的影响微乎其微，自然界能通过自我更新自我循环恢复生态原貌。矿山在原初自然状态下，政府通过轻微的资源勘察活动获取详细的地质勘察、勘探成果；[①] 当地居民通过农牧生产活动解决基本的生活需求；政府、资源企业、当地居民能够从自然界享受良好的生态环境。

2. 生产阶段

矿山在生产阶段，主要表现为资源企业对矿山的开采活动，其始于探矿权采矿权的获得，止于矿产资源的枯竭。各类主体对自然界的利用和改造已超过自然界的自我更新和自我循环能力，自然界已不能通过自我调节恢复原貌，自然界在矿产资源开发中遭到了严重影响，在一定程度上改变了生态系统。矿山的生产阶段按照传统的生产周期又可划分为取得开采权、征地、生产期和利润分配四个阶段。

在征地阶段，资源企业与当地居民的利益分配关系主要通过企业提供土地补偿费、安置补助费、地上附着物和青苗的补偿费来调整；资源企业与政府的利益分配关系主要通过企业上缴城建土地使用税、耕地占用税、土地有偿使用费来调整。资源企业通过提供土地补偿费、安置补助费、地上附着物和青苗的补偿费取得土地的使用权从而形成无形资产；当地居民由于失去土地从而获得企业提供的土地补偿费、安置补助费、地上附着物和青苗的补偿费；资源企业在征用土地的同时还须上缴城建土地使用税、耕地占用税、土地有偿使用费。资源企业、中央政府、地方政府、当地居民之间利益分配关系的调整依据为《中华人民共和国土地管理法》[②]、《中华人民共和国城镇土

---

① 按照《中央所得探矿权采矿权使用费和价款使用管理暂行办法》第五条的规定："探矿权采矿权使用费和探矿权采矿权价款收入专项用于矿产资源勘察、保护和管理性支出。"

② 第四十七条第一款规定："征收土地的，按照被征收土地的原用途给予补偿"；第四十七条第二款规定："征收耕地的补偿费用包括土地补偿费、安置补助费以及地上附着物和青苗的补偿费。"

地使用税暂行条例》①、《中华人民共和国耕地占用税暂行条例》②、《财政部、国土资源部、中国人民银行关于调整新增建设用地土地有偿使用费政策等问题的通知》③。

当地居民在矿产资源开发中获得的土地补偿费是否能够补偿继续耕种土地所获得的经济利益可通过仿真模拟来进行比较。以四川省达州市宣汉县普光气田的开发为例，根据我们对普光气田的调查和结构性访谈发现：中国石油化工股份有限公司中原油田分公司普光气田公司在普光气田的开发过程中进行了征地拆迁活动，征地补偿是按照土地被征收前三年平均年产值的三十倍进行补偿的④，具体补偿金额是每亩田（地）补偿 27000 元⑤，按照中国人民银行 2010年 12 月 26 日的金融机构人民币一年期存款基准利率 2.75％⑥计算，当地居民损失土地的机会成本为 29091⑦ 元，当地居民的经济利益事实上亏损了 2091元，即当地居民由于失去土地获得了每亩田（地）27000 元的补偿，但放弃了每亩田（地）29091 元的机会成本，土地补偿费不能够补偿耕种土地所获得的经济收益。通过对产值变化幅度 S 和利率变化幅度 R 的仿真模拟，得出当地居民经济利益的敏感性变化情况如表 4—2 所示，当地居民收益盈亏情况见图

---

① 第二条第一款规定："在城市、县城、建制镇、工矿区范围内使用土地的单位和个人，为城镇土地使用税的纳税人，应当依照本条例的规定缴纳土地使用税。"

② 第三条第一款规定："占用耕地建房或者从事非农业建设的单位或者个人，为耕地占用税的纳税人，应当依照本条例规定缴纳耕地占用税。"

③ 第一条规定："新增建设用地土地有偿使用费，由市、县人民政府按照国土资源部或省、自治区、直辖市国土资源管理部门核定的当地实际新增建设用地面积、相应等别和征收标准缴纳"；第三条规定："新增建设用地土地有偿使用费征收标准提高后，仍实行中央与地方 30∶70 分成体制"。

④ 按照《中华人民共和国土地管理法》第四十七条第六款的规定："土地补偿费和安置补助费的总和不得超过土地被征收前三年平均年产值的三十倍。"

⑤ 具体为每亩田（地）每年补偿 900 元，共补偿 30 年。

⑥ 中国人民银行：《中国人民银行决定上调金融机构人民币存贷款基准利率》（2010 - 12 - 25），http：//www.pbc.gov.cn/publish/goutongjiaoliu/524/2010/20101225172010251872769/2010122517201 0251872769 _.html。

⑦ 参照《达州市征地拆迁补偿安置办法》1 亩田（地）1 年种植业的平均产值为 800 元（达州市人民政府：《达州市征地拆迁补偿安置办法》）（2008 - 07 - 09），http：//www.dazhou.gov.cn/ZWGK/FGGW/FLFG/2008/07/09/16380613902.html)，按永续年金贴现计算的现值为：800/2.75％ ＝29091 元。

4—2。表4—2和图4—2表明，当产值变化幅度和利率变化幅度满足条件 800 $\times S-742.5\times R+57.5<0$ 时，即产值变化幅度 S 和利率变化幅度 R 的坐标位于图4—2中直线的右下部分时，当地居民的经济利益表现为赢利，土地补偿费能够补偿继续耕种土地所获得的经济收益，否则当地居民的经济利益表现为亏损，土地补偿费不能够补偿耕种土地所获得的经济收益。

表 4—2 资源地居民收益敏感性变化

利率 ＼ 产值	-20%	-15%	-10%	-5%	0	5%	10%	15%	20%
-20%	-2091	-3909	-5727	-7545	-9364	-11182	-13000	-14818	-16636
-15%	-380	-2091	-3802	-5513	-7225	-8936	-10647	-12358	-14070
-10%	1141	-475	-2091	-3707	-5323	-6939	-8556	-10172	-11788
-5%	2502	971	-560	-2091	-3622	-5153	-6684	-8215	-9746
0	3727	2273	818	-636	-2091	-3545	-5000	-6455	-7909
5%	4835	3450	2065	680	-706	-2091	-3476	-4861	-6247
10%	5843	4521	3198	1876	554	-769	-2091	-3413	-4736
15%	6763	5498	4233	2968	1704	439	-826	-2091	-3356
20%	7606	6394	5182	3970	2758	1545	333	-879	-2091

资料来源：作者整理。

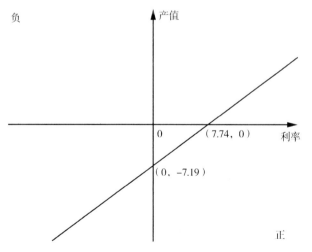

图 4—2 资源地居民收益盈亏

资料来源：作者整理。

在生产期,资源企业与政府的利益分配关系主要通过企业上缴相关税费来调整;资源企业与当地居民的利益分配关系主要通过企业提供工资、福利、捐赠来调整。资源企业在矿产资源开采的过程中需要向政府上缴各类税费,主要包括资源税、矿产资源补偿费、探矿权采矿权使用费、探矿权采矿权使用价款、石油特别收益金、成品油消费税、企业所得税、增值税、营业税、城市建设维护税、城镇土地使用税、耕地占用税、土地有偿使用费;雇用当地居民进行矿产资源开采的资源企业需要向当地居民提供工资、福利,同时资源企业通过捐赠活动改善当地居民的生活环境。中央政府、地方政府、资源企业、当地居民之间的利益分配关系的调整依据为《中华人民共和国资源税暂行条例》①、《矿产资源补偿费征收管理规定》②、《石油特别收益金征收管理办法》③、《国务院关于实施成品油价格和税费改革的通知》④、《中华人民共和国企业所得税法》⑤、《国务院关于印发所得税收入分享改革方案的通知》⑥、《中华人民共和国增值税暂行条例》⑦、《国务院关于实行分税制财政管理体制的决定》⑧、《中

① 第一条规定:"在中华人民共和国境内开采本条例规定的矿产品或者生产盐的单位和个人,为资源税的纳税义务人,应当依照本条例缴纳资源税";第十二条规定:"纳税人应纳的资源税,应当向应税产品的开采或者生产所在地主管税务机关缴纳。"

② 第二条规定:"在中华人民共和国领域和其他管辖海域开采矿产资源,应当依照本规定缴纳矿产资源补偿费";第十第二款规定:"中央与省、直辖市矿产资源补偿费的分成比例为5∶5;中央与自治区矿产资源补偿费的分成比例为4∶6。"

③ 第三条规定:"凡在中华人民共和国陆地领域和所辖海域独立开采并销售原油的企业,以及在上述领域以合资、合作等方式开采并销售原油的其他企业,均应当按照本办法的规定缴纳石油特别收益金";第四条规定:"石油特别收益金属中央财政非税收入,纳入中央财政预算管理。"

④ 第四条规定:"成品油消费税属于中央税,由国家税务局统一征收。纳税人为在我国境内生产、委托加工和进口成品油的单位和个人。"

⑤ 第一条第一款规定:"在中华人民共和国境内,企业和其他取得收入的组织为企业所得税的纳税人,依照本法的规定缴纳企业所得税。"

⑥ 第三条第二款规定:"2003年所得税收入中央分享60%,地方分享40%;2003年以后年份的分享比例根据实际收入情况再行考虑。"

⑦ 第一条规定:"在中华人民共和国境内销售货物或者提供加工、修理修配劳务以及进口货物的单位和个人,为增值税的纳税人,应当依照本条例缴纳增值税。"

⑧ 第三条第二款:"增值税中央分享75%,地方分享25%。"

华人民共和国营业税暂行条例》[①]、《中华人民共和国城市维护建设税暂行条例》[②]。在生产期，资源企业的开采活动严重破坏了当地良好的生态环境，政府、资源企业、当地居民都将承担生态环境恶化带来的严峻后果，同时，政府、资源企业、当地居民面临着高昂的隐性生态成本，各利益主体都将为生态环境问题埋单。

在利润分配阶段，资源企业、政府及当地居民的利益分配关系主要通过资源企业提供利润分配来调整。中央政府通过对国有资产行使剩余索取权从而分享中央资源企业创造的利润；地方政府通过对国有资产行使剩余索取权从而分享地方资源企业创造的利润；为解决当地居民的生产生活困难，极少数资源企业亦鼓励当地居民参与资源开发，共享资源开发收益。资源企业、中央政府、地方政府之间利益分配关系的调整依据为《企业财务通则》[③]。

3. 生态恢复自然状态

矿山在生态恢复自然状态，主要表现为矿山的自我恢复和政府、资源企业、当地居民对矿山生态环境的人工恢复活动，以及政府开发耕地的活动。矿山经历漫长的生态恢复自然状态，最终将达到另一种全新的自然状态。[④] 矿山在生态恢复阶段，政府、资源企业、当地居民通过生态恢复活动协助矿山生态环境的恢复，同时政府通过开发耕地活动恢复矿山的农业生产能力。资源企业、中央政府、地方政府之间的利益分配关系的调整依据为《探矿权采矿权使

---

① 第一条规定："在中华人民共和国境内提供本条例规定的劳务、转让无形资产或者销售不动产的单位和个人，为营业税的纳税人，应当依照本条例缴纳营业税"；第十四条第一款规定："纳税人提供应税劳务应当向其机构所在地或者居住地的主管税务机关申报纳税。"

② 第二条规定："凡缴纳产品税、增值税、营业税的单位和个人，都是城市维护建设税的纳税义务人，都应当依照本条例的规定缴纳城市维护建设税"；第六条规定："城市维护建设税应当保证用于城市的公用事业和公共设施的维护和建设，具体安排由地方人民政府确定。"

③ 第四十九条规定："属于各级人民政府及其部门、机构出资的企业，应当将应付国有利润上缴财政。"

④ 2008 年全国矿山占用破坏土地面积 1739152 公顷，矿山环境恢复治理恢复面积 43747 公顷，恢复面积仅占破坏面积的 2.52%，生态恢复过程十分漫长（数据来源：《中国矿业年鉴》编辑部：《中国矿业年鉴 2009》，地震出版社 2010 年版）。

用费和价款管理办法》[1]、《财政部、国土资源部、中国人民银行关于调整新增建设用地土地有偿使用费政策等问题的通知》[2]。

随着矿山从原初自然状态到生产阶段再到生态恢复自然状态，资源企业上缴的税、费、利及分配情况如表4—3所示。

表4—3　　　　　　　　　　　资源企业税、费、利的征收及分配

类别	征收与分配依据
资源税	《中华人民共和国资源税暂行条例》
矿产资源补偿费*	《矿产资源补偿费征收管理规定》
探矿权采矿权使用费	《探矿权采矿权使用费和价款管理办法》
探矿权采矿权使用价款	《探矿权采矿权使用费和价款管理办法》（征收依据）；《财政部、国土资源部、中国人民银行关于探矿权采矿权价款收入管理有关事项的通知》（分配依据）
石油特别收益金	《石油特别收益金征收管理办法》
成品油消费税	《国务院关于实施成品油价格和税费改革的通知》
企业所得税	《中华人民共和国企业所得税法》（征收依据）；《国务院关于印发所得税收入分享改革方案的通知》（分配依据）
增值税	《中华人民共和国增值税暂行条例》（征收依据）；《国务院关于实行分税制财政管理体制的决定》（分配依据）
营业税	《中华人民共和国营业税暂行条例》
城市维护建设税	《中华人民共和国城市维护建设税暂行条例》
城镇土地使用税	《中华人民共和国城镇土地使用税暂行条例》
耕地占用税	《中华人民共和国耕地占用税暂行条例》
土地有偿使用费	《财政部、国土资源部、中国人民银行关于调整新增建设用地土地有偿使用费政策等问题的通知》
中央企业上缴利润	《企业财务通则》、《国务院关于试行国有资本经营预算的意见》、《中央企业国有资本收益收取管理办法》
地方国企上缴分配	《企业财务通则》、《国务院关于试行国有资本经营预算的意见》、《中央企业国有资本收益收取管理办法》

注："*"：中央与自治区矿产资源补偿费的分成比例为40%：60%。
资料来源：作者整理。

---

① 第九条规定："探矿权采矿权使用费和价款收入应专项用于矿产资源勘察、保护和管理支出。"
② 第六条规定："专项用于基本农田建设和保护、土地整理、耕地开发等开支。"

二 资 源 企 业 利 益 结 构

1. 资源企业显性利益结构

资源企业的显性利益结构见图 4—3。由图 4—3 可知，在取得开采权的阶段，资源企业主要通过投入探矿权采矿权使用费和探矿权采矿权使用价款获取勘探和开采的权力，从而形成无形资产。

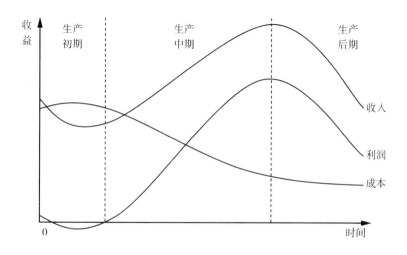

图 4—3 资源企业显性利益结构

资料来源：作者整理。

在征地阶段，资源企业主要通过支付土地补偿费、安置补助费、地上附着物和青苗的补偿费、相关税费获取土地的使用权，从而形成无形资产。在取得开采权和征地阶段付出了大量的成本和费用，然而并没有进行深入的矿产资源开采活动，因此这两个阶段的成本高于收入，净利润为负，资源企业处于亏损状态。

在生产阶段的初期，资源企业需要投入大量资金购买专用性资产用于矿产资源的开采活动，从而形成固定资产，此时仍然没有进行深入的矿产资源开采活动，此阶段的成本高于收入，净利润为负，资源企业处于亏损状态。

在生产阶段的中期，资源企业的专用性资产投入基本完成，此时资源企业的重心为通过密集型的劳动力投入降低生产成本，同时扩大生产能力，降低单位矿产品的固定成本，此时的矿产资源开发程度逐渐提高，单位矿产资源产品成本逐步下降，矿产资源产品产量逐渐上升，矿产资源产品销售收入超过矿产品开采成本，净利润为正，资源企业处于赢利状态。

在生产阶段的后期，资源企业劳动力投入达到了极限状态，已经不能通过密集型的劳动力投入降低生产成本了，同时矿山的矿产资源产品储量亦逐渐下降，矿产资源可开采储量接近枯竭，随着矿产资源产品可开采储量的下降，尽管矿产资源产品销售收入仍高于矿产资源产品开采成本，净利润为正，但净利润开始出现下滑趋势，资源企业的赢利能力开始显著下降，当矿产资源产品销售收入下降到等于或低于矿产资源产品开采成本时，资源企业将理性地选择关闭矿山。

资源企业显性利益结构没有考虑生态环境问题和社会环境问题。资源企业显性利益结构包含矿产资源产品销售收入、矿产资源产品开采成本、矿产资源产品销售利润，然而矿产资源产品开采成本仅仅只是资源企业从事矿产资源产品开采活动的可计量的显性成本，事实上资源企业长期从事矿产资源的开采活动会对矿山的生态环境造成严重的破坏，使得矿山在某种程度上丧失原有的耕种能力，而由于矿产资源产品开采引发的环境问题[1]以及地质灾害问题[2]严重威胁了当地居民的正常生产和生活状态。由生态环境恶化和社会环境恶化形成的隐性成本不容忽视。基于"谁污染谁治理"、"谁破坏谁恢复"的原则，资源

---

[1] 如紫金矿业废水渗漏污染汀江事件。（人民网：《人民日报追问紫金矿业污染事件 污染几何有无瞒报？》（2010－07－14），http://society.people.com.cn/GB/12136794.html。）

[2] 如矿产资源开发引起的道路塌陷。（人民网：《到处塌陷 湖北荆襄磷矿基地已成危机矿山》（2009－01－09），http://unn.people.com.cn/GB/14748/8649987.html。）

企业理应是矿产资源开发中生态环境恢复治理和地质灾害防治的主体，公司股东在享有剩余索取权的同时必须承担生态环境治理和地质灾害防治的责任，政府需行使监督和管理的职责。然而，资源企业显性利益结构表明资源企业将生态环境隐性成本和社会环境隐性成本转移给政府与当地居民，资源企业在享受矿产资源开发带来收益的同时并没有支付与之相对应的全部成本，而政府与当地居民在承担生态环境隐性成本和社会环境隐性成本的同时并没有充分享受到矿产资源开发带来的收益，政府、资源企业、当地居民的收益与成本严重不配比。

2. 资源企业显性与隐性利益结构

资源企业显性与隐性利益结构见图4—4。由图4—4可知，与资源企业显性利益结构相同的是资源企业在取得开采权和征地阶段仍然付出了高昂的成本，资源企业处于亏损状态；在生产阶段的初期，资源企业需要投入大量资金购买专用性资产用于矿产资源的开采活动，资源企业仍处于亏损状态；在生产阶段的中期，资源企业的专用性资产投入基本完成，矿产资源产品产量逐渐上升，矿产资源产品销售收入超过矿产资源产品开采成本，资源企业处于赢利状态。与资源企业显性利益结构不同的是由于生态环境隐性成本和社会环境隐性成本的存在，随着资源企业矿产资源产品产量的不断提高和矿产资源产品开采的不断深入，生态环境隐性成本和社会环境隐性成本呈直线上升，在生产阶段的后期，矿产资源开发的显性成本与生态环境的隐性成本和社会环境隐性成本的总和已超过矿产资源产品销售收入，净利润为负，资源企业处于亏损状态。资源企业应进行理性选择关闭矿山，然而绝大多数资源企业并没有考虑生态环境隐性成本和社会环境隐性成本。资源企业显性与隐性利益结构和资源企业显性利益结构相比，资源企业处于亏损时期的状态明显变长，而处于赢利时期的状态明显缩短，并且赢利能力明显下降。

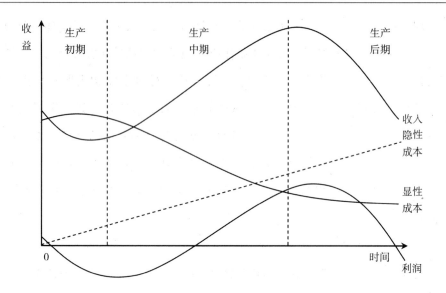

图 4—4　资源企业显性与隐性利益结构

资料来源：作者整理。

第五章 西部矿产资源开发中央与地方利益矛盾分析

　　矿产资源开发涉及利益主体范围广、数量多，涉及利益数量大、种类繁，因此在利益分配过程中不可避免地会出现各种矛盾。矿产资源开发利益统筹首先要明晰矿产资源开发所涉及的利益主体及其利益矛盾。中央作为矿产资源所有权代理者和管理者，以及地方①作为矿产资源占有者和协助开发者，都是重要的利益主体。中央与地方在矿产资源利益分配上存在矛盾，纵向表现为财权与事权矛盾，横向表现为区域矛盾。矛盾原因在于矿产资源管理体制不合理决定了双方存在矿权与地权的矛盾，以及地方的双重代理特性②决定了双方目标具有差异性。在纵向分配上，通过税收分配比率分析，中央处于利益结构的上层，资源地虽然在地理空间上拥有矿产资源，却因没有所有权而处于利益结构下层，利益分配随中央政府主观决定，这导致地方在财权上处于弱势地位；通过矿产资源开发事件分析，地方在该过程中承担了较多的事权；财权与事权的不配比导致了中央与地方纵向分配上的矛盾。在横向分配上，对历年矿产资源

分配数据分析，中央更注重资源的使用效率和宏观调控，倾向于把资源输送到利用率更高的中东部地区，这使得西部资源地面临着资源与税收的双重流失，导致中央与地方在横向分配上产生区域矛盾。

第一节　中央与地方矿产资源利益关系

中央与地方矿产资源利益关系是由我国现行的矿产资源管理体制决定的（见图 5—1）。我国矿产资源管理体制经历了各工业部主导的弱分散管理模式、各工业部主导的强分散管理模式、无管理模式、地矿部与工业部后分散管理模式、地矿部主导的弱统一管理模式、国土资源部与国家发改委主导的寡头统一管理模式六个阶段（魏铁军，2005）[1]。自新中国成立到 1976 年，我国的矿产资源管理一直处于弱势分散管理阶段，相关法令较少，制度不完善，矿产资源的保护问题一直没有形成规范，整个资源管理还处于混乱失控状态。1978 年改革开放后，资源管理体制逐步改革，并开始注重环境与效益相结合。1982年后，我国建立了以宪法为基础的矿产资源保护法律框架体系[2]。

第一，矿产资源全民所有，由国务院代行所有权。《中华人民共和国宪法》第九条规定："矿藏等自然资源，都属于国家所有，即全民所有。"《中华人民共和国矿产资源法》第三条规定："矿产资源属于国家所有，由国务院行使国家对矿产资源的所有权。地表或者地下的矿产资源的国家所有权，不因其所依

① 具体参见魏铁军《矿产资源法律改革初步研究》，中国地质大学出版社 2005 年版，第 47—48 页。
② 我国目前的矿产资源法律法规主要有《中华人民共和国矿产资源法》、《中华人民共和国煤炭法》、《中华人民共和国矿山安全法》、《矿产资源补偿费征收管理规定》、《中华人民共和国资源税暂行条例》、《矿产资源开采登记管理办法》、《探矿权采矿权转让管理办法》、《中华人民共和国矿产资源法实施细则》、《对外合作开采海洋石油资源条例》、《对外合作开采陆上石油资源条例》、《矿产资源勘察区块登记管理办法》、《矿产资源监督管理暂行办法》等。

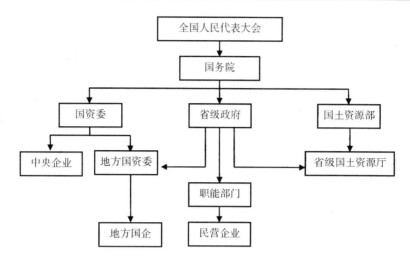

图 5—1　我国矿产资源管理体制

资料来源：根据相关法规整理。

附的土地的所有权或者使用权的不同而改变。"

第二，由国务院对矿产资源勘察和开发实行统一管理，包括监督管理。《中华人民共和国矿产资源法》第十一条规定："国务院地质矿产主管部门主管全国矿产勘察、开采的监督管理工作。国务院有关主管部门协助国务院地质矿产主管部门进行矿产资源勘察、开采的监督管理工作。"

第三，国家对矿产资源的勘察开采实行统一规划、合理布局。《中华人民共和国矿产资源法》第七条规定："国家对矿产资源的勘察、开发实行统一规划、合理布局、综合勘察、合理开采和综合利用的方针。"

第四，矿业权有偿取得和依法转让，矿床勘探报告及其他有价值的勘察资料实行有偿使用。《中华人民共和国矿产资源法》第五条、第二十八条规定："国家实行探矿权、采矿权有偿取得的制度；但是，国家对探矿权、采矿权有偿取得的费用，可以根据不同情况规定予以减缴、免缴。具体办法和实施步骤由国务院规定。开采矿产资源，必须按照国家有关规定缴纳资源税和资源补偿费。""矿床勘探报告及其他有价值的勘察资料，按照国务院规定实行有偿使用。"

从我国主要的矿产资源管理法规政策可以看出，我国实行矿产资源单一国有制。所有者的代表是国务院，国务院代表国家对矿产资源进行管理。然而这种单一制矿产资源管理体制所决定的矿产资源利益结构不尽合理，从而各利益主体间成本与收益出现不匹配问题。组织结构决定了资源利益分配的利益结构，矿产资源管理体制矛盾决定了中央与地方现行利益结构存在着多种矛盾，包括矿权和地权矛盾[①]、财权和事权矛盾[②]、区域矛盾，见图5—2。

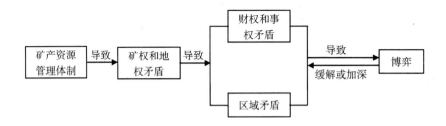

图 5—2　中央与地方矿产资源利益矛盾

资料来源：作者整理。

我国矿产资源管理体制决定了特殊的矿权结构，中央与地方在矿产资源开发中所产生的一系列利益矛盾归根结底是由矿权和地权矛盾导致的。矿权制度涉及的重要概念包括矿产资源所有权、矿业权。矿产资源所有权就是"权利人依法对矿产资源占有、使用、收益和处分的权利，它具有一般财产所有权的各项权能"。[③] 矿业权是由所有权派生出来的一项权能，包括探矿权和采矿权，《中华人民共和国矿产资源法实施细则》第六条规定："探矿权是指在依法取得的勘察许可证规定的范围内，勘察矿产资源的权利。取得勘察许可证的单位或者个人称为探矿权人。采矿权是指在依法取得的采矿许可证规定的范围内，开

---

① 矿权指矿产资源所有权、收益权、使用权，地权指土地所有权、收益权、使用权。

② 财权指矿产资源收益权，事权指为矿产资源开发而承担的事务。

③ 胡健、吴文洁：《油气资源矿权与土地产权的冲突——以陕北油气资源开发为例的分析》，《资源科学》2007年第5期。

采矿产资源和获得所开采的矿产品的权利。取得采矿许可证的单位或者个人称为采矿权人。"

中央和地方在矿权与地权上的矛盾主要集中在土地补偿和征用问题上。当在国有土地上开采矿产资源时，国家直接把矿业用地划拨给矿业权人，此时并不存在矿权与地权间的冲突，因为矿产资源与土地的所有者都是国家。而在集体用地上开采矿产资源时，国家就需要利用征收制度，先把集体土地征为国有，再划拨给矿业权人。虽然国家和集体都是我国土地的所有者，但两者并不是平等的，我国的集体土地所有权因缺乏对资源的排他性收益权和转让权而被有的学者称为"不完全所有权"[①]。我国《土地管理法》第二条规定"任何单位和个人不得侵占、买卖或者以其他形式非法转让土地"，第四十三条规定"任何单位和个人进行建设，需要使用土地的，必须依法申请使用国有土地"。这表明集体土地只有在被国家征为国有后才能进行转让和买卖，地方对土地的处分权和收益权也因此转为国家所有，而地下矿产资源所产生的收益也随之流入国库。集体土地的实际控制者和受益者仍然是国家，集体土地所有权不过是"由国家控制但由集体来承受其控制结果的一种农村社会主义土地制度安排"[②]。根据《土地管理法》的规定，国家征用集体土地时，应给予合理对价的补偿。但目前对矿业用地居民的补偿是不等价的，这实质上是国家对集体土地利益的变相侵占，并且地方对这样的补偿标准没有讨价还价的能力，地方的利益进一步受损。因此，中央与地方一切矛盾的根源便是地方在缺失矿产资源所有权的情况下，对集体土地也缺乏实际的所有权和收益权。中央在资源分配上更注重资源的使用效率和全局发展，而地方更在意资源分配对地方利益的影响，因此资源在宏观和微观配置上的目标往往存在差异性，从而导致资源利益分配过程中中央与资源地之间出现矛盾。

---

① 张伟：《集体土地所有权法律制度研究》，《中国地质矿产经济》2003 年第 4 期。
② 周其仁：《产权与制度变迁——中国改革的经验研究》，北京大学出版社 2004 年版。

除矿权和地权矛盾之外，中央与地方利益矛盾还表现为财权和事权不配比及地方间的区域矛盾。财权是利益主体获得矿产资源利益的权力，而事权是利益主体为矿产资源开发承担相应事务的义务。财权与事权的不配比及区域间利益的争夺激化了各利益主体间的矛盾，从而造成了中央与地方围绕矿产资源利益进行博弈的局面。如果双方理性博弈而取得共赢的结果，则博弈可以缓解利益矛盾，否则，博弈反而会加深利益矛盾。

中央政府与地方政府利益矛盾的另一原因是其目标既有一致性，又有差异性，见图5—3：

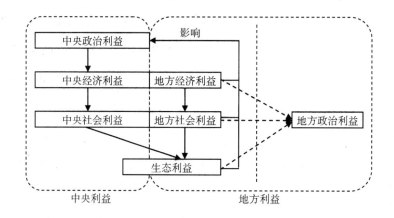

图 5—3　中央政府与地方政府利益关系

资料来源：作者整理。

在矿产资源开发中，中央政府首先考虑的是国家的政治利益，在政治利益得到保障的情况下，中央政府才会决定矿产资源分配比率及资源收益分配比率，实现自己的经济利益最大化，所以中央政府倾向于把矿产资源输送到单位效益更高的地方供其利用。中央政府的经济利益来源主要有两种：一种是作为国家管理者，对矿产资源开采企业、运输企业、销售企业等相关企业征收税费，主要包括所得税、增值税、营业税等；另一种是作为中央企业的控股人，从企业赢利中分红。当中央政府经济利益得到满足时，才有能力和财力追求社会利益和环境利益。其中，生态利益具有包容性，是中央政府与地方政府的共同利益。

地方政府的首要职责就是发展地方经济，其经济利益主要分为两种：一种是作为地方管理者，对地方矿产资源开采企业、运输企业、销售企业等相关企业征收税费，如所得税、增值税、营业税、资源税等；另一种是作为地方国企的控股人，参与地方国企分红。地方政府在获得经济利益后，便会考虑社会利益。其次，地方政府会考虑生态利益。地方政府的政治利益是间接追求的，隐含在其他三种利益中。

虽然矿产资源利益分配具有主观性，主要由中央政府决定，但如果中央政府忽视地方利益，矛盾积累到一定程度时就会导致地方群众生活困难、社会秩序紊乱、生态环境破坏，影响其政治利益，所以制定合理的利益分配比率尤为重要。

中央政府与地方政府目标既有一致性又有差异性，这是由地方政府的双向代理特性决定的，中央政府与地方政府间的目标矛盾实质是一种委托代理矛盾。地方政府首先是中央权力的代表，接受中央政府的委托管理地方，在一定条件下与中央政府具有共同利益，需要执行中央政府的命令和政策，为中央政府的利益考虑。然而地方政府又不仅是中央政府的代表，还是地方群众的代理人，必然要考虑当地人民的利益。从更为现实的角度而言，地方政府财政更依赖于地方利益而不是中央利益，因此地方政府可能从地方利益出发，选择地方利益最优而不是社会最优，或者利用信息优势，做出不利于中央政府的代理行为。在计划经济条件下，地方政府只是执行中央的命令，地方政府的行为还受到约束，然而经过"放权让利"改革，地方政府的权力已经逐渐扩大，这为双方的博弈提供了可能。在改革过程中，中央政府在制定政策时，会给地方政府预留一定的创新空间以应付复杂多变的情况，"地方政府实际上面临着相对'软化'的制度约束环境。"[①] 在地方政府和中央政府的目标不一致，而且地方政府又有了很大的自主权以后，中央和地方的博弈便不可避免。

---

① 李军杰：《经济转型中的地方政府经济行为变异分析》，《中国工业经济》2005 年第 1 期。

此外，自20世纪80年代初以来，我国地方官员的选拔和提升的标准由过去的纯政治指标变成经济绩效指标，尤其是地方GDP增长的绩效。因此，地方官员为了追求自身的利益，也倾向于选择地方最优，而不是社会最优。周黎安（2004）认为，"地方官员合作困难的根源并不主要在于地方官员的财税激励及他们所处的经济竞争的性质，而是在于嵌入在经济竞争当中的政治晋升博弈的性质"①。他通过一个具有锦标赛特征的政治晋升博弈的模型，说明地方政府官员不仅在经济上为财税和利润博弈，同时也为政治晋升而博弈。

资源是资源地的优势，甚至是唯一优势，只有把资源优势转化为人力优势或资金优势等其他优势，资源地才能得到持续发展。宏观权力结构与微观利益结构的不匹配造成了资源地的资源优势难以发挥，矛盾日益突出。关于中央与资源地矛盾的问题，铁卫等（2006）指出，"现行有关制度和一些政策在设计时不同程度忽略了西部资源开发地区的利益，成为影响和制约西部资源开发和经济发展的重要因素"②。胡健等（2007）的研究进一步指出，中央与资源地利益矛盾的原因为"油气资源矿权与土地产权是分离的，国家拥有油气矿权，国家与集体共同拥有地权，这就不可避免地产生一元矿权与二元地权之间的冲突"③。中央与地方利益矛盾的核心主要体现在天然气资源开发"收益权的分配矛盾"和"对地方经济发展推动作用的矛盾"④，实质就是直接利益矛盾与间接利益矛盾。武盈盈（2009）通过对资源产品各利益主体收入的定量测算，印证了我国矿产资源收益分配结构不合理的论断。这些矛盾造成了中央利益与地方利益、全局利益与局部利益、长远利益与眼前利益的激烈博弈，是中央与地方进行博弈的根本原因。中央与地方关于矿产资源博弈的模型见图5—4。

---

① 周黎安：《晋升博弈中政府官员的激励与合作》，《经济研究》2004年第6期。

② 铁卫、王军：《略论对资源开发地政府利益的尊重与保护》，《理论导刊》2006年第3期。

③ 胡健、吴文洁：《油气资源矿权与土地产权的冲突——以陕北油气资源开发为例的分析》，《资源科学》2007年第5期。

④ 胡健：《油气资源开发与西部区域经济发展战略研究》，科学出版社2007年版，第89—93页。

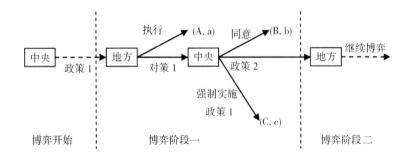

图 5—4　中央与地方博弈

资料来源：作者整理。

博弈开始阶段，首先是中央发布关于矿产资源开采、利益分配的政策，然后进入博弈第一阶段。面对政策 1，地方政府有两个行为选择：一是执行中央的政策，地方政府对中央唯命是从，习惯于遵守中央的政策，明哲保身，以不出错为原则，当然也可能是由于执行的收益大于不执行的收益而做出执行的选择，如果这样，博弈到此结束，中央和地方按政策 1 分配利益，假定为（A，a）。二是不执行中央的政策，而对中央的政策进行变通处理成对策 1，这种政府具有创新与敢作为精神，相信自己的博弈能力，敢于对中央的政策加以调整以获取更大的利益，但是博弈权又交到了中央手里。中央面对地方的对策 1 有三种选择，如果中央觉得地方调整后的对策 1 更有利，则会同意实施对策 1，这时中央和地方达到双赢，按照（B，b）分配利益；如果中央觉得对策 1 有损自己的利益则会选择强制执行政策 1，按照（C，c）分配利益，或者发布新的调控政策 2，重复第一阶段的博弈流程，进入新一轮博弈。

在博弈第一阶段，地方政府在作选择时，要先比较各种结果下的收益。根据实践中的情况，在中央同意对策 1 的情况下，地方政府所得到的收益必定大于地方政府执行政策 1 所得到的收益，即 b 大于 a；而中央政府强制实施政策 1 的情况下，c 必定不大于 a，这要取决于中央政府在实施过程中是否因地方政府违背命令而对地方政府进行了惩罚，若进行了惩罚，则 c 必定小于 a；此外地方政府还可以面临中央政府新一轮的调控政策 2，这种情况下地方政府的收益是不确定的，因为在博弈第一阶段地方政府不可能知道中央政府政策 2 的具体内容。所以地方政府选择违背中央政府的命令是要承担一定风险的，但也有可能得到更多利益，具体选择哪个行为还需根据中央政府的收益来决定。

对中央政府来说，因为自己对地方情况缺乏足够的了解，在政策实施和博弈过程中信息不对称，所以地方政府对政策 1 的调整对中央政府或有利或有弊。若有利，则 B 大于 A，这时中央政府就会同意地方政府的对策 1，博弈结束。这种情况下，地方政府充分发挥自己的能动性和创新性，根据具体情况提出既有利于中央也有利于地方的措施，达到共赢的结局。若有弊，造成中央政府的利益小于之前的利益，即 A 大于 B，则中央政府就会考虑采取措施以维护自己的利益，这时它面临两个选择：一是强制实施政策 1，二是制定新的更合理的政策 2。当中央政府强制实施政策 1 的收益 C 大于同意对策 1 的时候，中央政府就会强制实施政策 1，这种情况下中央政府凭借其政治和经济上的垄断地位，强行维护自身的利益，而较少考虑地方的利益诉求；当中央政府强制实施政策 1 的收益 C 小于同意对策 1 的时候，中央政府就会考虑制定新的更加合理的政策，以使双方达到共赢，这种情况下的中央政府更多地听取地方对利益的呼声，也更加包容。此时，博弈进入第二阶段，重复第一阶段的博弈过程。

第二节 财权与事权矛盾

地方矿权及矿产资源土地所有权的缺失直接导致地方在矿产资源利益分配中处于弱势地位，地方利益的分配比例完全由中央决定。而且，地方必须为矿产资源的开发承担相应的事务，如日常设施维护、移民安置、环境治理等。如果将地方的财权视作地方的收入，事权视作地方为取得收入而付出的成本，那么中央与地方的矛盾正是由于地方政府收入不足以支付成本而直接导致的。

一　财权矛盾分析

中央和地方的收入主要来源于矿产资源开发产生的税费，有关税费政策如表5—1所示：

表 5—1　　　　　　　　　资源开发税费中央与地方分配情况

税费名称	征收单位	征收标准	分配情况		用途
			中央政府	地方政府	
资源税	开采或生产地主管税务机关	按不同矿产品等级实行级差税额 应纳税额＝课税数量×单位税额	—	100%	纳入财政预算
企业所得税	税务部门	企业利润总额计税 普通税率25%，西部大开发优惠税率15%	60%	40%	纳入财政预算
探矿权采矿权使用费	探矿权采矿权登记管理单位	按面积缴纳	国务院地质矿产主管部门登记管理范围	省级地质矿产主管部门登记管理范围	收入应专项用于矿产资源勘察、保护和管理支出
增值税	税务部门	销售货物或者提供加工、修理修配劳务以及进口货物 增值税税率17%或13% 应交增值税＝销项税－进项税	75%	25%	纳入财政预算
营业税	地方税务机关	应税营业收入，税率3%—20%	—	100%	纳入财政预算
矿产资源补偿费	地质矿产主管部门会同财政部门征收	按照矿产品销售收入的一定比例计征 补偿费费率根据矿产品种类0.5%—4%	50%	50% （自治区政府60%）	实行专项管理，用于矿产资源勘察（不低于70%），适当用于矿产资源保护支出

续表

税费名称	征收单位	征收标准	分配情况		用途
			中央政府	地方政府	
探矿权采矿权使用价款	探矿权采矿权登记管理单位	矿业权评估机构评估价值为基础	20%	80%	收入应专项用于矿产资源勘察、保护和管理支出
石油特别收益金	财政部	征收比率按石油开采企业销售原油的月加权平均价格确定，起征点40美元/桶，20%—40%	100%	—	属中央财政非税收入，纳入中央财政预算管理
成品油消费税	税务部门	按体积征收，每升0.8元—1.0元	100%	—	专款专用
城建税及教育费附加	地方税务机关	以"消费税、增值税、营业税"税额为计税依据城建税税率1%—7%教育费附加税率3%	—	100%	城建税收入用于城市和乡镇建设维护教育费附加专项用于地方教育投入
城镇土地使用税	土地所在地的税务机关	以实际占用的土地面积为计税标准，实行差别定额税率工矿区每平方米0.6—12元	—	100%	纳入财政预算
耕地占用税	地方税务机关	以实际占用的土地面积为计税标准，采用地区差别定额税率，每平方米5—50元不等	—	100%	耕地占用税收入作为地方农业发展资金

资料来源：作者根据我国《矿产资源法》、《资源税暂行条例》等法规政策整理。

表5—1中重要税费解释如下：

资源税。开征资源税旨在使自然资源条件优越的级差收入归国家所有，避免因资源优劣造成企业利润分配上的不合理。资源税全部归地方政府所有，是地方矿产资源税费收入的重要组成部分。然而，根据1993年《中华人民共和国资源税暂行条例》规定，政府对每种矿产资源征收的资源税属于从量税，从几角到几十元不等[①]，相对于所得税、增值税等税种是比较低的。从量征收最大的局限性就是不能反映资源的价值，在资源价格较低时，这种局限表现得不

---

① 根据1993年《资源税暂行条例》规定，资源税原油为830元/吨，天然气为215元/千立方米，煤炭为0.35元/吨，其他非金属矿原矿为0.52元/吨或者立方米，黑色金属矿原矿为230元/吨，有色金属矿原矿为0.43元/吨，固体盐为1060元/吨，液体盐为210元/吨。

明显，而当资源涨价时，资源税对资源使用的调节功能就会丧失。原因在于随着资源价格提高，在从量税率下，企业开采同样多的资源能获取更多的利润，而所缴纳的税款却没有随物价升高，相对而言就是减少了，这将变相鼓励企业为了获得更多收益而多开采资源，从而也造成了资源地利益的隐性流失，所以资源地积极要求资源税改革。2010年6月资源税改革在新疆试点，改革的实质内容就是把原油、天然气的资源税由从量计征改为从价计征。[①]

所得税。中央和地方所得税分享比例为6：4。但是根据《关于铁路运输等企业所得税收入共享有关问题的通知》（财预〔2002〕590号）及《跨省市总分机构企业所得税分配及预算管理暂行办法》（财预〔2008〕10号），中石油和中石化两家股份公司的所得税为中央税，不与地方分享。所得税是中央与地方就矿产资源开发利用获取收入的重要途径，但由于主要矿产资源如石油、天然气等都是由中石油、中石化开采，而中石油、中石化的所得税并不和地方分享，因此，地方实际上在所得税方面收入较少。

增值税。增值税属于中央与地方共享税，中央占75％、地方占25％。大部分矿产资源产业链较长，原料地与市场分离，所以矿产资源需要经过原料地初级加工，然后长途运输到达市场。矿产资源原料地出厂价由国家定价，为了防止垄断利润，维持价格稳定，价格往往远低于其市场终端价，这造成了增值税从资源地转移到下游市场。

营业税。营业税属于地方税种，根据《中华人民共和国营业税暂行条例》（国务院令〔2008〕540号）第十四条规定："纳税人提供应税劳务应当向其机构所在地或者居住地的主管税务机关申报纳税"，所以企业营业税应交到企业机构所在地或者居住地。而矿产资源开采企业主要为中石油、中石化，其注册地均在北京，并且管道运输企业主要为中石油、中石化分公司，也很少在资源

---

① 根据《新疆原油天然气资源税改革若干问题的规定》（财税〔2010〕54号），新疆自2010年6月1日起实行原油、天然气资源税从价计征，税率为5％。

地注册，这就造成了资源地在营业税上所得依然甚少。

矿产资源补偿费。矿产资源补偿费按照矿产品收入的一定比例计征，其计算公式如下：

矿产资源补偿费＝矿产品销售收入×补偿费费率×开采回采率系数

开采回采率系数＝核定开采回采率/实际开采回采率。

根据《矿产品资源补偿费征收管理规定》第十条规定："征收的矿产资源补偿费，应当及时全额就地上缴中央金库，年终按照下款规定的中央与省、自治区、直辖市的分成比例，单独结算。中央与省、直辖市矿产资源补偿费的分成比例为5：5；中央与自治区矿产资源补偿费的分成比例为4：6。"本应用于对资源地开发的补偿费用，却主要用于了资源勘察。

现有的法律法规对资源地利益考虑不足，财权分配并不均衡，从而导致地方政府在资源利益分配中处于弱势地位。以资源税为例，作为矿产资源富集地区，资源税本该作为资源地政府的重要收入，带动资源地的经济发展，将资源优势转化为资本优势，然而我国资源税对地方财政收入的贡献却相当低，对促进地方经济发展作用较小，如表5—2所示。西部各省除内蒙古、青海、新疆等省区资源税占财政收入比例相对较高外，其余都偏低，作为矿产资源富集地的四川、重庆，最近几年甚至还不足1％，这也是地方积极呼吁资源税改革的重要原因。

二　事权矛盾分析

在西部矿产资源的开发利用中，地方由于矿权和地权的缺失，造成在财权分配上处于弱势地位。但是就事权分析，地方仍然承担了较多的事务及损失，具体表现在土地破坏、环境污染与治理、移民安置、开采设施维护、可持续发展等。

矿产资源大部分埋藏在地下，开采不可避免地需要征用土地（包括农业用

地），这会造成土地破坏、移民安置、农民失业等问题。2008 年矿产资源开采
占用破坏土地如表 5—3 所示。

表 5—2　　　　　　　　　资源税占西部各省财政收入比例　　　　　　（单位：％）

省市＼年份	2004	2005	2006	2007	2008
内蒙古	1.32	2.39	3.72	3.39	3.39
广　西	0.59	0.70	0.74	0.80	0.80
重　庆	1.23	1.17	1.19	0.86	0.86
四　川	0.81	0.81	0.87	0.84	0.84
贵　州	0.80	1.08	1.35	1.53	1.53
云　南	0.68	1.02	1.21	1.35	1.35
西　藏	2.29	1.99	2.05	2.31	2.31
陕　西	2.00	2.48	3.16	2.87	2.87
甘　肃	1.53	1.71	2.21	2.09	2.09
青　海	2.76	4.20	4.60	5.50	5.50
宁　夏	0.40	0.48	1.00	1.22	1.22
新　疆	3.33	3.37	3.62	3.02	3.02

资料来源：根据《中国统计年鉴（2005—2009）》计算整理。

表 5—3　　　　　　　　2008 年矿产资源开采占用及破坏土地　　　　　　（单位：公顷）

地区	合计	尾矿堆放	露天采坑	采矿塌陷
全国	1739152	926162	536582	248459
北京	4898	311	3957	206
天津	1696	8	1688	—
河北	39185	9445	13626	16114
山西	50603	4515	2909	43179
内蒙古	79108	2609	47798	22621
辽宁	57385	18018	14671	17068
吉林	22674	2661	1874	13493
黑龙江	903451	832759	50863	19829
江苏	27323	188	4779	21486
浙江	6255	271	5952	31
安徽	58255	7953	47625	32677

续表

地区	合计	尾矿堆放	露天采坑	采矿塌陷
福建	4311	802	2769	46
江西	40776	9489	25273	2464
山东	6691	2071	1846	2774
河南	826	48	61	718
湖北	1642	598	562	483
湖南	22667	9209	7419	6040
广东	10995	2776	4398	3821
广西	20100	2291	17408	402
海南	688	37	648	3
四川	17426	2027	11966	3433
贵州	8132	920	1580	5632
云南	18459	3838	14005	616
西藏	25	—	25	—
陕西	21735	2147	1324	18191
甘肃	31495	5756	16637	9101
青海	243130	4136	233887	1173
宁夏	9739	671	4724	4344
新疆	29482	609	26309	2513

资料来源:《中国矿业年鉴》编辑部:《中国矿业年鉴(2009)》,地震出版社2010年版。

表5—3显示,2008年我国土地因矿产资源开发而受到破坏的面积为1739152公顷,其中尾矿堆放占用土地926162公顷,露天采坑破坏土地536582公顷,采矿塌陷破坏土地248459公顷。黑龙江土地占用破坏最多(903451公顷),其次为青海(243130公顷)。矿产资源每年都在开发,土地被占用遭到破坏,而且资源开发用地往往又是以极低的价格取得,有的甚至是无偿取得,地方因此承担了相应的损失。同时,土地的破坏还会引起地面塌陷、裂缝等,引起地质灾害,严重影响当地居民的生产生活。

矿产资源开发会对地方环境造成一定程度的负面影响:矿产资源开发会造成地下水位下降,从而影响地表植被的生长及当地居民使用地下水;开采和净化过程还会向江河流域排放废渣、废水等，严重影响资源地的河流及饮用水；开采和利用资源会向大气排放废气、矿渣等，对当地空气造成污染。地方不仅承受着矿产资源开采造成的环境污染，还承担了环境治理的责任与成本，其中重要的一项便是矿山恢复成本，如表5—4所示。

表5—4　　　　　　　　　　2008年各地矿山恢复情况

地区	项目（个）	合计（亿）	投入资金			恢复面积（公顷）
			中央财政（亿）	地方财政（亿）	地方比重（%）	
全国	3346	44.09	10.88	29.23	66.30	43747
北京	9	0.32	0.32	0.00	0.00	52
天津	10	0.79	0.24	0.55	69.49	56
河北	30	0.67	0.38	0.29	43.45	999
山西	125	6.45	0.46	6.00	92.93	1610
内蒙古	26	1.03	0.52	0.51	49.76	3214
辽宁	13	0.95	0.54	0.41	42.96	448
吉林	30	0.80	0.42	0.38	47.45	1506
黑龙江	35	2.09	0.43	1.48	70.84	2495
上海	1	0.02	0.00	0.02	100.00	—
江苏	134	4.23	0.39	3.83	90.70	1108
浙江	486	2.21	0.14	2.03	92.04	750
安徽	70	1.68	0.21	1.47	87.47	990
福建	361	1.35	0.43	0.92	67.75	808
江西	532	0.88	0.43	0.28	31.50	1419
山东	719	5.24	0.49	1.68	32.12	2837
河南	25	0.46	0.40	0.06	13.51	264
湖北	29	0.99	0.40	0.60	60.11	161
湖南	247	1.59	0.45	1.15	71.96	433
广东	170	5.67	0.31	5.36	94.60	1265
广西	49	0.54	0.28	0.21	38.35	1804
海南	7	0.40	0.04	0.37	91.28	696
重庆	8	0.65	0.30	0.35	53.36	—
四川	14	0.70	0.36	0.34	48.35	8174

续表

地区	项目（个）	合计（亿）	投入资金			恢复面积（公顷）
			中央财政（亿）	地方财政（亿）	地方比重（%）	
贵州	62	0.55	0.43	0.09	17.01	1195
云南	77	1.03	0.23	0.60	58.27	1059
西藏	20	0.31	0.31	0.00	0.00	2638
陕西	13	0.64	0.45	0.08	11.80	331
甘肃	13	0.55	0.47	0.08	14.52	5800
青海	14	0.53	0.53	0.00	0.00	1177
宁夏	8	0.35	0.35	0.00	0.00	—
新疆	9	0.42	0.31	0.11	26.87	459

资料来源：《中国矿业年鉴》编辑部：《中国矿业年鉴（2009）》，地震出版社 2010 年版。

表 5—4 表明，2008 年全国进行矿山恢复的项目达到 3346 个，总投资 44.09 亿元，总共恢复矿山 43747 公顷。所有项目中央投资 10.88 亿元，占 33.7%；地方政府投资 29.23 亿元，占 66.3%，地方政府承担了矿山恢复的主要责任。

矿产资源开发会占用和破坏土地，当占用或者破坏到居民用地时，移民不可避免，移民生产、生活的安置工作由地方政府承担。虽然中央和企业对移民进行了一定的补偿，但主要是对移民原有土地的补偿，并且是以极低的价格进行补偿，没有考虑土地今后的增值收入，而这部分增值收入最终流入矿产资源开采企业。

矿产资源开发需要建设一系列的基础设施，如供水设施、供电设施、专门建设的工业园等，都需要地方进行维护，中央没有对这一成本进行补偿的规定。

由于矿产资源开发，移民的生产生活环境发生了根本性的变化，面临着结构性失业。矿产资源未开发前，农民可以靠耕种生活，没有耕种的农民也可以外出务工。矿产资源开发后，农民田地被占或者因为移民而不方便再种田，外出务工的农民也因房屋补偿问题滞留在家中，只取得一定量的土地补偿金，未来生活没有保障。

矿产资源开发导致地方政府财权上的损失及事权上的付出，使地方政府面临着税费和资源的双重流失。资源地要实现可持续发展，需通过征缴税费把资源优势转化为资本优势，或通过发展资源相关产业把资源优势转化为产业优势，然而资源地收入上的减少和成本上的增加使资源地资本难以积累，资源的输出也使相关产业难以发展，最终资源地既未实现资本的积累，也未实现产业的充分发展，随着资源的耗尽，资源优势也慢慢消失，出现"资源诅咒"现象。

第三节　区域矛盾

中央在资源分配上更注重资源的使用效率和宏观调控，相同的资源中央更倾向于输送到单位效率更高的东部使用，从而造成地方间矿产资源利益分配矛盾。宏观政策决定了区域经济发展会产生差异，而各地区资源分布的客观性和差异性在微观上决定了区域经济发展差异不可避免。

一　区域经济发展差异分析

选择人均 GDP 变异系数作为区域经济差异的衡量指标，其历年走势见图5—5。

图 5—5 显示了从 1997 年到 2009 年我国各省市人均 GDP 变异系数，反映了各省市经济发展差异的变化。其变化趋势分为两个阶段：第一阶段从 1997 年到 2002 年，变异系数呈递增趋势，从 1999 年的 0.64 增长到 2002 年的 0.7，表明在这一阶段，我国各省市的经济差距逐渐增大，这主要是因为改革开放政

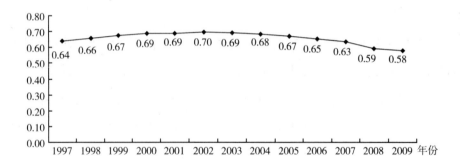

图 5—5 我国各省市历年人均 GDP 变异系数

注：由于重庆在 1997 年获批成为直辖市，所以数据从 1997 年开始。

资料来源：根据中经专网统计数据——地区年鉴整理。

策及市场经济的深化导致的，并且东、中、西部资源禀赋和地理位置的差异，加剧了各省市经济发展速度的不平衡。第二阶段从 2002 年到 2009 年，变异系数增长到 2002 年的最高点后，开始呈递减趋势，从 2002 年的 0.7 下降到 2009 年的 0.58，表明在这一过程中，我国各省市经济差距逐渐缩小，并且自 2007 年后开始小于 1997 年的历史水平 0.64。这主要是因为国家在 2000 年实行了西部大开发政策，逐渐提高了西部的经济增长速度，从而缩短了东、中、西部的经济差距。但是图 5—5 中变异系数一直保持在较高水平，1997 年为 0.64，最高到 2002 年 0.7，最低为 2009 年 0.58，这说明虽然由于西部大开发政策的推行缓解了区域发展差异，但我国省市间的经济水平差距一直较大。

我国东、中、西部 GDP 增长速度见图 5—6。图 5—6 显示我国东、中、西部 GDP 增速大致相当，并且可以分为三个阶段。第一阶段为 1997 年至 1999 年，三个地区的 GDP 增速都呈现下降趋势，东部增速最高，中部和西部相当。第二阶段为 2000 年至 2007 年，三个地区的 GDP 增速呈现出大致增长的趋势，西部的 GDP 增速在 2001 年超过中部，2005 年后超过东部，这主要是由于西部大开发政策，导致大量资金涌向西部，大量资源被开发，从而在一定程度上缩短了东、中、西部经济差距。第三阶段为 2008 年至 2009 年，东部和中部的 GDP 增速呈现下降的趋势，但西部的 GDP 增速 2008 年仍在加快，在 2009 年跌到与东、中部相同水平。西部大开发导致西部 GDP 增长速度加快，从而出现区域经济差异缩小的现象，但总体来看，东、中、西部经济差距仍然较大，见图 5—7。

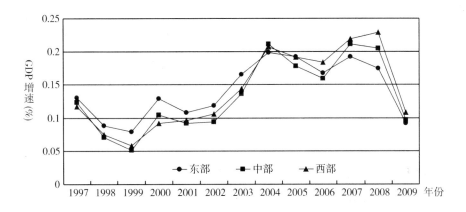

图 5—6 区域 GDP 增长速度

资料来源：根据中经专网统计数据——地区年鉴整理。

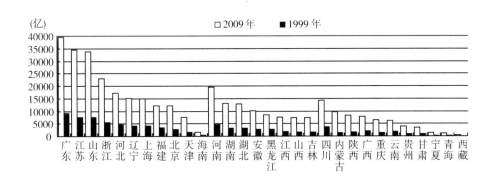

图 5—7 1999 年和 2009 年各省市 GDP

资料来源：根据中经专网统计数据——地区年鉴整理。

图 5—7 标识了我国各省市 1999 年和 2009 年的 GDP，从广东至海南属于东部区域，河南至吉林属于中部区域，四川至西藏属于西部区域。经过 10 年

的发展，GDP 排名几乎没有发生变化，但不管是东、中、西部之间，还是东、中、西部区域内，区域差异均在扩大。1999 年和 2009 年都是广东 GDP 最高，分别为 9250.68 亿元和 39482.56 亿元；最低的是西藏，分别为 105.98 亿元和 441.36 亿元，广东的 GDP 分别是西藏的 87 倍和 89 倍。东部地区最高仍是广东，最低是海南，海南 GDP 分别为 476.67 亿元和 1654.21 亿元，广东的 GDP 分别是海南的 19 倍和 24 倍；中部地区最高是河南，分别为 4517.94 亿元和 19480.46 亿元，最低是吉林，分别为 1672.96 亿元和 7278.75 亿元，河南的 GDP 均是吉林的 2.7 倍；西部地区最高是四川，GDP 分别为 3649.12 亿元和 14151.28 亿元；最低是西藏，分别为 105.98 亿元和 441.36 亿元，四川GDP 分别是西藏的 34 倍和 32 倍。

数据表明，西部大开发提高了西部的经济增长速度，在一定程度上缩短了东、中、西部间的差距，但是，由于东、中、西部间基础差距过大，导致东、中、西部间的差异并未发生实质性的改变。

为分析区域经济差异的影响因素，选择采矿业固定资产投资比率（X_1）、高等学校在学人数比率（X_2）、固定资产投资比率（X_3）、非国有固定资产投资比率（X_4）、进出口比率（X_5）、科研经费比率（X_6）作为变量，如表 5—5 所示。因变量选用各省市人均 GDP 变异系数，变量数据选用 1997 年至 2008 年数据，如表 5—6 所示。对表 5—6 中变量数据进行相关性分析，如表 5—7 所示。

表 5—5   **区域经济差异影响变量表达式**

变量	表达式
X_1	采矿业固定资产投资/固定资产投资总额
X_2	本年高等学校在学人数/本年年底总人口
X_3	固定资产投资/本年地区生产总值
X_4	非国有固定资产投资/本年固定资产投资
X_5	人民币表示的进出口总额/本年地区生产总值
X_6	本年研发（R&D）经费支出/本年地区生产总值

资料来源：作者整理。

表 5—6 区域经济差异影响变量选用数据

年份	变异系数	X_1	X_2	X_3	X_4	X_5	X_6
1997	0.64	5.29%	0.26%	33.12%	47.51%	35.81%	0.64
1998	0.66	4.47%	0.28%	34.87%	45.89%	32.96%	0.69
1999	0.67	3.76%	0.33%	34.30%	46.58%	34.34%	0.83
2000	0.69	3.71%	0.44%	33.89%	49.86%	40.43%	1.01
2001	0.69	3.49%	0.57%	34.76%	52.69%	39.40%	1.09
2002	0.70	3.17%	0.71%	36.57%	56.60%	43.19%	1.23
2003	0.69	3.19%	0.86%	40.45%	61.02%	51.31%	1.13
2004	0.68	3.40%	1.03%	42.62%	64.49%	57.78%	1.23
2005	0.67	4.04%	1.22%	45.15%	66.58%	59.47%	1.34
2006	0.65	4.25%	1.35%	47.87%	70.03%	61.35%	1.42
2007	0.63	4.28%	1.45%	49.72%	71.81%	60.37%	1.44
2008	0.59	4.46%	1.54%	52.51%	71.82%	54.67%	1.47

资料来源：根据中经专网统计数据——地区年鉴整理。

表 5—7 区域经济差异影响变量相关性检验

变量	X_1	X_2	X_3	X_4	X_5	X_6
X_1	1					
X_2	-0.0071	1				
X_3	0.133515	0.979557	1			
X_4	-0.03701	0.993571	0.96259	1		
X_5	-0.09618	0.938896	0.889995	0.963411	1	
X_6	-0.26911	0.942447	0.866227	0.938369	0.891358	1

资料来源：作者整理。

表 5—7 表明，变量间存在多重共线性问题，为消除该问题，采用逐步回归的方法，最终确定三个变量：采矿业固定资产投资比率（X_1）、固定资产投资比率（X_3）、进出口比率（X_5），回归结果如表 5—8 所示。采矿业固定资产投资比率、固定资产投资比率、进出口比率是影响区域差异的主要原因，通过1%显著性检测水平，不存在多重共线性问题，结果具有可信度。其中：采矿业固定资产投资比率系数为-2.467519，与变异系数负相关，说明对采矿业投

资越大，区域差距越小，矿产资源的开发有助于缩小区域经济差距；固定资产投资比率系数为－0.60494，与变异系数负相关，说明固定资产投入越多，区域差距越小；进出口比率系数为0.241276，与变异系数正相关，说明进出口贸易额越大，区域经济差距越大。

表5—8　　　　　　　　　　区域经济差异影响变量回归结果

变量	回归系数	标准误差	t 统计量	概率
C	0.891118	0.017361	51.32776	0
X_1	－2.467519***	0.387766	－6.363424	0.0002
X_3	－0.60494***	0.076733	－7.883682	0
X_5	0.241276***	0.048117	5.014399	0.001
可决系数	0.964272	因变量均值	0.663333	
调整的可决系数	0.950874	因变量标准差	0.031718	
回归的标准误差	0.00703	赤池信息准则	－6.816005	
残差平方和	0.000395	施瓦茨准则	－6.65437	
对数似然估计值	44.89603	HQ 准则	－6.875849	
F 统计量	71.97165	DW 统计量	2.438895	
概率（F 统计量）	0.000004			

注：***表示1％显著性检测水平。
资料来源：作者整理。

　　实证结果表明矿产资源开发是造成区域经济发展存在差距的主要因素，这也是西部大开发导致区域差距缩小的原因。西部矿产资源开发促进了西部的经济发展，带动了地方GDP增长，但这并没有改变西部仍然落后于东、中部的现状，并且由于中央政策的影响，矿产资源开发过程中区域间存在着多种矛盾，包括矿产资源区域供需矛盾和税费矛盾，这导致了资源地利益的流失。随着西部矿产资源开发殆尽，如果矛盾依然得不到有效解决，西部资源优势未能转变为其他可持续发展优势，区域差距必然再一次拉大。

二 矿产资源区域供需矛盾

对西部矿产资源的开发加快了西部的经济增长速度，但实质是西部成为了东部的原料地。在资源调配上，中央政府更注重全局发展，通过各类工程把西部的资源输送到东部，或直接使用，或进行深加工，如西气东输、川气东送[①]等工程，这与资源地政府的目标往往不一致。图5—8统计了2008年主要的煤炭输出和输入省市，数据为各省市煤炭生产量减去消费量后的差，输出城市数据为正，输入城市数据为负。从图5—8中可以看出煤炭输出省份主要为山西、内蒙古、陕西，山西为36129万吨，内蒙古为27981万吨，陕西为15221万吨，而输入省份主要为山东、河北、江苏、广东、浙江等东、中部省份，其中输入量最大的是山东（20647万吨），其次是江苏（18307万吨），第三是河北（16273万吨）。

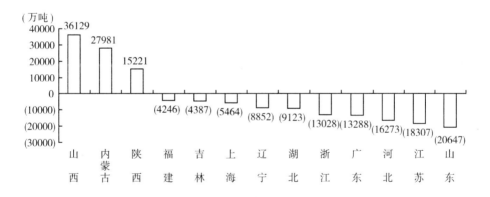

图5—8 2008年主要煤炭输出和输入省市

资料来源：根据2009年中国能源统计年鉴数据整理。

---

① 西气东输工程以新疆塔里木气田为主气源，以我国中东部的长江三角洲地区为目标消费市场，向东经过库尔勒、吐鲁番、鄯善、哈密、柳园、酒泉、张掖、武威、兰州、定西、西安、洛阳、信阳、合肥、南京、常州等大中城市，终点为上海。川气东送工程西起四川达州普光气田，经四川、重庆、湖北、江西、安徽、江苏、浙江、上海8省市。

2008 年主要的原油输出和输入省市见图 5—9。图 5—9 显示 2008 年主要原油输出省份有黑龙江、天津、新疆、陕西，输出量最高的是黑龙江（2285 万吨），其次是天津（1204 万吨），第三是新疆（775 万吨），第四是陕西（699 万吨）；石油输入量主要为辽宁、浙江、江苏、上海等东部省市，其中输入量最高是辽宁（4746 万吨），其次是浙江（2287 万吨），第三是江苏（2129 万吨）。

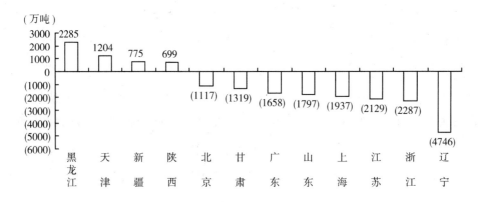

图 5—9　2008 年主要原油输出和输入省市

资料来源：根据 2009 年中国能源统计年鉴数据整理。

2008 年主要的天然气输出和输入省市见图 5—10。天然气主要输出省为西部省份新疆、陕西、四川、青海，其中输出量最大的为新疆（166 亿立方米），其次为陕西（93 亿立方米），第三为四川（85 亿立方米）；主要输入省为江苏、北京、重庆、内蒙古等省市，其中输入量最高的为江苏（63 亿立方米），其次为北京（61 亿立方米），第三为重庆（39 亿立方米）。

图 5—8、图 5—9、图 5—10 说明矿产资源输出地主要为西部省份，西部资源富集地区成为东部省份的原料地。东部省份从西部输入大量资源发展了自己的经济，但西部资源地却直接面临着资源流失的困境，资源优势得不到发挥。资源的输出除了直接导致资源地资源的流失，还间接导致资源地资源加工业发展机会的流失，从而造成资源加工业利益的流失。以天然气加工业为例，西部地区具有发展天然气化工产业链得天独厚的先决条件：资源优势和科研能

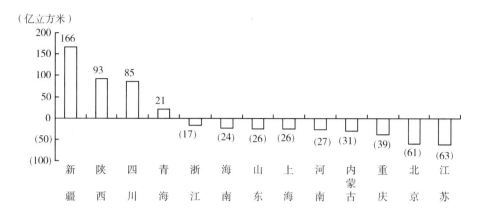

图 5—10　2008 年主要天然气输出和输入省市

资料来源：根据 2009 年中国能源统计年鉴数据整理。

力突出，但是产业链发展并不理想。

　　图 5—11 从资源流、资本流、知识流、生态流四个角度反映了西部地区天然气化工产业链的发展现状。西部地区的产业链用三个不同分工的企业类型——开采、初级加工、较深加工来描述，而东部地区产业链则选用四个类型的企业——一般性企业、深加工企业、精细化工企业、具有高附加值的其他类型的企业来描述。嵌在资源产业链上的四条链分别是资金链、生态链、知识链、资源链。相比较而言，东部地区的产业链发达，延伸能力强，是西部地区天然气化工产业链发展的方向。西部地区由于中央政策规定，源源不断地向东部地区输送资源，并且由于资金链、知识链的弱势，只进行资源初级加工，最后加剧了生态破坏，导致生态链的弱势，而东部地区由于资金、知识、生态以及人才的优势，在得到西部地区输送的资源初级品后，却延伸了更高的加工平台。西部地区的利益随着资源的转移而流失，虽然表面上加快了西部的发展速度，但实质上却加大了东西部差距。因为资源地并没有依靠丰富的资源发展起自己的加工产业，没有找到可持续发展的道路，当资源逐渐耗竭，西部资源地如果没有自己可持续发展的产业，经济发展速度势必会降低，而在此过程中，东部依靠西部的资源，发展了自己的加工业，吸引了大量人才，积累了足够资

金，当西部不能再提供资源时，东部仍然可以利用自身的优势或发展其他加工业，或进口国外资源，东西部差距势必再一次拉大。

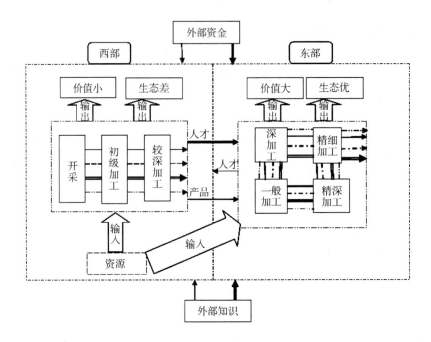

图 5—11　西部天然气化工产业链发展现状

注：——代表资金链　————代表生态链　====代表知识链　—·—代表资源链

资料来源：作者整理。

三　税收与税源背离矛盾

区域间的矛盾还包括税收与税源背离矛盾[①]。税源是税收产生的地方，税

———————————————

　①　陕西省国家税务局 2006 年 8 月，就总机构、分支机构税收问题选取了陕西省 12 个行业进行调研，研究陕西税收与税源背离问题。调研数据表明，2001—2005 年，仅内资企业所得税一项就分别从陕西省转移出 10.38 亿元、12.79 亿元、15.18 亿元、26.02 亿元和 36.69 亿元，5 年合计移出 101.06 亿元，平均每年移出 20.21 亿元，具体参见陕西省国家税务局课题组《税收与税源背离问题探讨》，《税务研究》2007 年第 5 期。

收应该与税源一致，即税收应该由相应的税源地所得，但是在矿产资源利益分配中，存在着税收与税源背离的情况，这主要是由我国税收体制和区域经济水平差异导致的。税收与税源背离主要有三种情况：一是跨区经营的企业仅在注册地缴纳税收，使非注册地的税源形成的税收转移到注册地。跨区域经营的企业在注册地以外进行经营，根据现行税收属地征收原则，其税收应缴往注册地，而其经营所在地区却无权获得相应税收，从而税收与税源背离。二是企业总机构在其注册地汇总纳税，使分支机构注册地和经营地的税源形成的税收转移到了总机构注册地，分公司所产生的税收最后要汇总到总公司一起上缴，当分公司与总公司处于不同区域时，便会产生税源与税收背离。三是产品价值链较长时，由于上下游价格差距过大而导致的，我国矿产资源出厂时的价格由国家制定，为了稳定价格，防止垄断利润，往往低于其由市场决定的下游价格，这造成了矿产资源部分税收从资源地变相转移到下游市场地区。①

我国大部分资源企业都面临着以上三种情况，尤其是以中石油、中石化为首的中央企业。中央企业注册地在北京，由国务院直接控股，但其业务往往发生在全国各地，业务所形成的税源虽然分布在全国各地，但其税收却主要交到总公司所在地北京或者分公司注册地。以西气东输为例，新疆的天然气输送到上海，在沿途几千公里的省市形成了营业税源，但都交到了中石油运输分公司注册地上海，并且新疆的天然气出厂价远远低于上海的终端价，造成了增值税的转移。至于所得税，《跨省市总分机构企业所得税分配及预算管理暂行办法》（财预［2008］10号）规定"属于中央与地方共享收入范围的跨省市总分机构企业缴纳的企业所得税，按照统一规范、兼顾总机构和分支机构所在地利益的

---

① 靳万军（2007）把区域税收与税源背离分为四种形式：企业汇总纳税引发"背离"；跨区经营税收属地管理造成"背离"；资源性初级产品定价导致"背离"；由于税制设计不尽合理造成其他情形。陕西省国家税务局课题组（2007）也把区域税收与税源背离分为四种情况：总分支机构所在地不同导致企业所得税税收与税源背离；跨区经营导致外资企业所得税税收与税源背离；资源性产品上、下游价差异造成税收与税源背离；资源产品管道运输税收与税源背离。具体参见靳万军《关于区域税收和税源背离问题的初步思考》，《税务研究》2007年第1期；陕西省国家税务局课题组《税收与税源背离问题探讨》，《税务研究》2007年第5期。

原则，实行'统一计算、分级管理、就地预缴、汇总清算、财政调库'的处理办法，总分机构统一计算的当期应纳税额的地方分享部分，25%由总机构所在地分享，50%由各分支机构所在地分享，25%按一定比例在各地间进行分配。"但对于中石油、中石化等中央企业，《跨省市总分机构企业所得税分配及预算管理暂行办法》特殊规定其所得税"为中央收入，全额上缴中央国库"。

为了显示区域税收与税源背离情况，采用区域税收收入总量占全国的比重，减去区域经济总量占全国的比重来衡量，若比重差为零，表示该区域税收与税源一致，不背离；比重差为正，表示该区域为税收移入地；为负则表示该区域为税收移出地①。计算结果如表5—9所示。

表5—9　　　　　区域税收收入总量占全国的比重与区域经济总量

占全国的比重之差　　　　　　　　　（%）

地区 ＼ 年份	2005	2006	2007	2008	2009
上　海	4.88	4.07	5.79	5.34	4.94
北　京	2.68	2.62	3.94	4.30	3.99
浙　江	0.43	0.34	1.27	1.27	1.29
广　东	0.82	0.49	1.19	1.28	1.16
江　苏	-0.45	-0.29	0.54	0.50	0.72
云　南	0.36	0.36	0.26	0.37	0.41
辽　宁	0.50	0.47	0.25	0.27	0.36
天　津	0.27	0.36	0.40	0.33	0.29
山　西	0.35	1.09	0.08	0.24	0.21
海　南	0.01	0.00	0.01	0.07	0.13
贵　州	0.22	0.23	0.07	0.05	0.12
新　疆	-0.10	-0.11	-0.11	-0.02	-0.02
宁　夏	0.01	0.02	-0.02	-0.03	-0.02

① 许善达认为，"这个计算方法最简单，但因各地经济总量的结构不同，经济结构的税负水平也有差异，从而导致计算结果并不完全准确，但基本上能显示出我国税收收入总体上由欠发达区域向发达区域横向转移的趋势。"具体参见《第一财经日报》(2008-3-3)对许善达的访谈"财政转移不能替代税收与税源一致性原则"(http://finance.qq.com/a/20080303/000873.htm)。

续表

年份 地区	2005	2006	2007	2008	2009
青　海	-0.05	-0.05	-0.06	-0.07	-0.03
西　藏	-0.04	-0.05	-0.06	-0.05	-0.05
重　庆	-0.02	0.06	-0.14	-0.19	-0.12
陕　西	-0.12	-0.06	-0.21	-0.24	-0.20
甘　肃	-0.14	-0.21	-0.23	-0.25	-0.25
安　徽	-0.44	-0.29	-0.54	-0.39	-0.35
福　建	-0.38	-0.30	-0.22	-0.22	-0.37
江　西	-0.34	-0.40	-0.61	-0.55	-0.45
内蒙古	-0.10	-0.25	-0.49	-0.55	-0.46
四　川	-0.48	-0.41	-0.51	-0.63	-0.48
广　西	-0.10	-0.17	-0.61	-0.62	-0.53
吉　林	-0.43	-0.50	-0.66	-0.59	-0.61
黑龙江	-0.63	-0.55	-0.80	-0.69	-0.65
湖　北	-0.79	-0.67	-1.08	-1.09	-1.19
湖　南	-0.66	-0.69	-1.24	-1.38	-1.40
河　北	-1.56	-1.54	-1.65	-1.58	-1.51
河　南	-1.70	-1.60	-2.12	-2.21	-2.19
山　东	-2.01	-2.00	-2.42	-2.69	-2.70

资料来源：根据 2005—2009 年中国统计年鉴数据计算所得。

　　表 5—9 表明，从 2005 年到 2009 年，税收转入地主要为东部沿海地区，如上海、北京、浙江、广东、江苏等，而税收转出地主要为中西部地区。2009 年区域税收与税源背离情况见图 5—12。图 5—12 中，2009 年税收转入最高的为上海，比率差值为 4.94%；其次为北京，比率差值为 3.99%，这是因为大部分大型资源企业注册地在这两个地区，其余税收转入地基本为东部地区；中部地区除了山西外均为税收转出地；西部地区除了云南、贵州外均为税收转出地。这说明我国税收收入总体上由中西部欠发达区域向东部发达区域横向转移。

　　中央与地方矿产资源开发利益矛盾的根本原因是矿产资源管理体制不合理，特殊矿权结构导致了矿权与地权的矛盾。矿权与地权上的矛盾进而造成矿产资源开发中中央与地方间财权与事权矛盾及区域矛盾。对资源分配数据的研究表明，中央由于考虑宏观经济发展，倾向于把西部矿产资源输送到中东部地区，造成区域资源争夺矛盾。资源输出直接导致资源地资源的流失，还间接导

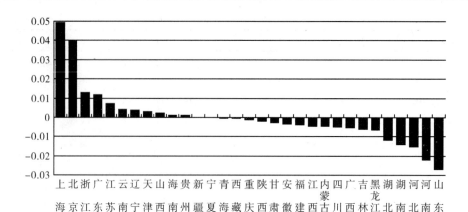

图 5—12　2009 年区域税收与税源背离情况

资料来源：根据表 5—9 数据整理所得。

致资源地资源加工业发展机会的流失，从而造成资源加工业利益的流失。实证结果表明，矿产资源开发是影响区域差距的主要因素。西部矿产资源开发促进了西部的经济发展，带动了地方 GDP 增长，但这并没有改变西部仍然落后于东、中部的现状，区域差距仍然较大，并且在矿产资源开发中产生多种矛盾，随着西部矿产资源开发殆尽，如果矛盾依然得不到有效解决，西部资源优势未能转变为其他可持续发展优势，区域差距必然再一次拉大。对税收数据的研究表明，矿产资源开发税额较大的税种基本属于中央政府，如所得税、增值税，而税额较小的税种属于地方政府，如资源税。税收在区域间分配时存在税收与税源背离的情况，从 2005 年到 2009 年，税收转入地主要为东部沿海地区，而税收转出地主要为中西部地区，这表明我国税收收入总体上由中西部欠发达区域向东部发达区域横向转移，一定程度上加大了东西部经济差距。资源地在获得收入较少的情况下，却承担了过多的事权。矿产资源开发导致的地方政府财权上的损失及事权上的付出，使地方政府面临着资源和税费的双重流失，加剧了中央和地方的矛盾。

第六章　西部矿产资源开发政府与
企业利益矛盾分析

西部矿产资源开发中政府与企业的利益矛盾主要围绕租、税、费、利展开。利益矛盾产生的根本原因在于政府目标与企业目标间的差异，本质原因在于矿产资源空间分布的客观性与矿产资源利益分配的主观性。"收入-矿权成本-其他成本-税费＝净利润-利润分配"的计量思路决定了某个会计要素对应的利益主体在谋求利益最大化的同时，必然导致另一主体的利益抵减，而政府和企业都不愿意担当利益抵减的这个角色。此外，方程式只考虑了三个对冲的利益：经济利益、社会利益、政治利益，忽视了生态利益。将计量会计收益的思路复制到矿产资源开发的政企矛盾化解中，不仅不会缓解因矿产资源开发带来的环境问题，而且还会诱发矿产资源富集地的社会问题。解决问题的方法永远少于产生的问题，这是西部矿产资源开发中利益矛盾持续存在的关键，也是问题的根本。为了促进西部地区科学发展，合理统筹政府与企业的利益，我们集中讨论政企矛盾中表现最突出的租、税、费、利经济矛盾，找出政府与企业矛盾的核心点，并通过矿产资源企业税收负担、政府矿产资源开采投入、矿产资源企业税后利润分配等数据佐证政企矛盾的存在。

第一节　政府与企业矿产资源利益关系

矿产资源开发活动中，政府与企业由于所处的地位不同，致使发展目标不一致。政府作为社会宏观管理主体，要保障政治利益，实现社会经济的持续稳定发展；企业作为产品生产、流通的经济主体，主要以实现经济利益为目标，并承担起一定的社会责任。然而，经济社会的发展和企业的持续发展都离不开资源环境的可持续发展，生态利益是政府与企业的共同利益基础（见图 6—1）。主体目标的不一致必然产生矛盾，其中经济利益矛盾表现最为明显，生态利益的矛盾则体现在经济利益的分配过程中。政府是矿产资源的代理所有者和社会管理者，企业获得矿权需要向政府缴纳矿业权价款和一定的税费；同时，政府还是国有资源企业的投资者，国有资源企业还需要向政府上缴国有资本金收益。政府与企业的经济利益具有一定的联系，但是在经济利益的分配上更是具有复杂的博弈关系，具体表现在以下三个方面。

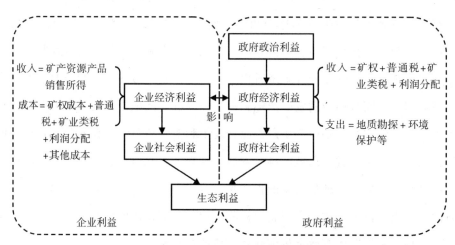

图 6—1　矿产资源开发中政府与企业利益关系

资料来源：作者整理。

第一层面：矿业权矛盾。我国《矿产资源法》规定：矿产资源属于国家所有，实行有偿取得制度。资源企业作为矿产资源开发的主体，通过向政府取得矿业权进行矿产资源勘探和开发。政府的矿权收入包括：探矿权采矿权使用费、探矿权采矿权价款等。不同于税费的确定比率，矿权的价款根据年限或矿区面积收取，贫瘠矿山和富足矿山的区别不大，政府掌握着矿权转让价款，但是长期以来，政府都认为矿权收费太低，无法弥补为之付出的地质勘察费。而企业为获取矿权付出了大量成本，若矿产开采收益无法弥补，亏损之下更加不会有动力进行生态环境的反哺。在经济利益的争取上呈现出的目标不一致加深了政企利益矛盾。

第二层面：经济利益分成矛盾。税收是国家凭借政治权力强制无偿取得财政收入的一种形式；政府收费是政府向一部分单位和公民提供特殊服务和商品所收取的费用。税和费是政府获得财政收入的主要手段，而对应到企业则是相应的成本项目。目前，我国资源企业需要交纳的普通税有所得税、增值税、城市维护建设税、教育费附加、印花税等，矿业类税费有资源税、矿产资源补偿费、石油特别收益金、煤炭可持续发展基金等，少数企业需要缴纳关税、房产税、土地使用税、土地增值税、契税等。除相应税费之外，政府作为国有资源企业的主要出资者，还可以以股东身份分享企业一定比例的税后利润。在我国，政府是税费政策和国企分红政策的制定者，而企业作为政策执行者，总是在与政府进行博弈。

第三层面：生态利益矛盾。生态利益矛盾是根植于政府与企业租、税、费、利这一系列经济利益矛盾之中的。对于企业而言，其最终目标是追求利润最大化，企业认为在矿产资源开发过程中对环境保护和治理的投入会导致企业成本的增加，降低企业的利润空间。政府作为社会管理者，出于社会整体利益考虑，有责任对企业造成的环境污染和破坏进行监督管理，甚至采取一定的惩罚措施。基于"谁污染谁治理"、"谁破坏谁恢复"的原则，企业是矿产资源开发中生态环境恢复治理的责任主体，政府起到监管的作用。但是，一般认为生态环境具有公共产品属性，政府作为公共产品的主要提供者，无疑具有保护和治理环境的责任，那么环境保护就应该是政府的行为。企业作为法人组织，上缴各种税费，就应该享受政府提供的公共福利产品。在生态利益的博弈过程中，政府作为监管者，既要保护环境，又要考虑企业的经营效率，需要权衡监管收益与监管成本；企业作为被监管者，不愿意主动地为生态环境保护付出成本，但又受到政府各项行政立法的管制和约束，基于利润最大化目的，可能存在道德风险，还可能采用积极的行为作用于政府，寻求有利的政策支持。然而，如果基于生态环境的整体社会利益受损，企业的利益也会受到影响。

政府与企业关于生态环境治理的博弈过程见图 6—2。博弈开始阶段，是在政府既定的监管力度下进行的。面对政府监管策略，企业有三种选择，一是企业自身治理生态环境；二是企业支付一定的费用给第三方组织，由第三方组织负责治理生态环境；三是企业支付一定的费用给政府部门，由政府部门负责治理生态环境。面对企业的策略，政府亦有三种选择：一是弱势监管；二是中度监管；三是强势监管。

在博弈第一阶段，企业在选择策略时，要比较各种策略下的收益。首先假定企业自身治理生态环境时支付的费用为 C_1，生态环境治理效果为 E_1，企业获得的收益为 $V_{RE}^1 = (I_E, I_S, I_N, I_P)$[①]；企业支付第三方治理生态环境时支付的费用为 C_2，生态环境治理效果为 E_2，企业获得的收益为 $V_{RE}^2 = (I_E, I_S, I_N, I_P)$；企业支付政府治理生态环境时支付的费用为 C_3，生态环境治理效果为 E_3，企业获得的收益为 $V_{RE}^3 = (I_E, I_S, I_N, I_P)$。假定 $C_1 < C_2 < C_3$，$E_1 < E_2 < E_3$，$V_{RE}^1 > V_{RE}^2 > V_{RE}^3$。假定企业对四种利益的排序偏好依次为经济利益 I_E、社会利益 I_S、生态利益 I_N、政治利益 I_P。那么，在理性经济人的假设前提下，企业所做出的策略选择应该是考虑经济利益最大化，即企业自身治理生态环境。

---

① I_E 代表经济利益，I_S 代表社会利益，I_N 代表生态利益，I_P 代表政治利益。

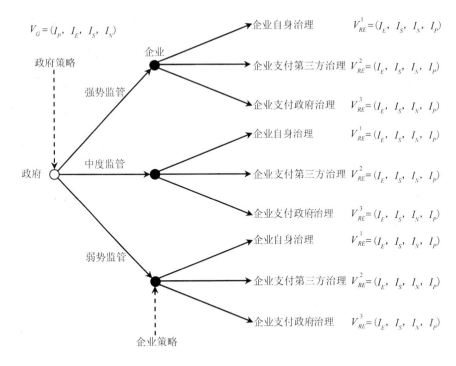

图 6—2　政府和企业生态环境治理的博弈过程

资料来源：作者整理。

对政府来讲，企业选择自身治理生态环境时，生态环境的治理效果为 E_1，此时的生态环境治理效果是最差的，同时政府获得的收益 $V_G=(I_P,\ I_E,\ I_S,\ I_N)$ 也是最差的。假定政府对四种利益的排序偏好依次为政治利益 I_P、经济利益 I_E、社会利益 I_S、生态利益 I_N。那么，政府在选择策略时，首先要考虑的是当地居民对生态环境恶化的容忍度，俗话说"水能载舟，亦能覆舟"，历次王朝更迭都源于民怨的累积，"载"或"覆"依赖于政府的策略，政府所做出的策略选择应该是政治利益最大化，即政府会根据生态环境治理效果 E_1 选择相应的策略。假定政府弱势监管付出的成本为 P_1，中度监管付出的成本为 P_2，强势监管付出的成本为 P_3，且 $P_1<P_2<P_3$。那么，如果生态环境治理效果 E_1 已达到当地居民的容忍底限，政府将会考虑自身经济利益选择弱势监管

策略，政府与企业的利益达到均衡，博弈到此结束；如果生态环境治理效果 E_1 没有达到当地居民的容忍底限，政府将会考虑政治利益选择中度监管，企业被迫选择聘请第三方治理环境，此时的生态环境治理效果 E_2 如果达到当地居民的容忍底限，政府与企业的利益达到均衡，博弈到此结束；如果生态环境治理效果 E_2 仍然没有达到当地居民的容忍底限，政府将会考虑政治利益继续加强监管力度选择强势监管，企业被迫只能选择向政府支付一定的费用，由政府负责治理生态环境，此时的生态环境治理效果为 E_3，政府与企业的利益达到均衡，博弈到此结束。

因此，政府与企业博弈的关键点在于企业、第三方组织、政府部门对生态环境的治理水平，以及当地居民对生态环境恢复治理的容忍底限。由于当地居民对生态环境恢复治理的容忍底限不是企业所能决定的，因此企业要想在博弈中占据有利地位就只能提高自身对生态环境治理的水平。

第二节　政府与企业矿权矛盾

矿权矛盾的核心是行政垄断性供给与市场化需求之间的关系。行政垄断性供给对应行政垄断性需求，市场化需求对应市场化供给，供给与需求的错位引发矿权利益主体之间成本与收益的不配比，进而引发矿权利益主体之间的众多矛盾。矿权通过政府以"出让"方式提供给企业进入流通领域，企业可以将其获得的矿权通过"转让"方式在二级市场进行交易买卖获利。在这一系列市场化交易过程中，政府既是矿权的出让者，也是矿权转让的管理监督者，在多重角色定位下政府能否保证矿产资源的价值？作为矿权交易主要参与者的企业在矿权交易过程中又会遇到哪些矛盾？

一 政府与企业矿权矛盾表现

《中华人民共和国矿产资源法》第五条规定"国家实行探矿权、采矿权有偿取得制度",至此以行政部门为主导的矿权"出让"市场形成。《矿产资源法》第六条规定"对符合规定①的探矿权、采矿权可以转让",标志企业之间、企业与自然人之间的矿权"转让"市场也趋于完善。根据国土资源部《矿业权出让转让管理暂行规定》(2000年)第三条规定,探矿权、采矿权为财产权,统称为矿业权(矿权)。矛盾的普遍性决定了在现有法律法规的约束调整下,矿权市场中各利益主体之间的利益冲突仍然存在,同时矛盾的特殊性也使得不同利益主体的矛盾表现形式各不相同。西部地区矿产资源丰富,因此矿权矛盾更为突出,如表6—1所示。

1. 价格矛盾

矿产资源的有限性决定了矿权出让和转让市场上的供给不足,而伴随经济和社会的发展,矿产品的需求逐步增大。需求和供给的不配比,造成矿权价款畸高的现象。企业寻找其他能降低矿权成本的途径来获取矿权,大量矿产资源企业开始"跑马圈矿"②,于是矿权市场上探矿权和采矿权的交易数量急剧上升,2008年全国探矿权转让数量已达1379宗,采矿权转让数量为1091宗③。矿权交易数量的上升进一步催动矿权价格的飙涨,因此形成恶性循环,矿权价格在公开交易市场上屡屡拍出天价,正如表6—1案例中所出现的高于起拍价

---

① 符合规定的转让情况包括:其一,探矿权人有权在划定的勘察作业区内进行规定的勘察作业,有权优先取得勘察作业区内矿产资源的采矿权。探矿权人在完成规定的最低勘察投入后,经依法批准,可以将探矿权转让他人。其二,已取得采矿权的矿山企业,因企业合并、分立,与他人合资、合作经营,或者因企业资产出售以及有其他变更企业资产产权的情形而需要变更采矿权主体的,经依法批准可以将采矿权转让他人采矿。详细资料参见《中华人民共和国矿产资源法》。

② 在矿权转让制度建立后,随着我国矿产品价格的逐渐走高,矿权炒作受到热捧,大量企业圈矿而不探矿,囤积矿权等待获取转让收益。

③ 《中国矿业年鉴》编辑部:《中国矿业年鉴2009》,地震出版社2010年版,第418—419页。

表 6—1 　　　　　　　　　西部地区矿权矛盾事件一览表

矛盾表现形式	矿权矛盾引发事件概况
矿权价格	2005 年 2 月四川省泸州市以 1.95 亿元价款出让岔角滩矿矿业权,起拍价格仅为 6000 万。① 2007 年 6 月甘肃最大的亿吨煤矿——正宁南煤田南矿区矿业权,起拍价为 7.5 亿元,以 47.5 亿元高价卖出,成交约是起拍价的 6 倍。②
寻租行为	四川省雅安市汉源县乌斯河铅锌矿是罕见的大型铅锌矿山,在 2005 年之前由于当地政府谋求私利将矿山转让给并不具有开采资质的个人与企业,造成矿权资产价值大量流失。经过整顿之后 2006 年 9 月乌斯河铅锌矿挂牌拍卖以 8.62 亿元成交,创下四川省单宗矿权拍卖纪录③。
管理混乱	矿权重叠:云南省云锡公司与云南珞玮矿业开发有限公司在探矿与采矿过程中,存在多处矿业权区域重叠现象,导致两家公司都不能进行合法的生产和经营。④ 矿区治理:位于广西壮族自治区大新县、天等县和德保县三县交界处的土湖锰矿区,存在大量非法采矿人员,他们用简易的设备对矿山进行掠夺性开采。每年新开采矿点达 150 多个,在如此不可持续的开采状态下矿体破坏严重、资源浪费极大、环境污染加剧。⑤

资料来源:根据公开披露信息整理。

十多倍甚至二十倍的矿权价格。矿权价格过高直接导致采矿企业成本严重偏离企业能够承担的财务能力,企业在未来经营中进行环境治理与生态恢复的能力削弱。

2. 寻租行为

政府寻租行为的原因在于:首先,《矿产资源法》第三条规定"矿产资源属于国家所有,由国务院行使国家对矿产资源的所有权",同时矿产资源的地域分布特性使得矿产资源主要归各级地方政府管理,这就给地方政府的寻租行为创造了空间基础;其次,矿产资源法所规定的探矿权与采矿权的有偿取得给

---

① 根据泸州市人民政府公众信息网披露内容整理,具体报道详见:http://www.luzhou.gov.cn/zhengwu/gzbg/200609/20060929083313_7045.html。

② 根据凤凰财经网"华能集团 47.5 亿接盘甘肃正宁南煤田"整理,具体报道详见:http://finance.ifeng.com/news/industry/200808/0821_2202_736281.shtml。

③ 根据全景网新闻频道"四川天价矿权之争:1/5 的土地变成私人领土"整理,具体报道详见:http://www.p5w.net/news/cjxw/200609/t510409.htm。

④ 根据云南政协报网民主监督"重叠矿权背后的利益博弈"整理,具体报道详见:http://www.ynzxb.cn/news/MZJD/2009/626/09626171558D4832F8136EAG9GK29KK.html。

⑤ 根据中国国土资源网"迟来的纠纷,缠住广西矿权第一拍"整理,具体报道详见:http://www.clr.cn/front/read/read.asp?ID=44370。

政府留下了利益基础；再次，矿权估价制度的不完善、矿权拍卖、交易市场的混乱给政府创造了寻租空间。类似"汉源县乌斯河铅锌矿"这样的例子并不鲜见，除了政府部门的寻租行为，地质勘探部门或第三方评估机构同样也会出于寻租目的，和资源企业合伙更改矿权评估结果，恶意降低矿权评估价格，造成国有资产大量流失。

3. 管理混乱

矿产资源空间分布客观性决定了矿产资源的实际管理部门在地方，当中央企业和地方企业同时争取矿权时，地方政府难免会因为"本位主义"将矿权出让给地方企业。政府"有形的手"使矿产资源失去了市场化配置的基础。由于资源开发企业存在明显的规模化效应，大型的中央企业有时候能够更好的实现资源的合理开发与利用，而地方政府的行政干预使得本应该通过公平竞争市场化分配的矿业权通过行政手段分配给地方企业，导致了资源配置的低效。

二　政府与企业矿权矛盾本质

（一）矿权价格

哈尔·R. 范里安（2002）曾对耗竭资源的价格 P_0 进行计算，并认为该资源的单位价格等于耗竭时完全替代产品单位价格 P_1 的折现值[①]。该价格用公式表达为：

$$P_0 = \frac{P_1}{(1+r)^t} \tag{6—1}$$

若将式（6—1）运用到矿产品价格评估，则需要引入以下几个假设条件：

第一，该耗竭资源未来可以寻找到完全替代产品。

---

① ［美］哈尔·R. 范里安：《微观经济学：现代观点（第六版）》，费方域译，上海人民出版社2006 年版，第 169 页。

第二，假设所有资源企业的开采成本近似相同，因此在估价过程中不考虑开采成本。

第三，无外在因素干扰买卖双方，价格为双方自愿达成，不存在政府对矿产品的价格管制。

第四，要素自由流动，资本可以自由进出矿产资源产业，不存在政策性进入壁垒。

当以上假设满足时，资源产品市场上不存在套利空间，某种耗竭矿产资源的持有者至少会获得与其他无风险资产一样的收益率。同时也可以得出，当某种矿产资源的未来可使用年限降低，或者寻找到完全替代品的成本过高，都会引起某种矿产资源单位价格的增加。

矿产资源单位价格被合理估算后，大规模矿产资源聚集地的开采权价值就能合理度量。引入公式（6—2）：

$$矿权价值 P = P_0 \times 矿产资源已探明储量 \qquad (6—2)$$

这里的矿权主要指采矿权，不考虑探矿权。因为企业拥有探矿权的目的只是对储量信息的进一步挖掘，最终探明结果是否可靠仍存在较大的风险，不便于合理估计其价值。同时在实务中，一般以前期勘探成本作为探矿权转让价款依据。

在矿权价值估计中应用公式（6—2），需要满足以下三个假设条件：

第一，矿产资源已探明储量信息真实，并且不存在勘察技术缺陷，保证矿产资源已探明储量的客观性。

第二，矿权交易市场上，各种供求信息完整、公正、公开，不存在信息不对称引起的资源价值耗散。

第三，矿产资源的交易成本为零。

在矿权市场均衡状态下，供给和需求决定的价格为 P_1。矿业权的行政性供给使得矿业权交易价格主要由供给方的预期决定。当供给方预期某种耗竭产品未来的完全替代品成本增加或者其使用年限降低，根据公式（6—1），单位矿产品的未来价格会增加。然后根据公式（6—2），供给方可以预期蕴涵一定数量矿产资源的开采权价格上升至 P_0。价格的高预期下，供给方便会采取以下措施，保证这种高预期价格的实现。

1. 供给方不降低供给

当供给方不降低供给，便会通过调整其供给曲线的斜率增加矿权的相对价格。如图 6—3 所示，供给曲线从 A_0 调整到 A_1，短期内导致均衡价格由 P_1 上涨至 P_2。当价格上涨后需求降低，需求曲线从 B_0 平移到 B_1 引起价格重新降低至 P_1。在这一过程中供给方首先获得三角形 OC_1C_0 面积的超额收益，需求方失去相应的收益，随后需求方的行动又重新获得四边形 $C_1C_0D_0$ D_1 面积的收益。

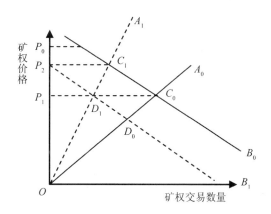

图6—3　供给曲线斜率变化

资料来源：作者整理。

2. 供给方降低供给

如图 6—4 所示，若供给方不调整其供给曲线的斜率，便会选择目前降低供给，囤积矿权，供给曲线由 A_0 平移至 A_1，等价格接近或者达到其预期时供给方才会选择转让矿权。同时价格上涨需求降低，最终恢复到均衡价格。在这一系列过程中供给方开始获得四边形 $C_1C_0D_0D_1$ 超额收益。但需求方的行动最终使这一部分超额收益消失。

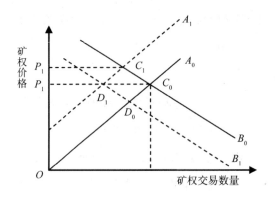

图6—4　供给曲线平移

资料来源：作者整理。

在这一过程中，供给方和需求方对预期高矿权价格产生的超额收益展开争夺，进而产生一系列的利益冲突。矿权的最终供给方（政府）与矿权的最终需求方（企业）之间的矛盾由此产生。

（二）制度背景

矿权矛盾关系涉及矿权转让交易中的各个利益主体，包括政府、资源企业、矿产勘探和评价机构、矿区周边居民等，这些主体之间或多或少存在着各种利益矛盾。在众多利益矛盾中作为矿权出让者的国家和作为矿权受让者的一般民事主体之间的矛盾是矿权市场上的基础矛盾，同时也是主要矛盾。[①] 政府代表国家行使矿业管理权，而企业又是经济活动中重要的民事主体，因此这对基础矛盾在实际矿权交易中表现为政府与企业的矛盾。现行的法律、法规作为调整社会运行的润滑剂，对矿权矛盾的缓和是否具有正面作用？

---

　　① 邢新田（2010）进行了矿业权市场矛盾关系研究，并认为在矿业权市场中存在十对矛盾关系。十对矛盾关系包括：矿权出让者与矿权受让者、矿业权公权力与私权力、矿业权市场管理者与矿业权人以及其中介机构、矿业权国家投资人与社会投资人、矿业权人与其中介机构、探矿权人与采矿权人、探矿权出资人与地勘人、中央利益与地方利益、矿业权人与勘察区域和周边居民、矿产勘察和开发与环保和治理生态环境。具体参见邢新田《矿业权市场矛盾关系研究》，《中国国土资源经济》2010年第9期。

能否通过制度约束保证矿产资源勘探开采过程中所有利益相关者获取应得的经济利益？

《矿产资源法》规定矿产资源国家所有，其他主体要获得使用权和收益权就需要与政府主管部门进行矿业权交易，主要通过政府"出让"的形式获得矿业权。张复明（2010）认为，在矿产资源的开采与销售过程中，矿业权购买者向所有者缴纳的价款税金之和作为矿业权租金远低于市场确定的均衡租金。这一部分租金源直接导致在矿业权出让过程中政府寻租行为的出现。如图 6—5 所示，目前的矿权管理体制多是针对矿业权受让人的规范与限制，对于收取矿业权价款及税金的出让人（政府管理部门）的约束相对较少，管理部门在收取企业的"租金"之后，是否将其使用在矿产资源的深度勘察、矿区环境保护和矿区居民的管理上[①]，是否能够保证矿产资源的可持续利用皆属未知。

矿权转让交易过程中矿权的定价主要依赖矿权评估系统，交易双方通过矿权价值评估获得各自需要的信息，然后以合理的价格完成矿权转让，但我国目前的第三方评估机构发育并不健全，国有矿业权评估机构又存在一定的本位主义，这就使得矿权价值评估系统存在一定的缺陷，最终导致公式（6—2）中的假设一与假设二失效，使得矿权交易价格偏离均衡价格。

当价格机制失效后，资源企业就会寻求其他途径来满足自身对利益的追求，企业也会参与到"租金"的争夺中，因此宏观的管理机制并不能缓解企业与政府直接的利益冲突。当宏观制度失效之后，企业的微观会计准则能否通过完善的成本核算矫正这一偏离现象？如表 6—2 所示，资源企业在获得探矿权之后，是否形成一定的地质成果是将勘探成本确认为资产的标准。企业的意愿是寻求支出的资产化，而由于宏观的矿权评价系统存在一定缺陷，导致最终地质成果在确认过程中会出现价值偏离。

---

① 《探矿权采矿权使用费和价款管理办法》第九条规定："探矿权采矿权使用费和价款收入应专项用于矿产资源勘察、保护和管理支出，由国务院地质矿产主管部门和省级地质矿产主管部门提出使用计划，报同级财政部门审批后拨付使用。"

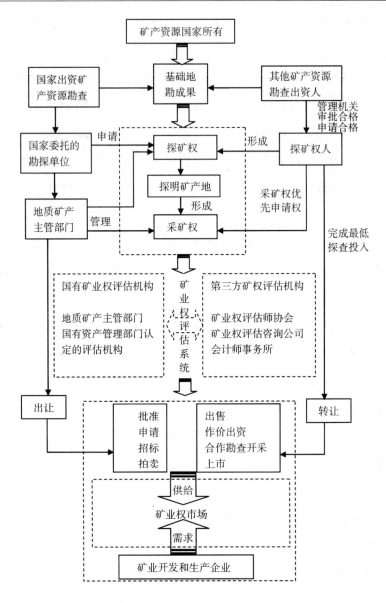

图 6—5 矿权流转流程

资料来源：根据《中华人民共和国矿产资源法》、《中华人民共和国矿产资源法实施细则》、《矿产资源开采登记管理办法》、《矿产资源勘察区块登记管理办法》、《矿业权出让转让管理暂行规定》等整理。

表 6—2　　　　　　　　　　　　　探矿权会计确认与计量

要素	确认	记录
探矿权会计确认与计量	勘探成本归集科目：勘探开发成本	勘探形成地质成果，探矿权确认科目：地质成果
		勘探未形成地质成果，成本结转科目：管理费用

资料来源：根据《企业和地质勘察单位探矿权采矿权会计处理规定》整理。

　　资源企业获取采矿权的方式不同，导致会计核算方式的不同。当企业通过申请取得采矿权时，其支出可以一次性计入费用，若是通过其他方式则要计入无形资产，在以后的使用过程中逐年摊销，如表 6—3 所示，这就意味着管理部门确认的采矿权转让方式直接影响到资源企业以后年度的所有会计处理。国有企业多以申请方式获得采矿权，地方和私营企业多以参与拍卖的形式获得采矿权，这就导致国有企业与地方、私营企业对采矿权价款的后续处理截然不同，导致国有企业能够更方便地对采矿权价值进行调整，而其他企业则缺乏相应的准则支撑。

表 6—3　　　　　　　　　　　　　采矿权会计确认与计量

要素	确认	记录
采矿权会计确认与计量	企业通过缴纳采矿权价款取得的由国家出资形成的采矿权	"无形资产—采矿权"科目核算
	企业申请取得采矿权，应缴纳的采矿权使用费	"管理费用—采矿权使用费"科目核算

资料来源：根据《企业和地质勘察单位探矿权采矿权会计处理规定》整理。

　　政府与企业之间的矿权矛盾，既不能在目前的宏观制度下加以缓和，也不能通过目前的会计制度进行微观矫正，最终使得利益矛盾逐步加剧。

第三节　政府与企业税收矛盾

　　沿用国外实际税率（Effective Tax Rate，ETR）的研究思路[①]，王延明

---

　　① 该调查组人员来自中南大学、长沙矿山研究院、长春税务学院等单位的贺正楚、鲍爱华、李自如、徐姝、冯菱君、陈文俊。

（2003）对我国上市公司的 ETR 进行研究得出行业间所得税的实际负担具有差异：农林牧渔、电子制造业、交通运输、仓储业、木材、家具制造业等行业的 ETR 相对较低，而采掘业、食品饮料、石油化工、医药、建筑业、批发和零售贸易、房地产业、社会服务业等行业的 ETR 相对较高。有色矿山企业税负调查组（2002），中国煤炭工业协会、中国煤炭经济研究会（2003），中国有色金属工业协会课题组（2004）的研究得出了类似结论：我国矿产资源企业税负较重，原因在于所得税、增值税、资源税、资源补偿费的征收。刘羽羿（2003）、段治平等（2005）对比国内外税收制度和税负后，指出我国矿产资源企业税负高于国外同类型企业。

一 资源企业税负高于国外企业

1. 国外主要资源国家的税收制度

美国主要税种包括：所得税、比较最低税、预扣税、累积收入税、生产权利金、消费税、工资税、恢复税、环境税、黑肺税、运输税等。巴西主要税种包括：所得税、社会保险捐献、社会一体化计划、公司利润社会捐献、财务赔偿（权利金）、工薪税、消费税及进口税、货物销售及服务税（销售税和出口税）、附加所得税、不动产税、服务税等。澳大利亚主要税种包括：公司所得税、资本收益税、预扣税、销售税、出口税、消费税、关税、工资税等。[1] 加拿大主要税种包括：所得税、权利金、资本税、资源税、预扣税、关税、销售税、资产税、土地使用费、土地使用税、工薪税等。[2] 具体税种和税率见表6—4。

---

[1] 张新安、杨培英、魏培军：《现代市场经济国家矿业税收制度研究》，地震出版社 1997 年版，第 103—131 页。

[2] 美国科罗拉多矿业学院、全球资源政策和管理研究院：《全球矿业税收比较研究》，地震出版社 2006 年版，第 88—90 页。

表 6—4　　　　　　　　**世界主要资源国家税收制度对比**

税种 \ 国别		中国	美国[3]	澳大利亚[5]	加拿大[10]	英国	巴西
所得税	中央	税率：15％、25％ 石油100％ 其他60％	35％[4]	30％	29.12％	28％	25％，超过15万美元利润部分的10％＋所有税后利润的8％预扣税
	地方	40％	7％	—	13.5％	—	最高可达5％（各州不同）
权利金[1]	中央	补偿费：40％—50％	金刚石：5％	分矿种[6]	—	—	0.2％—3％[14]
	地方	补偿费：50％—60％ 费率：1％	黄金：2％ 贱金属：2.5％	金刚石：7.5％ 贱金属：5％	黄金、金刚石、贱金属：20％	—	—
资本税[11]	中央	—	—	—	0.225％	—	—
	地方	—	—	各州政府征收	0.3％	—	—
资源税	中央	海洋石油归中央	(12)	—	—	—	—
	地方	石油：14—30元/吨 天然气：7—15元/吨 煤炭：0.6—3.6元/吨	—	—	20％	—	—
预扣税[2]	中央	—	利息：30％；0—15％ 股息：30％；5％—15％ 薪酬：30％	利息：10％ 股息：30％；15％ 薪酬[7] 权利金专利费：10％	利息：25％；5％—15％ 股息：25％；15％	—	15％
	地方						
关税	中央	进口：金银10％ 出口：无	进口：不定 出口：无	进口：5％ 出口：无	进口：0.5％ 出口：无	—	进口：15％—65％，矿石和精矿为零
	地方	—					

续表

税种	国别	中国	美国[3]	澳大利亚[5]	加拿大[10]	英国	巴西
增值税或销售税	中央	税率：13%/17% 中央75%	增值税：无 销售税：有	增值税无销售税按产品定	7%	—	供货或服务：7%—17%（出口13%）
	地方	25%	非金属矿产3.125%，其他5%	—	—	—	17%
资产税（不动产税）	中央		—				
	地方		财产税：3%—5%	—	资产的现市值×因子×税率	—	0.2%—5%
土地使用费	中央	—	—	分时间[8]	3、4、5加元/公顷	—	
	地方	—	—	—	—	—	—
土地使用税	中央	—	—	—	3、4加元/公顷	—	
	地方	大中小城市不同	—		—		
印花税	中央	—	—	变化[9]	—	0.5%、1.5%	
	地方	证件：5元/件 合同：0.3‰—1‰	—	各交易不同	—	—	—
工薪税（个人所得）	中央	—	15.3%	3.65%—5.56%；福利:48.5%	8%	—	36.2%，有时附加2.5%
	地方	累进税率	—	—	5.49%	—	—
环境税	中央	—	0.12%[13]	—	—	—	—
	地方	—	—	—	—	—	—
跨州税	中央	—	—	—	—	—	—
	地方	—	1.337%	—	—	—	—
营业税	中央	—	—	35.3澳分/升	—	—	—
	地方	5%	3.125%	—	—	—	—

续表

税种 \ 国别		中国	美国[3]	澳大利亚[5]	加拿大[10]	英国	巴西
消费税	中央	成品油：0.1—0.28元/升	燃料 0.15 美元/加仑；大于 2.6 万磅的，制造价格的 12%	柴油：30%煤：0.25澳分/吨	—	—	0—25%
	地方	—	汽车燃料油税：18美分/加仑	—	—	—	—

注：（1）国外的权利金在中国表现为"矿产资源补偿费"和"资源税"两个方面，资源税单列。

（2）预扣税包括付给外国贷方的贷款利息预扣税、汇给外国的股息预扣税、付给外国自愿者的薪金和费用的预扣税。其中非条约国预扣税税率高、条约国低。

（3）美国各州的税制不同，此处选择亚利桑那州作为地方代表。

（4）联邦所得税是基于应税收入的累进税种：0—50000 美元，15%；50000—75000 美元，25%；75000—10000000 美元，34%；大于 10000000 美元，35%。大部分资源企业的应税收入大于 10000000 美元，因此选择 35%。

（5）澳大利亚西澳大利亚州税收情况。

（6）出口煤的权利金为销售价格的 7.5%；国内销售煤为 2.29 澳元/吨；铜为矿石实际价值的 7.5%，或精矿实际价值的 2.5%；金：从 1998 年 7 月 1 日起实行 1.25% 的净冶炼回收权利金，如果金价超过 450 澳元，则在 2000 年 7 月 1 日起税率提高到 2.5%，否则这一税率一直沿用到 2005 年；铁矿石：矿业块矿离岸收入的 7.5%，粉矿离岸收入的 5.625%，精选矿石离岸收入的 5% 等。

（7）金额高达 20700 澳元为 29%；高于 20700 澳元者：6003 澳元＋34%的超出 20700 澳元的金额；高于 38000 澳元者：11885＋43%的超出 38000 澳元的金额；高于 50000 澳元者：17045＋47%的超出 50000 澳元的金额。

（8）勘察期间土地使用费：勘探许可证的土地使用费为 1.55 澳元/（公顷·年），金矿勘探特别许可证为 1.55 澳元/（公顷·年）；勘察许可证为 31.50 澳元/（平方千米·年）；地理格网勘察许可证为 82.40 澳元/（宗地·年）。采矿期间土地使用费：采矿租约土地使用费为 10.30 澳元/（公顷·年）；一般用途或其他许可证为 9.60 澳元/（公顷·年）；留置许可证为 4.80 澳元/（公顷·年）。

（9）随经营业务的不同而变化。就地产转让而言，税费由财产购买方缴纳，每高出 500000 澳元每 100 澳元的税为 19055 澳元＋4.85 澳元。

（10）加拿大各省税收政策不一致，这里以安大略省为例。

（11）联邦政府征收的大公司税和地方征收的资本税是一个性质，只是称谓不同。

（12）美国联邦政府不征收资源税，但有与资源有关的税收——"恢复税/复垦费/闭坑税"：露采煤 0.35 美元/吨，坑采煤 0.15 美元/吨，褐煤 0.10 美元/吨。

（13）除了环境税，美国联邦政府还征收与环境有关的黑肺税：露采煤 0.55 美元/吨，坑采煤 1.11 美元/吨。

（14）铝、锰、氯化钠和钾，3%；铁、肥料矿产、煤及其他矿物质，2%；资源企业开采的金（不包括淘金人），1%；宝石及其他可切割石料，工业金刚石及惰性金属（金、银、铂），0.2%。

资料来源：中国数据根据我国相关税收法规条款整理；国外数据根据美国科罗拉多矿业学院、全球资源政策和管理研究院《全球矿业税收比较研究》（地震出版社 2006 年版）以及张新安、杨培英、魏培军《现代市场经济国家矿业税收制度研究》（地震出版社 1997 年版）整理。

由表 6—4 可知，和国外主要矿产资源国家的税收制度比较，国内缺少的是权利金[①]和预扣税[②]。国内针对资源企业征收的主要税种有所得税、增值税、消费税、营业税、资源税、矿产资源补偿费、城建税及教育费附加等，部分矿种和地区设有关于资源和环境补偿的特殊税费，而国外税种集中在所得税、权利金、预扣税、消费税和工薪税等，关于资源和环境补偿的税费制度比较成熟，如美国专门设有"环境税"税种，且有闭坑费、复垦费等与环境保护相关的收费。我国只有山西省对煤炭企业征收可持续发展基金，用于恢复生态环境，其他省份没有针对环境的税费征收。

2. 国外主要资源企业税收负担

表 6—5 数据显示，国外主要资源企业所得税税收负担（平均所得税税率为 32.59％）高于我国的资源企业（平均所得税税率为 23.28％），原因是国外主要资源国家的所得税税率高于我国，如美国所得税率为 35％，澳大利亚为 30％，加拿大为 29.12％，而我国的所得税税率为 25％，且西部部分资源企业享受 15％或 20％的优惠税率。由于国内外税种不同，所得税以外的其他税种不具可比性，因此在比较个别税种负担时，只将所得税税负纳入考虑。

---

① 权利金（或自然资源开采税）是对物税的一种（对物税是指针对矿床或开采矿床所需的投入或工作的税收。这一税收类别中包括一系列可以影响可变成本或固定成本的税种），是基于产量或出口量的价值或数量征收的。基于体积或重量的税收被称作单位权利金，而基于价值的税收被称作从价权利金，如销售税。权利金优点较多：首先它附属于每年的产量，比较肯定和可预见。其次它可以保证政府在整个矿山服务年限内获得稳定的税收流，即使是在公司利润低甚至不盈利的情况下政府仍然可以获得这笔税收。最后，权利金比较容易计算、征收和监控。权利金缺点在于，它不是以利润率或支付能力为税基，因此会增加公司的风险，不能达到提高经济效益和中立的标准。此外，权利金被认为有歪曲回收率的倾向，这会导致经济上的浪费和减少项目收入（资料来源：美国科罗拉多矿业学院、全球资源政策和管理研究院：《全球矿业税收比较研究》，地震出版社 2006 年版，第 9 页）。

② 基于利息和股息征收的预扣税是一种对人税。针对公布的股息征收的预扣税一般被当作针对收入的附加税。征收此税旨在鼓励公司就地再投资，阻止公司把利润转回本国。因此，这种税的效果类似于提高利润税的名义税率。从项目特定的角度看，公司的税负在大多数情况下都因双边税收协议而减轻了。针对利息的预扣税主要是影响公司的筹资方案，而不是公司的现金流（资料来源：美国科罗拉多矿业学院、全球资源政策和管理研究院：《全球矿业税收比较研究》，地震出版社 2006 年版，第 15 页）。

表 6—5　　　　　　　　　　**世界主要资源企业税负情况**　　　　　　　　（％）

企业名称	所得税 Taxation	支付的税费 Taxation paid	其他 other
皇家壳牌（SHELL）	39.50	3.32（所得税 1.94；销售税，消费税与社会法律税 1.37）	应缴税金 3.30
英国石油（BP）	33.29	2.64（所得税）	应缴税金 1.03 生产税 1.57 石油收益税 0.02
皮博迪能源（BUT peaboby）	29.74	—	应计税收 2.87 应计专列税 0.85 应计矿山再生税 0.13 应计环境税 0.95
埃克森美孚（exxonmobil）	43.47		销售税 8.35 其他税 11.21
力拓（rio rinto）	23.10	6.99	特许使用权 3.49 预扣税 0.17 所得税 4.12
必和必拓（BHP billiton）	41.18	12.02（所得税 10.21；特许权使用税 1.80）	特许使用权税（net of income tax benefit）0.99
雪佛龙（chevron）	42.99	4.39（所得税）	所得税 10.25 生产与销售税 4.72 财产与税 1.35 税与杂税 0.21 产品税 0.15
英美矿业（Anglo American）	33.10	6.98（所得税）	所得税 23.99 流转税 1.65
Ultrapar 控股公司（Ultrapar Holdings）	28.46	0.11（所得税和社会贡献支付税）	应交税金 0.33 所得税和社会贡献税 0.05
森科能源（Suncor）	11.09	—	特许使用权费税 6.43 应交所得税 6.83

注：（1）税收一栏的数据计算方法为：用各企业 2009 年年度报告中利润表的 Taxation 一栏的数据除以营业总收入，因此，部分企业表示的是该企业的所有税费，部分企业表示的是该企业的所得税。

（2）支付的税费一栏同理，部分企业披露的是所得税的现金支付额，部分企业披露的是整个企业税费现金支付额。

（3）所得税一栏的数据计算方法是用利润表中的 Taxation 除以税前利润。

资料来源：作者根据各资源企业 2009 年年度报告整理。

　　国外主要资源企业总体税负的计算方法采用现金流量表中的税费现金支出除以营业总收入来表示。然而国外的现金流量表大多采取间接法编制而成，因此不易取得税费的现金支出额，取得数据的几家资源企业的平均值为 5.21％，远低于我国资源企业总体税负水平（我国平均总体税负为 8.92％）。

由于国外资源企业的赢利能力和管理水平较强，营业总收入普遍高于我国资源企业，成本费用支出普遍低于我国资源企业，因此国外资源企业利润较高，相对税负较轻。要减轻国内资源企业的税收负担，一方面企业应该主动提升管理水平，精简企业内部周转成本，提高赢利能力；另一方面，政府应该加强对矿产资源企业的税收管理，采用直接减少矿产资源企业税收的起征点或税率政策，减少税收返还政策，从而减少政府与企业双方的成本。

二　资源企业税负高于国内其他企业

从国泰安数据库提取 A 股上市公司 2006 年 1 月 1 日至 2009 年 12 月 31 日的现金流量表（直接法编制）年报数据，以"（支付的各项税费-收到的税费返还）/利润表中的营业总收入"表示企业税负水平，以"收到的税费返还/营业总收入"表示企业税收返还率。研究过程中的数据均采用企业四年平均数进行分析，若上市时间不足四年的，则以上市的实际年限为准进行平均。数据剔除了 2009 年 12 月 31 日前已经退市和 2010 年 1 月 1 日后上市的企业，样本企业行业构成如表 6—6 所示。

表 6—7 中，根据总体行业平均的税收负担计算结果，除房地产业、金融业和供应业外，资源采掘业的税负高于其他行业；根据单个企业平均的税收负担计算结果，资源采掘业税负仅次于房地产业和金融业，与资源采掘业关联度较高的行业其税负也比资源采掘业低得多。根据总体行业平均的税收返还计算结果，资源采掘业的税收返还比率是所有行业中最低的，仅达到返还率倒数第二的运输业的一半；而根据单个企业平均的税收返还计算结果，资源采掘业的税收返还率也仅高于金融业和其他综合类行业。税负较低的制造业，却有较高的税收返还。可见，资源采掘业上缴的税收数量较多，而得到的政府税收返还却较少，资源采掘业的整体税负较重。

表 6—6　　　　　　　　　　　**样本企业的行业构成**　　　　　　　（单位：家）

样本系列	行业来源	样本数
资源采掘业	石油天然气开采业、煤炭采选业、黑色金属采选业、有色金属采选业、煤炭开采业、铁矿采选业、重有色金属采选业	54
资源加工与服务业	黑色金属冶炼及压延加工业、石油加工及炼焦业、有色金属冶炼及压延加工业、采掘服务业	70
制造业	电器机械及器材制造业、电子元器件制造业、服装及其他纤维制品制造业、化学原料及化学制品制造业、交通运输设备制造业、普通机械制造业、专用设备制造业、医药制造业	722
房地产业	房地产开发与经营业、房地产管理业	98
金融业	金融信托业、银行业、证券期货业、综合类证券、保险业	32
建筑业	土木工程建筑业	33
农林牧渔业	家禽饲养业、林业、农业、畜牧业、渔业	34
零售业	零售业	61
服务业	房地产中介服务业、公共设施服务业、计算机应用服务业、农林牧渔服务业、其他公共设施服务业、其他社会服务业、通信服务业、卫生保健护理服务业、信息传播服务业、专业科研服务业、租赁服务业	84
供应业	电力蒸汽热水的生产和供应业、煤气生产和供应业、自来水的生产和供应业	65
运输业	公路运输业、航空运输业、水上运输业、铁路运输业、沿海运输业	30
其他	综合类	75

资料来源：作者根据国泰安数据整理。

在资源采掘业整体税负普遍偏重的客观背景下，政府近来酝酿"环境税"的开征，资源采掘业的税负压力将进一步增强，可能出现的结果就是资源采掘业不堪重负，在经济利益驱使下，更大规模、更为隐蔽地破坏生态，而且环境税征收的对象初期暂定为二氧化硫和废水，企业完全有可能在政府检测不到的地方排放其他废弃物，继续污染环境，造成的后果更为严重，违背了政府开征环境税的初衷。

三　资源企业税负水平结构差异明显

关于资源企业税负的计算，王延明（2003）研究所得税 ETR 时，选取税

表6—7　　　　　　　　资源行业与其他行业税负对比　　　　（单位：％）

行业	税收负担		税收返还	
	单个企业平均	总体行业平均	单个企业平均	总体行业平均
资源采掘业	11.03	8.92	0.20	0.05
资源加工与服务业	4.75	5.05	0.31	0.16
制造业	5.50	4.47	0.98	0.94
房地产业	14.58	14.70	0.26	0.22
金融业	18.12	16.82	0.14	0.26
建筑业	4.38	3.84	0.38	0.12
农林牧渔业	-4.83	2.22	8.91	0.74
零售业	5.24	4.50	0.31	0.14
服务业	8.37	6.58	1.08	0.59
供应业	10.48	11.14	0.31	0.28
运输业	7.37	4.52	0.73	1.07
其他	7.08	5.17	0.15	0.10

注：企业税负用公式"（支付的各项税费-收到的税费返还）/营业总收入"计算得到，单个企业平均是对该行业的所有企业税负按企业个数进行平均；总体行业平均是用"行业现金税收净支出总额/行业营业总收入"计算得到。两种计算方法的结果是单个企业平均税负较重，但是趋势是一致的。税收返还的单个企业平均和总体行业平均计算方法同上。

资料来源：作者根据国泰安数据整理。

前会计利润（PTI）为计算依据；中国煤炭工业协会、中国煤炭经济研究会（2003）分别选取含税和不含税两种情况下的"产品销售收入"为计算依据；有色矿山企业税负调查组（2004）用"税负总额/销售收入"来代表资源企业税负。为了与已有研究成果具有可比性，本书采用"现金税收净支出/销售收入"的比率来表示资源企业税负。

1. 资源企业分行业税负比较

从国泰安数据库的A股上市公司进行样本筛选（数据截至2009年12月31日），资源企业来自：石油天然气开采业、煤炭采选业、黑色金属采选业、有色金属采选业、煤炭开采业、铁矿采选业、重有色金属采选业、黑色金属冶炼及压延加工业、有色金属冶炼及压延加工业。其中，黑色金属冶炼及压延加工业、有色金属冶炼及压延加工业中的某些企业并不属于资源企业，判断的标准为：营业范围包括采矿、选矿、开采、采选；无形资产中有探矿权、采矿权；且"应交税费"或"营业税金及附加"科目的附注中包含"资源税"、"矿产资源补偿费"的企业划归为资源企业。为方便统计，将遴选出的资源企业样本再进行简单的行业分类，分为石油天然气开采业、煤炭开采业、有色金属开采业和黑色金属开采业。具体的筛选和数据处理结果如表6—8所示。

表6—8分行业列举了我国资源企业详细的税收负担，特殊税费部分除了表中列举的种类外，由于2009年没有数据或者数据太小，无法全部显示在表格中，如驰宏锌锗的矿山生态环境保证金、贤成矿业的平抑副食品价格补贴、潞安环能的文化建设费、云南铜业的主要副食品价格调控基金等，这也从侧面反映出我国的税费体制混乱，存在众多税费名目和地方性收费，直接导致报表中有大量的"其他税收"项目，且金额相对较小，大多属于地方性收费，不纳入主要的税收体系。

表6—8的数据显示，所得税、增值税、资源税、矿产资源补偿费等是影响矿产资源企业税收负担的主要税种。所得税税负最重（23.28%），且各行业之间差异不大；增值税税负次之（1.51%），税负最高的煤炭开采业和最低的有色金属开采业差距较大，而其他行业之间的差异不明显；城市维护建设税和教育费附加对矿产资源企业的税负影响都较大；营业税对矿产资源企业的税负影响不大，但各行业之间差异较明显；个人所得税、土地增值税或土地使用税、印花税、关税、房产税等对矿产资源企业的税负影响较小。

资源税是资源企业的特殊税种，虽然我国现行资源税税率较低，总体税负较轻，但不同的矿种其资源税税率不同，各行业的资源税税负差别较明显。负担最重的是煤炭开采业（0.67%），黑色金属开采业（0.56%）位居第二，石油天然气开采业（0.34%）和有色金属开采业（0.22%）随后。资源企业的另一项专门税费是矿产资源补偿费，由于也是分矿种定税率，各行业有一定差别，较高的是煤炭开采业（0.31%）、黑色金属开采业（0.27%）、有色金属开采业（0.13%），较低的是石油天然气开采业（0.03%）。

表 6—8　　　　　　　我国 A 股上市资源企业分行业的税收负担　　　　　　（%）

企业		所得税	增值税	营业税	资源税	资源费	教育附加	个人税	土地税	印花税	关税	房产税	城建税	特殊税费
石油天然气开采业	中国石油	23.89	—	0.12	0.62	—	0.45	—	—	—	—	—	0.89	石油特别收益金1.96；消费税8.09
	中国石化	20.08	3.06	0.03	0.06	0.06	0.37	—	—	—	—	—	0.68	石油特别收益金0.53；消费税8.19
	行业平均	21.99	1.53	0.08	0.34	0.03	0.41	—	—	—	—	—	0.79	9.39
煤炭开采业	靖远煤电	0.00	1.16	0.00	1.06	0.99	0.41	2.17	0.02	0.04		0.03	0.96	车船使用税0.01
	平庄能源	14.49	0.83	0.35	1.20	0.18	2.65	0.54	—				0.81	煤炭价调节基金0.24
	神火股份	34.13	0.01	0.04	0.21	0.03	0.16	0.11	—		0.11	0.03	0.32	—
	翼中能源	28.32	—	0.06	0.38	0.19	0.29	0.12	0.01			0.00	0.42	重整税务申报债权0.09
	煤气化	23.19	0.55	0.03	0.78	0.06	0.34	0.51	0.00	0.07	—	0.02	0.68	契税0.001；车船税0.002；河道维护费0.45；价调基金0.76；残疾人保障金0.002；可持续0.85；林业建设基金0.003；民兵统筹费0.001
	西山煤电	25.29	0.05	0.02	0.63	0.46	0.32	0.37	—	0.01		0.01	0.72	河道管理费0.001；可持续0.21；水资源费0.07；河道维修费0.01；残疾人就业基金0.07；车船使用税0.0001
	露天煤业	17.63	—	0.04	2.24	0.27	0.41	0.08	—	0.01		0.00	0.68	水利建设基金0.12；契税0.001；煤炭价格调节基金0.57
	兰花科创	24.90	0.79	0.05	0.04	0.25	0.28	0.11	0.00	—		0.00	0.64	可持续发展基金0.13；土地复垦费0.04；消费税0.34
	兖州煤业	27.81	0.32	0.06	0.58	—	0.49	—					0.86	价格调节基金0.16
	国阳新能	24.83	—	0.10	0.33	0.54	0.20	0.15	0.00	0.02	0.29	—	0.39	价调基金0.10；可持续0.25；水资源补偿费0.03；代扣税金0.03

续表

企业	所得税	增值税	营业税	资源税	资源费	教育附加	个人税	土地税	印花税	关税	房产税	城建税	特殊税费
煤炭开采业 贤成矿业	9.97	40.88	0.00	1.52	—	0.55	0.91	0.20	0.01	—	0.32	0.69	堤防费 0.03
盘江股份	15.15	0.99	0.01	1.30	0.96	0.46	—	0.04	—	—		0.81	价调基金 0.61；水土流失保持补偿费 0.05
上海能源	23.50	—	0.16	0.30	0.11	0.37	0.25	0.03	0.03	—	0.05	0.45	耕地占用税 0.27
恒源煤电	20.07	3.40	0.04	0.36	0.66	0.38	0.12	0.02	0.02	—	0.04	0.63	水利基金 0.0001
开滦股份	26.82		0.00	0.21	0.05	0.19	0.03			0.05		0.33	水资源补偿费 0.01；可持续 0.03
大同煤业	25.42	1.18	0.03	0.88	0.28	0.40	0.08	0.02	0.01	—	—	0.89	价调基金 0.28；可持 0.32；水资源补偿费 0.05
中国神华	20.86	1.95	0.63	0.57	0.49	0.40	0.24	—	—	—		0.68	可持续发展基金 0.08
平煤股份	22.41	0.17	0.06	0.56	0.29	0.26	0.21	0.01	—	—	0.01	0.57	
潞安环能	25.68	0.41	0.01	0.26	0.19	0.29	0.16	—	—	—	0.00	0.43	价调 0.001；可持 0.2；水资源补偿费 0.04
中煤能源	22.91	0.37	0.13	0.63	0.23	0.24	0.07	—	—	0.02	—	0.49	可持 0.36；水资源补偿费 0.05；耕地占用税 0.04
国投新集	27.39	1.77	0.07	0.54	0.68	0.43	0.33	0.24	0.06	—	0.09	0.53	水利基金 0.001；水土流失费 0.61；河道工程修理维护费 0.14；水补 0.01
山煤国际	29.34	0.16	0.04	0.07	—	0.08	0.02	—	—	0.07	0.00	0.1	价格调控基金 0.04
行业平均	23.34	2.50	0.09	0.67	0.31	0.44	0.30	0.03	0.01	0.02	0.03	0.59	0.55
有色金属开采业 辰州矿业	35.99	—	0.16	0.27		0.16	—	0.02		0.15	0.03	0.16	
西部资源	23.18	8.75	0.23	0.56	0.89	0.43	0.01	0.74	0.01	—	0.52	0.71	代扣代缴税款 0.12
广晟有色	26.70	—	0.03	0.18		0.20	0.05	0.00	—	0.51	0.00	0.28	堤围防护费 0.02
中金黄金	27.22	0.02	0.01	0.09	0.10	0.01	0.02	—	—	—		0.03	代扣施工企业流转税 0.03
驰宏锌锗	13.11	—	0.02	0.01	0.09	0.30	0.10	0.00	0.03	—	0.01	0.64	耕地占用税 0.09；代扣代缴税金 0.05；车船使用税 0.0002

续表

企业		所得税	增值税	营业税	资源税	资源费	教育附加	个人税	土地税	印花税	关税	房产税	城建税	特殊税费
有色金属开采业	紫金矿业	19.29	0.42	0.07	0.94	0.56	0.09	—	—	—	—	—	0.09	
	西部矿业	23.19	0.67	0.00	0.15	0.13	0.08	—	—	—	—	—	0.10	
	中国铝业	13.13	0.29	0.01	0.05	—	0.13	—	—	—	—	—	0.23	
	山东黄金	25.59	0.01	0.00	0.01	0.01	0.00	0.06	0.01	0.00	—	0.00	0.00	
	金钼股份	18.28	—	0.01	0.16	0.15	0.15	—	—	—	1.28	—	0.27	
	中金岭南	17.47	—	0.19	0.44	0.02	0.11	0.21	0.03	0.01	—	0.00	0.18	堤围防护费 0.10；矿产特许权使用费 0.66
	铜陵有色	14.06	—	—	0.10	0.02	0.06	0.14	—	—	—	—	0.09	
	云南铜业	6.19	—	0.04	0.31	0.28	0.09	0.09	0.02	0.05	—	0.02	0.11	水利建设基金 0.04；土地使用证契税 0.01
	锡业股份	16.96	—	0.01	0.07	0.03	0.17	0.02	0.00	0.04	—	0.00	0.37	代扣代缴税 0.05；堤防维护费 0.004；食品调节税 0.0004；车船使用费 0.0001
	ST 锌电	34.08	—	0.01	0.01	—	0.08	0.01	0.01	0.00	—	0.02	0.13	—
	恒邦股份	25.20	—	0.00	—	—	0.01	0.00	0.00	—	—	0.01	0.01	
	包钢稀土	36.74	—	0.01	0.01	—	0.32	0.11	0.01	0.01	0.01	—	0.51	水利基金 0.01
	江西铜业	26.12	—	0.03	0.49	0.16	—	0.00	—	—	—	—	0.02	
	吉恩镍业	20.56	—	0.10	—	—	0.16	0.53	0.01	—	—	0.00	0.01	
	贵研铂业	32.12	—	0.03	0.07	—	0.06	0.00	0.07	0.05	—	0.02	0.09	
	厦门钨业	35.69	—	3.02	0.17	0.04	0.10	0.01	6.73	—	0.19	0.03	0.10	副食调控基金 0.01
	中色股份	24.53	—	0.31	0.78	0.32	0.08	0.28	0.01	—	—	—	0.14	
	行业平均	23.43	0.46	0.20	0.22	0.13	0.13	0.07	0.35	0.01	0.10	0.03	0.19	0.05
黑色金属开采业	攀钢钒钛	21.64	—	0.31	0.37	—	0.18	0.05	0.00	0.01	0.01	0.12	0.31	—
	鞍钢股份	18.62	—	—	0.01	—	0.09	0.01	0.001	—	0.01	0.01	0.16	
	西宁特钢	25.45	0.60	0.01	0.13	0.03	0.22	0.03	0.04	—	—	0.07	0.41	价调基金 0.001
	凌钢股份	25.34	—	0.00	—	—	0.11	0.04	—	—	—	—	0.18	河道工程维护费 0.29

续表

企业		所得税	增值税	营业税	资源税	资源费	教育附加	个人税	土地税	印花税	关税	房产税	城建税	特殊税费
黑色金属开采业	酒钢宏兴	22.28	—	0.12	0.07	0.01	0.06	0.00	0.04	0.03	—	0.02	0.12	价调基金0.01；河道维护建设费0.0002；防洪基金0.01；契税0.01；残疾人保障基金0.01；水利基金0.009；水资源补偿费0.0006
黑色金属开采业	金瑞矿业	22.58	8.68	1.60	2.42	1.61	0.42	0.01	0.23	0.02	—	0.00	0.60	代扣代缴1.08；车船使用税0.63
	西藏矿业	705.76	2.82	0.20	1.37	0.42	0.39	—	—	—	—	—	0.86	—
	金岭矿业	25.41	1.32		0.08	0.12	0.48		0.04	0.08	0.03		0.85	价格调控基金2.38
	行业平均	23.05	1.68	0.28	0.56	0.27	0.24	0.02	0.05	0.01	—	0.03	0.44	0.55
总平均		17.95	1.51	0.16	0.46	0.22	0.28	0.16	0.16	0.01	0.05	0.03	0.41	0.67

注：（1）表中的各项比率根据公司报表数据及附录披露数据除以利润表中营业总收入计算得出。若同一科目在资产负债表、利润表、现金流量表均有披露的，首先以利润表披露的数据为准，其次以现金流量表为准，最后以资产负债表的数据为准。注（2）（3）（4）在数据取值顺序上同注（1）。

（2）特殊税费中的"可持续"表示煤炭可持续发展基金。"土地税"一栏的数据包含"土地使用税"和"土地增值税"，大部分企业仅有"土地使用税"或"土地增值税"一项，部分两项兼有的企业数据很小。

（3）靖远煤电所得税因为上年度递延原因，本年度所得税为负数，因此此数据取0。

（4）表中所得税的整体行业平均值剔除了极端异常值：西藏矿业705.76%（含当年与递延所得税）和靖远煤电0.00%，同理，这两个企业所在的行业平均也剔除了该极端异常值。

（5）表中0.00表示数据取值过小，在两位小数内无法显示。

资料来源：作者根据各资源企业2009年年度报告整理。

除了资源税和矿产资源补偿费外，资源企业还要缴纳与资源节约、环境保护有关的各种税费，名目繁多，税费率不一，各省各自为政，导致各行业的特殊税费差别较大。税负最重的是石油天然气开采业（9.39%），该行业的石油类产品需要缴纳消费税和特殊税费（石油特别收益金），且额度较大，导致该行业税费占净利润的平均比率较高，税负较重。煤炭开采业和黑色金属开采业税负相当，均为0.55%，有色金属采选业最低，仅为0.05%。可见，政府对各行业的调控力度有差别，对石油类企业的附加性特殊税费的征收力度较强。

综上，资源行业平均所得税税负为23.28%、增值税为1.51%、营业税为0.16%、资源税为0.46%、矿产资源补偿费为0.22%、城建税为0.41%、教育费附加为 0.28％、个人所得税为 0.16％、土地使用税或土地增值税为 0.16％、印花税为 0.01％、关税为 0.05％、房产税为 0.03％、行业特殊税费为 0.67％。

由表6—9和图6—6得出，资源行业内部的总税负差异较大，煤炭开采业（18.02％）和石油天然气开采业（15.96％）较高，分别是黑色金属开采业（9.45％）和有色金属开采业（7.43％）的两倍左右。净税负仍然是煤炭开采业（17.72％）和石油天然气开采业（15.36％）较高，有色金属开采业（6.84％）和黑色金属开采业（7.84％）较低。但是，税负较高的煤炭开采业和石油天然气开采业政府补助力度却较小，补贴率仅分别为 0.30％和 0.60％，而税负较低的黑色金属开采业补贴率却达到了 1.61％，是有色金属开采业和石油天然气开采业的 2—3 倍，是煤炭开采业的 5 倍以上。可见，我国矿产资源企业承担的税负和税收优惠并没有合理地配比，税负较重的企业没有享受到返还优惠，而税负较轻的企业却获得了较高的税收返还，政府的税收优惠制度没有发挥应有的激励效应。

图6—7中，资源企业总体税负与现金税收净支出具有线性关系，三个极端异常点是贤成矿业（55.61％，14.64％）、西部资源（30.92％，17.71％）和金瑞矿业（20.83％，3.81％）。贤成矿业、西部资源、金瑞矿业的主要税负源于增值税（40.88％、8.75％、8.68％），其中：贤成矿业和金瑞矿业是存在股票中止上市风险的公司，营业收入较少，现金流量不充分，因此，税负较高，且以现金支付的税款不足。西部资源除了增值税外，营业税、资源税、矿产资源补偿费、城建税、教育费附加等税种的税负也高出平均，导致其总体税负较重。

2. 资源企业分地区税负比较

表6—10按地区列示了资源企业税负情况，中部15家，东部20家，西部19家，其中中部的黑龙江、湖北；东部的天津、江苏、浙江；西部的重庆、宁夏、新疆、广西没有 A 股资源上市企业。

表6—9　　　　　　　**分行业资源企业税收负担**　　　　　（％）

行业	企业	总税负	补贴率	净税负
石油天然气开采业	中国石油	18.60	1.08	17.52
	中国石化	13.31	0.11	13.2
	行业平均	15.96	0.60	15.36
煤炭开采业	靖远煤电	17.2	0	17.2
	平庄能源	15.85	0.07	15.78
	神火股份	9.99	0.02	9.97
	冀中能源	13.27	0.45	12.82
	煤气化	24.67	0.06	24.61
	西山煤电	17.61	0.48	17.13
	露天煤业	22.65	3.38	19.27
	兰花科创	21.97	0.14	21.83
	兖州煤业	25.99	0.14	25.85
	国阳新能	12.97	0.06	12.91
	贤成矿业	14.64	0	14.64
	盘江股份	20.87	0.04	20.83
	上海能源	17.32	0.01	17.31
	恒源煤电	14.1	0.09	14.01
	开滦股份	10.01	0.01	10
	大同煤业	31	0.17	30.83
	中国神华	20.66	0.03	20.63
	平煤股份	14.58	0.07	14.51
	潞安环能	20.61	0	20.61
	中煤能源	17.86	0.22	17.64
	国投新集	25.58	1.15	24.43
	山煤国际	7.05	0.04	7.01
	行业平均	18.02	0.30	17.22
有色金属开采业	中色股份	6.54	0.81	5.73
	辰州矿业	11.75	0.41	11.34
	西部资源	17.84	0.13	17.71
	广晟有色	13.54	2.36	11.18
	中金黄金	2.8	0.22	2.58

续表

行业	企业	总税负	补贴率	净税负
有色金属开采业	驰宏锌锗	13.52	0.02	13.5
	紫金矿业	8.84	1.09	7.75
	西部矿业	4.52	0.14	4.38
	中国铝业	2.75	0.22	2.53
	山东黄金	1.53	0.15	1.38
	金钼股份	15.43	0.31	15.12
	中金岭南	6.74	0.33	6.41
	铜陵有色	4.36	0.09	4.27
	云南铜业	4.27	0.49	3.78
	锡业股份	8.05	0.48	7.57
	ST锌电	3.23	0.06	3.17
	恒邦股份	2.13	2.77	−0.64
	包钢稀土	13.92	0.05	13.87
	江西铜业	4.27	0.31	3.96
	吉恩镍业	6.01	1.58	4.43
	贵研铂业	1.92	0.86	1.06
	厦门钨业	9.44	0.11	9.33
	行业平均	7.43	0.59	6.84
黑色金属开采业	金岭矿业	24.62	0	24.62
	西藏矿业	14.97	3.87	11.1
	攀钢钒钛	5.83	0.02	5.81
	鞍钢股份	2.07	0.3	1.77
	西宁特钢	9.19	0.16	9.03
	凌钢股份	3.4	0.02	3.38
	酒钢宏兴	4.32	7.38	−3.06
	金瑞矿业	11.19	1.09	10.1
	行业平均	9.45	1.61	7.84
资源行业平均		12.36	0.62	11.74

注：（1）这里的资源行业平均值与前面的资源行业有所差别，原因是行业对比表中的数据是四年的平均值，本表的数据均为2009年数据。

（2）总税负＝（支付的各项税费-收到的税费返还）/营业总收入×100％；补贴率＝利润表附注的政府补助/营业总收入×100％；净税负＝总税负-补贴。

资料来源：作者根据各资源企业2009年年度报告整理。

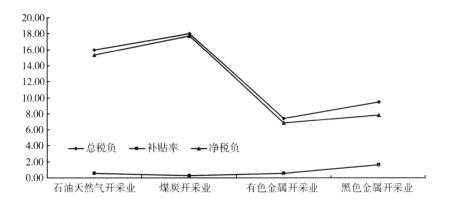

图 6—6 资源行业总税负、补贴率、净税负对比

资料来源：作者根据各资源企业 2009 年年度报告整理。

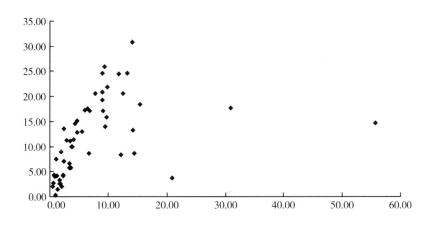

图 6—7 资源企业税收负担与现金净支出散点图

资料来源：作者根据各资源企业 2009 年年度报告整理。

表 6—10 中，资源企业的所得税税负存在区域差异，最高的是中部地区 (25.29％)，其次是东部 (23.92％)，最低的是西部 (19.61％)。国家对在西部进行资源开发的企业实行 15％的所得税优惠税率，比普通资源企业 25％的所得税税率低了 10 个百分点，但享受该优惠政策的并不仅仅是西部企业，东部和中部有大量的资源央企和国企，如中国神华、中国石油、中国石化等也在

表 6—10 　　　　　　　　　分地区资源企业税收负担　　　　　　　　　　　（%）

区域平均	所得税	增值税	营业税	资源税	资源费	教育费附加	个人税	土地税
东部平均	23.92	0.39	0.24	0.30	0.12	0.21	0.07	0.35
中部平均	25.29	0.57	0.05	0.37	0.24	0.23	0.19	0.02
西部平均	19.61	3.44	0.16	0.68	0.32	0.39	0.22	0.07

区域平均	印花税	关税	房产税	城建税	特殊税费	总税负	补贴	净税负
东部平均	0.00	0.04	0.01	0.35	1.17	11.07	0.41	10.66
中部平均	0.01	0.04	0.02	0.41	0.62	15.10	0.23	14.87
西部平均	0.02	0.07	0.06	0.48	0.20	11.55	1.17	10.38

注：（1）注册地与办公地不在同一地区的，以注册地为依据分类。税收缴纳地与注册地不一致的视为缴至注册地。

（2）计算所得税的西部平均数时，剔除了"西部矿业"705.76%这一极端值的影响，若再剔除"靖远煤电"0%的影响，则为20.77%。

资料来源：作者根据各资源企业 2009 年年度报告整理。

西部开发矿产资源，同样享受相应的西部大开发所得税优惠税率，造成区域间所得税税负差异不太明显。增值税和营业税税负区域差异较为明显，增值税税负西部为 3.44%，中部为 0.57%，东部为 0.39%。营业税税负东部最高（0.24%），其次是西部（0.16%），最低是中部（0.05%）。

资源税税负西部最高（0.68%），中部（0.37%）次之，东部（0.30%）最低；矿产资源补偿费负担西部最高（0.32%），中部（0.24%）次之，东部（0.12%）最低。西部现有的资源税税负重于东部和西部，而国家进行的资源税改革[1]又将进一步增加矿产资源企业的税负。[2] 特殊税费负担东部最高（1.17%），中部（0.62%）次之，西部（0.20%）最低，东部高出中部和西部的主要原因在于东部中石油和中石化较重的消费税税负。

总的来说，除了所得税、营业税、土地税和特殊税费外，西部的其他税种

---

[1] 财政部、国家税务总局：《新疆原油、天然气资源税改革若干问题的规定》（财税［2010］54号）中规定：原油、天然气资源税实行从价计征，税率为 5%（http://www.chinatax.gov.cn/n8136506/n8136593/n8137537/n8138502/9724561.html）。

[2] 新疆试点资源税后中石油、中石化税负增 7 倍，吁调特别收益金，详见中国矿业网：http://app.chinamining.com.cn/focus/tax_resources2010/2010-06-03/1275533063d41333.html。

税负都高于东部和中部，有的甚至高出数倍。中部由于受消费税和石油特别收益金影响，总税负最高，为 15.10％[①]，东部和西部的总税负差别不大，分别为 11.07％和 11.55％。扣除补贴之后的净税负西部地区最低，为 10.38％，东部为 10.66％，最高的是中部（14.87％），原因在于西部的补贴收入高于中部和东部，使得原本总税负大于东部的西部地区在净税负上小于东部。

3. 资源企业分性质税负比较

表 6—11 按性质列示了资源企业税负情况，地方国企 35 家，中央企业 15 家，民营企业 4 家。国企即国务院国资委控股的企业，地方国企即地方国资委控股的企业，民营企业即非国有控股的企业。较特殊的是"ST锌电"，该企业的控股股东是云南省罗平县财政局，并非当地国资委。

表 6—11　　　　　　　　　按企业性质列示我国矿业上市公司税负　　　　　　　　（％）

企业性质	所得税	增值税	营业税	资源税	资源费	教育费附加	个人税	土地税
地方国企	23.97	0.65	0.17	0.37	0.22	0.22	0.14	0.21
中央企业	20.35	0.59	0.15	0.57	0.19	0.42	0.16	0.02
民营企业	19.41	12.51	0.08	0.75	0.36	0.27	0.23	0.23

企业性质	印花税	关税	房产税	城建税	特殊税	总税负	补贴	净税负
地方国企	0.01	0.08	0.01	0.40	0.37	12.09	0.61	11.48
中央企业	0.02	0.00	0.02	0.46	1.56	13.38	0.54	12.84
民营企业	0.01	0.00	0.21	0.37	0.04	10.86	1.00	9.87

注：地方企业的数额是剔除西藏矿业后的平均值。
资料来源：作者根据各资源企业 2009 年年度报告整理。

所得税税负最高的是地方国企（23.97％），其次是中央企业（20.35％），最后是民营企业（19.41％）。增值税税负最重的是民营企业 12.51％，其次是地方国企 0.65％，最后是中央企业 0.59％。此外，资源税、矿产资源补偿费、个人所得税、土地税、房产税等税种的税负也是民营企业最高。

营业税税负情况稍有不同，地方国企比率最高（0.17％），其次是中央企

---

① 中国石油、中国石化注册地在北京，属中部地区。

业（0.15％），再次是民营企业（0.08％）。其他非民营企业税负最高的税种，与企业性质关系较小，如印花税、城建税等。

　　总体税负最重的是中央企业（13.38％），其次是地方国企（12.09％），最后是民营企业（10.86％）。各地政府为了留住当地的资源企业，吸引更多的企业前来投资和注册，纷纷出台各种税收优惠政策和财政补助政策，省际间的争夺越激烈，企业的受惠力度越大，补助收入最多的是民营企业（1.00％），其次是地方企业（0.61％），最后是中央企业（0.54％）；综合净税负最大的是中央企业（12.84％），其次是地方国企（11.48％），最后是民营企业（9.87％）。

　　经过税负对比发现，我国的资源企业税负不仅高于国外同行业企业，也高于国内其他行业，资源行业内部税收负担也有差异，石油天然气开采业与煤炭开采业的税负高于有色金属开采业和黑色金属开采业。作为重要的成本支出项目，资源企业除了同大部分企业一样缴纳一般意义上的税费外，现在或将来还需要额外支付资源税、矿产资源补偿费、环境税等特殊性税费，这导致了资源企业经济利益的大量流出，而这些税费流出正好形成政府的收入项目。政府希望增加财政收入，而资源企业希望扩大赢利空间，尽可能地减少税费支出，并期望由税费的收取者政府来承担相应的环境恢复义务，但事实上却是政府给企业设定了许多社会责任义务和经济既定目标，加深了政企矛盾。

第四节　政府与企业收益分配矛盾

　　按照"收入-成本＝利润"的会计方程式，资源企业的收入扣除相应的成本，如取得矿权的成本和各项税费之后得到利润，也就是资源企业的收益。政府与资源企业的收益分配矛盾主要体现在政府对企业产生的生态环境成本的约束、红利分配比例的确定以及生态利益责任的归属上。由于政府对资源企业的环境成本约束机制不完善，导致企业的生态成本确认计量不足，资源企业存在超出社会平均收益的超额收益。在收益的分配上，国有资源企业需要向政府股东支付一定比例的红利，政府收取的收益比例确定在什么水平能兼顾国有股东利益和企业的可持续发展？资源企业可持续发展的基本前提是矿产资源和生态环境的可持续发展，为了维护矿区环境、发展接替产业，政府与企业应将部分收益用于生态补偿，但是企业和政府究竟谁承担补偿责任？上述问题共同构成了政府与企业在收益分配上的矛盾焦点。

一　生态成本与企业收益矛盾

2009 年，中国石油和中国神华分别实现净利润 1063.78 亿元和 347.45 亿元，相对其他上市公司而言，国有资源类企业的赢利表现尤为突出。到底我国资源企业是否存在超额利润？国内研究者对资源企业的收益进行了实证分析，程昔武（2008）对我国采掘类上市公司 2001—2005 年的财务会计资料进行了实证研究，经验数据表明：我国资源开采企业的收益率超过其他行业，存在超社会平均收益率。同时，耿建新等（2008）使用 2001—2005 年中国采掘类上市企业的面板数据进行实证分析，采用配对样本检验、配对样本回归及事件研究也得出了同样的结论。

对于形成资源企业高赢利能力的原因，耿建新等（2006）认为，资源性资产价值大部分未计入采掘类企业中，因而该类企业生产经营活动形成的盈余是一种混合盈余，收益是虚增的；程昔武（2008）认为，资源开采企业的超额收益主要是由于资源成本确认计量不足，隐含资源收益和资源补偿（耗减）成本。也就是说，资源企业的收益中包含未扣除的资源耗减成本[①]。李

---

① 资源耗减成本理论源于希克斯（Hicks，1946）关于"自然资本"的论述，他认为存量有限的自然资源和其他资产一样，都存在折旧的问题，因此，资源开采的所得并不应该全部计入收入，要扣除掉其中一部分的自然资源损耗（折旧），剩下的才是真实的收入。具体参见 Hicks J. R.，*Value and capital*（2nd ed）. Oxford：Oxford University Press，1946。

国平等（2004）以我国 1981—2000 年煤炭资源开发利用数据作为对象，经过实证计算发现，我国煤炭资源的开发利用造成了严重的价值折耗而未得到补偿。此外，由于我国环境约束机制还不健全，资源企业在取得矿业权之后进行开采，对周围的环境产生一种负外部性的影响，所造成的环境损害成本也没有计入企业的总成本中，把本应由企业承担的成本转嫁到社会，形成企业环境成本的外部化。而这些未计入企业的成本就体现为企业利润，造成利润虚增。

朱小平、徐泓（1999）认为，矿产资源总成本包括生产成本和环境成本两部分，生产成本可以按照财务会计的成本核算方法进行计量和确认；环境成本是资源效用减少的货币表现，包括自然资源的耗减费用、生态环境资源的降级费用以及其他环境费用。借鉴这一思路，这里将资源企业的成本分为直接生产成本[①]和包含环境损害成本以及资源耗减成本的间接生态成本，企业会计方程式可表示成式（6—3）。

$$R - C - EC - D = P \qquad (6—3)$$

其中，R 代表收入，C 代表生产成本，EC 代表环境损害成本，D 代表资源耗减成本，P 代表净利润。

我国资源企业的收益水平表现出高于社会平均收益水平的现象是由于企业并未对环境损害成本和资源耗减成本进行确认计量，这部分未扣除的成本成为企业的利润，造成利润虚增，如式（6—4）所示。也就是说，资源企业的净利润 P' 是包含环境损害成本和资源耗竭成本在内的。

$$R - C = P + EC + D = P' \qquad (6—4)$$

在西部矿产资源开发过程中，大型央企和地方国有资源企业都参与到资源的开发过程中。为了分析国有资源企业的收益水平，选取国有资源企

---

① 此处的生产成本并非会计准则中狭义的生产成本，而是企业生产经营过程中的一切直接支出，其中包含了企业实际支出的预防环境损害支出和环境损害补偿费用。

业 2005—2009 年财务数据进行分析，其中，央企控股企业 14 家，西部地方国有资源企业 12 家。[①] 并选取第二产业的国有控股上市公司 27 家作为对比样本，其中，央企控股 14 家，西部地方国企 13 家。且各公司的数据均是 5 年的平均数，若上市不到 5 年时间的，则以上市的实际年限为准进行平均。

国有资源企业与第二产业配对样本的净资产收益率、总资产收益率和主营业务利润率三个指标的对比情况如图 6—8、图 6—9 和图 6—10 所示。从图中可以看出，国有资源企业的赢利水平均高于配对企业。资源企业净资产收益率 5 年的平均数据为 13.03%，而配对企业为 7.57%，总体高出 5.46 个百分点；资源企业的总资产收益率 5 年的平均数据为 6.65%，对比企业为 3.23%，总体高出 3.42 个百分点；资源企业的主营业务利润率 5 年的平均数据为 21.76%，对比企业为 18.38%，总体高出 3.38 个百分点。

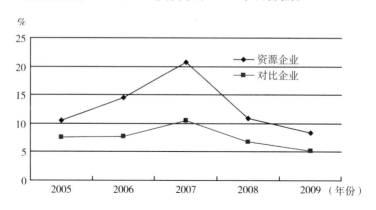

图 6—8　资源企业与对比企业的净资产收益率

资料来源：根据中国石油等企业 2005—2009 年年度财务报告数据整理。

根据我国环境保护部环境规划院发布的《中国环境经济核算研究报告 2008（公众版）》披露的数据（2008 年的生态环境退化成本达到 12745.7 亿元，占当年

---

　　① 与前文税费计算部分样本选取标准一致，原本西部地方国企共计 14 家，剔除其中的 ST 公司以及控股股东在 2008 年发生变化的云南铜业之后，计算样本为 12 家。

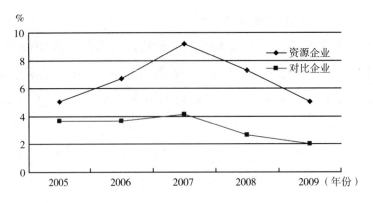

图6—9　资源企业与对比企业的总资产收益率

资料来源：根据中国石油等企业2005—2009年年度财务报告数据整理。

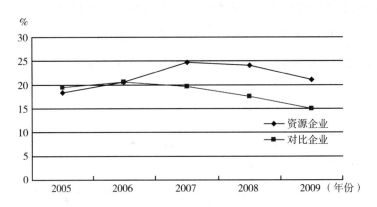

图6—10　资源企业与对比企业的主营业务利润率

资料来源：根据中国石油等企业2005—2009年年度财务报告数据整理。

GDP的3.9%[1]），可估算企业环境损害成本占到企业营业收入的4%。[2] 2008年，26家国有资源企业净利润占营业收入的比率情况如图6—11所示。在扣除掉4%的环境损害成本之后，实际亏损企业由3家变为9家。

---

　　① 章珂：《我国5年经济发展造成环境污染成本近万亿》，http://news.sina.com.cn/green/news/roll/p/2010 - 12 - 27/150121714090.shtml。

　　② 环境规划院的研究人员指出，由于在核算方法上不够成熟以及基础数据不具备的环境污染损失和生态破坏损失项没有计算在内，目前的核算结果依然是不完整的环境污染和生态破坏损失代价。基于此，本文选用4%这一略高于实际比例的基准，作为企业环境占营业收入比重的最低要求。

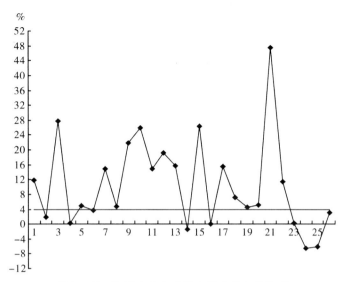

图 6—11　资源企业净利润占营业收入的比率

资料来源：根据中国石油等企业 2008 年年度报告整理。

资源耗减成本的测算借鉴张宏亮（2009）修正的 El Serafy 模型进行计量。[①] 根据所需要的全部数据要求，经过筛选，符合要求的共计 4 家企业。[②] 使用 El Serafy 模型需要确定各个公司的资源性资产收益和资源可开采年限（T）以及折现率（r），为了与生态环境损害成本计算期间一致，选择样本公司 2008 年数据进行计算。资源可开采年限数据见表 6—12，资源耗减成本的计算数据如表 6—13 所示。

---

① El Serafy 模型也称使用者成本法，由 El Serafy 在 1989 年提出，该方法认为非可再生的自然资源的总收益分为真实收入（true income）和使用者成本（user cost）两部分。张宏亮修正后的 El Serafy 模型可表示为：$\dfrac{X}{R} = 1 - \dfrac{1}{(1+R)^{T+1}}$。其中，$R$ 为自然资源的总收益，X 为真实收入，R 为折现率，T 为根据当年资源开采量计算的可开采年限。具体计算步骤详见张宏亮《企业资源会计研究》，经济科学出版社 2009 年版，第 180—184 页。

② 样本选择主要受到资源企业期末可开采储量及年开采量信息披露的限制。《企业会计准则第 27 号—石油天然气开采》中规定企业应当在附注中披露油气储量年初、年末数等相关信息，因此，油气资源企业对于其资源开采量与储量等信息进行了披露。而对于其他资源企业则没有对应的规范事项，它们并没有正式披露与资源相关的实物量数据。另外，在香港上市的中国神华也详细的披露了其资源相关实物量数据。样本企业中，除中国石油、中国石化和中国神华之外，仅有 8 家企业在相关叙述性信息中涉及开采量或者储量的数据信息。经过筛选，符合要求的共计 4 家企业，分别是中国石油、中国石化、中国神华、平庄能源。

表 6—12   样本企业资源开采年限计算表

企业 ＼ 项目	当年开采量	探明可采储量	按年末储量计算的可采年限	模型中变量 T 的确定
中国石油	1181.50	21419.50	18.13	19.13
中国石化	345.65	4001.00	11.58	12.58
中国神华	185.70	11457.00	61.70	62.70
平庄能源	9.21	1518.00	164.79	165.79

注：（1）中国石油和中国石化在各自的 2008 年年度报告中披露了石油和天然气的年开采量以及期末探明可采储量，这里把二者折合成了统一的油当量百万桶单位。

（2）中国神华、平庄能源主要为煤炭资源，当年开采量和期末探明储量均为百万吨单位。

资料来源：根据中国石油、中国石化、中国神华、平庄能源 2008 年年度报告整理。

表 6—13   资源耗减成本计算表   （单位：百万人民币）

企业 ＼ 项目	中国石油	中国石化	中国神华	平庄能源
经济性资产	692047	707565	257705	2661
经济性资产的收益率	4％	4％	4％	4％
经济性资产的收益	27681.88	28302.6	10308.2	106.44
息税前利润	163345	32949	40，736	936
资源性资产的收益	135663.12	4646.4	30427.8	829.56
资源性资产耗减占收益的比率	46.52％	60.46％	8.14％	0.13％
资源性资产的耗减成本	63110.48	2809.21	2476.82	1.08
资源性资产的真实收益	72552.64	1837.19	27950.98	828.48
资源性资产的成本占营业收入比率	5.89％	0.19％	2.31％	0.04％

注：（1）经济性资产＝营业性资产-资源性资产。其中，营业性资产＝总资产-交易性金融资产-可供出售的金融资产-持有至到期投资-长期股权投资；资源性资产＝采矿权价值＋探矿权价值。

（2）经济性资产收益＝经济性资产×经济性资产的收益率。其中，经济性资产收益率取对比样本的经营性资产收益率 4％。

（3）息税前利润＝利润总额＋财务费用。

（4）资源性资产的收益＝息税前利润-经济性资产的收益。

（5）资源性资产耗减占收益的比率为 e^{-rT}，其中，r 的取值为 4％，T 的取值见表 6—12。

（6）资源性耗减成本＝资源型资产收益×资源性资产耗减占收益的比率。

（7）资源性资产的耗减成本占营业收入比率＝资源性资产的耗减成本/营业收入。

资料来源：借鉴张宏亮《企业资源会计研究》（经济科学出版社 2009 年版）的计算思路，根据中国石油、中国石化、中国神华、平庄能源 2008 年年度报告资料计算所得。

根据计算结果，中国石油的环境损害成本加上资源耗减成本共占营业收入的比重为 9.89％（估算的环境损害成本占营业收入比重 4％＋资源性资产的成本占营业收入比重 5.89％），中国石化、中国神华以及平庄能源的分别为 4.19％、6.31％、4.04％。

二　分红比例与企业发展矛盾

自 1994 年分税制改革以来，我国国有企业不需要向政府股东分红，大量国有资本收益留存在企业内部。2007 年，我国开始试点"国有资本预算"制度，要求国有企业向政府分红。基于"谁投资，谁受益"的原则，政府作为投资股东从而享有国有资本的收益权是毫无疑问的，而国有资源企业与政府在利益分配比例上存在矛盾。政府作为国有资本的出资人，以国有股东身份向国有资源企业收取一定的利润分配额，如果收取比例为 α，那么企业税后利润分成两个部分，$P' \times \alpha$ 为国有资本上缴的部分，$P' \times (1-\alpha)$ 为企业留存部分，如式（6—5）所示。

$$R - C = P' \times \alpha + P' \times (1-\alpha) \qquad (6—5)$$

在征收国有资本收益的过程中，政府与国有资源企业处于一个博弈的过程：政府作为股东希望收取应得的资本收益，但又担心收取比例过高影响企业的资金使用效率，进而影响自身的收益；而企业从自身利益角度来说，不愿意积极主动的多分配利润，但是又不能拒绝拥有剩余索取权的股东分配利润的要求。因此，国有资本分红比率确定在什么水平才能既保障政府股东权益的实现，又能使企业合理使用收益资金实现可持续发展是企业收益分配的焦点。

2007 年 9 月 13 日，《国务院关于试行国有资本经营预算的意见》（国发［2007］26 号）正式公布，各级人民政府及其所属部门、机构依法履行出资人职责的企业均需缴纳国有资本收益。2007 年 12 月 11 日，财政部会同国资委发布了《中央企业国有资本收益收取管理办法》（财企［2007］309 号），按"适度、从低"原则，将国资委直接监管的 151 家企业国有资本收益分三档上缴财政部。其中，石油石化、电信、煤炭、电力、烟草五个行业的上缴标准为税后利润的 10%；科研院所和军工企业三年内暂时不上缴；其余央企均按 5% 的标准上缴红利。除中央企业之外，国有控股、参股企业国有股权

（股份）获得的股利、股息收入，按照股东会或者股东大会决议通过的利润分配方案执行。

在国家制定相应的国有资本收益政策之前，西部一些地方政府已经进行了探索。比如云南省在 2005 年就制定了《云南省国资委监管企业国有资本经营预算管理暂行办法》。西部各级地方政府大部分都是在国家发布《国务院关于试行国有资本经营预算的意见》之后制定了相应的政策，开始试点征收国有资本的收益，但是各地确定的征收比例不尽相同。比如，四川省 2008 年出台的政策规定："试点期内，对电力、煤炭、航空等垄断性行业按净利润的 10％收取；对军工、化工、机械等一般性行业按净利润的 5％收取；对转制院所等 3 年内暂不收取。"[1] 甘肃省 2008 年出台的政策规定："有色、冶金、煤炭等资源性行业企业，上缴比例为 15％；金融、石化、建材、轻纺等一般竞争性行业企业，上缴比例为 10％；其他行业企业，上缴比例为 5％。"[2] 在地市级政府层面，成都市 2010 年出台的政策规定："试行期内，国有独资企业按净利润的 10％—20％上缴国有资本收益，国有控股、参股企业的国有股利（股息）收入全额上缴，企业的国有产权（股权）转让收入以及清算收入扣除相关费用后全额上缴。"[3] 从各级政府所确定的分级上缴比例可以看出，资源企业的上缴比例基本处于高档水平。

各级政府确定的上缴分配比例针对的是中央政府和各级地方政府直接管理的一级企业的净利润，也就是集团公司的合并净利润。但考虑到一级企业绝大多数为非整体上市公司，财务数据很难取得，而其大部分优质资源均集中于拥有的上市公司部分；同时，随着一级企业需要按照规定的比例向财政部上缴红利政策的实施，其下属上市公司的股利决策必然受到影响，所以我们选取中央企业和地方国有企业所控制的资源类上市公司作为样本，以替代一级企业本身

---

① 四川省人民政府关于试行国有资本经营预算的实施意见（川府发［2008］41 号）。
② 甘肃省人民政府关于试行国有资本经营预算的试行意见（甘政发［2008］31 号）。
③ 成都市人民政府关于试行国有资本经营预算的实施意见（成府发［2010］32 号）。

来测算其上缴国有资本收益的情况。由于国有资本的收取基本始于2007年，故选取26家资源企业2007—2009年3年的净利润进行测算。具体数据来自企业每年发布的年报，以当年数据为准。中央企业控股上市企业和西部地方国企控股上市企业的净利润如表6—14和表6—15所示。从表中数据可以看出，各资源类上市公司在净利润额的数量级上存在差异，和中国石油、中国石化这些垄断型央企相比较，西部资源企业的净利润额相差甚远。

表6—14　　　　　　　中央企业控股上市公司2007—2009年净利润

（单位：百万元人民币）

代码	企业	2007年	2008年	2009年
601857	中国石油	143494	125946	106378
600028	中国石化	57153	26115	64000
601088	中国神华	23148	29815	34745
601600	中国铝业	12123	158	−4683
000758	中色股份	767	239	249
000898	鞍钢股份	7525	2989	686
601898	中煤能源	5455	7650	7093
600489	中金黄金	418	684	749
601918	国投新集	406	1186	837
000780	平庄能源	125	678	469
000968	煤气化	285	709	422
002128	露天煤业	472	743	1030
600508	上海能源	544	1085	967
000629	攀钢钒钛	995	−394	−1635

资料来源：根据各上市公司2007—2009年年度报告整理。

如果按照最低5%的分配比例测算，央企资源型企业2007年至2009年共上缴334.27亿元，提高到20%的话，则增长到1337.06亿。同样，西部资源企业在最低5%的分配比例下，2007年至2009年共计上缴8.51亿元，提升到20%的水平，则增长到34.04亿。两类企业在不同分档比例下的上缴数额如表6—16所示。

表 6—15　　　　　　西部地方国企控股上市公司 2007—2009 年净利润

（单位：百万元人民币）

代码	企业	2007 年	2008 年	2009 年
000552	靖远煤电	45	107	53
600307	酒钢宏兴	799	34	326
600395	盘江股份	97	639	987
600111	包钢稀土	403	229	110
601168	西部矿业	1838	581	624
600117	西宁特钢	474	357	63
601958	金钼股份	3039	2829	557
000762	西藏矿业	43	58	− 15
000960	锡业股份	600	24	131
600459	贵研铂业	99	− 90	12
002114	ST 锌电	101	− 52	6
600497	驰宏锌锗	1309	147	262

资料来源：根据各上市公司 2007—2009 年年度报告整理。

表 6—16　　　　　　不同分红比例下企业上缴数额　　　（单位：百万元人民币）

企业＼比例	5%	10%	15%	20%
央企	33426.6	66853.2	100279.8	133706.4
西部国企	851.05	1702.1	2553.15	3404.2

注：亏损年度的数据并未计算在内。
资料来源：根据各企业数据计算整理。

　　我国确定的国有企业分红比例与国际上的国有企业分红比例相比相对较低。世行专家收集了 16 个发达经济体中 49 家有 2000—2008 年分红数据的国企资料，在正常的观察值中，计算得出每家国企 2000—2008 年的平均分红率为 33%，大部分公司的平均分红率在 20%—50% 之间。[①] 同时，亚洲开发银行发布的《2010 亚洲发展展望更新》报告中指出，中国国企给国家的分红不足，

　　① 张春霖：《国企分红下一步》，《中国华尔街评论》，http://commentary.cnwallstreet.com/html/economy/china/2010/0327/5823 _ 2.html。

使得不断增长的利润没有通过再分配回馈给社会，建议国有企业向政府上缴更多红利。[①]

2010 年央企分红试点即将结束，而各地关于国企分红的政策也陆续出台，提高国企分红比例的呼声越来越高。2010 年 11 月 3 日，国务院做出扩大国有资本经营预算范围，适当提高国企红利上缴比例的决定。2010 年 12 月 30 日，财政部发布《关于完善中央国有资本经营预算有关事项的通知》（财企［2010］392 号），从 2011 年起，适当提高中央企业国有资本收益收取比例。具体收取比例分四类执行，其中，中石油、中石化等 15 家第一类为企业税后利润的 15％；中国铝业、中国有色等 78 家第二类为企业税后利润的 10％。[②]

从理论上说，国有企业红利的上缴比例每年都需要进行适当的调整，因为国有企业的经营水平和赢利能力会随着环境变化、社会发展和企业自身发展而不断变化。我国采用"一刀切"式的利润征缴做法，弹性不足，未能细化考虑行业所处阶段、企业盈亏程度、各个企业的资金运用效率等个性化问题，过高的红利比例会削弱他们的研发创新能力，甚至有可能影响可持续发展，应该采用更加灵活的分红政策。从公司财务的角度来看，企业是根据自身赢利状况，并结合未来资金的需求来制定分红政策。然而国资委以股东身份与企业一对一的谈判成本太高，目前只能采用分段式的固定比例分红政策。

三　收益用途与生态补偿矛盾

生态利益的本质是包容的，会计方程式不是抵减式的，而是将人的生态利

---

①　徐蕊、韩洁：《亚行：中国国企分红不足》，《新京报》，http：//epaper. bjnews. com. cn/html/2010 - 10/03/content_ 153457. htm？ div=-1。

②　中华人民共和国财政部：《关于完善中央国有资本经营预算有关事项的通知》，http：//www. gov. cn/gzdt/2010 - 12/30/content_ 1775754. htm。

益作为基本条件。因此，为恢复生态、保持生态所付出的成本与在方程式的左边或右边抵减是无关的。这就决定了企业对生态造成的影响必须由企业本身来承担，包括企业的股东在内。但是在承担生态补偿责任问题上，企业和政府以自身利益为出发点存在着矛盾。

资源企业的收益（P'）包括一般收益（P）和环境损害成本（EC）以及资源耗减成本（D）。国有资源企业上缴国有资本分红之后，企业留存的收益中也隐含着部分未扣除成本。既然企业未在生产过程中支出对生态环境的维持与恢复费用，那么在收益使用时，应考虑将部分留存收益投资于资源地区治理生态环境问题或寻求资源耗竭后矿区的持续发展。

按照现代企业理论，谁拥有剩余索取权，谁对企业终极问题负责。政府作为国有企业的控股股东，应该为生态利益负责。并且，资源企业的收益中隐含着环境损害成本和资源耗竭成本，政府收取的企业红利中也隐含了这些成本。因此，政府收取的企业红利，其中一部分 $P' \times \alpha$ 应用于生态补偿的投入，如矿业地区环境保护和治理以及资源耗竭后的接替发展等，进行宏观上的生态补偿支出，具体如式（6—6）所示：

$$P' \times \alpha = P' \times \beta + P' \times \gamma \tag{6—6}$$

其中，$\beta + \gamma = \alpha$。

目前无论在法律上还是会计制度上都没有要求股东承担生态成本。因此，生态成本不仅在企业经营中得不到体现，也没有最终承担者。股东逻辑表面上明确了股东作为责任承担者，实际上却让全民为企业的生态问题付出代价。

从政策规定的国企分红收益来看，主要是"取之于国企，用之于国企"，将收取的收益用于补充企业资本和支付困难企业退出成本等支出，并未用于生态环境的补偿。2007 年 11 月，财政部下发了《中央国有资本经营预算编报试行办法》（财企 [2007] 304 号），规定国有资本经营预算支出按照资金使用性质划分为：①资本性支出，主要是根据国家产业发展规划，国有经济布局和结构调整规划，用于支持国有企业改制、重组，自主创新，提高企业核心竞争力；②费用性支出，主要用于弥补国有企业改革成本，解决历史遗留问题，当前，要重点解决困难企业职工养老保险，离退休职工医疗保险、特困企业职工生活补助，分离企业办社会职能、企业后勤服务社会化等涉及职工切身利益的问题，以及支持重点行业企业的节能减排；③其他支出，即用于社会保障等方面的支出。① 地方政府对于国有资本的使用也是分为这三种类型。

从具体数据来看，国有资本收益的支出也基本被国企内部使用。以央企所得收益的情况为例，据 2010 年 5 月 11 日财政部公布的《国有资本经营预算编制情况》显示，2007 年至 2009 年，共收取央企国有资本收益 1572.2 亿元，其中：2007 年 139.9 亿元，2008 年 443.6 亿元，2009 年 988.7 亿元（包括电信企业重组专项资本收益 600 亿元）。② 而用于国有经济和产业结构调整、节能减排以及央企改革重组补助支出等方面的资本经营支出达 1553.3 亿元。也就是说，3 年间，绝大部分红利又被央企内部消化了。③ 从总体支出结构看，资源企业收取的国有资本收益并未使用在矿业地区的生态补偿上。

---

① 中华人民共和国财政部：《中央国有资本经营预算编报试行办法》，http：//www.sasac.gov.cn/n1180/n1566/n6061496/n6061574/6218105.html。

② 中华人民共和国财政部：《国有资本经营预算编制情况》，http：//www.mof.gov.cn/zhengwuxinxi/caizhengshuju/201005/t20100511_291391.html。

③ 张萧然：《央企分红新政：折中与平衡》，http：//finance.ifeng.com/news/20100630/2361294.shtml。

第七章　西部矿产资源开发居民与政府、企业利益矛盾分析

　　资源地居民与政府、企业由于核心利益差异，利益排序偏好组合差异，利益追求过程差异而产生利益矛盾。西部矿产资源开发中居民利益以生态利益为核心利益。然而，在现有的组织结构下，资源地居民由于基本权力的缺失与利益诉求通道缺位，几乎不能参与矿产资源开发决策与利益分享，而且还得承担矿产资源开发环境负外部性，生态利益得不到有效保障。通过对西部矿产资源开发居民与政府、企业利益冲突典型事件分析得出，利益矛盾主要表现为补偿矛盾、就业矛盾和环境矛盾。在普光气田开发实地调研的基础上，数据分析表明：补偿矛盾主要表现为居民失地与征地补偿不足、基础设施改善与生活成本增加的矛盾；就业矛盾主要表现为生产性就业不充分与家庭收入水平下降的矛盾；环境矛盾主要表现为生态环境破坏与社会环境复杂化的矛盾。资源地居民与政府、企业的利益矛盾直接影响居民的生存与发展，弱化资源地居民可持续生计能力，影响区域科学发展。

第一节　资源地居民与政府、企业的利益关系

资源地居民利益是指在资源开发过程中居民依托现有组织结构所分享的资源价值，包括生态利益、经济利益、社会利益与政治利益，资源地居民在矿产资源开发中的收益与成本如表7—1所示。在西部矿产资源开发过程中，资源地居民形成了以生态利益为核心利益的利益结构链。矿产资源依托资源地的空间载体而存在，居民依托资源地空间载体而生存，居民、资源及周边环境共同构成矿产资源地生态系统。居民是矿产资源载体的组成部分，矿产资源地居民与矿产资源是统一体，具有不可分割性。生态利益是区域共生体利益的核心，小区域环境的损坏会通过叠加效应影响大区域的环境。矿产资源地居民是区域要素资本共生体中的一部分，居民的生态利益是区域共生体利益的微观利益，不尊重居民生态利益就是不尊重区域共生体的整体生态利益。矿产资源开发必然对居民产生不同程度的负面影响，从根本上影响生态系统稳定，从而影响居民生存。因为生存是居民最基本要求和最直接表现，因此资源地居民的利益结构链以生态利益为核心。

矿产资源开发利益分配的主观性决定了矿产资源利益在空间上可组合、可转换，它与居民并不构成必要的配比关系。由此导致矿产资源开发利益与居民生存和发展存在脱节的可能性，即居民由于资源开发所受的生态环境负面影响并不会必然得到补偿，特别是在居民权力不完整与谈判能力较弱的背景下。居民即便获得了土地补偿费与拆迁补助费，但这仅仅是物质方面的补偿，无法保证居民的可持续生存；即便居民获得生态补偿费也无法改变生态环境受到负面影响的现实。居民得到生态补偿费之后，并不会去从事生态环境治理，而资源开发者付出生态补偿费后，也失去了进行生态环境治理的动机和资金，从而使

表 7—1   西部矿产资源开发地居民收益与成本

收益			成本	
利益结构	收益内容	收益方式	成本结构	具体方式
生态利益	生态福利	企业、政府对资源地生态环境恢复治理	生态成本	地面塌陷、地下水位下降、地形地貌破坏、地表植被与生物多样性破坏等生态破坏 水资源污染、空气污染、噪声污染等环境污染
经济利益	直接收益 征地补偿费	土地补偿费、安置补助费、地上附着物及青苗补偿费	经济成本	失去土地,失去基本经济来源 物价上涨,导致生活成本增加 经济结构转型,导致结构性失业,影响居民经济来源
	劳务性收入	居民在资源开发形成的产业链相关环节中就业取得收益		
	生态移民费	由于资源开发导致资源地不宜居民居住,迫使居民移民所获得的收益		
	农牧产品销售收益	居民向外来资源开发人员销售农牧产品取得的收益		
	企业捐赠	企业向资源地的公益事业或救济性项目捐赠资金或实物		
	免费或低价使用矿产资源	居民免费或低价享受开发出来的资源		
	参与企业利润分配	部分小型资源开发企业吸收居民作为股东,参与利润分成		
	间接收益 基础设施和公用设施改善	居民与企业共享企业建设的基础设施与公用设施		
	地方经济实力增强	带动地方产业发展,增加就业机会		
	地方政府财力增强	提高居民福利水平		
社会利益	社会资本增加	资源开发人员为居民带来新的知识与技术,增加居民生活技能,拓展社会关系网络	社会成本	大量外来人口进入,增加社会教育、医疗卫生、治安等方面的公共支出 资源地文化受到冲击,影响文化多样性

资料来源:以实地调研资料为基础,结合世行课题组的研究报告整理所得(世行研究报告参见世界银行、国家民族事务委员会项目课题组《中国少数民族地区自然资源开发社区受益机制研究》,中央民族大学出版社 2009 年版)。

生态环境负面效应得不到根本治理，居民生态利益得不到有效保障。

资源地居民与政府[①]、企业由于核心利益差异、利益结构偏好组合排序差异、利益追求过程差异而产生利益矛盾，三者利益关系如图7—1所示。

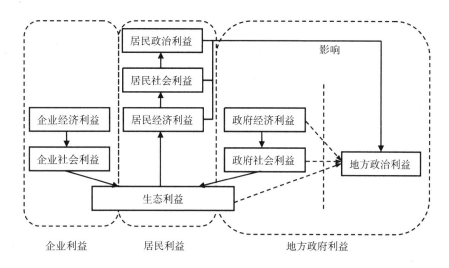

图7—1　矿产资源开发中居民与政府、企业利益关系

资料来源：作者整理。

首先，居民与政府、企业的核心利益差异导致利益矛盾。矿产资源开发中，资源地居民是生态环境的直接利益相关者，然而其不但得不到应有的资源开发利益，还要承担资源地政府在追求区域经济发展与企业在追求经济利润的同时带来的资源开发环境负外部性，致使居民生态利益这一核心利益得不到有效保障，导致居民与政府、企业产生利益矛盾。

其次，居民与政府、企业利益结构偏好组合排序差异导致利益矛盾。资源地居民以生态利益为核心利益，在生态利益得到保障的基础上才有追求经济利益、社会利益与政治利益的积极性，而资源地政府与企业以经济利益为核心利

---

① 在矿产资源开发中，资源地居民直接面对与接触的主要是资源地政府，因此，本部分分析居民与政府、企业的利益矛盾时，所指的政府为资源地政府。

益，在经济利益得到保障的基础上，才去追求社会利益与生态利益，由于三者利益结构的差异，居民生态利益得不到有效保障，引发居民与政府、企业利益矛盾。

最后，居民与政府、企业利益追求过程差异导致利益矛盾。资源地居民获得最直接的收益是征地补偿费，然而由于地方政府实际上控制着土地的收益和处分权，通过地权转让获得征地用地费用，并与企业就转让价格谈判，居民在征地补偿上没有发言权，致使经济利益受损。资源地居民在获得资源开发微薄利益的同时，需要承担资源开发中的外部性成本，获得的收益远不能抵消所承担的成本。资源开发企业在矿产资源开采过程中还给资源地环境带来了负面影响，侵害到当地居民的环境权益，威胁到他们的生存权与发展权，从而导致资源地居民与政府、企业产生利益矛盾。

随着居民维权意识增强，在不能通过信访、上访等理性方式化解矛盾的情况下，居民就采用堵矿、抢矿、对抗冲突等非理性行为来表达自己的声音，维护自身的利益，引发资源地居民与政府、企业的利益冲突，影响居民生计、企业生产、区域发展与社会和谐。西部矿产资源开发地居民与政府、企业典型群体性冲突事件如表7—2所示。

从表7—2看出，资源地居民与政府、企业间的冲突事件主要表现为因矿产资源开发导致的土地征收、补偿安置、生态环境破坏等与居民生存发展密切相关的利益纠纷，生态利益是矛盾的核心内容。在西部矿产资源开发过程中，资源地居民缺乏权力与制度保障，不能有效参与资源开发与利益分配过程，同时需要承担资源开发的负外部性，而与资源开发企业和资源地政府产生补偿矛盾、就业矛盾、环境矛盾三大矛盾。首先，资源地居民合法权益没有在制度上得到有效保障，导致其知情权、参与权、监督权等权力集的缺失，因而在利益追求能力上处于弱势地位，缺乏与资源开发企业谈判的能力，缺少利益表达通道，从而不能有效参与到征地搬迁程序、补偿标准制定与安置方案设计中，导致征地搬迁补偿不足而引发资源地居民与政府、企业之间的补偿矛盾。其次，

表 7—2　　　　　西部地区资源地居民与政府、企业利益冲突典型事件

时间	地点	冲突方	规模及形式	原因	后果与影响	解决措施
2006 年 5 月 2 日①	云南省马关县都龙镇	村民 镇政府	聚众抗议，围攻和破坏镇政府	对政府整治都龙矿区的不满	—	矿方福利捐赠，补助贫困老人与学生，农民入股分红
2006 年 5 月 21—22 日②	贵州省平坝县齐伯乡	齐伯乡村民 燕子脚煤矿工人	400 余人；群体械斗	开矿影响村民生活及居住安全问题，耕地补偿	10 余名村民与 10 余名矿工受伤，2 名重伤；通往煤矿道路挖断	煤矿停业整顿
2007 年 8 月 6 日③	陕西省府谷县老高川乡秦家沟村	秦家沟村村民 秦家沟煤矿	100 余人；群体械斗	劳务纠纷	1 死 7 伤	政府协调
2007 年 8 月 9 日④	云南省镇雄县雨河镇雨河村	雨河村村民 开生煤矿	100 余人；群体械斗	土地补偿问题	1 死 9 伤	政府成立专案组协调
2008 年 2 月 25 日⑤	贵州省盘县石桥镇果榔村	果榔村村民 老洼地煤矿	封堵老洼地煤矿向外运煤的公路	补偿问题	煤矿停产	市县镇三级政府联动协调，矿方出资改善村民生活条件
2008 年 4 月 20 日	云南省文山州麻栗坡县	村民 政府执法部门	聚众暴力抗法	地基与耕地补偿问题	1 名村民死亡，10 名村民与 5 名警察受伤	政府协调
2008 年 5 月 15、16 日和 6 月 25 日	云南个旧市贾沙乡	贾沙乡村民 贾沙工业公司檬棕铅锌矿矿区	100 余人；村民哄抢矿山	非法挖采锡矿	设备被砸烂，基础设施被烧毁，炸药、雷管及生活用品被抢	政府协调
2008 年 8 月 4 日⑥	云南省华坪县兴泉镇兴泉村	兴泉村村民 高源建材公司	300 余人；群体性冲突	环境、水污染等问题	6 名村民受伤，13 辆汽车受损	政府协调

---

① 《云南马关矿区群体性事件善后思考》（2008 - 07 - 22），http：//www. chinavalue. net/media/Article. aspx？ArticleId＝29362&PageId＝1。该篇报道同时对 2008 年 4 月 20 日云南省文山州麻栗坡县村民聚众暴力抗法事件和 2008 年 5 月云南省个旧市贾沙乡村民哄抢矿山事件作了具体介绍。

② 新华网：《平坝县齐伯乡村民与矿工群殴数十人受伤》（2006 - 05 - 29），http：//www. xinhua-net. com/chinanews/2006 - 05/29/content_ 7116718. htm。

③ 《30 余人持械殴打村民致 1 死 7 伤》（2007 - 08 - 08），http：//news. qq. com/a/20070808/002587. htm。

④ 《云南煤矿老板雇凶打人　引发村民群殴》（2007 - 08 - 13），http：//cq. qq. com/a/20070814/000244. htm。

⑤ 《贵州六盘水解决一起矿群矛盾　村民曾封堵公路》（2009 - 04 - 22），http：//news. 163. com/09/0422/17/57H84ACU000120GU. html。

⑥ 《云南丽江环保纠纷引发 300 人群体冲突》（2008 - 08 - 06），http：//news. qq. com/a/20080806/000112. htm。

续表

时间	地点	冲突方	规模及形式	原因	后果与影响	解决措施
2008 年 6 月 28 日①	贵州省黔南布依族苗族自治州瓮安县	瓮安县居民 瓮安县政府	2 万人；警民冲突	民众在开矿、拆迁中利益受侵犯，政府干部处理手法粗暴，肆意动用警力	150 人受伤，烧毁县委办公大楼、县政府办公大楼等 170 间办公室，40 台交通工具被毁	政府协调
2008 年 11 月 21 日②	重庆市开县高桥镇山青村	山青村村民 中源煤业（集团）有限公司高升煤矿	群体冲突	生态环境破坏与水源缺失问题	数人受轻伤，并有车辆、设备不同程度损毁	政府协调
2009 年 3 月至 9 月③	四川省宣汉县丰城镇村民	丰城镇村民 中石油西南油气田公司五宝场气田	堵塞施工道路	失地补偿与群众安全问题	堵断五宝场气田施工道路	多方协调
2009 年 4 月 19 日④	贵州省盘县大山镇小寨村	小寨村村民 杨家河沟煤矿矿工	200 余人；群体冲突	土地、坟茔和房屋出现塌陷和开裂现象，索赔无果	3 名村民受伤	政府协调
2009 年 5 月 5 日⑤	广西壮族自治区南丹县芒场镇拉麻村拉怀屯	拉麻村拉怀屯村民 南丹县政府工作组	140 多名警察和 20 多名村民；警民冲突	非法采矿与占地补偿问题	1 名警察、1 名巡防队员和多个村民不同程度受伤	
2009 年 8 月 26 日⑥	云南省陆良县活水乡石槽河村	石槽河村村民 陆良源丰矿业有限公司石槽河煤矿	群体械斗	补偿问题	8 名村民、7 名警察、3 名矿工受伤，11 辆警车被砸	政府协调

① 《反思瓮安事件，民生的背后是民权》(2008－07－11)，http://news.ifeng.com/mainland/special/wengan628/comments/200807/0711_3933_646668.shtml。

② 《重庆开县村民称煤矿破坏生态与矿方发生冲突》(2008－11－24)，http://www.ka-wise.com/Coalchem/Other/200811/20081124082538.shtml。

③ 来自调研中《关于中石油宣汉五宝场气田钻井施工受阻协调情况的报告》。

④ 《200 多村民与煤矿矿工发生正面冲突》(2009－04－20)，http://www.lpswz.com/news/2009-04/20/content_37100.htm。

⑤ 《广西南丹县：非法采矿引发重大流血冲突》(2009－07－24)，http://www.wowa.cn/Reporter/Article/81634.html。

⑥ 《云南陆良群体性冲突事件始末披露》(2009－10－28)，http://www.hzlo.com/html/200910/28/1401231027_3.htm。

续表

时间	地点	冲突方	规模及形式	原因	后果与影响	解决措施
2010 年 7月 17 日①	陕西省横山县波罗镇樊河村	樊河村村民山东煤矿	200 余人，群体械斗	补偿与环境问题	51 人受伤，6 名重伤	山东煤矿停业整顿并出资治疗村民

资料来源：作者根据新华网相关资料整理。

由于资源地居民失地以后，原有长期积累的适合耕作的生活技能失效，且因受教育和培训较少而其他专业技能不足，导致其缺乏再就业能力与竞争力，加之资源开发企业对当地居民的就业歧视，引发就业矛盾。最后，资源地居民作为矿产资源开发带来的生态环境破坏与社会环境复杂等负外部性承担者，没有得到相应的利益补偿，且生态环境破坏直接影响居民生存，从而引发资源地居民与政府、企业间的环境矛盾。

　　资源地居民是矿产资源开发过程中最弱势的利益主体，伴随采矿征迁加快，资源地居民与政府、企业的矛盾也日益加剧②。揭示资源地居民与政府、企业间利益矛盾的本质，描述利益矛盾的真实表现，需要深入资源开发地实地调研。因而，课题组选取达州普光气田开发搬迁居民③为研究样本，采用问卷法与结构式访谈相结合抽样调查，以调研数据为基础，分析矿产资源开发地居民与政府、企业间的三大矛盾，样本总体如表 7—3 所示。问卷从基本情况、

---

　　① 《横山山东煤矿发生斗殴事件导致 51 人受伤 6 人重伤》(2010 - 07 - 18)，http：//news. if-eng. com/mainland/detail _ 2010 _ 07/18/1788602 _ 0. shtml。

　　② 杨宁等（2005）在对鄂尔多斯等地的调研中发现，资源开发中当地群众利益没有得到保障，资源地群众对开发企业持"仇视"态度，陕西神木县、山西保德县频繁出现围堵企业生产的事件，陕西塌陷区不少群众因补偿问题多次进京上访。《财经文摘》编辑部（2006）对矿产资源丰富地区实地调研发现，开发地农民的生活质量直线下降，部分矿区生活环境遭到毁灭性破坏，部分农民重新贫困。王利清等（2010）指出，内蒙古锡林郭勒盟地区在矿产资源开发中，居民由于没有话语权与谈判能力而无法获得相应利益，与政府和企业在生态环境建设、生态补偿等方面存在严重冲突，且利益冲突不断升级。

　　③ 普光气田是我国目前规模最大、丰度最高的特大型整装海相气田，是川气东送工程的首站和主要气源地，其配套天然气净化厂为亚洲最大。同时，普光气田气源具有深压高含硫特征，在开发过程中对环境影响较为严重。普光气田开发及其配套设施建设搬迁居民包括净化厂征地拆迁农民、"1、3、8"安全距离拆迁农民、川气东送"首站"工程与管道工程拆迁农民、集输管线拆迁农民、井场搬迁农民、安置房与学校建设拆迁农民、铁路专线拆迁农民，实行集中安置为主，分散安置相结合，其对居民影响突出。资料来源：调研期间由宣汉县普光气田开发及净化厂建设地方工作指挥部提供所得。

生活情况、生活环境、生态环境、移民补偿五个方面，采用开发前后对比模式设计。抽样规模为 300 户，具体抽样方法为：以宣汉县普光气田开发及净化厂建设地方工作指挥部和当地政府提供的征地拆迁农民名册为抽样框，采用随机抽样法，抽取样本 300 户，再从抽中的农户中随机抽取一名年龄 18 岁以上的农民作为被调查人。调查发放问卷 300 份，回收调查问卷 295 份，剔除不完整问卷 77 份，有效问卷 218 份，有效回收率为 72.67%，调查样本具体分布如图 7—2 所示，表 7—4 为调查样本基本情况。

表 7—3   普光气田开发搬迁居民调查总体分布

乡镇	净化厂拆迁（征地3440亩、临时占地1894亩）一期拆迁 户数（老户数）	人数	二期拆迁 户数	人数	800米范围拆迁 户数	人数	安置房和学校建设拆迁（征地520亩）户数	人数	首站拆迁（征地157亩）户数	人数	井场拆迁（征地1100亩）临时占地 户数（老户数）	人数	铁路专线拆迁（征地220.44亩）户数	人数	三号集输管线拆迁 户数	人数	二号集输管线拆迁 户数	人数	一号集输管线拆迁 户数	人数	普2井拆迁 户数	人数
普光	308	1261	365	1110	728	1780	一期安置房 11 户	45	86	344					317	1088	322	1510	72	253	112	380
土主	—	—	171	487	258	1041	二期安置房 29 户；三期安置房和学校 167 户	118	—	—	456	2055	45	180								
小计	308	1261	536	1597	986	2821	207	850	86	344	456	2055	45	180	317	1088	322	1510	72	253	112	380

注：井场分布乡镇：普光镇、清溪镇、老君乡、黄金镇、毛坝镇、大成镇、红岭乡。拆迁户数 3447 户，拆迁人数 12339 人。征地 5437.44 亩，净化厂和井场临时占地 1991.6 亩，川气东送管道工程临时占地 2567.04 亩，数据统计截止时间为 2010 年 1 月 15 日。

资料来源：调研期间由宣汉县普光气田开发及净化厂建设地方工作指挥部提供所得。

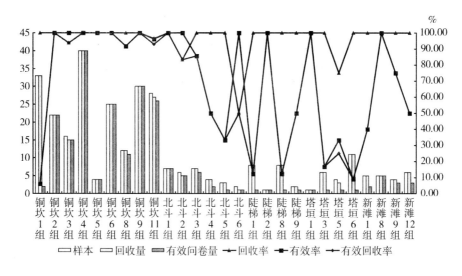

图 7—2　调查样本具体分布

资料来源：根据普光气田调研数据整理。

表 7—4　　　　　　　　　　　普光气田调查样本基本情况　　　　　　　　　（N＝218）

项目		样本	比重	项目		样本	比重
性别	男	158	72.48%	家庭规模	3 人以下	15	6.88%
	女	60	27.52%		3 人	34	15.60%
年龄	20 岁以下	2	0.92%		4 人	89	40.83%
	21—30 岁	35	16.06%		5 人	36	16.51%
	31—40 岁	72	33.03%		6 人	31	14.22%
	41—50 岁	57	26.15%		6 人以上	13	5.97%
	51 岁以上	52	23.85%	子女上学	无子女上学	50	22.94%
文化程度	初中以下	82	37.61%		上小学	77	35.32%
	初中	109	50.00%		上初中	98	44.95%
	高中或中专	26	11.93%		上高中	26	11.93%
	大专及以上	1	0.46%		大专及以上	11	5.05%
政治面貌	党员	12	5.50%	家庭户口	迁移前农村	209	95.87%
					迁移前城镇	9	4.13%
	非党员	206	94.50%		迁移后农村	61	27.98%
					迁移后城镇	157	72.02%

资料来源：根据普光气田调研数据整理。

第二节　补偿矛盾

在西部矿产资源开发过程中，资源地居民获得一定的补偿，主要包括以征地补偿为主的直接补偿和以基础设施改善为主的间接补偿。然而，由于资源地居民利益补偿机制的不完善，其所获得的补偿并不能弥补其为之承担的负担，从而在利益补偿方面引发矛盾。补偿矛盾主要表现为失地与征地补偿不足的矛盾，以及基础设施改善与其导致的生活成本增加的矛盾。

一　失地与征地补偿不足

1. 失去土地

土地是农民最基本的生活安全保障，土地对农民的社会保障功能可归纳为以下六个方面：第一，土地为农民提供基本的生活保障；第二，土地为农民提供就业机会；第三，为农民的后代提供土地继承权；第四，土地对农民有资产的增值功效；第五，土地对农民有直接收益功效；第六，重新获取时免掏大笔费用的效用[1]。矿产资源开发过程中，资源开发企业需要占用大量的矿区土地，而且其行政及生活用房、配套设施，搬迁居民安置，以及废矿废料处理等都需要占用土地。资源地居民为此将失去原有主要经济来源与基本生活保障载体。调查数据表明，普光气田开发后，搬迁农民家庭中，无土地家庭由1.38%增加到72.00%，即普光气田开发致使70.00%的家庭直接失去土地；

---

① 王克强：《从地产对农民的生活保障效用谈农村社会保障机制建设的紧迫性》，《社会科学研究》2000年第2期。

有土地家庭则失去了原有生活环境与条件、基本生产条件与生产工具，居住地与耕地之间距离过远，土地酸化结板严重，致使土地无法耕种，这类群体名为有地，实为隐性失地[①]。

2. 征地补偿不足

征地补偿费是指国家建设征用土地时，按照被征用土地的原用途给予被征地单位的补偿费用。《中华人民共和国土地管理法》第四十七条规定："征收耕地的补偿费用包括土地补偿费、安置补助费以及地上附着物和青苗的补偿费。"土地补偿费是因国家征用土地对土地所有者在土地上的投入和收益造成损失的补偿，补偿对象是土地所有权人。补偿标准为被征收耕地在被征收前三年平均年产值的6—10倍。安置补助费是征用农民集体土地后，为了解决以土地为主要生产资料并取得生活来源的农业人口[②]的补助标准为该耕地被征收前三年平均年产值的四至六倍。地上附着物补偿费是对被征用土地上的各种地上建筑物、构筑物等的拆迁和恢复费以及被征用土地上林木的补偿或者砍伐费等。青苗补偿费是指征用土地时，对被征用土地上生长的农作物造成损失所给予的一次性经济补偿费用。地上附着物补偿费与青苗补偿费补偿标准由省、自治区、直辖市规定。

土地补偿是大多数资源地居民从资源开发中获得的主要收益。然而，普光气田调研数据表明，由于利益补偿机制的不完善，居民不能有效参与征地搬迁决策，导致利益补偿不足。

搬迁居民缺少知情权和参与权，难以参与到征地搬迁决策程序中。调研发现，征地搬迁程序缺乏透明性与公正性，征地搬迁公告没有充分听取搬迁居民

---

① 隐性失地是指资源地居民虽然仍拥有部分土地，但由于资源开发导致失去耕作条件而产生的失地。如川气东送工程管道与西线工程管道工程由于毁损基础设施，尚未完成恢复，导致无法耕种土地1241亩。

② 需要安置的农业人口数按照被征收的耕地数量除以征地前被征收单位平均每人占有耕地的数量计算。具体参见《中华人民共和国土地管理法》。

意愿，缺乏民主性。第一，村委会在征地搬迁前没有详细明确的公告，只是在政策制定后借助动员大会，向搬迁居民宣读政策并通知他们集体到指定地点办理补偿登记手续。第二，征地补偿标准与安置补偿费计算方法不透明，且没有充分考虑搬迁居民的真实生活情况。第三，搬迁居民缺少参与权，不能直接参与征地搬迁谈判。搬迁居民表示他们没有讨价还价的机会与能力，只能被动接受政府规定的补偿标准、补偿方式等补偿政策。同时，搬迁居民缺少司法救济途径，缺乏利益诉求通道与话语权。

补偿不足，居民利益受损。调研发现，65.14％的搬迁居民表示搬迁补偿未能弥补征地搬迁所造成的损失。第一，补偿方式不合理。在征地补偿中，只对耕地进行补偿，对土地上的青苗未作补偿，且耕地只补偿未来 30 年基本收益，对增值收益未作补偿。在房屋搬迁补偿中，只按面积补偿，对房屋残值未作补偿。第二，补偿标准不透明，不统一。搬迁居民普遍反映对补偿政策细则不清楚，农民私下交谈中发现不同期搬迁的农民补偿标准不统一，一期搬迁农民补偿较低，三期较高。第三，政策落实情况不足。只有 14.68％的农民认为政策完全落实，46.79％的农民认为政策大部分落实，有 17.89％的农民认为政策大部分没有落实。政府承诺补偿搬迁居民提前支付的安置房统建款利息未兑现。

3. 社会保障缺失

调研数据显示，资源地居民在失去土地之后，并未得到其他防护性社会保障的有效补充。第一，由于失去土地，种植补助显著减少，由 44.04％减少为 25.69％，减少了 41.67％；第二，样本家庭中虽然享受最低生活保障家庭数有所增加，但只占搬迁居民的 16.51％；第三，养老保险是解决养老问题的有效途径，但调查样本中只有 35.78％的农民购买，仍有 64.22％的农民养老依靠传统家庭养老模式，存在道德风险；第四，调查样本中只有 47.71％的农民购买了医疗保险，仍有一多半的农民在大病面前无险可保；第五，仍有 31.65％的农民无任何社会保障，如图 7—3 所示。大部分搬迁居民认为，缺乏后续可持续生活保障能力，若干年后将会出现日常生活难以维持、大病无钱医治、承担不起子女高昂的教育费用等困难，从而再次陷入贫困。

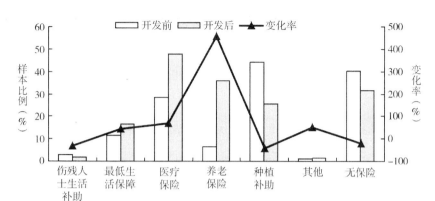

图7—3　普光气田开发前后样本家庭社会保障对比

资料来源：根据普光气田调研数据整理。

二　基础设施改善与生活成本增加

1. 基础设施改善

矿产资源开发中，资源地居民除获得征地补偿这一直接补偿外，还因基础设施改善而获得间接补偿。资源开发企业为了企业生存与发展的需要，在资源开发地建设相应基础设施；同时，资源地政府为支持资源开发而建设相应基础设施，这些基础设施基本上与资源地居民共享，因而资源地基础设施在矿产资源开发中得到相应改善。在普光气田开发过程中，中石化中原油田投资3140万元改建硬化清普公路[①]16.5公里，投资220万元改造普老路[②]，投资8000万元修建明月江大桥，投资200万元分别购买2辆消防车和2辆救护车，投资800万元修建土主医院，投资1000万元建设普光学校等。而与此同时，宣汉

---

① 达州市宣汉县清溪镇至普光镇主干公路。
② 达州市宣汉县普光镇至老君乡主干公路。

县政府为支持中石化普光气田建设开发，投资 5000 万元修建普光新区 3.8 公里的 40 米大道[1]，投资 184 万元修建普光新区 0.23 公里 32 米干道[2]，投资 540 万元修建普光新区 0.9 公里 24 米干道[3]，投资 800 万元修建普光新区水厂等。宣汉县和信天然气公司投资 500 万元建设新区天然气管道网络，宣汉县移动公司投资 51.71 万元修建光缆线路，宣汉县联通公司投资 34.69 万元修建光缆线路，宣汉县电信公司投资 650 万元修建光缆线路等。达州市宣汉县普光镇、土主乡及周边乡镇的基础设施和社会公用设施得到较大改善。

普光新区作为普光气田开发搬迁居民统一安置点，实行城镇化发展模式与社区式管理方式，与原有生活环境相比，基础设施显著改善。第一，社区基础设施方面，62.84％的农民认为看病比以前方便，67.43％的农民认为孩子上学比开发前方便，72.02％的农民认为购物比以前方便，79.36％的农民认为出行比以前方便，如图 7—4 所示；第二，教育基础设施方面，60.55％的农民认为当地中小学校基础设施有很大改善，34.86％的农民认为有一点改善，45.87％的农民认为当地中小学校运动场所有很大改善，31.65％的农民认为有一点改善，如图 7—5 所示。农民对目前居住条件满意度五分制评价为 3.33，交通条件满意度为 4.14，子女上学满意度为 3.96。

2. 生活成本增加

在矿产资源开发过程中，虽然基础设施得到改善，但由于生活条件与生活环境的改变，家庭支出项目增加。同时，由于大量资源开发人员的进入，导致资源地物价上涨。物价上涨虽可以提高资源地居民的收入，但这些收入的增长难以抵消资源地居民生活成本的提高，因而导致资源地居民收入相对减少，生活水平下降。调研数据表明，样本家庭年总支出显著增加。总支出由搬迁前的

---

[1] 40 米大道是一条与川陕高速公路土主、普光段并行的新区大道，西起土主乡红旗桥，东至普光净化厂 2 号桥，长度 3.8 公里，宽度 40 米。

[2] 32 米干道是贯穿普光新区南北向的一条城镇街道，南接川陕高速公路出口，向北至土主医院大门。

[3] 24 米干道是贯穿普光新区东西向的一条城镇街道。

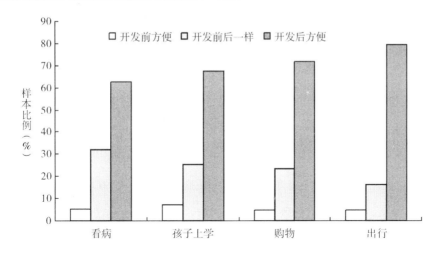

图 7—4　普光气田开发前后居民日常生活方便度对比

资料来源：根据普光气田调研数据整理。

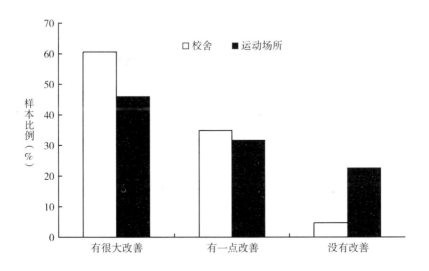

图 7—5　普光气田开发后教育基础设施改善情况

资料来源：根据普光气田调研数据整理。

5001—10000 元为主导变化为 10001—20000 元为主导。其中，5000 元以下家

庭由 36.24％减少到 12.84％，减少了 64.56％；5001—10000 元家庭由 41.74％

减少到 28.44%，减少了 31.87%；而 10001—20000 元家庭由 15.60% 增加到 31.65%，增加了 102.94%；20001—30000 元家庭由 3.67% 增加到 16.51%，增加 3.5 倍，如图 7—6 所示。支出费用的增加主要是由于食品、生活用水、燃料等支出项目的增加：食品方面，搬迁家庭由自给自足改变为市场购买；生活用水方面，使用免费井水家庭由 87.16% 减少至 16.97%，而使用付费自来水家庭由 22.94% 增加到 61.93%；家庭燃料方面，使用免费柴火的家庭由 97.25% 减少到 17.43%，使用付费液化气家庭由 15.14% 增加到 90.37%。在收入减少与支出增加的同时，不少搬迁居民将搬迁补偿费一次性用于房屋建设或偿还债务，加之劳动力的高无业率，致使搬迁居民金融资本降低。搬迁居民按五分制对现有生活条件评价为 2.86，表明农民对现有生活条件不满意。

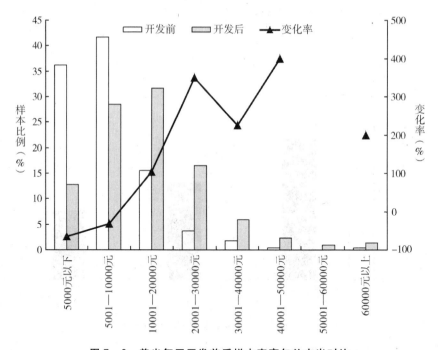

图 7—6　普光气田开发前后样本家庭年总支出对比

注：由于开发前家庭支出无 50001—60000 元样本家庭，变化率为 +∞，因此变化率曲线在此处断开。

资料来源：根据普光气田调研数据整理。

第三节 就业矛盾

矿产资源开发中，由于资源地居民以农民为主，因而其失去土地也就等于失业。虽然资源开发企业与资源地政府提供了一些就业机会，但这些就业机会几乎都是暂时的，且岗位供给远小于需求，导致就业机会不足。同时，由于资源地居民原有生活技能的失效与其他技术的匮乏，而导致结构性失业。资源地居民由于生产性就业的不充分，导致其家庭收入来源减少，家庭生活水平下降，从而引发就业矛盾。

一 生产性就业不充分

1. 就业机会不足

资源地居民可以在资源开发形成的产业链相关环节中实现就业。普光气田开发过程中，四川省达州市宣汉县普光镇村民组建劳务建筑队 12 个，参与中石化在普光气田开采前期基础设施与农民搬迁等工程项目，实现临时性就业。除了参与资源开发企业的一些劳务性工作外，资源地居民还参与资源开发延伸出来的运输项目与服务行业。四川省达州市宣汉县普光镇村民中有 400 余人从事运输、餐饮、娱乐和个体工商等第三产业，普光镇已组建运输队 5 个、宾馆饭店 80 余家、休闲娱乐场所 30 余家、各类店铺 100 余家。资源地居民同时参与资源开发企业与资源地政府的居民再就业工程，通过本地就业与外输就业实现再就业。四川省达州市宣汉县普光镇由中石化与宣汉县政府共建编织袋厂、石料厂、页岩砖厂、预制厂等 20 余家。宣汉县借助天然气开发的良好契机，建设普光工业园，通过招商引资，招企入园，让居民就地就业，促进居民增收致富。同时，宣汉县政府通过"内引外联、内转外输"等办法，大力拓展就业空间，提供职业介绍服务，共输送 894 名搬迁居民外出就业。

然而，由于资源开发企业用工的专业性要求，资源地居民很难参与到企业的基本工种中（如采掘、加工等），资源地农村居民因为文化素质偏低，企业更不愿意招收。在资源开发企业，资源地居民一般只从事治安、保管等与当地关系较为密切的工种，以及在基础设施建设项目中参与一些务工活动，这些就业机会没有固定保障，都是暂时性就业。而且资源开发企业与政府提供的就业机会远满足不了失业农民再就业的需求，因而资源地居民现有就业机会不足。

2. 结构性失业

资源地居民人力资本投资不足[①]。调研访谈发现，搬迁居民由于失去土地这一基本生活保障与经济来源，导致其对自身及子女的教育投入不足，其对子女的教育投入只希望子女能在教育过程中学习一技之长，而非接受高等教育，进一步深造，因而阻碍下一代人力资本的生产，导致人力资本缺失。

资源地居民原有生活技能失效。农民长期务农，积累了专用性的农业知识和技术，但由于缺少受教育和培训的机会，从而文化素质和知识技能低下，其他方面的技术非常薄弱和匮乏。失去土地后，他们原有的生产技能基本失效，社会关系薄弱，在社会上的竞争能力十分有限。

资源开发导致资源地社会经济结构发生转型，而在资源地经济整体发展的同时，资源地居民成为经济结构转型成本的主要承担者。资源地居民由于失去原有生活条件与生产条件，导致原有生活技能失效，且不能及时积累新的生活技能，实现再就业比较困难，从而导致资源地居民结构性失业。搬迁居民对现有工作状况的五分制感受评价仅为 1.27，其中选择 3 分以下的农民有73.39%，这部分对工作不满意的农民多为适龄而无工作的劳动力。

---

① 王慧博（2008）在对城市化进程中的失地农民调研中发现，失地农民人力资本再生产难以顺利进行，且失地农民教育观呈现短期化倾向。具体参见王慧博《失地农民可持续生计问题分析》，《宁夏社会科学》2008 年第 5 期。

二　收入水平下降

搬迁居民失去土地这一基本经济来源，同时由于现有就业机会不足与结构性失业导致生产性就业不充分，因而家庭收入结构变化，收入来源减少，导致家庭生活水平下降。调研数据及统计检验显示，普光气田开发后，家庭收入结构明显变化，收入来源显著减少。搬迁后，农民失去土地，失去最基本和最主要的收入来源，农民原有适合耕作的生活技能失效，迁入公寓式楼房失去种植及家禽饲养条件，导致 26.51% 的家庭无收入来源，依靠农作物、经济作物、饲养家禽为收入的家庭明显减少。农作物收入家庭从 91.74% 减少到 25.23%，减少了 72.50%；经济作物收入家庭从 62.39% 减少到 14.22%，减少了 77.21%；饲养家禽收入家庭从 77.52% 减少到 15.60%，减少了 79.88%。由于刚搬入政府统建安置房，老人与小孩适应新的生活环境与生活条件的能力较弱而需要照顾，且搬迁后续事宜还未安排妥当，导致家庭外出务工人员显著减少，进而致使农民失去另一重要外出务工收入来源，具有外出务工收入家庭由 56.42% 减少到 23.85%，减少了 57.72%。外出务工人员由于搬迁而返乡后，依靠在外务工积累的工作技能，在气田开发基础设施建设项目中务工，因而本地务工收入家庭由 16.97% 增加到 23.39%，增加了 37.84%，但农民表示收入不如外出务工高，且不稳定。由于安置房有配套门店，具有个体开店、门店出租为收入来源的家庭有所增加，但所占比例较小，分别占搬迁居民的 11.93%、7.34%，如图 7—7 所示。

家庭收入结构的变化与收入来源的减少，直接导致样本家庭年总收入明显减少。从具体收入上看，家庭收入由开发前的 10001—20000 元为主导变化为以 5000 元以下为主导。其中，10001—20000 元收入家庭由 31.19% 减少到 18.35%，减少了 41.18%；5001—10000 元收入家庭由 26.15% 减少到 16.97%，减少了 35.09%。5000 元以下收入家庭由开发前的 24.31% 增加到开发后的

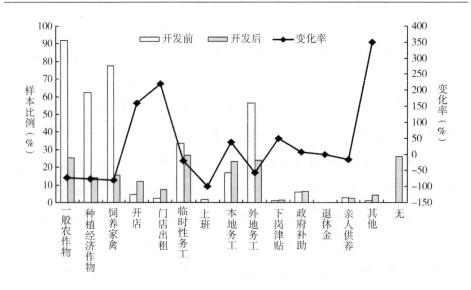

图7—7 普光气田开发前后样本家庭收入构成对比

注：由于开发前没有无收入来源样本家庭，变化率为+∞，因此变化率曲线在此处断开。

资料来源：根据普光气田调研数据整理。

37.61％，增加了54.72％。8.26％的家庭表示现在无任何收入，仅靠政府征地搬迁补贴维持生计，如图7—8所示。

第四节　环境矛盾

矿产资源开发过程中，对资源地生态环境污染与破坏较为严重，威胁资源地居民生存；同时，由于大量资源开发外来人员的进入，导致资源地社会环境复杂化，影响资源地居民生活，从而引发环境矛盾。

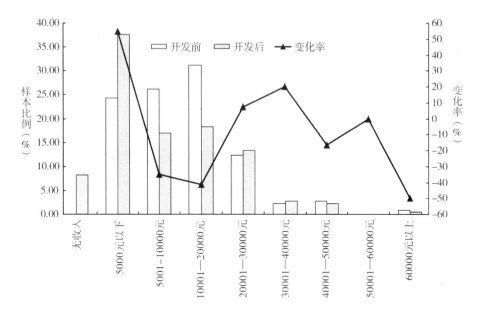

图7—8　普光气田开发前后样本家庭年总收入对比

注：普光气田开发前没有无收入家庭，变化率为＋∞，因此变化率曲线在此处断开。

资料来源：根据普光气田调研数据整理。

一　生态环境污染

矿产资源开发为资源地政府与资源地居民带来一定收益的同时，对资源地生态环境造成地面塌陷、地下水位下降、地形地貌破坏、地表植被与生物多样性破坏等生态破坏，地表水资源污染、空气污染、噪声污染等环境污染，从而引发水土流失、泥石流等地质灾害，影响资源地居民生活与生产环境，威胁资源地居民生存。如2003年12月23日，重庆市开县高桥镇的川东北气矿16H井发生特大井喷事故，涉及距气井较近的4个乡镇、30个村共9.3万余人受灾，6.5万余人被迫疏散转移，累计门诊治疗27011人（次），住院治疗2142人（次），243人因硫化氢中毒死亡，直接经济损失达

8200余万元①。调研发现，普光气田开发对当地的生态环境造成负面影响，主要表现在空气污染、水污染、噪声污染等方面。

空气含硫增加，粉尘增加。当地农民反映，自普光气田开发以来，空气污染严重，硫含量高，空气质量明显下降。93.12％的农民认为普光气田开发后空气中有难闻气味，89.66％的农民认为该难闻气味来自天然气加工所排放的废气，如图7—9所示。与此同时，由于气田开发带来的大型工程建设，大型货车的频繁出入，致使空气中的固体颗粒含量增加，尤其是天晴时，空气粉尘特别大，92.20％的农民反映开发后空气中粉尘明显增加。

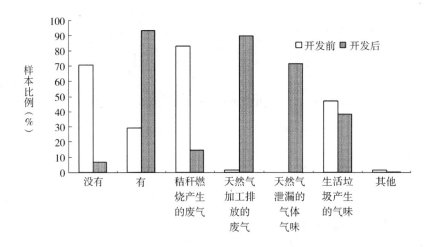

图7—9 普光气田开发前后空气情况对比

资料来源：根据普光气田调研数据整理。

酸雨严重。雨水不如以前清澈，并带有臭鸡蛋味，酸性明显过重，如图7—10所示。83.94％的农民反映雨水中油污增加，当地社长和农民普遍反映天气放晴后地面有明显的黄色粉末——硫黄。由于空气的高含硫量与严重的酸雨现象，农民长期淋雨之后，出现头痛现象，且未征用土地无法耕种；84.86％

---

① 根据新浪网"重庆开县气矿发生天然气井喷专题（http：//news. sina. com. cn/z/chongqingjingpen）"整理。

的农民认为农作物产量下降。

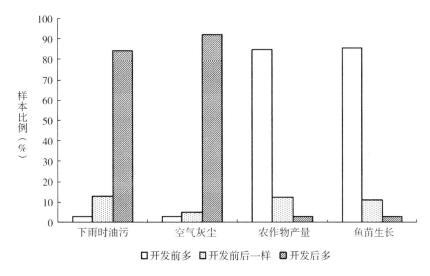

图7—10　普光气田开发前后空气含量与动植物生长变化情况

资料来源：根据普光气田调研数据整理。

水污染严重。94.50%的农民认为普光气田开发对水质造成污染，85.78%的农民认为鱼苗生长状况不如开发以前好，如图7—10所示。安置点农民的生活用水直接从河里抽取，且只经过简单处理，部分农民宁愿选择到远处山上背水。

噪声污染严重。净化厂阶段性地产生噪声，影响农民作息，97.71%的农民认为开发后具有噪声。其中，71.36%的农民认为噪声很大，64.32%的农民认为噪声持续时间很长，73.71%的农民表示此噪声不能忍受，而且90.14%的农民认为该噪声是由天然气开发造成，如图7—11所示。搬迁居民按五分制对现居住环境评价仅为2.61，表明农民对现居住环境不满意。

二　社会环境复杂化

在资源开发过程中，资源开发地将增加大量外来人员，从而增加教育、医

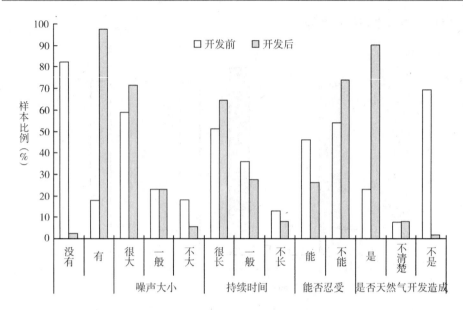

图 7—11　普光气田开发前后噪声情况对比

资料来源：根据普光气田调研数据整理。

疗卫生、治安等方面的公共需求，增加资源地政府与居民的社会成本。同时，由于外来人员与当地居民生活习惯与生活风俗的差异，影响资源地居民与外来人员的关系，打破资源地居民原有社会关系网络，使资源地社会关系复杂化，造成一些社会隐患，影响居民生活与发展。普光调研数据显示，45.87%的农民认为争吵行为在普光气田开发后增多，55.05%的农民认为打架行为在开发后增加，67.43%的农民认为现在盗窃行为比开发前多，67.89%的农民认为其他一些犯罪行为在开发后也有所增加，如图 7—12 所示。搬迁居民对现居住地治安状况五分制评价为 2.67，表明普遍担心社区治安状况。

　　资源地居民与政府、企业的三大利益矛盾导致资源地居民失地、失业又失利，进而使得可持续生计资本积累能力弱化。在西部矿产资源开发过程中，资源开发产生的失地农民，在取得土地补偿金后，永久性失去土地，也就是失去了基本经济来源与基本生活保障，且获得的土地补偿金不足，使得居民可持续生计物化资本减少。资源地居民的生活环境与生产条件发生了根本性变化，直

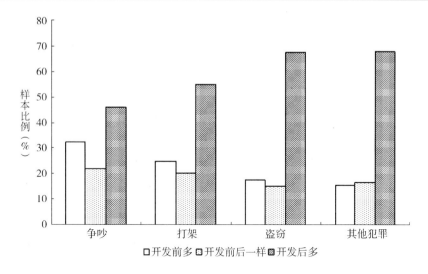

图 7—12　普光气田开发前后居民争吵等行为变化情况

资料来源：根据普光气田调研数据整理。

接面临结构性失业风险，加之资源开发企业与政府提供的就业机会不足，从而生产性就业不充分，直接导致家庭经济收入减少，使得居民可持续生计金融资本减少。矿产资源开发导致生态环境破坏，致使自然资本这一可持续生计基础减少，共同引发资源地居民整体可持续生计资本弱化，影响居民生计与发展。

第八章 西部矿产资源开发利益统筹机制

西部矿产资源开发利益矛盾的本质是生态问题，核心在于利益主体收益与成本不配比，资源地居民利益是问题焦点所在。利益统筹就是校正矿产资源开发中的利益失衡，重构利益主体经济利益、社会利益、政治利益、生态利益偏好组合，优化矿产资源开发利益结构，以促进区域要素资本协调共生，实现区域科学发展。我们需要借鉴主要矿业大国在矿产资源管理体制、资源利益分享机制、资源企业生态可持续发展路径设计上的成功经验，以科学发展为指导原则，在资源平等、制度公正、生态正义的基础上，构建以包容性矿产资源管理体制为核心，以资源产业链优化整合为纽带，矿业社区合作治理与资源企业生态发展互动的矿产资源开发利益统筹机制，将人与人的关系嵌入人与自然的关系，实现自然契约与社会契约基础上的人与自然和谐、人与人和谐的有机统一，为西部地区实现科学发展提出资源利益优化路径。

第一节 经验借鉴

"他山之石，可以攻玉。"① 国际组织、国家政府、国际资源企业等在矿产

---

① 《诗经·小雅·鹤鸣》。

资源管理体制、矿产资源利益分享机制、资源企业发展路径设计等方面进行了探索与实践，积累了丰富的矿产资源开发利益统筹实践经验。我们将整理国际成功经验，评述国内改革观点与研究成果，为西部矿产资源开发利益统筹机制设计提供借鉴。

一　主要矿业国矿产资源管理体制比较

矛盾源于组织体制，矿产资源开发利益矛盾的解决需要从矛盾产生的矿产资源管理体制根源入手，以生态环境保护和直接利益相关者参与为核心。美国内政部负责土地和矿产管理的副助理部长帕瑞卡、默里森（Patricia E. Morrison）提出，"在资源开发中，我们不鼓励资源利用最大化，而是要在保护环境的基础上合理开发利用资源，实现可持续发展，做到开发与环境保护的平衡。"[①] 国际采矿及金属协会（ICMM）在其矿业可持续发展 10 项原则[②]中明确提出要保护矿产开发区生态环境与生物多样性，并与各利益相关方进行有效的沟通协商。同时，ICMM 可持续社区发展基本原则要求：采用战略性的方法；征求社区居民的意见和增加他们的参与度；与合作伙伴共同工作；增强当地社区、民间组织和政府实力。[③] 世界主要矿业大国，如美国、加拿大、澳大利亚等在其资源开发管理和矿业可持续发展中都强调生态环境保护与恢复、公众参与和

---

① 何金祥：《美国国土资源管理考察观感》，《国土资源》2004 年第 12 期。

② 国际采矿和金属协会可持续发展 10 项原则：第一，实行和维持符合道德伦理的生产实践和牢固可靠的矿业公司管理体制；第二，在矿业公司决策过程中，融合可持续发展考虑；第三，在对待、处理受矿业活动影响的雇员和其他人员时，尊重基本人权、文化、习俗和价值；第四，基于有效的数据和牢固的科学，实施风险管理战略；第五，寻求不断地改进和提高健康和安全业绩的方式；第六，寻求不断地改进环境业绩的方式；第七，有助于保护生物多样性和综合的土地利用规划；第八，促进和鼓励负责任的产品设计、使用、再使用、循环和产品处理；第九，有利于社区社会、经济和公共事业的发展；第十，与各利益相关方进行有效的、透明的接触和沟通，并独立进行核查报告安排（国际采矿与金属协会 2003 年 5 月发表）。具体参见何金祥《澳大利亚生态与矿业可持续发展的简要回顾及给我国的启示》，《国土资源情报》2008 年第 7 期。

③ ICMM，ESMAP，WB：《社区发展工具包》，2005，www.cimg.org.cn。

监督、利益共享与机会平等，美国、加拿大、澳大利亚具体资源开发管理特点与矿业可持续发展战略如表8—1所示。

表8—1 世界主要矿业国矿产资源开发管理特点

国家	矿产资源开发管理特点	可持续发展战略
美国	①以公民为中心、以服务为中心的新型公民参与型管理； ②把资源保护及利用融汇在全面的协商、合作、沟通之中的合作沟通型管理①； ③目标实现途径的科技主导型管理②； ④政府主导高风险领域投资的风险型管理③； ⑤进一步突出环境与生态保护目标的环境保护与生态型管理； ⑥大力倡导发展循环经济的资源节约与环境友好型管理④。	①确保每个人享受到清洁空气、清洁水和健康环境； ②有效创造就业，减少贫困，为所有人提供高质量生活的机会； ③确保所有美国人享受到公平公正，让每个人有机会获得经济、环境和社会福利； ④利用、保护和恢复自然资源，确保自己和后代拥有长期的社会、经济和环境利益； ⑤鼓励每个人、机构和公司为经济、环境和社会负全面责任； ⑥鼓励民众协同工作，创造一个健康的社区，有效保护自然资源和历史资源； ⑦为公民、产业和社区创造机会参与自然资源、环境和经济发展决策； ⑧确保公民公平准入教育和终生学习机会。

---

① 美国内政部部长让·A. 诺顿（Gae A. Norton）女士提出4C理念，即将"协商、合作、沟通，融汇在（资源）保护之中"（Consultation, Cooperation, Communication, All in the Service of Conservation）。主要蕴涵以下管理理念：第一，加强资源保护；第二，通过全面的协调、合作和沟通作用，来进行资源保护；第三，调动社会各界力量共同进行资源保护；第四，唤起公民保护资源、节约资源、珍惜资源的自觉意识。具体参见何金祥、李茂《美国国土资源与产业管理》，地质出版社2007年版，第202页。

② 内政部包括矿产资源在内的自然资源的管理目标是：促进负责任的资源利用，维持有活力的经济，保护环境，为美国人民提供舒适、安全的休闲娱乐场所。并在2000—2005年战略规划中指出科学与技术是实现管理目标的最有效手段。能源部在2003年能源部战略规划中提出"用先进的科学和技术保护国家安全、能源安全和经济安全，确保环境清洁。"化石能源局在其煤和动力系统项目战略规划中提出"在实现目标和保护环境过程中，创立基于科学的方法"。具体参见何金祥、李茂《美国国土资源与产业管理》，地质出版社2007年版，第203页。

③ 在涉及重大国家利益和公众利益的高风险研发项目如新型能源、新型节能项目时，政府必须要承担起责任和研发风险，并允许市场来决定使用哪种能源及使用多少，具体参见何金祥、李茂《美国国土资源与产业管理》，地质出版社2007年版，第204页。

④ 位于宾夕法尼亚州的通用集团有限公司，根据与美国能源部签订的一份合作协议（能源部提供通用集团项目预算资金1960万美元中的720万美元）于2004年下半年完成废物再利用设计并建造成工厂，从位于弗吉尼亚州乔治·金市的伯奇伍德发电厂产生的煤炭渣子中制造骨料产品，成功地将煤炭燃烧副产品转变成有用的建筑材料，每年可为伯奇伍德发电厂节约处理成本达上亿美元。具体参见何金祥、李茂《美国国土资源与产业管理》，地质出版社2007年版，第206页。

续表

国家	矿产资源开发管理特点	可持续发展战略
加拿大	①中央与地方在公益性地质调查工作上有明确的分工与协作；②矿产资源管理部门从资源单一管理向资源综合管理发展；③矿业权管理趋于简化；④在矿产资源管理中提高公众的参与意识。	①土地复垦①；②在联邦政府就有关矿产工业的决策中完善可持续发展的概念；③确保加拿大矿业在开放和自由的全球贸易和投资框架下的国际竞争能力；④通过与其他国家、矿权拥有者和各类机构等建立伙伴关系完善矿产资源的可持续发展；⑤在推动矿物和金属及其产品的安全使用上建立加拿大的全球领导地位；⑥推动土著人参与与矿产资源有关的活动；⑦在增强工业竞争能力和环境改善方面，提供科学技术发展和应用的框架。
澳大利亚	①在矿山安全管理中，设立矿山职工安全代表，赋予矿山职工代表以权力；②在矿山生产中，设立矿山检查官制度，并赋予检察官具体执法权力；③设立环境稽查制度；④法律制土地利用中的"土地关爱职责"；⑤在矿业活动中，设立基本资质条件；⑥设立保证金制度；⑦设立多种专家委员会、顾问委员会等。	①确保矿场复垦到牢固的环境与安全标准，并至少达到与周围土地条件一致的水平②；②为使用矿产资源而向社区提供适当的回报，并在矿业上取得良好的环境保护和管理业绩③；③改进社区协调和信息，提高职业健康和安全业绩，取得社会公平发展④。

资料来源：根据何金祥、李茂《美国国土资源与产业管理》，地质出版社2007年版，第201—211页；何金祥《美国矿产资源与矿业管理基本政策的介绍》，《中国金属通报》2007年第12期；宋国明《加拿大国土资源与产业管理》，地质出版社2005年版，第84—95页；何金祥《简论澳大利亚国土资源管理的发展趋势（上）》，《国土资源情报》2009年第4期；何金祥《简论澳大利亚国土资源管理的发展趋势（中）》，《国土资源情报》2009年第5期；何金祥《简论澳大利亚国土资源管理的发展趋势（下）》，《国土资源情报》2009年第6期，整理。

① 土地复垦方式：第一，现金支付，按单位产量收费，积累资金，经营结束后返回；第二，资产抵押，矿山用未在别处抵押的资产进行复垦资金的抵押；第三，信用证，银行代表采矿公司把信用证签发给国家机构的买方并保证它们之间合同的履行；第四，债券，采矿公司以购买保险的形式，由债券公司提供债券给复垦管理部门；第五，法人担保，由财政排名高过一定程度的法人担保或信用好的公司自我担保。具体参见宋国明《加拿大国土资源与产业管理》，地质出版社2005年版，第71页。

② 鼓励澳大利亚与新西兰矿产能源理事会连同澳大利亚和新西兰环境保护理事会（ANZMEC）最终确定和引入废弃矿场复垦指南；继续通过ANZMEC推进制定建立在生态可持续发展原则基础上的矿山复垦政策框架。政策框架的内在要素包括：第一，至少把土地恢复到该地区类似土地利用的同等维持水平；第二，复垦契约系统的透明性；第三，通过安全契约安排，为改进的环境业绩提供鼓励措施；第四，对公众审查复垦要求开放；第五，将环境鼓励、复垦和废弃看作是矿山规划和动作的一个完整组成部分。具体参见何金祥《澳大利亚生态与矿业可持续发展的简要回顾及给我国的启示》，《国土资源情报》2008年第7期。

③ 积极用更透明、更有效和更直接的机制来取代假权利金；共同努力，减少州和领地权利金率和机制的变化性，考虑取代数量和基于价值的权利金体制；鼓励ANZMEC继续进行指导未来权利金政策的经济研究；引入现有矿山的最低环境标准；鼓励引入采场管理人的专业资质系统；在州和领地层面上寻求在矿山废弃的资源损失、低效的采矿做法、环境监测、环境管理计划制定、环境稽查、采矿和勘察计划发表等领域提高效率和业绩的机制；继续国际合作，寻求在矿产生产和利用以及技术转让方面更有效机制上的合作和信息沟通。具体参见何金祥《澳大利亚生态与矿业可持续发展的简要回顾及给我国的启示》，《国土资源情报》2008年第7期。

④ 通过建立一个新的委员会，促进采矿、土著和政府利益间的关系和谐，该委员会已由国家土著和解理事会建立，代表来自各个利益的团体；利用国家采矿圆桌会议作为改进采矿业代表和来自更广社区利益方代表间沟通和了解的一种手段，并提供一个自我指导与向前看的论坛，讨论采矿业生态可持续发展目标进展问题；在州和领地层面上，进一步考虑建立类似的协调性机构；审查提供更广范围内公众参与目前评估陆上采矿立法的可能性；在联邦层面上，寻求改进有关对环境花费和矿产强度统计的制定，以更有效的方式使用资源、减少废物，增加循环利用的水平。具体参见何金祥《澳大利亚生态与矿业可持续发展的简要回顾及给我国的启示》，《国土资源情报》2008年第7期。

在国家资源开发战略重视生态环境与公众参与要求下，地方政府和矿产资源开发区积极探索生态恢复机制、公众参与方式与利益分享方式。澳大利亚西澳洲矿区是生态环境保护与公众参与开发的典型，资源开发企业不仅要遵守当地环保法规还要接受环保志愿者的监督①，在保护土著文化的同时，除给予当地土著补偿外，还要安排当地土著就业②。加拿大在生态恢复和利益分享方面也具有典型性。生态恢复机制方面，加拿大各地方政府采用矿山环境恢复与保证金制度，部分省份矿地恢复与保证金制度如表8—2所示。矿产资源开发公众参与方式和利益分享方式方面，加拿大戴维克（Diavik）金刚石矿山环境协定规定了设立一个咨询委员会及其相关的条款和条件，该咨询委员会的任务是：①确保土著居民和受影响社区能够参与培训和监督方案的设计及其他研究；②让土著居民在评估和执行环境监督计划中发挥有益作用。同样，对于埃卡特（Ekati）金刚石矿山的开发，开发商与4个当地土著组织和其他利益相关者签署了有法律约束力的协议和执行议定书，该议定书规定了共同努力建立一个监督机构的办法③。上述矿产资源开发管理体制与利益分享机制对我国矿产资源开发利益统筹机制设计具有借鉴意义。

---

① 动植物专家唐娜是一位环保志愿者，在中钢负责澳大利亚西澳州中西部矿区环境保护。她的工作就是趴在地上感受矿产资源开发对地面的影响及观察该地区特有的蜘蛛的动向，监督中钢是否在蜘蛛窝周边200米内开采。因为按规定，蜘蛛窝周边200米之内不能动工。具体参见何伊凡、孙雅男《澳洲铁矿风云》，《中国企业家》2009年第12期。

② 对澳洲土著人来说，土地是祖先的遗物。澳洲政府非常尊重土著文化，法律认同某些土著居民在欧洲人到达之前在土地上建立起的所有权体系。企业需要自己同所投资区域内的土著谈判，政府不能干预。矿业投资者除了要保护文化遗址，安排土著就业外，还要按照采矿量给予一定补偿。矿业投资都要与采矿区所有土著部落长老签署协议，假使有一人不签字，后续工作就无法开展。具体参见何伊凡、孙雅男《澳洲铁矿风云》，《中国企业家》2009年第12期。

③ 宋国明：《加拿大国土资源与产业管理》，地质出版社2005年版，第41页。

表 8—2　　　　　　　　　加拿大部分省份矿地恢复与保证金制度

省份	矿地恢复与保证金制度
安大略省	根据《采坑与采场管理法》，砂砾开采者应存入一笔保证金以支付土地恢复成本。这笔保证金按每开采一吨交纳 8 分加元，并以每公顷 3000 加元为限。根据 1990 年安大略矿业法，其第七章规定，矿权人应履行矿地恢复义务，包括逐步恢复和按闭坑计划的要求恢复，并且应交纳保证金。恢复工作由北方开发与矿山部的矿山恢复长官负责管理，由部长任命的监察员负责检查。另外安大略省 114/91 号规定对于闭坑计划和恢复标准做了进一步规定。
艾伯塔省	1973 年土地保护与恢复委员会根据《土地地表保护与恢复法》，制定了一项恢复计划，要求资源企业交纳保证金并按单位产量交纳一项附加费。如果资源企业履行了恢复义务，保证金如数返还。该法的具体要求是，小煤矿交纳保证金 5000 加元，其他矿山交纳 2.5 万加元并按每吨不低于 0.25 加元的费率交纳一笔附加费，日生产原油低于 10 万桶的油砂应交纳保证金 10 万加元，其他交纳 2.5 万加元，并且按每桶不低于 3 分的费率交纳一笔附加费。
新斯科舍省	省矿业法规定资源企业在矿业活动的各个阶段，如勘察、挖土、采矿、选矿，履行恢复义务，并交纳土地恢复保证金，每公顷为 1 万加元。
新不伦瑞克省	省矿业法规定资源企业在进行各个阶段矿业活动时交纳土地恢复保证金。

资料来源：吴太平：《国外矿山环境监督管理调研总报告（内部资料）》，转引自宋国明《加拿大国土资源与产业管理》，地质出版社 2005 年版，第 70 页。

二　矿产资源开发利益分享机制比较

矿产资源开发利益矛盾是我国矿业开发目前面临的焦点问题，如何统筹政府、企业、居民等利益相关者的权利要求与利益追求，需要综合的治理机制。在重要的产业政策条款中，可持续发展对整个社会的重要性得到了普遍认可，矿业生产不应以牺牲社区人民生活的保障体系为代价（拉伯尼，1999）。在矿产资源开发利益分享与促进矿业社区可持续发展这一问题上，政府、资源企业在实践上采取多种措施，第三方机构与组织也进行了研究与探索，在解决实际问题方面积累了一些有效的经验。

（一）国外资源利益分享机制

1. 政府支配矿业收益模式

在国际上，因国家政治体制及矿产资源归属权不同，各国政府采取不同的机制保障矿业社区获得稳定利益，公平的矿业收益分配体系保障了资源富集地区居民生计的可持续发展。

在中央政府统一管理矿业收益的国家，一般通过转移支付的形式给予矿业地区补偿。20世纪五六十年代，德国鲁尔区因为资源开采造成环境恶化、工人失业等问题，德国政府通过政府投资帮助当地转变产业结构，实现了地区的可持续发展。在受矿业影响较大的国家，如挪威、博茨瓦纳、智利、委内瑞拉等，通过设立储蓄基金或稳定基金来保障社会的可持续发展。其中，挪威的政府养老基金（Government Pension Fund–Global）运作较为成功，获得持续稳定的收益。1990年开始，挪威政府将石油收益的一部分转入该基金，通过建立长期储蓄，为解决人口老龄化问题储备资金。

资源富集地区对矿业收益的分享是影响矿业社区居民生活水平的重要因素。在联邦国家，如加拿大、澳大利亚、美国等，州（省）政府对自己所辖范围内的矿产资源具有征税的权利，可以自主支配矿业收益。部分资源富集的州（省）政府也设立了资源基金，用于保障可持续发展。如阿拉斯加永久基金（Alaska Permanent Fund）、阿尔伯特遗产储蓄信托基金（Alberta Heritage Savings Trust Fund）、怀俄明州永久矿业信托基金（Permanent Wyoming Mineral Trust Fund）等，如表8—3所示。政府获得的财政收入，可以用于基础建设投资，也可以向居民分红。其中，阿拉斯加永久基金直接向该州居民分红，是自然资源公共利益分配的成功样板。1980年开始，阿拉斯加州每年要将至少50%的资源收入划拨到该基金中，基金收益向该州居民发放红利。

政府的矿业收益分配基于多重目标，如果不能合理分配，那么基金管理模式也难以保障矿业社区居民的利益。阿尔伯特基金最初设立的目的是造福当代居民及其子孙，但在执行过程中，基金收益被转入政府预算，也向其他省份提供贷款，并没有完全遵守最初的目标。公民基金在发展中国家的应用还存在争论，由于大多数资源丰富的国家经济持续表现不佳，一些学者提出这些国家应该实施公民基金。但亨金特（Hjort，2006）通过案例研究发现，由于发展中国家在实施体制以及运作资金能力上的限制，阿拉斯加类型的公民分配基金在

表8—3 国外政府主导型资源开发分享基金

基金名称	设立时间	资金来源	运行情况	目标
美国新墨西哥开采税永久基金 New Mexico Severance Tax Permanent Fund	1973	向在新墨西哥州土地上进行自然资源开发的生产者征收的开采税,除去政府服务部分,一般为12.5%的比例	截至2009年底,拥有35亿美元的资产。按照州宪法,5年平均市场收益的4.7%分配给一般基金	收益用于政府机构运作、学校建设和其他基础设施建设
美国怀俄明州永久矿业信托基金 Permanent Wyoming Mineral Trust Fund	1974	煤、石油、天然气、原油等其他法律规定的矿产资源开发税收的1.5%计入该基金	利用外聘基金经理管理基金,目前进行多样化的投资组合,涉及国内股票、国际股票、房地产、私人股本等	
美国阿拉斯加永久基金 Alaska Permanent Fund	1976	石油及其他矿产资源收益的50%计入该基金	由永久基金公司独立运营,并接受立法预算及审计委员会的监督。从成立以来,资产稳定增长,截至2010年10月,基金市场价值约353亿美元。1982年开始,每年收益扣除通货膨胀影响及运营成本后,向该州居民发放年度红利,金额从几百到上千美元不等	储存阿拉斯加州超出所需的部分石油收入,将这笔存款用于投资,以赚取收入,使全体阿拉斯加公民及其后代从中受益
加拿大阿尔伯特遗产储蓄信托基金 Alberta Heritage Savings Trust Fund	1976	建立后每年以石油资源权利金的30%投入基金,1987年之后,资源收益不再计入该基金	到20世纪80年代,基金投资收益开始转入政府预算,用于地方基础设施建设,也向其他省份提供贷款。2008年成立阿尔伯特投资管理公司进行管理	最初目的是推进经济多样化发展;提高生活质量,造福后代子孙;现在投资于股票、债券、房地产,以期获得政府收入
阿曼国家储备基金 Oman State General Reserve Fund	1980	预算金额外的石油收入	阿曼国财政部下属的投资基金,纯粹的以赢利为目标,并不对有利于地方经济发展的公司投资	确保石油资源收益集中使用,维持经济和财政平衡,保持经济稳定和可持续发展
智利社会和经济稳定基金 Chile Social and Economic Stabilization Fund	1985	以铜参考价格以上的收入计入基金	1985年建立铜稳定基金(Copper Stabilization Fund),2006年通过财政责任法(Fiscal Responsibility Law),2007年转为社会和经济稳定基金,每年投入GDP的1%以上	稳定价格,铜价格高时,多余的收入计入预算,铜价格低时,平稳政府支出

续表

基金名称	设立时间	资金来源	运行情况	目标
挪威 政府养老基金 Government Pension Fund Global	1990	以石油收益的一部分转入基金，每月月底财政部划拨部分石油收入计入该基金作为新的基本金	基金由挪威中央银行下属的挪威央行投资管理公司（NBIM）进行管理，在成立之初投资较为保守，主要投资于具有固定收益的资产，随后也逐渐放宽投资领域，2007年底，成为世界第二大主权基金	应付公共财政养老支出的快速上升，理顺油价收益对政府收支的影响，支持石油收益的长期管理
博茨瓦纳普拉基金 Botswana Pula Fund	1996	钻石和矿产资源开采部分收入	由博茨瓦纳银行管理，该基金是外汇储备的一部分，基于可接受的风险程度进行投资，截至2007年底，有47亿美元资本	应对矿产资源收益的波动
委内瑞拉宏观经济稳定基金 FEM	1998	以过去5年原油平均价格制定参考价格，参考价格以上收入转入该基金	1998年接受国际货币组织的建议建立，由委内瑞拉中央银行（BCV）下属的理事会管理	该基金旨在对冲原油所产生的收入波动

资料来源：根据各基金网站资料整理所得。

解决发展中国家"资源诅咒"问题时似乎并没有发挥作用。

拉伯尼（Labonne，1999）认为，发展中国家中央政府的权力下放，对矿业收益分配与社区间的关系产生了影响。一些发展中国家通过矿业立法和政策修正，将矿业利益下放到地方政府，对于矿业社区所面临的可持续发展问题，有些国家已经做出明确的政策规定。秘鲁相关法律规定，矿业税收的一半返回给矿业项目所在省。印度尼西亚矿产资源收益的70%在州和地方政府分配。加纳矿业权利金收入10%的比例分配给当地社区，并建立矿业发展基金，从其中拨出部分返还给直接受到采矿活动影响的社区。南非政府在2004年修订矿业法规，明确了政府及采矿企业对矿业社区发展的责任。此外，不少国家规定资源企业使用在矿区基础建设方面的资金具有抵税作用。运用法律手段保障矿业社区的社会经济发展收到一定成效，但是有些政策的执行过程缺乏清晰的程序保障，并未取得应有效果，并且多数国家的矿业政策没有确定矿产资源开采与当地社区居民的利益分配关系。

2. 企业直接支持社区发展模式

资源企业与矿业社区的发展直接相关，通常矿产资源所在地经济社会发展相对落后，地方政府行政能力较弱，资源企业经常直接承担矿区的可持续发展计划。进入 21 世纪，资源企业的社区政策开始扩展到促进当地经济发展、雇用当地居民、促进小企业发展，逐渐从短期利益分享转到促进社区可持续发展。在一些发展中国家，实现可持续发展的承诺范围更广，可能包括教育和健康，对土著人民的支持和体制建设等哈姆弗雷斯（Humphreys，2001）。

一些大中型公司已经采取了相应措施，从设计和工程建设到开采和结束的每个阶段，都始终顾及社区居民的利益。多数资源企业通过设立基金和社区发展项目，确保矿区能分享到矿产开发的收益。纳米比亚罗森（Rossing）矿业公司于 1978 年设立罗森（Rossing）基金会，该基金会由一个独立的信托董事会管理，公司将税后股东收益的 2％ 捐给基金会，至 2008 年，该基金会共投入 1.2 亿美元用于各种发展项目。英美矿业公司开发出"社会经济评估工具箱（SEAT）"，在对业务所带来的直接和间接影响进行评估的基础上，同利益相关者合作制订共同支持当地社区的计划。巴西淡水河谷建立一种超越采矿周期的可持续发展模式，当其在矿业社区的经营结束时，通过对矿区实施的各种举措，该可持续发展模式可以维持不变。

在具体实践上，资源企业除了为当地社区提供基础建设和教育培训以外，还考虑将支持当地社区发展的投资用于支持给当地带来额外技术和资源的项目上，通过联合经营和优先采购、提供小额信贷以鼓励小型企业的发展等促进社区的可持续发展。例如英美资源（AngloGold）矿业公司在南非实施扶持中小企业发展计划，通过中小企业委员会这个平台来寻找潜在商业机会，提供面向中小企业的管理和技术帮助、贷款融资、临时性借款、贷款帮助和合资等服务，还帮助中小企业建立商业计划（施训鹏，2005）。资源企业通过这种途径支持当地经济的发展，提供了矿业社区积累人力和金融资本的重要手段，增强了社区可持续发展的能力。

虽然资源企业在承担矿业社区发展问题上取得了很大进步，但是越来越多的公司避免过于家长式或承担国家及地方政府职能的方法。格温（Garvin et al，2009）通过对加纳西部瓦沙（Wassa）地区金矿开采社区与公司关系的调查发现，由于缺乏各级政府的参与，社区对企业的支持怀有过高期望，形成一种准政府关系，一旦出现负外部性影响，则会造成社区与公司的冲突。资源企业需要既能支持社区可持续发展，又能使公司赢利的投资决策，埃斯特维斯（Esteves，2008）提出社会投资决策模型，运用多准则决策分析技术集成业务规划进程与社会影响评估，帮助企业在考虑多重利益的基础上做出有效决策。

3. 多方参与发展模式

拉伯尼（Labonne，1999）认为资源企业要避免"越俎代庖"，必须提醒政府完成他们所分担的任务，与政府及其各级机构、援助组织以及非政府组织结成新型协作伙伴关系。目前，资源企业积极与资源开发的利益相关方及第三方组织合作，寻找更加可持续的路径。随着矿业社区权利的提升，社区可持续发展模式逐渐转变为社区能够主动参与而不是被动接受的发展行动，资源开发地社区能够有效地参与到社区发展的政策制定与实施及利益分享的全过程，通过正式程序与非正式程序解决社区发展问题。

参与式发展首先需要社区居民有表达自己利益要求和发展愿景的决策制定机制拉伯尼（Labonne，1999）；维加（Veiga et al.，2000）。在一些矿业国家，公众有权利参与资源开发项目申请、经营许可证审批等过程。澳大利亚实行社会经营许可证制度，企业在从事矿业活动时，不仅要满足法律法规的要求，还要通过与社区居民的沟通，满足当地居民需求以获得社区组织和居民的支持。澳大利亚考克斯煤炭公司开发猎人谷（Hunter Valley）一处煤矿位于商业葡萄园的地下，由当地居民参与的公开会议上，对塌陷及对地下水的影响表示强烈关注，该公司组成一个特别项目小组及社区咨询办公室，通过对关键利益相关人进行咨询，并在学术机构和顾问的协助下制订一个葡萄园监控计划，将煤矿开采对葡萄园的影响降至最低，最终获得社区的支持（CED，2006）。

国际机构、非政府组织等在矿业与社区发展中起到重要作用，无论是全球性的倡导还是地方性的关注，第三方机构与不同利益相关者的关系正在从被动的协商转变成主动的参与，致力于扩展社会权利和民主。加纳受矿业影响社区协会（WACAM）要求国会考虑矿业社区的能力，并在其讨论新的矿业法时，考虑矿业对社区的影响、补偿、安置等方面的问题（陈丽萍等，2005）。由世界可持续发展工商理事会（WBCSD）和国际环境与发展研究所（IIED）发起的 MMSD 计划在建设可持续性社区、社区参与决策以及社区型组织的发展方面进行了探索。2005 年 ICMM 开发出包括 17 种工具的社区发展工具包，目的是促进资源企业、社区和政府之间的联系，以支持社区可持续发展活动[①]。社会团体帮助矿业社区获得有利信息，社区也更加了解自己的需要和权力。加拿大和澳大利亚矿产资源开发涉及土著民族的利益，由于土著民族受到文化知识和政治活动能力等方面的影响，他们经常聘请可以信赖的人类学、法学等方面的专家，代表他们执行与政府、企业的协商谈判任务。

可持续的社区发展活动需要政府、企业与社区之间的有效合作，要使利益在各主体间合理分配，前提是建立一种能使各方共同参与政策制定及利益分配的机制，在程序上维护利益分配公平。力拓肯尼科特犹他（Kennecott Utah）铜矿建立了一种社区关系网络，就公司各种事项与政府机构、社区委员会、环境和学术团体等通过定期会议进行商讨。这一方式提供了矿业社区参与发展决策、维护自身各项权益的途径。而在具体的执行过程中，应该在利益相关者协商初期就设计出一套框架来解决争议，一旦出现冲突，有一种各方认可的调停或者仲裁方法。在社区对资源环境管理的参与和地方权力日益增长的情况下，布鲁斯（2004）认为在处理资源分配或环境事务产生的冲突时，替代性争端化解（ADR）方法较之政治、行政、司法途径更优，通过公众咨询、协商、调解、仲裁这四种类型的 ADR，寻求有利于各方利益的解决方案。丹尼尔·法

---

① ICMM，ESMAP，WB：《社区发展工具包》，2005，www.cimg.org.cn。

兰克斯（Daniel Franks，2009）提出一种矿业与社区"共享未来"的途径解决矿业和社区的冲突，在了解社区的过去和对未来的预期的基础上，政府、企业、社区及其他相关组织通过参与协商，制定社区可持续发展框架。

（二）国内资源利益分享机制

我国地方政府在实践上的创新也为利益分享机制的建立提供了借鉴模式，比如贵州省兴仁县成立和谐矿区促进会、矿灾基金与地方回报金，不仅保障了资源地居民的利益表达渠道，而且实现了资源开发利益分享；而青海省天峻县则提出牧民直接入股资源开发的新模式，不仅保障失去草场牧民的权益，更是为全体矿区居民获得持续收益提供途径；四川省康定县通过签订资源开发利益共享协议，设立利益共享基金以保障居民参与资源开发利益分享，具体措施如表8—4所示。

三　国际资源企业发展战略比较

资源企业发展战略比较研究以英美矿业、必和必拓、力拓和中国五矿4家国际大型资源企业为比较对象。企业寻求发展必先设立发展目标和发展战略，目标的设定决定了企业未来的发展方向，企业的发展战略则是实现目标的路径，是企业实现可持续发展的必要前提。资源企业的可持续发展理念及战略如表8—5所示。

资源企业的可持续发展理念和战略虽各具特色，但也存在一些共同之处。首先，保障股东利益，追求企业经济效益，未从根本上摆脱工业文明利润计量模式；其次，由于资源企业与环境交互频繁，因此特别关注环境保护；再次，关注职工的安全和健康、良好社区关系的构建等。不同点主要体现在各家企业社会责任履行偏重不同，英美矿业以企业公民为指导原则，更加关注社区利益，必和必拓关注客户价值，力拓和五矿更关注企业的经营发展。

表 8—4   我国资源开发利益分享机制实践

地点	利益共享机制	具体措施	效果
贵州省布依族苗族自治州兴仁县①	矿灾基金	①政府引导，全县合法煤矿业主成立煤炭协会，煤炭协会作出决议，从每吨煤中提取5元钱（委托县煤炭税费征收管理局在征税时代收），按照"企业所有、专款专用、政府监督"的原则，用于治理矿区地灾。 ②参照现行交通、城市建设征地补偿、安置等标准和有关政策，分类别制定土地征用，农田污染、毁坏及改种，房屋损坏、拆迁安置，人畜饮水和生活用煤等补偿标准。 ③规定赔偿金额在50万元以内的，由责任煤矿企业承担，50万元以上的，超出部分由"矿灾基金"和责任煤炭企业各出资50%赔偿。 ④委托专业机构确定了72个地质灾害监测点，对矿区进行地质灾害评估鉴定，落实专人实施监控，加强矿区生态环境、水资源保护、环境污染和地质灾害隐患的治理。	①已累计收取基金4000多万元，随着煤炭产业不断壮大，这笔基金将不断滚动发展。 ②企业和群众都有章可循，冲突明显减少。 ③初步解决了地质灾害、人畜饮水、环境污染等问题。 ④让老百姓和煤矿业主在和谐中对话，发现问题及时解决，许多矛盾处理在萌芽状态，矿群突出矛盾的现象不再出现。 ⑤提高了基层党组织的威信，强化了基层党组织的战斗堡垒作用。 ⑥矿区群众"坐在煤山无煤烧"的问题得到化解。
	和谐矿区促进会	①成员由煤矿企业和煤矿所在地村组的村民代表民主选举产生，包括村常务干部、村民代表、企业代表三个方面的人员，设会员若干名。 ②促进会设理事会，每个理事会设常务理事3—5名，由全体会员召开会议民主选举产生，在常务理事中设会长、副会长（其中一名副会长由煤矿分管和谐矿区建设的副县长担任），由会长主持促进会日常工作，重大事项由理事会或会员大会民主研究决定。	
	地方回报金机制	由政府引导，企业从每吨煤中提取1元钱作为回报金，回报当地群众，解决群众的生产生活困难。	
	"饱暖工程"	①采取上级政府补贴一点、当地政府出一点、煤矿企业出一点等"三个一点"筹集资金。 ②居住在煤矿采区内的，由煤矿业主每年无偿为每户提供4吨煤，红白喜事另外安排；土地在煤矿采区、居住在采区外的，煤矿按照优惠价每户供应4吨煤；其他区域的用煤调基金对困难群众给予现金直补。	
	群众就业新机制	①合法矿井除特种作业外，必须逐渐吸收本地农民工，3年后当地农民工使用率逐步达到80%（普通工种）。 ②由县煤炭局组建了四级培训中心，在矿区免费培训农民工，培训合格后就近推荐到煤矿企业就业。	

---

① 《"兴仁经验"：为构建和谐矿区破题》（2009 - 09 - 26），http：//gzrb.gog.com.cn/system/2009/07/26/010611344.shtml。

续表

地点	利益共享机制	具体措施	效果
青海省天峻县①	"政府管理、公司开发、牧民入股、协会参与"的收益共享型资源开发新模式	①矿产资源属于国家所有,国家和地方政府负责资源开发的总体规划和管理。②矿产资源开发引入市场机制,国有、私营各类企业平等参与资源开发。③当地牧民以身份和资金入股参与资源开发,分享资源开发收益。④协会在企业和牧民间充当中介,组织牧民参与资源开发。	①地方和农牧民更多地分享资源开发收益,从根本上促进牧区经济升级发展。②资源收益向农牧民倾斜使农村生活状况大为改观,利于构建和谐社会。③新型资源开发模式从客观上有利于中西部地区生态环境保护。
四川省甘孜州康定县②	利益共享基金	①基金来源:提取10%的水电资源开发地方税收收入;提取20%的水电资源开发股权净收益;提取10%的矿山企业地方税费收入;根据矿山企业年度销售收入提取不同比例的资金;上级财政转移支付给本县资源开发群众的受益专项资金;资源开发企业在资源地投入的公益事业建设资金。②基金受益范围:电站建设淹没区、影响区和枢纽区村的移民群众,因水电开发建设对其生产生活造成直接影响但不涉及移民村的群众,移民安置点涉及村的群众;矿产资源开发区群众受益范围为:矿山、厂房和尾矿处理地村的群众。③基金用途:乡镇、村的道路、水利、用电等基础设施建设;教育、卫生等社会事业建设;群众养老、医疗、社会保障及住房解困等方面。	①基础设施得到明显改善。②居民饮用水问题得到解决。③全县水电、矿产企业就地用工400余人,拓宽了资源所在地群众的增收渠道。
	资源开发利益共享协议	政府与企业签订资源开发利益共享意向协议,康定县政府以参股形式参与企业联合开发资源。	

资料来源:根据相关资料整理所得。

表8—6总结了这4家资源企业可持续发展报告中涵盖的发展理念与战略。国外资源企业可持续发展内容披露较为全面、细致,从管理体系到具体操作以及案例都涵盖其中,特别是英美矿业集团可持续发展报告披露内容最为详尽,其次是必和必拓和力拓,中国五矿可持续发展报告大体上也涵盖了安全、健康、

---

① 张云华:《构筑收益共享型矿产资源开发新模式——青海省天峻县调查报告》,《国务院发展研究中心调查研究报告》2006年。

② 《甘孜州康定县资源开发利益共享新机制建设出实招获实效》(2008 - 11 - 20),http://www.sc.gov.cn/zwgk/zwdt/szdt/200811/t20081120 _ 440421. shtml。

表 8—5   资源企业发展理念与战略比较

企业	理念	战略
英美矿业	建立旨在增加股东、顾客、员工和社区利益的矿业带头企业。	①做有效率、有道德、创造价值的企业； ②在安全和健康的环境下创造有意义的工作； ③减少环境足迹，并致力于生物多样性的管理； ④创新、驱动技术和生产过程的改进； ⑤致力于建立更具适应性的社会。
必和必拓	做全球领先的自然资源企业。	通过发现、开发和转换自然资源，为客户提供丰富的开创性解决方案，创造长期的价值。
力拓	保持高度的信誉保证，确保人力、资本和矿产资源的持续利用。	给客户提供更好的服务，回报股东，有效管理风险，减少环境污染，减少营运成本，吸引和留住优秀员工，提供更多的商业发展机会。
中国五矿	珍惜有限，创造无限。	以贸易为基础，集约多元，充分发展营销网络；以资源为依托，不断创新，积极提供增值服务；以诚信为本，广泛开展"双赢"和"多赢"合作。秉持"珍惜有限、创造无限"的可持续发展理念，打造核心能力，勇担社会责任，致力于成为全球广受尊重的金属矿产企业集团。

资料来源：根据各企业社会责任报告整理。

环境等主要方面，但在具体操作以及详细信息披露等方面与国外企业的先进水平尚有一定差距。具体而言，关于经济方面的经营绩效、技术创新和供应链以及员工方面的人力管理标准、员工培训和人权问题，各家企业都制定了相应的举措，并在其发展报告中对这一部分信息进行了披露。而关于环保举措，英美矿业、必和必拓建立了完善的应对体系，在空气、水、土地、生物多样性、温室气体、废弃物和能源管理方面制定了系列措施；力拓在空气和废弃物的处理方式上没有披露详尽；和国外资源企业相比，五矿集团可持续发展报告关于健康、社区和环境的披露流于表象，重视力度不够。

　　资源企业的利益相关者包括：政府、管理者、股东、社区、员工等。不同利益主体的利益需求和利益索取的表达方式不对等导致了利益分配差异，而差异的增加便会引发矛盾。利益矛盾是资源企业管理过程中诸多问题的集中表现。矛盾的积聚过程并不完全显而易见，更多时候较为隐蔽，这种隐蔽性可能会造成对矛盾升级的忽视，当矛盾积聚到一定程度爆发时，直接影响企业的长远发展。表8—7详细列举4家资源企业利益统筹的具体做法。

表 8—6   **资源企业可持续发展报告涵盖内容**

可持续发展管理体系		英美矿业	必和必拓	力拓	中国五矿
安全	危险标准	√			
	管理体系	√	√	√	√
	潜在风险	√	√	√	√
	第三方合作	√		√	
健康	管理体系	√	√	√	√
	职业病预防	√		√	√
	暴露限制	√	√	√	
	疲劳管理	√	√		
	当地疾病防治	√		√	
社区	管理工具	√	√	√	
	社会投资	√	√	√	√
	遗产	√	√	√	
	当地劳动力	√	√	√	
	政府	√	√	√	√
	第三方合作	√	√	√	√
	志愿者	√	√	√	√
环境	管理体系	√	√	√	
	空气	√	√		
	水	√	√	√	√
	土地	√	√	√	√
	生物多样性	√	√	√	
	温室气体	√	√	√	√
	废弃物	√	√		
	能源	√	√	√	√
员工	人力管理标准	√	√	√	√
	培训	√	√	√	√
	人权	√	√	√	√
经济	经营绩效	√	√	√	√
	技术创新	√	√	√	√
	供应链	√	√	√	√

资料来源：根据各企业可持续发展报告整理。

表 8—7 资源企业利益相关者管理

		英美矿业	必和必拓	力拓	中国五矿
员工	管理	①采用当地化用工制度，提供岗前培训；②保障员工权益，尊重女性员工，设立专门的女性设施；③提供员工住房保障。	①实行人本化管理，采用激励制度奖励优秀员工；②采用多元化的用工制度，不歧视性别、种族、宗教信仰；③因岗制宜，维护员工权益。	①不歧视年龄、种族或社会出身、性别、性取向、政治、宗教或残疾，定期对员工提供相应培训；②雇用残疾人，提供适应的岗位和岗前培训。	①实行人力资源分级管理；②建立健全岗位管理制度，维护员工权益。不因种族、性别、年龄等产生歧视行为，定期提供培训。
	安全	①实施安全战略，推进安全改进计划，设立零伤害管理目标；②实施三方安全倡议，在大学设立安全管理奖学金；③强化操作安全风险管理，重新设计采矿过程，更新操作技术，减少安全损失。	①完善安全管理操作条例，设立零伤害的管理目标和考核制度；②推行操作风险预警机制，检测排查潜在风险，建立潜在风险改进方案；③完善安全战略，提高安全意识，总结安全事件经验，加强应急事件管理。	①创建企业安全管理文化，设立零伤害零事故安全管理目标；②加强安全管理监测，实行生产安全绩效管理；③规范潜在风险事故报告，建立显著风险档案，完善风险管理；④组织讨论安全操作议案，提高安全意识，完善安全管理机制。	①推进 HSE（健康、安全、环境）体系建设，设立生产安全目标和绩效管理；②强化安全监管，落实安全生产责任，建立重大危险源基础信息库；③规范完善应急救援综合预案，组织应急演练，提高应对突发事件的能力。
	健康	①建立健全健康管理标准体系；②实施职业卫生与医疗检测方案，建立职业危害暴露限制条例；③加强疲劳风险管理；④开展健康影响评估，寻找健康危害源，积极改善非健康环境。	①严格执行健康安全标准，定期检查防护设备，减少危险操作；②定期进行健康评估，控制预防职业病危害；③强化疲劳管理，检测各操作点疲劳状况，杜绝疲劳操作。	①落实健康管理制度，排查潜在健康危害，减少危险暴露；②改善工作环境，评估噪声源，实施声控工程；③开展健康计划，参与当地疾病治理，保证人员健康。	①坚决落实相关制度和措施；②防控职业病危害，建立职业健康管理档案；③改善工作安全条件，在需要的工作场所设立除尘器、消音器、危害报警系统。
环境	空气	严格执行欧盟的空气质量标准，控制温室气体排放。	改造工艺流程，减少温室气体排放，提高冶炼工艺。	—	改善技术工艺，实现节能降耗。
	水	①建立用水效率测量标准，实施水资源战略；②提高水资源重要性认识，改进操作，最大限度减少水污染。	实施水资源管理，节约用水、实现循环用水。	降低用水量，实现循环用水，减少排放污染。	根据各系统用水品质不同的要求，实现一水多用，重复使用。
	生物多样性	实施生物多样性行动计划。	勘探、开发等活动远离自然保护区，杜绝危害生物生存的行为。	—	—

续表

		英美矿业	必和必拓	力拓	中国五矿
环境	土地	土地复垦。	防止森林砍伐，土地复垦。	实施土地使用监督标准。	加强绿化。
	能源	采用资产优化、碳减排项目、低碳技术，提高能源使用效率。	实行能源使用效率测量，进行技术改造，提高使用效率。	改善技术，采用低碳能源组合，减少燃料使用。	推行生产用电避峰就谷的管理模式，改造耗电设备降低消耗。
	废弃物	①建立废弃物分类管理标准，设定回收减排目标，实行绩效管理；②定期检查、评估尾矿设施，避免潜在风险。	执行废弃物处理标准，危险废弃物采用回收或填埋式处理。	—	—
社区		①开发社区经济发展工具包和矿山关闭工具包，制订社区发展计划；②企业社会责任投资；③参与当地社区发展，改善当地生活条件，组织志愿者行动，提供就业机会；④企业开发活动需得到当地居民许可。	①开发综合矿山关闭计划工具包；②进行社区规划，设计当地未来劳动力定位，创造适应当地的商业环境，减少社会风险；③加强当地参与，与社区居民进行对话交流，企业开发活动需得到当地许可；④建设公司责任论坛；⑤社会责任投资。	①进行社区规划，促进本地就业，支持中小企业，为当地提供基础设施建设投资；②建立对话协商机制，参与社区发展，解决矛盾问题；③对社区发展实施过程监控，避免由于企业介入导致当地物价上涨。	①制订社区发展计划；②投资300多万美元在老挝地区设立了社区信托基金，支持当地发展；③贡献社区发展，投资改善社区当地居民的生活条件；④志愿者行动并促进当地就业。
股东		①定期召开股东大会，公开披露经营信息；②股利分配；③股东参与公司某些项目决策。	①定期召开股东大会，公开披露经营信息；②股利分配；③股东参与公司决策。	①定期召开股东大会，公开披露经营信息；②股利分配；③股东参与公司决策；④提供准确的经营业绩和有关公司发展信息。	①定期召开股东大会，公开披露经营信息；②股利分配。
供应商		①诚信经营，遵守商业道德和法律法规；②将供应商纳入企业可持续发展中；③对供应商进行评定和审查。	①诚信经营，遵守商业道德和法律法规；②对供应商进行评审。	①诚信经营，遵守商业道德和法律法规；②对供应商进行评审。	①诚信经营，遵守商业道德和法律法规；②《集团公司客户和供应商管理（试行）办法》；③建立了供应商"灰名单"管理机制。

续表

	英美矿业	必和必拓	力拓	中国五矿
消费者	①保证产品和服务的质量； ②通过沟通增进与客户的关系； ③投诉程序、客户满意度调查和客户联络。	提供多样化的解决方案，使顾客的需求得到满足。	①提供客户满意的产品和服务； ②客户信用等级评定及顾客满意度； ③客户信息反馈。	①信守承诺，提供质优价廉的产品和服务质量； ②与客户密切沟通，严格履行合同，提供产品服务信息； ③客户信用评级和客户满意度调查。
政府	①税收； ②与开发地政府合作，参与当地建设，改善当地社区的生活环境。			

资料来源：根据各企业可持续发展报告及年报内容整理所得。

1. 员工

企业生产产品的主体是员工，员工在企业发展中至关重要。由表8—7可知，各家企业在用工制度的设计上基本类似，保证企业能够遵守国际劳动法律法规、公约以及所在地区的用工劳动相关法规，不雇用童工，不歧视种族和性别，能够为员工提供适当的培训。英美矿业尊重女性员工的利益，在矿井上为女性员工专门设立了符合女性身体结构的设施和防护设备，同时，通过实行具体的人才管理战略为企业吸引和留住人才，在住房紧张的地区为员工提供适宜的住房系统。力拓的用工制度除包括国际公约和法律法规要求的之外，还包括雇用残疾人或者是因工受伤而致残的员工，员工受伤后可以继续留在企业工作，企业为这一特殊员工人群提供适合的工作机会，并协助培训，以保障员工继续工作的权利。

在生产安全方面，各家企业都制定了相应的安全管理模式，国际企业的安全管理目标一致，以"零伤害"作为企业安全管理的最高目标，而中国五矿集团则是以"减少伤害"为安全管理目标，在安全管理的目标设定上与国际企业还存在一定的差距。企业根据设定的安全管理目标，形成了一系列的安全管理框架和执行标准。国际企业在生产安全方面更加关注源头管理，除创造安全管理的理念氛围和对员工进行安全管理培训以外，操作风险管理也是国际企业在安全管理中关注的重点。英美矿业建立了英国致命危险标准，运用既具专业性又容易理解的术语建立行业安全标准。与英美矿业相似，必和必拓、力拓也通过一系列的安全改进检测方案，逐渐完善其安全管理，如必和必拓的操作风险管理与力拓的半定量风险评估过程。中国五矿虽也形成了安全管理体系和操作方法，如建立重大危险源基础信息库和完善应急预案，但较国外企业在安全管理，特别是风险的源头管理上还存在一定的差距。

员工的健康是保障企业生产得以实施的前提。企业都应该竭力为员工提供安全、健康、卫生的工作条件和生活环境，保障员工职业健康，预防和减少职业病和其他疾病的危害。除企业制定的健康管理执行标准和定期的员工体检以外，英美矿业、力拓、必和必拓都施行了暴露预防和暴露限制，以及疲劳管理，降低伤害风险，防控噪声和粉尘。如必和必拓推出预防疲劳管理技术，利用红外技术来监测眼睑及眼球运动作为疲劳警告。

2. 环境

环境是资源企业赖以生存的基础，资源企业对自然环境的影响较大。各家企业均以减少对环境的负面影响为目标，但在环境管理条例和操作框架的设计上各有侧重。在空气和温室气体排放方面，英美矿业采用了欧盟的空气质量管理标准，定量检测空气质量，严格限定企业温室气体排放。在水资源保护方面，英美矿业、必和必拓从水的循环利用、废水再利用入手，采用一系列新技术，如足迹测量法来改善操作中的水计量问题，水路管道的重新设计等。在生物多样性和土地恢复方面，只有英美矿业和必和必拓的举措较为系统，信息披露较为详尽。如英美矿业利用足迹法将矿山开发对土地的影响尽量降低，在开发后对土地实施复垦，恢复当地的植被，对于无法恢复的地区，企业将尽量保证对环境的遗留影响最小，并安排专门的工作小组和第三方组织对这一项目的实施过程进行监督和评定。在能源方面，各企业都采取措施以提高能源使用效率，英美矿业通过能源使用足迹模型，有效提升能源管理效率，了解影响因素，改善能源配比。采用可再生能源和替代能源，以减少石油和煤炭等不可再生资源的使用。在废弃物管理方面，英美矿业提供了详细的废弃物管理举措，建立废弃物绩效标准，由第三方定期检查评估经营设施和大型尾矿设施，减少尾矿对环境的影响和潜在风险，尽量做到废物的循环利用，减少废物的排放。必和必拓的矿石废物处置执行废弃物处理标准，危险废弃物采用回收和填埋式处理。五矿和力拓在废弃物的管理方面没有列举具体措施。

3. 社区

企业的生存和发展离不开当地社区的支持。企业存在于社会中，是特殊的"公民"，企业在依靠社会取得利益的同时，以公益捐赠和社会性投资等方式回馈社会，因此社区的利益也成为企业需要进行统筹的利益之一。欧美企业较中国企业更早认识到社区管理的重要性，设计出了许多值得借鉴的社会管理措施和办法。英美矿业针对矿业社区发展开发出社区经济发展工具包（SEAT），利用这一管理工具，从矿山开发到后续经营一直到矿井的关闭都配备有一系列的严格操作管理流程，根据不同地区的具体特点，提供切实可行的操作方法，通过评估当地可发展的项目资源和商业信息，为地方提供有利于发展的商业计划，包括与当地合作发展商业，提供更多的就业机会，投资教育设施建设等，确保当地社区的发展和企业利益的平衡。此外，开展社区发展计划，建立英美矿业集团董事长基金为社区的发展提供资金来源。矿山关闭工具包保证矿山关闭之后能够留有让当地继续发展的遗产。必和必拓与之类似，也开发出了综合矿山关闭计划工具包，并建立了公司责任论坛，提供交流的平台，通过设计当地未来劳动力定位决策，加强与当地企业的合作，创造适应当地的商业机会，减少对当地社会的风险和影响。力拓出版了社区工作指导指南，通过对话协商机制参与社区的发展，为改善当地居民的就业形势，提供相应的就业培训，并尽量避免由于企业的介入使当地物价上涨而引发的社会风险，采取对当地基础建设投资、必要的社会捐赠、教育投入、企业员工的志愿者行动等措施，增进企业与社区之间的关系。

4. 其他利益相关者

股东：4 家资源企业将企业的关键财务数据进行公布，通过股利的发放、股东大会的召开、股东参与公司项目决策等保障股东权利。供应链：英美矿业将供应商也纳入企业的可持续发展战略中，提出供应商的可持续发展规范，要求供应商同企业一起实现可持续发展。同时对供应商进行审查和管理，以保证企业自身的经营。五矿建立了供应商"灰名单"管理体制，对供应商进行评定和审查。消费者：4 家资源企业通过建立客户投诉程序，客户满意度调查等措施增进与顾客的沟通。政府：与当地政府合作，支持当地的经济建设。

第二节 西部矿产资源开发利益统筹机制构建原则

一 生态正义导向

矿产资源开发利益矛盾产生的直接原因是利益主体的收益与成本不配比，间接原因是现行矿产资源管理体制对相关利益主体博弈能力缺乏必要的制衡机制，根源则在于缺乏生态正义基础上的资源平等与制度公正统筹机制，从而导致利益主体之间的冲突协商缺乏必要的共同基础。生态正义导向是在生态利益基础上统筹不同利益主体在经济利益、社会利益、政治利益之间冲突与协商的基本条件。

生态是人类生存与发展的自然基础，生态危机的加深从根本上说明人类社会矛盾的加深。人来自自然，人的问题就在于人自身，而不在于自然。当前的生态危机说明人与自然的关系已经非常紧张，同时也表明人类之间矛盾的加深。当人类已经深刻认识到人类之间矛盾的加剧对人类社会造成严重影响的时候，往往通过物质的极大丰富解决人类的矛盾。但问题的根源在于，随着人类社会总体财富快速增加的时候，人类之间的贫富差距也在快速扩张。人类社会的贫富差距指数与生态危机程度具有正相关关系，原因在于：人类将问题的根源归结于物质的不足，因此，必然进一步向自然索取；但引发的结果是，索取的越多，人类财富总量积累得越多，人类之间的贫富差距越大，就越需要向自然索取，其结果是不断的索取导致生态环境越来越恶化，在物质财富层面出现的贫富差距，进一步转化为生态层面的贫富差异，贫穷者在缺乏物质保证的同时，又失去了生态层面的保证，双重贫困最终导致贫穷者失去生存与发展的自然基础与社会基础，从根本上引发社会动荡。未来重大社会危机不再是由于物质层面的问题而发生，更多是由于生态环境恶化而引发的生态问题。因为物质层面的问题可以通过制度调整在短期内解决，但是生态环境问题却难以在短期内得到修复，这是由于人类矛盾长期积累的结果，生态贫困是当前以及未来人类面临的最大问题。

不同利益主体对利益追求目标偏好组合排序的差异导致利益矛盾。当利益主体将经济利益作为基本的优先选择时，经济利益内在的冲突特性使得利益主体之间缺乏利益统筹的基础。我们提出以生态利益为基础进行利益统筹机制的设计。生态利益的包容性与经济利益的排他性形成了鲜明的对比。我们可以同享空气等生态财富，却很难在物质财富的共享上达成共识。当前的突出问题是，随着人类在经济利益上的纷争，物质财富的有限性表现得越加充分。实际上，资源的稀缺性并不是由于人类的消费欲望造成的，而是由于人类的占有欲望造成的。过度的占有欲望造成物质财富在人类之间的分布极端不均衡，从而引发资源紧缺，并导致人类之间的冲突加剧。财富的占有是问题的根源。而决定财富占有的则是人类的权利不平等。问题的根本并不是财富集中的结果，而是财富集中的过程不公平。经济利益是一切问题的根源。其他利益都是在经济利益的基础上进行扩展。但是，生态利益则具有明显的不同。不仅因为生态是人类生存与发展的基础，更重要的是生态利益所具有的包容性。

生态正义是矿产资源开发利益统筹机制的核心基础。自然对人具有包容性，人完全是依托自然而生存，自然也容纳了人的各种行为，地球上资源的分布也具有包容性，但是资源利益是否具有包容性取决于矿产资源管理体制的选择。《包容性民主国际学报》主编塔基斯·福托鲍洛斯深刻地指出，工业化前期是经济关系嵌入社会关系，而工业化后期是社会关系嵌入经济关系，从而导致权力集中于各种精英集团，并成为多重危机的根源①。我们认为，人与人的关系应该嵌入人与自然的关系，这是实现人类社会和谐、人与自然和谐的基本前提。生态利益是自然生态与社会生态的统一，是在自然契约与社会契约基础上的人与自然和谐、人与人和谐的统一，是矿产资源开发利益统筹与科学发展的核心和基础。

资源平等是天赋的人类生而平等，是自然赋予人类生命的现实，是客观存在的自然之物。制度公正是人类在决定资源配置的时候具有公正力的保证，既要保证资源原初状态的平等，又要防止因为人类之间的博弈而导致的资源不公，由此加深人类之间的矛盾。生态正义是处理人与人、人与自然关系的基本准则。利益统筹与资源平等、制度公正、生态正义的关系如图8—1所示。问题的解决重心在于通过制度公正来保证人类在资源的初始平等以及过程的平等，尽量减少由于人类之间的矛盾而期望通过向自然的过度索取来解决人类之间的问题，从根本上保证人类、自然发展的生态基础。天赋的资源平等仅仅在初始条件下客观存在，一旦进入人类社会的博弈状态，初始状态可能在不断的分解过程中导致资源不平等的加剧。一旦出现资源不平等，必须通过制度公正进行修正，否则将会导致矛盾外溢，将人类社会的矛盾向自然转嫁，从根本上影响生态正义。生态正义无法得到资源平等与制度公正的有效支撑，其结果将会导致资源平等与制度公正失去进一步的约束，从而导致稳定的三角形出现分

---

① ［希］塔基斯·福托鲍洛斯：《当代多重危机与包容性民主》，李宏译，山东大学出版社2008年版。

裂，人与人、人与自然的关系紧张将达到极端，最终从根本上毁灭人类。稳定的三角结构需要资源平等、制度公正、生态正义之间的合理匹配，使人的发展与资源的支配进行有效的配比。人的发展从根本上是实现精神与物质层面的统一，要求资源平等、制度公正、生态正义在根本上具有稳定性。人类社会的演化其实就是在三个顶点的互动作用中不断发展的。三角形的稳定与否与人类社会的问题具有内在的一致性。和谐的社会历史阶段往往是三角形具有稳定性的阶段。而动乱的社会阶段则往往是三角形出现不稳定的阶段，一旦出现一个顶点的分裂，人类社会将出现根本性的危机。

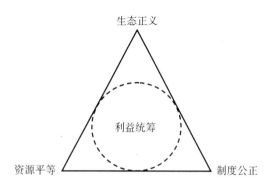

图 8—1　矿产资源利益统筹三角形原理

资料来源：作者整理。

　　资源平等的核心是保证利益主体获得资源的机会平等。制度的公正表现为对处于博弈弱势地位的利益主体进行扶持，对处于博弈强势地位的利益主体进行制约，从而保持社会系统的适度稳定性，以促进系统有序稳定的演化。制度公正在实质上需要确定不同利益主体应该享有的权益以及分成的比例，并对不公正的分配进行及时的矫正。生态正义从根本上体现的是对处于博弈弱势主体的利益的保障。弱势利益主体在资源开发中所遭受的最严重的负面影响就是生态环境成本的负担，这种负效应直接对弱势利益主体的生存产生影响，危及生命健康。因此，生态正义是资源开发过程中利益统筹机制的构建需要首先考虑的问题。

资源利益统筹的实质是在制度公正的基础上，通过资源平等分配机制，最终实现生态正义。矿产资源开发利益统筹就是要从系统观出发，以生态正义、资源平等、制度公正为基础，以包容性矿产资源管理体制、矿业社区合作治理机制、资源企业生态发展战略路径为主要途径，以实现人与自然和谐、人与人和谐相统一为最终目标，校正矿产资源开发中的利益失衡，实现利益主体间收入与成本配比、区域要素资本共生发展与协调耦合，使人与自然这一要素共生系统动态优化的过程。西部矿产资源开发利益统筹不仅是校正机制，也是优化机制，更是公正机制。

二　生命周期发展红利测度

区域科学发展是生态资本、人力资本、人造资本、知识资本、社会资本、外贸资本等要素资本的共生耦合，要素资本协同效应表现为发展红利，最终从根本上影响区域科学发展程度。

利益统筹是区域发展不同主体对于经济、社会、政治、生态四种利益关系的组合排序，并在互动作用中反映区域发展要素的协调程度，是对区域发展的流量反映，利益统筹的结果是主体收益与成本配比的结果，最终也通过发展红利体现出来。

发展红利既是区域发展要素资本协同的结果，也是利益统筹的结果，是区域发展要素资本静态结果的差值，也是利益统筹效果的差值，从全生命周期的角度反映区域科学发展与利益统筹的程度，最终以收益贴现的方式反映区域科学发展的潜力，从根本上引导区域科学发展。区域的科学发展不是当前财富的数量与质量，而是未来财富的数量与质量，是人与自然和谐发展基础上的人的发展，也是当代人类为未来人类能够积累多少财富的发展。

全生命周期包括原初自然状态、生产阶段、生态恢复自然状态三个阶段，是从人与自然长期相处的基础来分析发展红利。发展红利全生命周期贴现值的计算过程如下：

在原初自然状态，假定各利益主体获得资源的机会以及获得的资源是平等的，那么此阶段的发展红利是由既定的区域发展要素资产结构、要素资本结构以及它们之间的相互作用决定的。如果没有外来因素干扰，发展红利仍然按照既定的轨道累积，各时间段的发展红利 Q_0 基本维持不变。

$$D_{原初自然状态} = \sum_{i=1}^{t_0} \frac{Q_0}{(1+r)^i} \qquad (8—1)$$

式中，$D_{原初自然状态}$ 表示原初自然状态的累积发展红利，t_0 表示生产阶段的开始时间，Q_0 表示原初自然状态的发展红利，r 表示贴现率。

在生产阶段，资源企业的介入使得既定的区域发展要素资产、要素资本结构发生改变，原初自然状态的资源平等将会由于矿产资源的开发进行重新配置，并在很大程度上改变区域要素体系。非科学的矿产资源开发会引起区域发展要素资产结构、要素资本结构失衡，从而降低发展红利，阻碍区域科学发展；科学的矿产资源开发在引起区域发展要素、要素资本结构变化的同时会维持发展红利。各时间段的发展红利 Q_j 随着矿产资源开发的不断加深会发生显著变化。

$$D_{生产阶段} = \sum_{j=t_0+1}^{t_n} \frac{Q_j}{(1+r)^j} \qquad (8—2)$$

式中，$D_{生产阶段}$ 表示生产阶段的累积发展红利，t_0 表示生产阶段的开始时间，t_n 表示生产阶段的结束时间，Q_j 表示生产阶段的发展红利，r 表示贴现率。

在生态恢复自然状态，资源企业的退出使得区域发展要素资产结构、要素资本结构缓慢调整，随着自然界的自我更新、自我恢复，区域要素资本体系将会调整出现新的结构，从而进入新的循环，各时间段的发展红利 Q_n 同样基本维持不变。

$$D_{生态恢复自然状态} = \sum_{k=t_n+1}^{\infty} \frac{Q_n}{(1+r)^k} = \frac{Q_n}{(1+r)^{t_n+1} \cdot r} \qquad (8—3)$$

式中，$D_{生态恢复自然状态}$表示生态恢复自然状态的累积发展红利，t_n表示生产阶段的结束时间，Q_n表示生态恢复自然状态的发展红利，r表示贴现率。

整个区域生命周期的发展红利可表示为：

$$D=D_{原初自然阶段}+D_{生产阶段}+D_{生态恢复自然阶段}=$$

$$\sum_{i=1}^{t_0}\frac{Q_0}{(1+r)^i}+\sum_{j=t_0+1}^{t_n}\frac{Q_j}{(1+r)^j}+\frac{Q_n}{(1+r)^{t_n+1}\cdot r} \qquad (8—4)$$

区域科学发展、利益统筹与发展红利的关系通过函数关系表示为：

$$V\to RD\to D$$

$$D=f\ (RD,\ V) \qquad (8—5)$$

进行利益统筹的目标是为了实现科学发展，而科学发展的程度越高，发展红利的积累也就越快。因此，发展红利可表示为科学发展与利益统筹的函数关系，式（8—5）是对区域要素资本平衡表、利益结构表与发展红利贴现值的逻辑反映。

区域要素资本平衡表通过存量反映区域发展要素的静态结构，说明区域发展是建立在怎样的基础上，发展中要素资本结构发生了怎样的变化。利益结构表通过流量反映区域发展要素的过程，说明要素资本结构的变化是怎样引起的，利益主体之间的内在关系调整直接反映了区域发展要素资本的调整过程，并说明在调整过程中，人与人的关系、人与自然的关系是怎样互动的，反映的是发展观。发展红利则进一步揭示流量的全生命周期调整问题，以及区域发展要素资本结构的变化质量，要素资本结构的调整是增加了发展红利，还是减少了发展红利，增加与减少的问题从根本上都是利益主体的利益配比问题。利益主体的利益配比与主体、利益结构、时间、空间有关。某个阶段对某个主体有利的事可能使其他利益主体在其他阶段利益受损。

发展红利的全生命周期贴现值就是一个区域实现科学发展的自然与社会基础，从根本上反映了一个区域在发展过程中人与人以及人与自然的和谐度。因此，西部地区科学发展就是通过建立有效的利益统筹机制，优化资源利益分配，在人与人、人与自然和谐的基础上，通过区域发展要素资本的互惠共生，积累发展红利，从根本上奠定西部地区科学发展的自然与社会基础。

三　生计能力可持续

"民为邦本，本固邦宁。"[①] 居民乃国家之根本，居民的资本是社会一切资本的基础。资本是发展的基础，资源地居民的可持续生计资本是区域科学发展的基础。生计是"包括能力、资产以及一种生活方式所需要的活动"[②]。可持续生计框架的作用是找出发展组织为提高及加强贫穷人群的生计所做的贡献。凯美瑞（Camey，1998）、思库思斯（Scoones，1998）将可持续生计定义为："某一个生计由生活所需要的能力、有形和无形资产以及活动组成。如果能够应付压力和冲击进而恢复，并且在不过度消耗其自然资源基础的同时维持或改善其能力和资产，那么该生计具有持续性。"英国国际发展署（DFID）在森（Sen，1981）、钱伯斯（Chambers，1992）等对扶贫与发展方法研究的基础上，提出可持续生计分析方法（Sustainable Livelihoods Approach），如图8—2所示。可持续生计分析方法（SLA）是一种理解多种原因引起的贫困并给予多种解决方案的集成分析框架马特哈·G. 罗伯斯（Martha G. Roberts，2003），将生计资本划分为人力资本、自然资本、物质资本、金融资本和社会资本5种类型（DFID，2000），描述农民在市场、制度政策及自然因素等造成的风险性环境中，如何利用大量的财产、权利和可能的策略去提升生计水平，反映出农户生计资本结构、生计过程和生计目标之间的交互变化和相互利用（杨云彦，2009）。SLA揭示了一个理解贫困和发展的框架，也指出了根除贫困和实现发展的潜在机会。

---

① 《尚书·五子之歌》。

② Camey D.，*Implementing a Sustainable Livelihood Approach*，London：Department for International Development，1998：52—69.

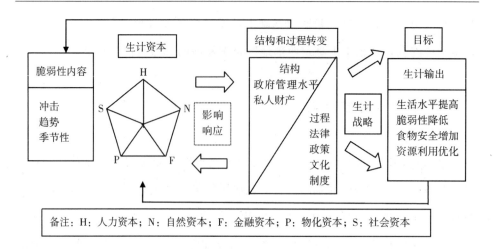

图 8—2 可持续生计分析框架示意图

资料来源：DFID. *Sustainable Livelihoods Guidance Sheets*，Department for International Development，2000。

资源地居民利益是整个矿产资源开发利益统筹的核心问题。生态灾难与资源地居民不可分割的特性是由资源存在的客观性所决定的，即资源必须依托于一定的空间，从而矿产资源的开发必然是在一定的空间区域内进行的。同时，矿产资源开发所产生的直接环境问题也是在一定的空间范围内存在的。由于资源与资源开发地居民在空间上的密不可分性，从而使环境问题成为资源开发地居民在资源开发中直接面临的问题。因此，从根本上而言，资源地居民的生存权天然地蕴涵于生态权之中，因为居民已经与资源地的空间融为一体，成为互动的不可分割的部分。从资源存在与资源开发的空间客观存在性而言，环境问题在本质上是空间问题上的权利问题，即是否承认资源地居民拥有自身生存所应该拥有的生态权的问题。尽管资源与资源开发在空间上的客观性是由自然规律决定的，但是资源开发的利益却完全是由社会制度决定的。矿产资源一旦脱离了它所依存的空间载体便有了利益，利益的具体分配则由人类社会的博弈关系来决定。因此，资源的客观性决定了资源地居民与资源在空间上的不可分离性，但是资源利益的主观性却并不能保证资源地居民一定可以获得资源利益，并且可能成为资源开发产生负面影响的直接承担者，即环境问题的负担者。

对于居民而言，生存权是第一位的，其次才是发展权，维护资源地生态系统的有序演化是资源地居民能够获得基本生存的前提。由于资源开发对资源地自然环境的直接影响，如何维护资源地居民的生态环境权是非常重要的，这等同于人权一样，承认居民的生态权就是对人在根本上的尊重与承认。资源利益的核心问题首要的就是资源地居民的生态权，即维护自身的生存的权利。只有生存才能够发展。法律制度需要从根本上承认资源地居民的生态权利。任何开采资源的利益主体都必须与资源地居民进行协商，并赋予资源地居民在生态环境问题的最终决定权。因为资源地居民是环境问题的直接承担者，只有最直接的利益相关者才会最关心根本性的问题，这是由资源的客观存在性以及居民与资源在空间上的同一性所决定的。如果不能从根本上保证资源地居民的生态利益，那么也就无法从根本上保护资源地的生态环境，生态环境保护的核心问题是对资源地居民利益的充分尊重。只有资源地居民认可的资源开采行为才能在最大限度上降低对自然界的影响，居民是自然环境的直接组成部分，任何对环境产生负面影响的行为将直接影响到居民自身的利益，环境问题的实质是对资源地物种的尊重问题。当资源地因为资源开发而导致资源地原有的人类无法有效地生存，或者生存的质量下降，实际上都是在根本上对资源地生态环境的破坏。

资源地居民在具有相对完整的生态权的基础上才可能有发展的问题。资源开发利益的分配对于居民的发展并不从根本上起到至关重要的作用。在生态权得到基本保证的基础上，居民才可以根据自己的具体情况沿着原有的生存方式发展，前提是资源开发不能够从根本上影响居民的生存。当资源脱离原有的空间载体从而产生利益的时候，居民是否需要在其中分得相应的利益以及分成的比例，则需要具体来看资源开发对资源地居民原有生存利益的影响程度。所谓补偿是对资源地居民基本的物质方面的补偿。实际上，鉴于资源开发对资源生态环境的严重影响，生态补偿是基本问题。但是，生态补偿并不能够从根本上解决已经产生的环境问题。即便居民得到了生态补偿，环境问题依然存在，并在短期内无法消除，而居民的长远发展却并不是生态补偿问题所能解决的。居民的生态补偿基本上会转换为消费，并不能够真正地对生态环境产生相应的治理作用。但是，开发者在付出相应的有关税费之后，便可以进行相应的开采，只不过是最终将环境与生态补偿费用通过产业链传递到下游，并最终转嫁到消费者，其中居民也有可能是最终的承担者。因此，问题的核心在于如何促使开发者有效地减少资源开发对环境产生的负面影响，而不是仅仅支付有关费用之后就可以进行相应的破坏环境的行为。当企业付出相关的环境保护费用之后，企业对环境的污染问题必然发生，但是对于环境的治理是否发生则存在问题。因为企业一定会对环境造成污染，但是企业并不一定会去治理，更严重的是企业只要支付了费用就拥有了污染的权利。实际上，"谁污染，谁治理"在现实中演变成为"谁付费，谁污染"，至于治理问题则没有从根本上得到解决。可见，环境问题是居民在资源开发过程中无法通过获得相应的补偿所能够解决的，在短期内难以消除。谁是资源地生态环境的直接受影响者，谁就是资源地生态环境的直接评价者，也应该是资源生态环境的最终裁决者，拥有最终的有效投票权。由于其他利益主体在空间上与资源地没有融为一体，因此，其他利益主体都不能直接受到资源开发所产生的负面问题的影响，也不可能做出相对客观的生态环境问题评价。

资源地居民的生态权是维护国家整体生态环境的基础。因此，必须从国家整体生态战略发展角度，以及和谐社会的微观基础出发，建立有效的资源地生态环境治理机制，构建以资源地居民利益为核心的生态治理机制框架，其核心是在保护资源地居民直接利益的基础上保护资源的生态环境权，其基础是资源的客观性，资源地居民与资源空间的同一性，以及资源利益与资源地在空间上的分离性。其关键并不是要求资源开发者对资源地居民进行各种形式的利益补偿，而应该是对资源地生态环境产生的各种问题进行有效的治理，从而保证资源地居民具有良好的生存环境。

西部矿产资源开发利益矛盾源于生态危机背后的利益组织机制的不合理，本质上是对资源地居民利益的忽视，没有从根本上体现居民的参与权、知情权、监督权。"当代多重危机（生态、经济、政治、社会和文化）的根源存在于社会各个层面的非民主组织中，在这个意义上，多重危机的根本原因是权力集中于各种精英集团手中。这种集中可以追溯到市场经济体制及其必然结果的增长经济的建立，以及与此相辅相成的代议制'民主'的引入。"① 权力的过于集中导致人与人之间在资源占有、社会力量、交往身份等方面出现地位上的"势差"与"支配—被支配"组织关系，进而导致社会成员之间权利与责任不匹配（李义天，2008），权利与责任的不匹配导致利益结构失衡。现行的矿产资源开发利益分配结构中没有考虑资源地居民的利益。资源开发企业核算环境成本就是考虑资源地居民利益，忽视资源地居民利益的本质是没有充分考虑生态环境成本，因而不能将环境成本纳入企业成本体系。而且现行的矿产资源开发利益结构没有处理好生态利益、经济利益、社会利益、政治利益的关系，特别是没有处理好利益主体间收益与成本配比的关系。利益主体间收益与成本的不配比，在产生利益矛盾的同时，引起区域要素资本结构失衡，从而导致科学发展失去经济基础、社会基础与生态基础。

在矿产资源开发过程中，由于资源开发各利益相关主体的权利与义务的不匹配，导致生态权不平等与资源开发利益分配不公。资源地居民处于弱势地位，原则上是矿产资源所有者，但未能实质性参与资源开发决策与资源利益分配，导致居民生态权缺失与可持续生计能力弱化。"可持续性需要一个行为规则与规章的框架……而'参与'正是造就可持续性构型本身的东西"。② 只有通过参与公共事务决策，实现基层民主，民众才能认识到什么是有助于生态保

---

① ［希］塔基斯·福托鲍洛斯：《当代多重危机与包容性民主》，李宏译，山东大学出版社 2008 年版，第 4 页。

② ［英］安德鲁·多布森：《政治生态学与公民权理论》，郭晨星译，郇庆治：《环境政治学：政府与实践》，山东大学出版社 2007 年版，第 13 页。

护和可持续的因素，才能有权力去挑战非持续性。"最贴近环境而生活的人最了解环境，有关的决策权和监护权应掌握在他们手中。基层民主让民众和社区有权决定自己的生态命运和社会命运，也让民众有权探寻一种对环境和社会负责任的生活方式。"① 资源地居民是最贴近、最了解矿区生态环境的人群，应当掌握包括生态决策权在内的各种与矿产资源开发相关的公共事务决策权。需要建立有效维护资源地居民利益的制度结构，自治、民主、平等的矿业社区合作治理机制，利害与共、和衷共济的平等的权力结构和交往方式，生态正义基础上的可持续生计发展路径，用以解决矿产资源开发过程中的各种不平等问题与资源地居民可持续生计问题。

运用可持续生计框架分析矿产资源开发地居民生计问题，能够较全面地反映资源地居民各类生计资本在资源开发过程中的变化，发现存在的问题并寻找解决的有效途径。在 SLA 分析框架的基础上，结合矿产资源开发所具有的环境破坏与就业排斥等特性，以生态正义为基础，构造资源地居民可持续生计分析框架，如图 8—3 所示。资源地居民生计脆弱性主要表现在权力的缺失、法律保障与社会保障的缺位、利益诉求渠道的缺乏、资源开发收益损失、生态环境的破坏与劳动力就业转化的排斥性等。生计资本结构并不像 SLA 中所描述的普通贫困居民的"生计正五边形"，而是以自然资本为基础的倒金字塔形，随着矿产资源的不断开发，自然资本由物化资本、金融资本、社会资本向人力资本转化，实现生计资本结构的动态优化。通过构建集提升资源地居民博弈能力、发展能力、生存竞争能力、资本积累能力等可行能力②，完善生态补偿、征地搬迁、社会保障、利益分享等法规政策，建立资源开发决策参与协商、利益诉求与利益分享平台，创新土地入股、发展基金等利益分享机制于一体的生

---

① ［美］丹尼尔·科尔曼：《生态政治：建设一个绿色社会》，梅俊杰译，上海译文出版社 2006 年版，第 101—114 页。

② 可行能力（Capability Approach）由诺贝尔经济学奖获得者阿马蒂亚·森（Amartya Sen）在其著作《以自由看待发展》（Development as Freedom）提出，其定义为"一个人的'可行能力'指的是此人有可能实现的、各种可能的功能性组合"。

计战略，以资源地居民与政府、企业之间的不断博弈为方法，达到以稳定的经济来源、稳定的社会保障、可持续的发展能力、日益增强的生存竞争能力为特征的生计状况，实现资源地居民生计能力可持续。

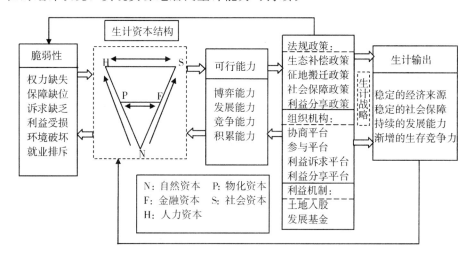

图 8—3　矿产资源地居民可持续生计分析框架

资料来源：作者整理。

科学发展的核心是以人为本，以人为本的主旨是人的能力的锻造，从根本上而言，科学发展是人获得资源的机会平等，支配资源的能力均衡，承担的资源成本与获取的资源收益的配比。对于资源富集地区居民而言，重要的是获得资源机会的平等，以及在获得资源过程中的能力的提高。资源地居民在资源开发的原初状态所具备的能力在发展中会进行自我演化，但是，当外部力量影响的时候，原有的演化路径会终止或者发生改变，改变的不仅是居民的生存与发展环境，重要的是居民支配资源的能力。当居民原有支配资源的能力因为资源配置而不得不更新的时候，居民在丧失原有能力的同时需要重新发展，这意味着新的竞争的开始，也意味着重新改变。对于区域而言，科学发展的关键是自我发展能力、可持续发展能力以及资源获取的竞争能力。只有制度公正才能够保证居民获得发展的机会。

四　生态利润评价

（一）资源企业获得财富的生态法则

"人与自然"是一个人类不断破解却又不断陷入悖论的永恒命题。没有一种关系能够同"人与自然"相提并论，因为一切关系都脱胎于此；没有一种悖论能够同"人与自然"如此佯谬，因为一切悖论都以此衍生。因此，"企业是什么"这一命题严格意义上包含了"人类为什么需要企业"，以及"企业在人与自然关系中的角色"等根本性问题。企业的契约理论从制度与组织的关系演变中将企业视为利益相关者的契约集合体，揭开了研究企业性质问题的面纱，由此不断衍生的主流企业理论以人与自然关系的稳定常态为基本前提，其关于企业契约性质的逻辑演进更多地囿于社会契约。[①] 随着资本主义工业革命以来的工业化进程不断深入，人类在创造物质财富和创新组织形式的同时改变着人与自然的关系，企业已经蜕变成为一种最富有效率地破坏自然的组织。在生态系统面临重要拐点的抉择时刻，决定资源配置方式的契约结构重心正逐渐由社会契约向自然契约转变。[②] 埃尔金顿（Elkington，1997）以"三重底线"理论将企业目标由利润最大化修正为经济利润、环境效益、社会责任的统一。自然契约思想的复苏反映了人与自然关系经历了"忽视自然—保护自然—投资自然—融入自然"的演化历程，促使企业理论将人与自然关系的外生性给定推演

---

① 不同于卢梭（2003）提出的社会契约是民主和自由的象征，意味着个体服从共同体意志，而共同体接纳个体形成有机系统，经济学意义上的社会契约是人与人之间达成的一致协议，可以通过主动行为进行修订。

② "自然契约"的思想早在我国纳西族的东巴神话传说《龙鹏争斗》中就有所体现。为了协调人类与"孰"（丽江纳西族把山川、鸟兽等人类赖以生存的自然生态环境称为"孰"）的矛盾，人类与"孰"签订了自然契约，丽江今日独具魅力的清新环境正是纳西族恪守自然契约的结果。"自然契约"这一概念由米歇尔·塞雷斯于1990年在其著作《自然契约》中正式提出，他倡导用自然契约来协调地球与其居住者之间的关系，以达到双方的利益互惠，人类的生存取决于作为一个整体团结和一致行为的能力。

至内生性再造，还原企业演化的自然逻辑，从根本上正视企业在人与自然关系中的角色定位。企业内在逻辑的演化对资源企业的发展同样产生实质性影响。

资源企业是以自然资源的开发利用为主营业务的社会组织。老子说：人法地，地法天，天法道，道法自然。[①] 人与自然和谐共生在我国早期"天人合一"的思想中就得到了体现；纳什（1999）关于环境伦理史的描述则表明大自然与人类一样具有行为与权利能力，且人类权利是在自然权利得到基本尊重的基础上实现的。人既来源于自然，又在一定程度上改变着自然，"人的本质是生态自然本质与经济社会本质的统一"（刘思华，2006），人与自然应该在公正的平台上进行对话。工业化进程发展到今天，人与自然的矛盾演化到了一个新的历史阶段，需要回归人与自然的本质属性来重新认识资源企业：资源企业以社会契约集合嵌入自然契约，资源企业是自然契约与社会契约的复合体。资源企业的主要原材料取之于自然，排放的废物回归于自然，因此资源企业是履行自然契约的主要参与主体。同时资源企业是协调人与人关系的载体。社会的本质是人与人之间的关系网络。资源企业的利益相关者不仅涉及政府、社区、管理者、员工、环保社团等，还包括上、下游企业等形形色色的利益主体，故资源企业也是履行社会契约的主要参与主体。

社会契约是人与人之间利益关系调整的社会规则，自然契约是人与自然关于和谐共生的默契合意。社会契约衍生于自然契约，其发展逻辑以人的觉醒与人的解放为主线，以人为本是其发展的内在动力，并与自然演化息息相关。自然契约则明确了人与自然的关系是在更高程度上对人性解放的全新认识，是人类在征服自然迷途中的深刻觉醒，是对遵循自然规则的理性回归，是生态为本与以人为本的内在统一。自然契约的缔结与履行是自然孕育人类，而人类反馈自然的良性循环，是基于生态伦理重心的生态人和社会人的人性解放。遵守自然契约要求人类从自然界中适度获取资源，尊重和保护原生态，维护生态修复

---

① （春秋）李耳：《道德经》，蓝天出版社2006年版。

能力，将人与自然的矛盾限定在合理的生态阈值范围。人类社会矛盾激化的实质是人与自然的矛盾，社会契约丧失效力的根源是自然契约没有得到有效履行。自然契约的毁坏将使人类失去正常生存的环境，社会契约丧失订立的物质基础。

资源企业是与自然环境互动作用最为频繁且关系最为密切的社会组织。如果说资源企业是人类认识自然改造自然所直接产生的经济体，那么人与自然的关系是否和谐统一，人类是否按照自然法则来规范行为，资源企业就成为最主要的责任者，它承担了维持自然契约稳定性的主要义务，而这种义务是资源企业在实践中追求利润的重要约束机制。"企业教我们如何获得财富，而生态知识却向我们表明，除非财富是建立在自然法则和自然界循环的基础上，否则钱财到头来只会是虚幻一场"（保罗·霍肯，2007）。鉴于财富获得逻辑的变化，评价资源企业创造价值的社会机制在不断彰显其约束力，如道琼斯可持续发展指数（DJSI）和多米尼社会责任指数（DSRI）将企业对自然的反哺绩效纳入了传统的评价体系；以考核环境和社会风险为基础的"赤道原则"（EPs）扩充了世界主要金融机构项目融资的决策依据；2008年中国首只社会责任基金"兴业社会责任基金"以及2009年上证社会责任指数的相继问世，标志着绿色投融资在国内开始起步。随着约束企业践行自然契约的社会机制的逐步建立，生态化革命已经是资源企业建立生态声誉的必由之路，资源企业获取财富的法则由"看不见的手"与"看得见的手"归化于"自然之手"。同时生态利润将摆脱一般利润计量成为"自然之手"引导资源企业获取财富的基本逻辑。

（二）资源企业生态利润计量模式

1. 工业文明主导下利润计量的反思

第一，计量目标的本末倒置。工业文明主导下的利润计量主要关注社会契约意义上的利益主体和人类社会中的代理问题。如图8—4所示，"利润＝收入－成本"这一计量模式反映的是典型的以股东权益为中心的利润计量思路。收入主要来源于顾客，将成本要素细分为材料成本、折旧、贷款利息、薪酬福利、税收、捐赠、环保支出等。利润计量的逻辑起点是等式左边的股东，对资源企业利益主体网络复杂化和利益要求多样化的处理方式是价值补偿式的成本抵减，将全部利益相关者对收益的合理化要求不加区分地一概放到等式右边的减项中，比如考虑到社区公众的利益，则扣除捐赠支出，考虑到自然环境，则扣除资源税、环保支出，在以上利益主体取得相应报酬之后，股东作为剩余收益的索取者实现价值最大化。成本扣除式的利润计量模式隐含的一个基本逻辑是：某项因子能否被扣除，以及在多大程度上被扣除，取决于是否从根本上影响资源企业利润的实现。如果对资源企业利润的影响过大时，则不能作为一项被扣除的成本，即其他利益主体的利益最终以股东利益实现为前提，而不是相反。环境保护在现实中遭遇的尴尬正是成本扣除式利润计量模式的必然结果，因为资源企业扣除环保成本必然影响股东利益。当环境与经济问题产生正面冲突的时候，结果往往是环境让位于经济，个别经济至上主义者甚至打着发展地方经济、提高居民收入的旗号公然以牺牲环境换取经济增长。[①] 资源企业为了实现经济利润最大化，通过不断地异化人类的消费观而激发消费欲望，从而扩大收入；但同时又通过更多地从自然索取来满足市场需求，并尽量通过成本转嫁降低成本支出，最终获得利差。资源企业竞争优势是以损害人类整体生存环境为代价的，这是利润计量模式难以从根本上改变资源企业竞争战略的问题所在。

资源企业所有权是利益相关者对企业的利益要求权，"资产＝负债＋股东权益"的方程式表明，股东和债权人对资源企业资产具有要求权，并且这种要求权通过债务契约、股权契约进行了明确界定。但是，静态的方程式反映的只是表象，以人类为中心的利益主体与自然环境的主要区别在于前者对资源企业具有双重约束机制：一是通过事前清晰的界定与连续的谈判博弈来约束资源企业的机会主义行为，二是在事前约束失效的情况下，事后对资源企业的惩罚与

---

① 在尚未进行大规模资源开发的资源富集地区，一种质疑环境保护的典型观点是：是要贫穷，还是要发展？这种观点将发展与贫穷以物质财富的多少作为判定标准，为资源开发对自然环境产生的负面影响进行辩护，其根本目的在于占有资源开发的收益，而并非从本质上解决当地居民的发展问题。现实中因为资源开发而使当地居民陷入经济与环境双重贫困的实例已不鲜见，"守着煤山烧柴"是典型案例，具体参见网络对云南昭通、贵州毕节等地的报道。

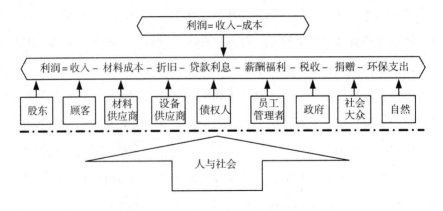

图 8—4 工业文明主导下的利润计量

资料来源：作者整理。

负外部性的即时终止。而自然环境作为相对独立于人类之外的利益主体，与资源企业之间的约定属于隐性的默契合意，资源企业对自然承担有隐性负债的义务，而自然对资源企业具有唯一强制性的约束，这种唯一强制性体现在自然环境无法像股东、债权人可以在事前依托合理的利益诉求渠道和资源企业在公正的平台上展开多次对话，明确表达自身的利益要求；但是"无法主张"并不等同于"不能主张"，当自然环境传递给资源企业足够的预警信息之后，资源企业仍然单方面违背自然契约，人与自然之间关系的不协调一旦触底，自然作为资源企业的隐性债权人将以极端的方式惩罚其不负责的作为，负外部性的蔓延将完全打破资源企业原有利益格局的均衡①。

为了缓解股东与利益相关者矛盾冲突而兴起的企业社会责任在理论与实践中充满了争议，焦点在于企业财富的获取是否考虑其他利益主体的要求，② 尽

---

① 重庆武隆山体滑坡、山西襄汾溃坝事故、凤翔血铅中毒等频频发生的公共安全事件是企业与自然矛盾激化产生的结果，以生命为代价换来的经济增长是对自然契约与社会契约共生关系的漠视。

② 弗里德曼（1970）坚称"企业的社会责任就是赚取利润"，这种居于美国企业界的主导性观点一直争议不断，并在进入 21 世纪后引发了广泛的争论，比如麦基（2005）挑战性的提出"顾客第一"。其实，争论的实质不过是对商业环境变革中利益关系调整的激化反映，并没有将人与自然关系从根本上纳入其中。

管理论研究提出了各种解决方式，但与资源企业实践尚有较大差距，问题的根源在于成本扣除式的利润计量在扩张利益相关者的利益要求时将企业与利益相关者的矛盾逐步激化，争利的结果必然导致强者逻辑。当个别利益主体不断陶醉于暂时的利益最大化幻觉时，矛盾激化效应却在不断逼近人与自然关系的底线。当生态临界点即将突破，生态系统将发生不可逆转性突变时，人类的利益矛盾在面临生死存亡之际还有什么不可化解的？"人类行为和生活方式的根本改变依赖于如何看待人与自然的关系"（何怀宏，2002），破解资源企业社会责任的命题需要转换解决矛盾的思路，回归资源企业在人与自然关系中的基本使命。

人既然来自自然，立足于资源企业本质，承认自然是资源企业利润的真正剩余索取者，也就是承认人自身价值的完整性与延续性，以及人与自然价值的和谐统一。成本补偿这一事后治理原则撇开了自然契约，将资源企业的本质局限在了孤立的社会契约，将股东利益要求权和自然环境利益要求权本末倒置，对人与自然关系的理解没有从根本上突破工业文明的发展思路，本质上是物质资本的逻辑主宰着资源企业获取财富的理念。但实际上，人类社会至少存在四种类型的资本：人造资本、自然资本、人力资本和社会资本萨拉格丁（Sarageldin，1996），资源企业持续获取财富的过程本质上是多元资本耦合的结果，其持续性主要取决于多元资本之间的共生关系，而非替代关系。[①] 单边资本逻辑可能使个别利益主体获取财富最大化，但终究因生态恶化而归于零。资源企业的使命就是为包括自然在内的各种利益主体提供发展的和谐载体，多元资本创造生态利润，而不是通过对冲以生态代价换来暂时的利益平衡与发展。

第二，前提假设的逻辑悖论。利润计量的前提假设之一持续经营是建立在

---

① 根据不同资本之间替代程度的大小，可以将持续性分为弱持续性、中等持续性、强持续性和绝对强持续性，具体参见徐玉高、侯世昌《可持续的、可持续性与可持续发展》，《中国人口·资源与环境》2000 年第 1 期。

会计主体持续、正常经营活动的基础上，会计主体可持续发展的支持系统由生态循环和资本循环共同组成，生态循环解决资源企业的生存问题，而资本循环则致力于资源企业的发展，生态循环是资本循环的基础，这决定了利润计量的正常逻辑应该是在保证生态循环之后合理的资本循环。工业文明主导下的利润计量将两者进行了差别对待，将生态循环放在了"价值补偿"的等式右边，而资本循环放在了"价值创造"的等式左边，由此产生了前提假设与计量结果间的悖论。集中于剩余收益的利润计量思路显然忽略了基本前提：怎样才会有剩余，剩余在什么条件下才会存在？而这种基本前提的成立需要自然契约来维系。

工业文明主导下利润计量目标的本末倒置，以及前提假设的逻辑悖论给资源企业留下了生态寻租的空间，资源企业以花费成本为代价，换取了污染自然环境的权利，保护的速度远远不及破坏的速度。① 成本补偿仅仅从弱化负面影响出发，真正的利益主体没有获取应得报酬，反而在社会各级组织发育程度非均衡的制度背景下，演变成了强势利益主体寻租的潜在途径，更为严重的是在生态危机利益矛盾的化解过程中，具有沉没成本性质的谈判和制衡会使人类贻误修补生态危机的机会。生态寻租的本质是转嫁环境成本，是对人类共同财富的浪费，从根本上造成自然资源代际间使用权利的不公平。为了使生态寻租归零从而延续代际利益，股东权益应该有限化、合理化，资源企业需要认可自然权利，承认自然界隐性的利益诉求，并自觉地予以满足，将获利导向由经济利润转变为生态利润，使资源企业的环境管理从被动约束走向自觉自为，有意识地引导社会公众进行有效的环境管理，实现资源企业从资源消耗者转变为资源创造者，延缓逼近生态阈值的时间，通过创造生态拐点促进资

① 征收资源与环境相关税费的本意是促使企业在毁坏生态环境之前建立有效的预防机制，但在现实中演变为通过缴纳相关费用边生产、边污染、边治理，虽然对企业产生了一定的约束力，但是最终却由作为终极顾客的人类共同埋单，这不能不引发人们深入思考以成本扣除式的方式征收环境税费的根本合理性。

源企业可持续发展[①]。

2. 生态利润计量与生态循环会计等式

生态价值界定为人与自然间的生态和谐程度和人类之间关系和谐化的动态过程。资源企业价值是生态价值的子集，资源企业价值的边界扩展是与生态价值在更大范围的重合。以生态权利为纽带来沟通社会生态价值与企业生态效益，工业文明下的会计等式可以改写为生态循环会计等式，如图8—5所示。

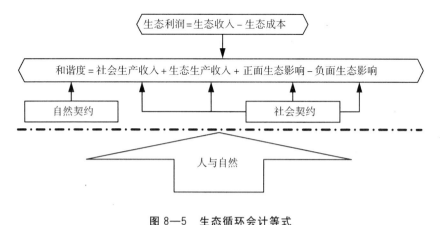

图8—5　生态循环会计等式

资料来源：作者整理。

第一，生态利润的计量。会计信息系统不仅是人类群体关于商业信息交流的重要渠道，也是人与自然之间物质能量交换的量化语言。生态循环会计等式的重心区别于工业文明主导下利润计量等式中的资本逻辑，公式右边是人与人的和谐，属于社会契约，是收入和成本，其中生态收入来源于"企业创造的顾客"（德鲁克，1999）和新型的生活消费方式，具体包括社会意义上的生产收入和生态意义上的生产收入，前者具有直接、即时、可量化的特征，表现为货币形态的实际收益等，后者具有间接、长期量化的特征，表现为生态竞争能力、生态声誉、生态制度组合创新的产品等；生态成本是指在创造生态收入时

---

① 例如固碳、碳汇、碳捕捉等新兴的碳清除机制已经成为人类减少对全球气候变化的影响，谋求生态系统出现拐点的可行方法。

产生的最低限度的必要扣除，即作为生态经济主体的资源企业从自然界中获取资源，对外部环境产生的影响，若是正面影响，则作为加项进入生态收入，若是负面影响，则作为生态成本的组成部分，从生态收入中抵减。根据生态系统的能量流动规律，生态成本体现了伦理性和封闭性的双重特性，资源企业在获取和加工资源的生产流程中通过成本的多次循环和能量转换，可以实现成本内化，而不是污染后再耗费资源去治理。[①] 等式的左边是人与自然的和谐，属于自然契约，从本质上反映人类获取、加工利用自然资源对自然的影响程度。和谐度可以通过人类活动与自然环境的配比度来反映，主要包括两个层面：一是人类获取资源的速度是否与自然再生的速度相配比；二是人类向自然排放资源的速度是否与自然净化的速度相配比。

生态利润计量是对人类与自然互动作用在不同时空范围下各个层次的系统演化的物质流、能量流、价值流、信息流的整合反映。按照能值分析理论奥德姆（Odum，1996），人类与自然环境活动的基础均来自于太阳能，可以将人类与自然界活动的各种影响转化为太阳能进行通约，为生态利润计量提供新的基础。传统会计计量体系以货币计量为核心，无法有效地将自然环境变化的影响纳入其中，从根本上影响了资源企业管理的理论与实践。"能值是真实经济财富的度量标准，也是衡量自然和人类经济系统行为的客观标准"（戴波，2007）。通过能值分析，有效地解决了人类与自然环境活动中的计量问题，不仅为社会有效反映资源企业的活动对自然产生的根本性影响，也为社会评价资源企业的生态活动效益提供了基础，从而使计量体系实现自然计量与市场计量的有机结合，实现能值计量与货币计量的有效统一，为资源企业会计计量基础、社会统计以及市场评价机制等提供了基本的计量工

---

① 矿泉水悖论恰是人类在传统利润观下的产物。原本在人类活动近处伸手可得的水，因为人类活动遭受污染而无法取用，转而从远方费时费力获得洁净水，并组建了富有效率的矿泉水企业；但是企业在取水的过程中更大程度地消耗了资源，并使污染半径扩大，从而促使人们寻求更远的水源。这种悖论循环正是传统利润观的必然结果。

具，从根本上解决了资源企业管理实践的核心问题。生态会计方程式是人与自然关系的统一、是自然契约与社会契约的统一、是能值计量与货币计量的统一。

生态利润集中表现了自然契约和社会契约矛盾的演化，它并非破坏生态后补偿所产生的效益，而是贯穿于资源企业全部生产流程的整合效益，是促使生态拐点向有利方向发展的留存积累。脱离自然契约的股东价值最大化过程最终会由于自然界生态循环系统的恶化而归零。因此，生态利润是基本底线，是资源企业价值计量的基数，没有生态利润这个重要的"1"，再多的企业价值也是"零"。

第二，生态循环会计等式的内涵。股东价值至上观是造成当前系列环境问题的重要原因，市场扩张的结果是无休止地索取自然资源，降低成本的迫切要求导致废弃物的随意排放和跨地区转移，公司"唯利是图、剥削成性"的病态会危及整个地球生态、人类健康和社会形态（乔尔·巴肯，2008）。扬弃股东价值观是从根本上对人性的反思，对人类消费方式的反思，对资源企业本质的反思。生态循环会计等式以自然与社会可持续发展为基本前提，通过资金质量和流量的改善对会计核算系统进行根本性变革。生态循环会计等式对传统会计等式的迭代反映的是人类中心观向生态伦理观的回归，是资源企业会计循环与生态循环、内部循环与外部循环、自然循环与社会循环的对接。从资源企业狭义的角度来看，生态利润的获利导向以生态价值流贯通整个会计等式，从绿色输入到绿色生产再到绿色产出，通过生态收入与生态成本要素之间的互动，引导资源企业的生产循环流程，而不是就单独的收入或成本来衡量对生态利润的影响，避免了区域成本转嫁或不计投入地盲目扩大收入。从社会广义的角度来看，当前人类社会的利益矛盾关系和阶层结构归根结底是对自然资源控制程度差异化的表现，特别是在经济发展阶段不平衡且环保问题较为突出的国家，这种最原始的差异所引致的矛盾会激发人类的物质占有欲望，利益结构的过度失衡导致人与自然关系的日益恶化，对自然的索取和破坏越发严重。要改善这种恶性循环的局面，仅仅寄希望于弥补是不现实的，从根本上变革经济增长方式，突破现有资源增长的约束空间，通过发展观的革新和会计创新、产业创新，在人与自然的和谐共处中实现人的价值以及生活成本和生活质量的配比，即物质层面的适度消费与精神层面的不懈追求，不断更新人与自然关系的知识结构，这是新型工业化应该倡导的消费理念，也是资源企业引领社会发展的重要使命。

第三节　西部矿产资源开发利益统筹机制设计

一　包容性矿产资源管理体制

我国现行的矿产资源管理体制存在管理失灵的问题，而矿产资源管理体制失灵是造成资源环境管理问题的原因之一，因此，进行体制的适度变革是解决根本问题的出路。要在生态正义、资源平等、制度公正这一框架下，建立以生态环境保护为根基、以人的全面发展为目标、民众广泛参与和基层民主的包容性矿产资源管理体制，如图8—6所示。包容性矿产资源管理体制以矿产资源全民所有为基础，以全国人民代表大会为决策者和监督者，以ENGO（环境非政府组织）和居民为主体组成专门委员会，构建民众参与型权力结构；建立隶属于各级人民代表大会的专门委员会，以搭建矿产资源开发利益相关者合作治理平台，形成以资源地政府为主体、资源地民众广泛参与、资源企业生态发展的矿产资源管理组织结构；构建以法律机制、组织机制、转化机制、信息机制与监督机制为主的利益协调机制，实现矿产资源开发利益主体内部与主体之间以生态利益为核心，生态利益、经济利益、社会利益、政治利益协调发展，实现利益主体间收益与成本配比，实现区域要素资本协同发展。

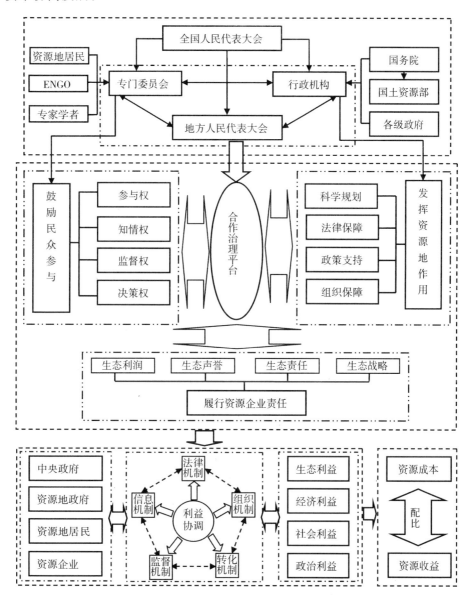

图 8—6 包容性矿产资源管理体制架构

资料来源：作者整理。

1. 包容性矿产资源管理体制权力结构

民众广泛参与型权力结构是包容性矿产资源管理体制的基础，也是组织结构与利益结构的根基。民众广泛参与型权力结构以矿产资源全民所有为前提，以全国人民代表大会为主体，社会民众通过专门委员会参与矿产资源开发，是所有权、监督权、经营权、参与权、决策权等权力一体化的基层民主型权力结构。民众参与型权力结构强调社会民众的参与和地方政府作用的充分发挥，构建民众参与型权力结构需要从以下三方面入手。

第一，以全国人民代表大会为最高决策者。《中华人民共和国宪法》规定，矿产资源归全民所有，即矿产资源所有权属全民所有，因而矿产资源开发决策权与利益分配权应归全民所有。全国人民代表大会是全民的有效代言人，也是我国最高权力机关，故矿产资源开发事务应由全国人民代表大会决策，具体事务交由其下属专门委员会、各级行政机构和地方人民代表大会处理，形成全国人民代表大会、专门委员会、地方人民代表大会三级决策机制。

第二，成立维护资源地居民利益与矿区环境保护专门委员会。社会民众广泛参与矿产资源开发管理需要有效的参与方式和参与平台，参与人民代表大会是其合理的参与方式，而专门委员会则是其参与矿产资源开发管理的合理平台。专门委员会由资源地居民、环境非政府组织（ENGO）以及社会专家等组成。矿产资源地居民是矿产资源的所有者，更是矿产资源开发最直接利益相关者，因而最应参与到矿产资源开发决策与利益分配过程中。环境非政府组织（ENGO）由各个阶层、各个领域的环保爱好者和志愿者组成，在矿产资源开发过程中对生态环境的保护起到重要监督与指导作用，是生态利益得到保证的基本条件，同时也是社会主义生态文明建设的重要媒介。"通过 ENGO 可催生出新的交往方式、社会机制和结构关系，通过环境信息的流动规律，又可以调整社会制度的漏洞，激活环境知识与理性向道德、制度和文化的转化能力，增强社会活力，这从根本上说对于发展社会主义政治文明是个有力的媒介。"① 同时，专门委员会应包括社会各界专家，为矿产资源勘探、评估、开采、恢复、环境保护与相关者利益分配等过程提供理论支撑与实践指导。

第三，优化管理结构，避免多头管理，强化矿产资源的统一管理。"加拿大的安大略等省的矿产资源管理制度之所以行之有效，一条重要的经验就是采取了'矿地一体、以地管矿'的管理方式。它们基于矿产与其赋存的土地之间不可分离的关系，使勘察、采矿用地统一归矿权管理部门管理。"② 我国现行的矿产资源管理体制存在失灵问题，需要理清矿产资源管理行政关系，优化现行管理结构，加强统一管理，形成国务院、国土资源部、地方政府三级行政管理机制。

2. 包容性矿产资源管理体制组织结构

合作治理型组织结构是包容性矿产资源管理体制实施的组织保障。我国矿产资源所有权归全民所有，因而矿业社区治理应在民众广泛参与和基层民主的权力结构下，实行矿产资源利益相关主体以交流协商、合作博弈为主的合作治理。合作治理首先需要搭建有效的合作治理平台，在此基础上，鼓励民众的广泛参与，充分发挥资源地作用，加强资源企业社会责任履行。

第一，搭建矿业社区合作治理平台。设立隶属于地方人民代表大会，以矿区为管理域的矿业社区合作治理委员会，该委员会由资源地居民、政府、资源企业和社会团体组成，为矿产资源开发利益主体提供决策参与平台、信息交流平台、协商对话平台、利益诉求平台。

第二，鼓励民众广泛参与。"公众参与是政策开发和有效实施的重要组成部分。许多国家经验表明，推动公众参与并使公众知情是一种保护环境的高效方法。这可以通过环境教育、生态标志、公布污染物排放数据或建立使公众直

---

① 参见张岂之为《环境正义论》一书所作的序，《环境正义论》作者为［美］彼得·S. 温茨，朱丹琼、宋玉波译，上海人民出版社出版 2007 年版。

② 王庆新：《我国矿产资源管理的问题及对策研究》，华中师范大学出版社 2006 年版。

接参与资源管理的制度等方式来实现。"① 西部矿产资源开发过程中，最首要的问题是生态环境问题，而资源地居民等社会民众是资源地环境的直接受影响者，在矿产资源开发负外部性上最具发言权。因而，合作治理组织结构中，应在赋予民众参与权，提高民众参与意识的基础上，赋予社会民众知情权与监督权，参与监督活动。同时，居民是矿产资源的最终所有者，而资源地居民是矿产资源开发最直接利益相关者，应赋予资源地居民决策权，参与矿产资源管理体制制定与实施过程，参与矿产资源开发与生态环境保护决策事务，从根本上实现矿产资源包容性管理，保障生态利益与居民利益。

第三，充分发挥资源地作用。地方政府的双重代理性质决定了其在矿产资源管理体制中的多重身份，不仅参与矿产资源管理体制制定，也是矿产资源管理体制的具体实施者，还是矿产资源管理体制实施监管者。因而，包容性矿产资源管理体制中应充分调动资源地政府的积极性，充分发挥资源地政府作用。在合作治理组织框架下，资源地政府首先应根据国家相关法律法规和矿产资源开发利用形势，结合地方特征，科学制定矿产资源综合规划。其次，在地方法规政策制定过程中，充分考虑生态保护与居民利益，为矿产资源科学开发和矿业社区合作治理提供相关法律保障、政策支持和组织保障。

第四，加强资源企业的社会责任履行。资源企业是矿产资源开发的直接实施者，也是矿产资源管理体制实施的微观载体，同时还是矿产资源开发负外部性的制造者。因而，资源企业在矿产资源开发过程中，应以生态环境友好为基础，强化社会责任的履行，施行生态战略，追求生态利润，树立生态声誉，履行生态责任，把生态成本等相关成本纳入企业成本体系，构建生态循环会计等式，使隐性成本显性化，将外部效应内部化，促进资源企业利益和谐化，为包容性矿产资源管理体制实施和矿产资源开发利益统筹奠定微观基础。

---

① ［美］K. 哈密尔顿：《里约后五年——环境政策的创新》，张庆丰译，中国环境科学出版社 1998年版，第 5—8 页。

3. 包容性矿产资源管理体制利益协调机制

生态利益主导型利益结构是包容性矿产资源管理体制的微观体现。包容性矿产资源管理体制合理制定与有效实施的最终目的是借助合理的矿产资源管理组织机制，形成以生态利益为核心，生态利益、经济利益、社会利益、政治利益协调的矿产资源利益结构。通过构建法律保障、组织优化、资本转化、信息透明、强效监督一体化的利益协调机制，促进利益主体内部及主体间的利益结构协调，实现各利益主体在矿产资源开发中收益与成本的配比，从根本上解决矿产资源开发利益矛盾，实现利益统筹，促进区域要素资本结构协调，实现区域科学发展。

第一，法律机制。法律是行为的最高准则，矿产资源管理法律体系是矿产资源管理的最高准则。因而，协调矿产资源开发利益结构，首先需要完善矿产资源管理法律体系。同时，在执法过程中应鼓励广大公众的参与，尤其是作为现行利益结构中弱势群体的资源地居民更应参与其中。现行矿产资源管理相关法律中有关矿产资源开发生态环境保护与恢复治理的内容较弱，因而在矿产资源管理法律体系建设中，总体上应强调生态环境的保护与恢复治理，并使相关条款细化明确，倡导利益主体树立以生态利益为核心的利益导向。具体来讲，完善矿产资源管理法律体系，需要完善明确的矿产资源所有权政策、独立透明的矿产资源评估政策、透明非歧视的矿产资源矿权（探矿权、采矿权）取得政策、矿山环境影响评估与管理政策、保证符合工作和矿业社区的健康与安全标准的相关政策、矿山环境保护与恢复治理政策、矿山土地使用规划与复垦计划、矿产资源开发税收政策、矿产资源开发争端解决政策、利益主体参与和利益分享等相关法律法规。

第二，组织机制。优化的组织机制是利益协调得以实现的平台。构建合理的组织机制，使得虚拟的矿产资源所有权在财富生产过程中，资源得到合理的配置，防止矿产资源开发中出现利益失衡。具体来讲，需要建立独立的矿权评估组织、矿权转让组织、矿山环境评估与管理组织、矿山环境监管组织、矿业社区治理组织等。

第三，转化机制。区域要素资本转化是利益协调的主要方式。随着矿产资源的不断开发，矿产资源不断减少，导致生态资产降低，其逐渐转化为其他资产形式，引起区域要素资本结构不平衡。同时，"矿产资源空间分布客观性"与"矿产资源利益分配主观性"的二元背离造成矿产资源利益在主体间结构失衡，导致区域要素资本结构失衡，从而影响区域科学发展，因而需要建立一种区域要素资本转化机制使区域资本结构重新平衡，从根本上促进区域科学发展。有效的转化机制是将减少的生态资本转化为其他要素资本：加大矿产资源地教育投入，改善资源地教育设施，提升资源地居民教育水平与技能水平，将生态资本转化为人力资本；加大科研投入，强化产学研结合，将生态资本转化为知识资本；加强资源就地加工，延伸当地资源产业链，将生态资本转化为人造资本；加强矿业对外贸易，将生态资本转化为外贸资本。

第四，监督机制。有效的监督机制是利益主体间利益协调得以实现的外部约束。有效的矿产资源开发监督行为应强化资源地居民与第三方组织的参与，因而监督主体除了政府监管部门外，还应包括资源地居民、第三方组织和社会志愿者，尤其是资源地环境治理应主要由居民和环境非政府组织为主要监督者，因为居民是环境最直接受影响者。

第五，信息机制。透明的信息机制是利益协调的有力保证。透明有效的信息机制不仅是主体之间有效的沟通平台与交流平台，也是利益主体的利益表达机制。在西部矿产资源开发过程中，为实现利益主体间信息对称，避免寻租行为，并使整个矿产资源开发过程及生态环境保护与治理过程得到公众的监督，需要建立一套透明的信息机制，透明的信息机制又需要建立有效的信息披露机制。信息披露机制可利用网络技术建立矿山信息系统，该信息系统应包括地质信息数据库、矿权数据库、矿山环境数据库、资源企业数据库，主要由地方政府和资源企业进行数据更新披露。地质信息数据库主要包括矿山基础地质信息、矿产资源潜力信息、矿山土地信息等；矿权数据库主要包括矿权评估信息、矿权出让信息、矿权转让信息等；矿山环境数据库主要包括矿山地质环境信息、矿山生态环境信息、矿山经济环境信息、矿山社会环境信息等；资源企业数据库主要包括资源开发企业基本信息、资源企业社会责任报告、企业公民报告、企业健康安全报告、企业环境报告等。

二　矿业社区合作治理机制

权利缺失与利益诉求渠道缺位是西部资源开发地居民与政府、企业产生矛盾的根源。实现矿业社区科学发展，需要从法规环境建设、组织机制创新与利益共享机制设计方面入手，通过构建权利保护法规、合作治理结构、利益分享机制的统筹体系，实现利益主体权利保障、决策过程有效参与、资源利益长效分享，增加各利益主体可持续发展资本。优化法规建设从宏观层面出发，以生态政治民主为基础，建立与资源空间分布、利益主体能力、矿权管理相匹配的政策法规，从法律上保障利益主体参与矿产资源开发利益分享之权益。矿业社区合作治理委员会为利益主体提供协商、决策参与、利益诉求及利益分享平台。设立矿业社区科学发展基金，源于资源开发利益，用于资源地人力资本发展，实现自然资本向人力资本转化，进而达到区域要素资本结构动态优化，促进资源地居民全面发展与区域科学发展。

（一）矿业社区合作治理法律保障

法律保障是资源开发利益主体实现利益分享的先决条件。应建立与资源空间分布、利益主体能力、矿权管理相匹配的政策法规，从法律上保障资源开发利益主体参与矿产资源开发利益分享的权益。健全矿区生态补偿机制，保障资源地居民生态权；规范征地搬迁政策，保障资源地居民生存权；完善社会保障体系，保障资源地居民发展权；制定资源收益分享政策，保障资源地居民经济收益权。

第一，健全矿区生态补偿机制，保障资源地居民生态权。全面落实矿山环境治理和生态恢复责任，科学评价矿产资源开发环境治理与生态恢复保证金和矿山生态补偿基金的使用状况，研究制定科学的矿产资源开发生态补偿标准体系。在即将出台的《中华人民共和国生态补偿法》中，优先考虑西部地区的特殊性，在矿产资源生态补偿机制、资源枯竭型地区环境补偿机制等政策中，提高西部地区生态补偿力度。

第二，规范征地搬迁政策，保障资源地居民生存权。完善《中华人民共和国土地管理法》中与保障农民权益不适应的条款，改变现行征地制度对农民补偿标准偏低的现状，改"一次性补偿机制"为"长效补偿机制"，切实保障资源地居民长远利益。参照以经营为目的的农地占用市场价格，确定土地补偿费；参照资产评估办法，确定地上附着物和青苗补偿费；参照城镇工资水平和社会保障水平，确定就业安置补偿标准。改变征地搬迁补偿由行政机关单方面决定的现状，征地搬迁方案由资源地居民与政府、企业三方平等协商确定。严格落实征地搬迁公告与补偿安置方案公告制度，实现征地方案和补偿标准与被征地农民见面，确保资源地居民的知情权、参与权与监督权。

第三，完善社会保障体系，保障资源地居民发展权。"社会保障制度是一个国家或社区为改善和提高成员的物质和精神生活水平而提供的社会服务及其措施。"[①] 完善资源地居民社会保障体系，既使其获得基本的生存权与发展权，又可促进社会稳定发展。《浙江省最低生活保障办法》规定的城乡一体化最低生活保障制度[②]，为建立资源地居民最低生活保障提供制度借鉴，降低资源地居民享受最低保障标准，扩大享受人群；资源开发企业与资源地政府加大对资源地居民的养老保障与医疗保障补贴，降低居民养老保障与医疗保障成本；为资源地居民提供职业教育和培训机会，提高居民整体素质与就业技能，保障资源地居民发展权。

---

① 刘金红、段庆林、董明辉：《我国农村社会保障制度研究》，《中国软科学》2001年第1期。
② 《浙江省最低生活保障办法》（2001）第一条规定"家庭人均收入低于其户籍所在的县（市）或设区的市的最低生活保障标准的居民、村民，均有从当地人民政府获得基本生活物质帮助的权利。"

第四，制定资源收益分享政策，保障资源地居民经济收益权。在现有政策体制下，资源开发收益偏向于企业与政府，资源地居民取得的份额较低，且间接受益的比例较高，居民不能切身感受到收益。探索让资源开发企业从开发收益中拿出一部分资金直接给资源地居民，用于现金分红及基础条件、教育条件的改善，提高资源地居民整体素质与生活水平，保障资源地居民收益权。

（二）矿业社区合作治理委员会

信息获取充分、利益诉求通畅、博弈能力强化是资源开发利益主体实现利益分享的必要条件。应设立隶属于地方人民代表大会的矿业社区合作治理委员会，提供资源开发利益主体参与协商平台、利益诉求平台与利益分享平台。创建决策参与和信息交流平台，提高资源地居民信息获取能力；建立政府、企业与居民协商对话制度，扩展资源地居民利益诉求通道；提供法律援助平台，提升资源地居民博弈能力；搭建就业与创业平台，增强资源地居民就业与经济发展能力。

1. 总体思想

在"党委领导、政府引导、专家指导、企业支持、社会协同、公众参与"的矿业社区管理格局背景下，设立矿业社区合作治理委员会，让资源地居民真正参与矿产资源开发与利益分享，保障资源地居民知情权与参与权、生存权、环境权、发展权等权利集，真正做到"落权予民，还利予民"，达到多元主体管理、鼓励广泛参与、构建合作网络、形成管理合力、营造和谐社区的矿业社区治理目标，实现生态良好、居民生计可持续、企业利润持续增长、区域科学发展的多赢局面。

2. 设计依据

构造矿业社区发展系统模型，矿业社区发展函数可表示为政府发展向量、居民发展向量和企业发展向量的函数。其函数关系可表示为：

$$M=F\ (E_p,\ E_g,\ E_e) \tag{8—6}$$

其中，E_p 为居民发展向量，E_g 为政府发展向量，E_e 为企业发展向量。

由于因变量 M 是自变量 E_p、E_g、E_e 的函数，将自变量 E_p、E_g、E_e 作为三维空间上的三个坐标轴，则每个发展向量 $(E_{p0}，E_{g0}，E_{e0})$，都会在三维发展坐标系中形成一个以 $(0，0，0)$、$(E_{p0}，0，0)$、$(0，E_{g0}，0)$、$(0，0，E_{e0})$ 为四个顶点的长方体发展域。如图 8—7 所示，在利益统筹视角下的矿业社区优化发展向量为 $\overrightarrow{OD}$，而现在没有充分考虑居民利益的发展向量为 $\overrightarrow{OH}$，与最优发展向量 $\overrightarrow{OD}$ 发生偏离，偏离度为 α，α 越小说明发展越优。设立矿业社区合作治理委员会，就是为资源地政府、居民、开发企业提供对话协商的平台，减小偏离度 α，让发展向量向 $\overrightarrow{OD}$ 逼近，从而实现三方协调发展。

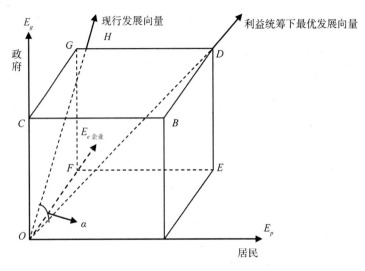

图 8—7　矿业社区发展系统

资料来源：作者整理。

3. 委员会构成主体

如图 8—8 所示，矿业社区合作治理委员会由资源地居民、政府、开发企业与社会专家四方代表组成。委员会是为矿业社区合作治理提供协调和参与的平台，同时为资源开发利益主体提供利益诉求与利益分享平台，更为矿业社区治理提供管理聚合力，从而形成矿业社区治理的和谐管理合力。

资源地政府：占矿业社区管理委员会 1/3 的席位。资源地政府在矿业社区

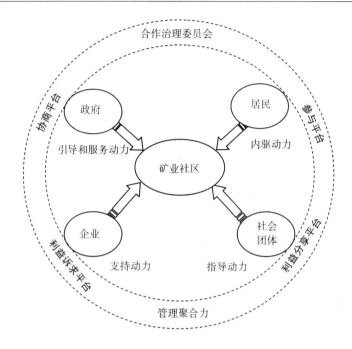

图 8—8　矿业社区合作治理委员会构成主体

资料来源：作者整理。

治理中发挥以下作用：应用各种手段和方式宣传矿业社区，形成有利于矿业社区发展和管理的氛围，重建矿业社区的社会资本，促进资源地居民强化社区意识，积极参与矿业社区治理；根据矿区特点合理制定社区发展规划；指导社区构建完善的社区组织，明晰组织的功能和职责；完善社区参与表达机制与参与渠道，引导社区自我发展；从政策和资源两个方面支持矿业社区治理与发展；成为资源企业、社区居民、社会团体的协调者，促进多元互动关系的形成，进而形成促进社区治理的合力。

　　资源开发企业：占矿业社区管理委员会 1/3 的席位，如果有 2 个及以上开发企业，则同一开发企业代表不超过开发企业代表总席位的 2/3。为矿业社区治理提供全方位资源支持，包括人力资源、物力资源。

　　资源地居民：占矿业社区管理委员会 1/3 的席位。其中，居民代表中普通居民席位应占居民总席位的 2/3。积极参与矿业社区治理与发展，在参与矿产资源开发与利益分享过程中，积极提升自身可行能力。

社会专家（经济、社会、法律、环境等方面）：列席委员会会议，发表意见，但不占总席位，不具有投票权，提供知识、技术支持。

4. 委员会结构

矿业社区合作治理委员会为旨在协调资源利益相关者在资源开发过程中追求自身利益而产生的矛盾，优化资源利益分配结构，实现资源开发利益共享、利益主体和谐相处、矿业社区科学发展与包容性增长的组织机构，是隶属于人民代表大会的专门委员会。矿业社区合作治理委员会下设监察办公室、综合办公室、咨询办公室、协调办公室、发展办公室与基金办公室 6 个常设机构，如图 8—9 所示。

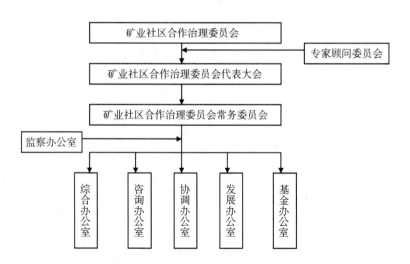

图 8—9　矿业社区合作治理委员会组织结构

资料来源：作者整理。

综合办公室：是矿业社区合作治理委员会常设工作机构，主要负责矿业社区合作治理委员会日常运作、来访接待、会议安排与召集、网站建设与维护及相关事宜。

咨询办公室：是矿业社区合作治理委员会常设工作机构，负责提供资源开发相关法律政策咨询，利益相关方法律支持与援助及其他相关事宜。

协调办公室：是矿业社区合作治理委员会常设工作机构，负责信访、上访接待与答复，突发性事件处理，三方矛盾冲突协调处理及其他相关事宜。

监察办公室：是矿业社区合作治理委员会常设工作机构，主要负责对基金管理、投资监管，对社区发展政策落实情况监督，建立信息披露机制。

发展办公室：是矿业社区合作治理委员会常设工作机构，主要负责矿业社区发展基金收益的使用规划与分配，组织制定矿业社区发展规划、规划实施监管与发展评估，编制基金使用与社区发展年度报告及其他相关事宜。

基金办公室：是矿业社区合作治理委员会常设工作机构，主要负责矿业社区科学发展基金的监督管理，组织制定基金经营与管理的相关法律法规及其他相关事宜。

5.委员会运作

会议投票采用一席一票制，会议决议需要 2/3 以上且是三方代表的 2/3 以上票数通过方可实行。

代表选举基本单元为矿区，即基本代表由矿区所辖地直接选举产生。如，达州市矿业社区合作治理委员会的代表由达州市所辖矿区直接选举产生，各矿区代表名额视矿区产出而定。

（三）矿业社区科学发展基金

合理的利益分享机制是资源开发利益主体实现资源利益分享的充分条件。设立矿业社区科学发展基金，基金来源于矿业权出让所得、资源税、资源补偿费等，运用于以下五个方面：环境保护与生态发展，提升自然资本积累能力；基础设施与公共服务建设，为失地农民提供良好的医疗服务、完备的交通设施、充足的市场信息，增强物质资本积累能力；职业教育与技术培训，提高就业市场竞争力，再造人力资本积累能力；社会性投资，实现失地农民投融资社会化、组织化，增强金融资本积累能力；基金管理与合作委员会发展，提升社会资本积累能力。

1. 基金结构

矿业社区科学发展基金由矿业社区合作治理委员会发起成立，具体由基金办公室负责监督管理，矿业社区居民按份共有，矿业社区发展基金管理公司负责基金具体经营管理。基金主要以资源开发企业、资源地政府、资源输入地、社会捐赠四方作为来源，基金收益由发展办公室负责分配，主要用于人力资本投资与环境保护建设。基金结构如图8—10所示。

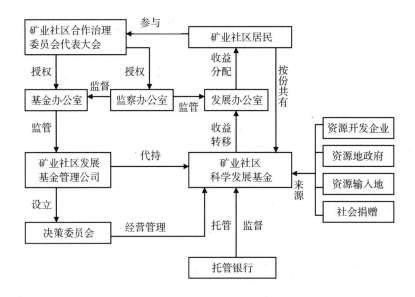

图8—10　矿业社区科学发展基金结构

资料来源：作者整理。

受益人：指矿业社区发展基金设立时在册的矿业社区合作治理委员会管理域辖区内的中华人民共和国公民。

受托人：受托人根据法律的规定，以自己的名义，代表矿业社区发展基金行使管理基金财产的各项权利。

受托人名称为"矿业社区发展基金管理有限公司"，作为特设机构，由矿业社区合作治理委员会基金办公室负责管理，主要人员来自资源地政府、居民、开发企业与社会专家。

基金管理公司本身只负责基金的日常经营管理工作，每只基金的重大决策事项由基金决策委员会或矿业社区合作治理委员会代表大会决定。

基金管理公司是在工商部门依法注册的经济实体，公司实行董事会负责制，其主要管理人员由矿业社区合作治理委员会委派，并对其负责。

基金决策委员会：受托人为每只基金设立独立的决策委员会，约 9 人，其成员由受托人及社会人士组成，其中社会人士不少于 2/3，社会人士向全球公开招聘，所有委员由受托人提名，由矿业社区合作治理委员会代表大会表决通过。

托管人：托管人为商业银行，对受托人的划款指令与清算指令进行监督与执行，负责编制和披露基金单位净值等工作。

2. 基金来源

矿业社区科学发展基金拟通过以下 4 种途径筹集：第一，从位于矿业社区管理范围内的资源开发企业收取资金，按企业每年的资源开采量收取，标准由矿业社区合作治理委员会代表大会讨论决定；第二，从省、市、县三级财政增收中提取一定比例分配给该基金；第三，从资源输入地收取一定资源使用费，按输入地每年使用输出地资源量收取，标准由矿业社区合作治理委员会与资源输入地政府协调决定；第四，接受矿业社区管理域范围内的资源开发企业及社会其他社会团体的捐助，鼓励企业在现有基础上加大捐赠力度。

3. 基金投资及管理

基金投资坚持不与民争利、谨慎投资、市场化与基金本金保值原则。基金由决策委员会负责投资决策，决策委员会以其投资业绩对受益人承担经营责任。重大投资事项需要经过矿业社区合作治理委员会代表大会表决通过。基金具体管理投资与管理由矿业社区发展基金管理公司负责。

4. 基金收益分配

每一个基金份额享有同等的收益分配权。基金份额可以下分配：基本份额为委员会管理域内在册居民每人 1 份, 失地农民以失去土地适当增加份额 (如 1 亩 1 份) 保障其利益。

基金采取现金分红与公共投资相结合的方式。可将基金收益的 50% 用于现金分红, 50% 用于公共投资。其中, 公共投资主要用于矿业社区居民从小学到大学的教育以及医疗、社保等促进人的全面发展方面, 实现自然资本向人力资本转化; 其次用于矿业社区环保、基础设施等建设方面; 用于延伸生态产业链, 将资源优势转化为经济优势。

(四) 矿业社区合作治理试验方案

矿业社区治理机制的复杂性和中国发展 "以点带面" 模式决定了矿业社区合作治理机制需要先行试验, 取得成功经验后再全面推广。试验区应遵循典型性和可操作性原则, 达州天然气开发在西部矿产资源开发中具有典型性, 同时达州地税局油气田分局的建立为试验方案的成功实施奠定了基础, 具有较强可操作性。因而, 本书以达州为试验区设计矿业社区合作治理试验方案。

1. 试验必要性

第一, 机制设计的复杂性。西部地区矿产资源种类众多, 资源富集地自然、经济、社会条件差异较大, 而且不同的矿产资源有不同的开发模式, 不同的资源地居民参与方式产生的影响也有差异, 因此, 设计矿产资源开发的居民受益机制所面临的现实情况相当复杂。

第二, 中国发展 "以点带面" 模式。从中国发展历史看, 很多具有探索性的发展创新基本都是采取先试验再推广的 "以点带面" 模式开展。中国的改革开放先从设立深圳、珠海、厦门、汕头 4 个经济特区, 然后推广到沿海地区, 再进一步延伸到沿江和沿边地区, 最后实现全国对外开放。中国农村改革是从安徽农村的联产承包责任制开始, 再逐渐进行全国推广。在新的历史条件下, 落实科学发展观, 探索城乡统筹发展的体制机制, 将成都、重庆确定为 "全国统筹城乡综合配套改革试验区"; 在两型社会建设创新中, 将湖南的长株潭城市群和湖北省的武汉城市圈确定为 "全国建设资源节约型和环境友好型社会综合配套改革试验区";在资源税改革创新中,首先以新疆维吾尔自治区为试验区。西部地区矿业社区合作治理与资源地居民利益分享机制的设计也是一项探索性的工作,需要采取先试验、再推广的"以点带面"模式开展,先在资源开发典型地区进行试验,在总结经验后再推广到其他资源富集地区。

2.综合试验区选择

资源地居民利益分享机制创新探索应先试验再推广,在试验区的选择上,应该遵循试验区矿产资源典型性、资源开发代表性与方案可操作性三项原则。天然气是西部矿产资源的典型代表,而达州普光气田在开发过程中具有较强典型性。同时,达州地方税务局油气田分局的成立是资源开发利益分享机制的一项创新。因而设立达州综合试验区不仅具有代表性,而且具有较强的实践操作性。

第一,天然气在西部矿产资源中具有典型代表性。西部地区的众多矿产资源中,主要有煤炭、石油、天然气等能源资源,铜矿、铝土矿、铅锌矿等有色金属矿资源,以及磷矿、钾矿等化学矿资源。而作为战略资源之一的天然气在西部地区的储量占绝对优势,同时天然气又是基础能源,对全国经济、社会发展具有重要支撑,对资源开发地居民影响较深,是西部矿产资源的典型代表,故作为试验对象。

第二,达州天然气开发在西部资源开发方面具有典型代表性。达州普光气田是我国目前规模最大、丰度最高的特大型整装海相气田,是川气东送工程的首站和主要气源地,其配套天然气净化厂为亚洲最大。同时,普光气田气源具有深压高含硫特征,在开发过程中对环境影响较为严重。且由于普光气田开发及其配套设施建设拆迁居民 3447 户、12339 人[①],实行集中安置为主,分散安置相结合,对居民影响较为突出。因此,选择达州市作为矿业社区合作治理综

----

① 数据统计截止时间为 2010 年 1 月 15 日,来源于宣汉县普光气田开发及净化厂建设地方工作指挥部。

合试验区。

第三，达州试验区具有实践可行性。达州地方税务局油气田分局是川东首个行业税企管理分局，是对资源开发税收管理机制的一项创新，同时也是资源开发利益分享机制的一项创新。因此，选择四川省达州市作为矿业社区合作治理综合试验区不仅具有典型代表性，且具有较强的实践操作性。

3. 达州综合试验区具体试验内容

通过构建资源地居民利益分享法规、利益分享参与平台、利益分享机制的统筹体系，实现资源地居民生计资本可持续增加与矿业社区科学发展。然而，有关政策法规的完善与健全涉及面较宽且调整时间较长，故达州综合试验区以建立矿业社区合作治理委员会和设立矿业社区科学发展基金两方面为主要试验领域，以建立稳定有效的矿业社区合作治理委员会运行机制、形成稳定的"矿业社区科学发展基金"来源、规范基金收支管理办法为具体试验内容。

第一，建立稳定有效的矿业社区合作治理委员会运行机制。矿业社区合作治理委员会的设立是为资源开发利益主体提供资源开发利益分享与诉求平台，开发决策协商参与平台。为保证委员会的有效运行需要建立完善的运作机制，因此，达州综合试验区需要在实践中不断总结完善委员会管理、代表选举、监督管理、信息披露等运作机制。

第二，形成稳定的"矿业社区科学发展基金"来源。在基金设立初期由中央财政与四川省政府财政提供种子基金，以资源开发利益提成、地方政府收益提成、资源输入地付费、社会团体捐赠作为基金基本资金来源。

种子基金。中央财政与四川省政府财政以试验启动经费形式，给予达州矿业社区科学发展基金一定额度的种子资金。同时，为建立矿业社区合作治理及科学发展基金提供必要的法律法规支持。

资源开发利益提成。从位于达州矿业社区管理范围内的资源开发企业收取资金，按企业每年的资源开采量收取，标准由达州矿业社区合作治理委员会代表大会讨论决定。

达州市政府收益提成。从达州市政府提取一定比例的资源开发收益，作为矿业社区科学发展基金的前期主要来源之一。在现有的财政管理体制中，可将资源税收的地方分成部分提取一定比例，专项用于矿业社区科学发展基金。

资源输入地付费。按照"谁享受谁付费"原则，从资源输入地收取一定资源使用费，按输入地每年使用达州市资源量收取，标准由达州市政府与资源输入地政府协商决定。

资源开发企业及社会团体捐赠。2008年实施的《中华人民共和国所得税法》规定，企业发生的公益性捐赠支出，在年度利润总额12％以内的部分，准予在计算应纳税所得额时扣除。由于资源开发企业的特殊性，对资源地居民负有特别的社会责任，需给予这一税前扣除项目一定规定，使资源开发企业切实履行其社会责任。因此，鼓励达州矿业社区管理域内的资源开发企业与其他社会团体加大捐赠力度。

第三，规范基金管理办法。矿业社区科学发展基金设立的宗旨是在资源开发过程中，将自然资本转化为人力资本，以提高矿业社区居民可持续生计能力，实现区域科学发展。基金目标的实现需要健全的基金管理办法规范基金的投资与收益分配。达州矿业社区科学发展基金由基金管理公司负责投资决策，重大投资项目由受益人大会（矿业社区合作治理委员会代表大会）决定，同时由基金管理公司负责编制投资方案与年度报告。在基金收益支出方面，建立完善的信息披露与投诉机制。基金收益分配方案由发展办公室制定，委员会代表大会讨论决定。基金收益部分用于分红，剩余部分首先用于矿业社区教育以及医疗、社保等人力资本投入，其次用于环境保护、基础设施及生态产业链发展建设。

4. 试验工作组织实施

达州矿业社区合作治理综合试验区试验方案具体实施路径如图8—11所示，整个试验过程由地方政府协调、多方参与、专家指导。

第一，方案设计。由四川省、达州市、宣汉县三级政府组织政府、企业、

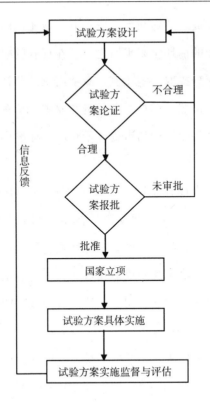

图 8—11 达州综合实验区试验方案实施路径

资料来源：作者整理。

居民、专家四方代表组成试验方案设计小组，负责试验方案的具体设计。

第二，方案论证。由达州市委、市政府聘请经济学、社会学、法学、环境学等领域相关专家成立专家顾问小组，负责对试验方案的合理性、可行性进行论证。

第三，报批立项。通过可行性论证的试验方案报国家相关部门审批，获批后由国务院及相关部门正式下文立项实施。

第四，方案实施。四川省委省政府、达州市市委市政府联合成立试验区协调小组。有关县委和政府成立试验实施小组，负责组织试验方案实施，并协调和解决方案实施过程中出现的各种矛盾和问题。由达州市委市政府聘请相关专家学者成立指导小组，在方案实施过程中给予指导和帮助，同时对协调小组与实施小组相关成员进行培训。

第五，方案实施监督与评估。由政府、企业、居民与专家组成联合监督小组，负责试验方案的实施监督与评估，并在专家指导下对试验方案不断改进，总结试验成功经验作为试验内容推广的依据与参照。

第六，相关部门支持。财政部及其他相关部门对试验区协调和组织实施所需的办公运行费及相关政策法规给予专门的支持，并对矿业社区科学发展基金给予来源支持。

5. 试验预期效果

达州综合试验区是矿业社区治理机制与资源开发利益分享机制的探索，试验项目的成功实施，是对西部大开发战略的深入实施与西部大开发政策的贯彻落实，不仅可以提升资源地居民的可持续生计能力、提高资源富集地区的公共福利水平、实现资源地财政稳定与科学发展，还可以为国务院等相关部门制定相关政策提供重要依据。

第一，深入实施西部大开发战略，贯彻落实西部大开发政策。实施西部大开发以来，国家给予了西部一系列的优惠政策。这些政策优惠以对西部企业减税让利为主，改善了西部地区的投资环境，提高了西部地区招商引资能力与企业竞争力，但是并没有给西部地区政府和居民带来较大利益。西部大开发的目标是提升西部地区人民的生存与发展能力。然而在西部矿产资源开发过程中，资源地居民不仅不能参与资源开发利益分配，而且还得承担资源开发负外部性。因此，建立矿业社区合作治理委员会，让资源地居民参与分享资源开发企业在资源开发过程中因享受政策优惠取得的收益，有助于西部大开发，更是对西部大开发政策的贯彻落实与西部大开发战略的深入实施。

第二，探索矿业社区科学发展路径，提供相关政策制定依据。矿业社区的治理与发展和资源开发利益分享至今没有一套完善的有效机制。达州综合试验区是对矿业社区发展路径与资源开发利益分享机制的创新、探索与具体化。因此，试验项目的成功执行，总结其成功经验，可以成为其他资源富集地矿业社区治理与利益分享的借鉴，同时可以成为国务院等相关部门制定矿业社区治理与资源开发利益分配格局优化政策的重要依据。

第三，调节资源地政府财政结构，确保地方政府财政稳定。西部地区一些资源富集地的财政收入随着资源开发的加快呈现超常规发展，其增长速度高于全省甚至全国的平均水平。在"以收定支"的地方财政收支政策下，资源富集地的财政支出也随收入的增长而非理性快速增长，出现财政收支膨胀。通过设立矿业社区科学发展基金，把资源地政府因资源开发而快速增长的财政收入纳入其中，既可以使一般预算支出实现理性增长，也可以使西部资源富集地有充足的财力实现矿业社区与人力资本的发展。在调节财政结构的基础上，确保资源富集地政府的财政稳定。同时由于资源地居民参与资源开发利益分享，实现生计可持续，可以为解决民生问题提供一定经验。

第四，资源富集地通过组织创新，共享改革成果，促进科学发展。西部地区各级政府，在收入快速增长的同时，面临着环境成本、社会发展成本大幅度提高，资源地居民总体收益亏损的局面。在目前的组织机制下，西部资源富集地区很难通过自身的制度创新弥补这些亏损，急需中央的政策支持，通过组织机制创新实现资源开发中资源地政府与资源地居民的可持续发展。达州综合试验区设计设立的矿业社区合作治理委员会与科学发展基金，可以较好地弥补资源地政府与居民的损失，减少发展成本，从而实现资源地居民生计能力可持续、矿业社区科学发展，资源开发企业与政府、居民和谐共赢。

三 资源产业链整合机制

包容性矿产资源管理体制和矿业社区合作治理机制为西部矿产资源开发利益统筹提供了宏观的和谐环境，而资源产业链整合机制则从中观角度出发，将资源企业与同质资源企业、异质资源企业、其他类型资源企业链接起来，构建企业网络，使区域要素资本在资源产业链整合中发挥集成效应，成为在资源富集地区资源开发中各项资本优化配置的重要平台，进而在区域科学发展与资源产业链整合之间形成内在的逻辑关系，变资源优势为经济优势，实现区域要素协同共生，促进西部地区科学发展。

资源产业链伴随着资源产业内部的分工发展得以产生，是以自然资源为纽带，基于上、中、下游的资源企业之间输入和输出资源性原材料或资源产品的密切联系，具有内在技术经济联系的资源产业部门形成的价值创造链接体。但是具有关联关系的开采、加工、分销等产业部门在一定空间上集结形成的资源产业链往往只是在形式上具备产业链的基本特征，而在市场和其他力量的作用下，仍然处于不断的动态调整中，表现为资源产业链整合，进而实现资源产业链优化。可见，资源产业链整合是在资本与知识的驱动下，掌握产业链关键环节的资源控制权，通过循环经济管理构建企业资源产品输入和输出结构，以获取生态利润的发展观来统筹与服务企业、政府、居民等的利益关系，从而实现以有形产品为载体的资源流动与知识流动、资本流动、生态流动和谐的优化共生系统的过程。资源产业链有效整合将促进各种要素资本之间的相互转化，尤其是其他资本向生态资本的转化，以生态资本来打破不同资本类型的差异，最大限度地融合各种要素资本对区域科学发展的正面效应，抵消负面影响，优化区域发展要素资本结构，以保证区域发展红利的总量持续增长。

产业链的形成缘于企业间的职能分工，而产业链的整合则需要上中下游企业间的合作。因此，产业链上中下游的企业矛盾本质上是分工与合作的协调，是由定价权所决定的资源配置问题，是区域矛盾在微观企业运作层面的集中表现。由于产业链的空间分布形态非均衡、地方政府和企业的双重利润流失、资源企业产业链整合的驱动不足、区域自然和生态成本透支、区域资本配置效率低下，导致资源产业链内部的企业间利益失衡，资源开发的收益没有进行优化配置，从而造成资源散乱开发，使定价权失去了基本的依据，并在低价下进一步加剧了资源的乱开发，从根本上对区域环境产生负面影响，区域难以获得资源开发收益。资源产业链整合程度低导致区域发展破坏了环境的同时也失去了资源以及资源收益，对区域发展要素产生毁灭性影响，阻碍西部地区科学发展。

基于此，资源产业链整合机制不仅应该包括工艺技术层面的企业间整合，还应包括资源产业与区域间整合、区域与区域间整合。其中，企业整合是指根据资源产品本身的物理化学性质，按照既定的工艺技术流程，通过资源产品的精深加工、产业园区、工业园区的发展，与第三产业服务配套企业的合作，分别实现资源产业链的纵向整合、横向整合与侧向整合；资源产业与区域整合是将企业整合的正向影响辐射到产业链所在区域，以产业链作为优化配置区域要素资本的机制来巩固区域现有发展优势，并培育新的发展机会，使得资源产业链的整合与区域经济发展互相促进；区域与区域整合既包括了国内东中西部之间、各省市之间的整合，也包括了世界范围内的整合，这是由资源产业链本身应该具备的空间形态特征，以及资源产业链整合过程中对各种要素资本的吸附能力所决定的。

1. 资源企业整合

资源企业整合是对资源产业链整合机制的狭义理解，是实现资源产业与区域整合、区域间整合的基础，整合的主体是企业、政府、园区等资源产业链上的节点组织，整合的对象是产业链上的资源流、资本流、知识流、生态流，以及区域要素资本。面对资源约束强化和竞争日益激烈的客观环境，资源企业整合必须从资源驱动型向资本与知识驱动型转变。

资源产业链整合是资源产业链实现从无序到有序、从低序到高序演化的重要途径。在一定的区域环境中，资源产业链整合以节点企业为主体，以核心企业为主导，根据资源产业链内生逻辑，企业间互相合作，在资本与知识的驱动下实现资源优化配置。其实质是企业突破边界，为降低交易成本，在资源产业链上寻求最佳资源组合，通过拓展可利用的资源空间来修正资源约束条件，实现资源从狭义向广义、外部向内部的转变。在不同的发展阶段，资源产业链整合的边界和效果取决于企业对广义资源的控制力,而这种控制力来源于资本与知识的积累。

图8—12中资源产业链整合的主体是企业,包括资源产业链上的核心企业、其他节点企业和依附于资源产业链、为资源产业链整合提供辅助配套服务的相关企业,资源产业链整合的客体是各种生产要素,包括资源、资本、知识等。同时,政府需要制定有效的产业政策来鼓励资源产业链整合,建立合理高效的管理体制来引导资源产业链整合方向,营造开放流动的环境来降低资源产业链整合成本。而市场则通过自由竞争来优化配置生产要素,促使节点企业积极创造条件改善区域环境,维持资源产业链系统的开放,这是资源产业链进化到耗散结构的前提。

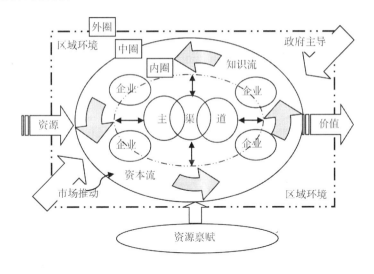

图 8—12 资源企业整合机制

资料来源:作者整理。

由于资源约束的不断强化,资源产业链整合的可行域趋于萎缩,而在较大可行域中才更有可能寻求最优化的定位。因此资源产业链整合需要企业发挥主体作用,从其他维度另辟蹊径,对可行域的边界施加反作用力,扩大其隐性的概念边界。资本与知识两个影响权重越来越大的生产要素作为新的维度为资源产业链整合提供了一个良好范式。资源产业链整合正是源于核心企业与其他节点企业、配套企业之间通过开放的区域环境交换资本与知识而产生的相互吸引。图8—12中，资源作为初始要素，既是积累资本和生产知识的基础，也是资源产业链整合的对象。资源产业链整合以资源禀赋为底线，形成了内圈、中圈、外圈三个整合层次。

内圈以核心企业为主导，企业间并非简单的并列关系，而是两两交集，公共部分代表资本与知识的内生凝结，是企业合作的基础。其他节点企业和配套企业绕核运动，依据资源产业链的自然属性呈现环环相扣的形态，形成链式结构。通过核心企业之间建立战略联盟，实现对某种关键要素的控制和共享，对其他节点企业和配套企业形成强大的吸引，多方建立以资源、资本与知识为载体的合作机制来增强企业对资源的掌控力，进而实现资源产业链的微观整合。与内圈相对应的整合路径是纵向整合，纵向整合着眼于资源产业链环节的完整性、延伸力以及耦合度，实现由点到线的过渡。从资源产业链完备性角度出发，由于核心企业是资源产业链主渠道上的关键节点，这就要求核心企业要构建从开发到粗加工再到精深加工的资源产业链体系雏形，在重要环节进行创新与知识积累，使资源产业链向高创值的下游拓展，为资源产业链横向与侧向整合奠定基础；另外，其他节点企业要在主渠道的夹层中补充资源产业链的缺失环节，连接主渠道上的关键点，使主渠道由间断变为连续。从资源产业链延伸力角度出发，企业要深挖工艺技术，扩展终端产品的应用领域，将知识往更细更深的方向渗透，开发高附加值产品。从资源产业链耦合度角度出发，节点企业要在沟通与合作的基础上，合理配置生产要素，匹配环节间的协调度，避免生产要素在链上出现反复循环，造成价值流短路。

中圈突破内圈单一资源产业链整合，形成比内圈相对宏观的资本流与知识流绕链循环，在初始资源性质或终端产品结构等方面具有相似属性的资源产业链开始链间整合。企业凭借纵向整合积累的资本与知识进一步控制链外资源，资源的初始异质性在被弱化，狭义资源开始转变为广义资源。与中圈相对应的整合路径是横向整合，横向整合着眼于资源产业链整合范围的横向集群式扩展，实现由线到面的过渡。企业可以运用兼并、重组等资本运作方式来与链外相关企业进行知识合作，或利用积累的资本与知识在企业内部组建若干子链。当子链演化到一定程度，便和主链共同构成了平行结构，形成集中度高、关联性强、群体效应显著的产业集群。

外圈突破内圈与中圈单一产业整合，在中圈整合的基础上既从地理空间，也从产业空间向外扩展。资源产业链整合是资本与知识外溢的过程，随着整合进程的深入，知识越具有共享性，资本越具有横断性，但在生产过程中积累的资本与知识在企业内部也面临着饱和问题，如何协调这一矛盾，跨区域跨产业的外圈整合就成为现实选择。资源开发利用效率最好的企业能生产出专用性知识，这种专用性知识使企业在竞争中具有比较优势，并能够比同类企业积累更多的资本。借助于资本与专用性知识，企业可以对异地异质资源进行整合，从而控制更多的资源，积累更多的资本，进一步促进知识的生产。与外圈相对应的整合路径是侧向整合，侧向整合着眼于不同性质的资源产业链间整合，其实质是产业整合，实现由面到网的过渡。基于公共服务平台，企业可以借助资本驱动来整合物流、金融、信息等通用型服务配套产业，对资源产业链进行网络化、多功能化的扩展，甚至向其他优势产业转型，避免出现资源产业链同构造成的恶性竞争与资源浪费。

资本和知识是生产函数中产品输出的必要条件，资本以财务能力和财务管理能力得以表现，而知识以产业链关键技术和人才得以表现。资源产业链上的企业在获取了一定的财务资源，并且具备与之匹配的管理能力的基础上，通过资本运作，可以实现原始资本的增值，利用资本可以换取对等的知识。有了资本与知识的驱动，产业链才具备了整合的动力。资源产业链整合的三维路径具有层层递进的演化特征，是在资本与知识的驱动下前后相继的历史过程。资源空间拓展能力直接制约资源产业链整合能力，资源产业链整合程度越高，资本与知识的驱动效应越明显。

2. 资源产业与区域整合

区域发展程度取决于资源综合利用程度及区域要素资本结构优化程度，资源产业与区域整合的实质是寻求有效路径来破解"资源诅咒"命题，从而实现区域科学发展。区域既定的发展现状是区域要素资本长期动态调整的结果，西部长期以来的发展历程导致农业资源与农业资本形成一定的对应结构。资源开发必然导致区域资源结构发生变化，当矿产资源开发对区域资源进行动态调整的时候，农业资源基本要素首先变更，居民原有的生活环境进行调整，它所支撑的农业资本就失去了基本的存在基础，并要求区域人力资源、金融资源、要素资源等与自然资源寻求新的动态平衡。因此，矿业资源开发改变了资源结构，对应的区域资本积累也需要一个积累与转换的过程。

定位于产业链下游精细加工的东部地区，本身具备良好的社会资本结构基础，优势资源自动向其汇集，而西部地区尽管在矿产资源禀赋上优于东部，但是由于历史条件等客观原因，各项原始要素资本积累不足，特别是在西部矿产资源开发利用中，资源地居民失去了基本的生存权、环境权与发展权，居民基本权益的丧失，以及可持续生计能力的缺乏，资源与资本的双重流失使得区域人力资本积累不足，大多数企业单纯地只生产初级资源产品，没有对区域发展的要素资本进行有效积累，只是一味依赖资源禀赋，忽视了要在当地进行物质资本储备的同时，尽快培育人力资本，造成因资源开发所产生的资本结构失衡，缺乏企业和区域可持续发展的动力来源。

由于资源开发并没有带来区域资本配置效率的提高，社会的资本结构和组织结构单一化发展，随着可供开发的后备矿产资源逐渐减少，开采成本逐年攀升，西部资源产业链、资源企业、资源型城市的发展主要依托矿产资源禀赋，普遍面临着资源逐渐减少，而其他资本积累不足的未来发展道路选择问题。资源一旦枯竭，以矿产资源为基础形成的主导产业或主营业务将逐渐衰退。正是由于对资源禀赋和产业链上游初级开采的严重依赖，使得区域资源产业结构趋同，简单资源驱动的发展模式将整合空间的范围禁锢了，差异化只能是局部的差异化、有限的差异化，无法突破资源企业集中在产业链上游恶性竞争的局限。同时，政府在资源开发过程中，将自然资源的开发与人力资源、知识资源、信息资源、金融资源的开发割裂开来，生产要素的利用结构没有得到有效的升级，只是维持现状甚至还加剧了单一化发展的趋势；资源企业缺乏社会责任感，只看到短期的资源倒卖收益，忽视了企业发展与周边环境的和谐共生。资源产业链、资源企业、资源型城市要可持续发展，必将在传统矿业与非矿业间实现更替和产业结构的升级换代，而这需要以将非矿产业逐渐培育为新兴主导产业和主营业务为基础。因此，资源产业链、资源企业、资源型城市必须转换生产要素的利用结构，在矿产资源枯竭前尽可能开发利用劳动力、人力资本、资金、技术、信息等可再生资源，通过资源开发积累未来发展的资本与技术，在减少自然资源的过程中积累人力资本，从根本上实现在保持资本总量的基础上的资本结构优化，从而实现要素利用结构的升级，为产业多元化发展打下坚实的资本和要素基础。资源产业链整合将通过整合效应的外溢，以自身的发展为带动区域科学发展的主线，以产业链的实体和虚拟布局来引导要素资本的流向，有效统筹资源产业与区域经济的发展。

图8—13中，通过资源产业链内部企业间的纵向整合、同质资源产业链企业间的横向整合、异质产业链企业间的侧向整合，为以资源产业链为载体统筹区域矛盾，整合资源产业与区域发展奠定基础。随着企业整合效应的溢出，资源产业链将带动资源流、资本流、知识流、生态流，围绕链状逻辑布局结构展开有效循环，以资源流为出发点，资本流与知识流为驱动力，逐渐培育并改善生态流，为资源产业链整合提供交易成本最小化、运行效率最大化的外部环境。在此基础上，当依附于资源产业链的资源流、资本流、知识流和生态流累积到一定程度后，将会把稳定的成果形式固化下来，从而构成区域要素资本的组成部分，并且随着资源流、资本流、知识流和生态流的不断更新，人力资本、人造资本、知识资本、社会资本、外贸资本、生态资本等也将被重新赋予新的内涵和时代特征，逐渐扩大具有共性的利益追求空间，减少个性利益冲

突，为区域要素资本的互相转化，以及内部结构的动态调整提供更多的可能，在优化区域要素资本结构的同时，累积区域发展红利，促进区域科学发展。

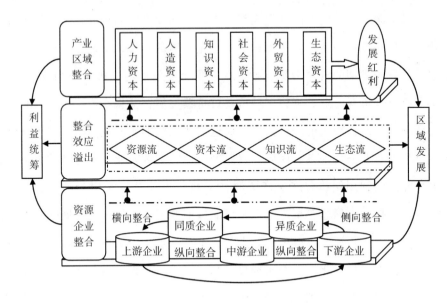

图 8—13　资源产业与区域整合

资料来源：作者整理。

3. 区域整合

资源产业链整合机制之区域整合首先是由客观因素：产业链的空间分布形态非均衡决定的，表现为矿产资源分布的地理非均衡和企业资源利用能力的区域非均衡。其直接后果是使得西部仅仅沦为了矿产资源的输出地，单一地定位于资源产业链上游，在享受资源开发收益的博弈中处于被动地位。西部具有资源禀赋的比较优势，这也客观上造成了代表性的资源产业链，如天然气化工产业链、钒钛产业链、湖盐产业链、稀土产业链等均起源于西部，尤其是对于许多不易从国外进口、完全依靠本地供给的资源产品而言。东中部地区的地理位置和自然环境决定了其自古以来就是中国社会经济发展的重心，各种要素资源在资本逐利性的驱动下偏好于向东部汇集，这是历史发展所呈现出来的中国产业结构布局的共性：东西部的产业分工不同。在矿产资源开发利用的过程中，西部的资源企业先天性地被赋予了产出矿产资源的权利和义务，承担了产业链上游运作的职责，而中下游高创值的链条环节则随着初级资源流出的方向，布局到了东中部地区。长期以来，西部地区以资源开采及初级加工为主的产业发展模式推动了资源产业链上游初级产业群的发展，但却使具有创值能力的中、下游产业链缺乏甚至缺失，导致了资源产业链上的企业布局在空间形态上出现了舍近求远的非均衡。此外，西部企业源源不断地为东部输送资源与初级加工产品，无论是价值补偿，还是生态补偿都明显不足。东部地区利用西部地区的资源与初级加工产品为东部地区打造了更高的发展平台，受制于落后的基础设施建设和较差的招商引资、人才引进环境，嵌套在西部地区产业链上的资金流、知识流和生态流均弱于东部地区。由于矿产资源分布的地理非均衡和企业资源利用能力的区域非均衡，初始条件的约束逐渐开始引致利益矛盾链条的连锁反应。

资源产业链整合机制之区域整合其次是由主观因素：西部资源企业利润双重流失和资源产业区域竞争趋同化决定的。利润双重流失包括了资源跨区域开发各方的税收收益分割以及企业间资源产品收益转移流出，其中，由资源产业链的整合能力所决定的是后者。产业链上有众多的"产业环节"，同时也就意味着产业链上有着同样数量的"价值"环节，但并不是每个环节都创造等量的价值，实际上只有某些特定的价值环节才能创造更高的附加值。西部地区资源产业链发展不充分使东西部地区形成较为鲜明的对比。东部资源贫乏地区经济发达，西部资源富集地区经济落后；东部集中了众多的高创值能力的企业，西部却分布着大量的资源开采、初级加工企业，资源产品的收益通过产业链的传导逐层增值，流向了具有高附加值的下游市场终端，缺少利润回溯的西部资源产业链没有了资本的支撑，既无法改变国家财税体制，也不能更有效地研发技术，想要实现产业链的纵向整合却没有知识的驱动，纵向整合不达到一定程度，横向和侧向整合就缺乏动力，其后果是为了增大利润空间，只能尽力压缩成本，要么不顾产业链整体长远发展，重复建设，获取超额的短期收益；要么不顾矿工的生命安全，开采工程设计缺乏安全评价，设备陈旧老化，造成安全事故；要么不顾生态环境约束，废弃物不经过处理随意排放，破坏当地人居环境，进入资源产业低级化和同质化发展的恶性循环，最终导致区域竞争恶性化。大多数的恶性竞争均集中在产业链上游，哄抢资源，区域矿产资源开发中没有对其他要素资源产生整合效应，孤立地进行资源开发，使区域之间内在的经济与技术规律被人为地割裂。

可见，资源产业链的区域整合需由政府牵头、产业组织引导和资源企业主导，尽快实现优势资源产业链在西部地区的全线布局，如天然气化工产业链、湖盐产业链、稀土产业链等，强化科研机构在资源开发中的知识驱动作用，通过自主研发核心技术，掌握产业链关键环节的控制权，向高附加值方向延伸产业链，将利用资源优势后续带来的要素吸附优势、资本整合优势、经济发展优势等尽可能地多保留在西部，同时东部地区的资源开发主体，尤其是中央企业等大型资源国企，在西部进行矿产资源的生产活动时，从企业自身和当地区域发展的共同目标出发，决策兼顾两者的利益，在谋求经济利益的同时带动资源开发地的发展，为获取可持续的生态利润奠定基础。在资本与知识的驱动下，资源企业根据财务能力和产业竞争分析，将资源产业链上有利于自身发展的关键环节进行定位，并利用专用性投资控制关键环节，按照这一逻辑展开，资源企业的声誉形成路径必然有所区别，区域资源产业结构也会各具特点，从而避免发展雷同、重复建设的区域间恶性竞争现象。

实现西部矿产资源开发矛盾转化的核心是从资源到资源产业，再到资源产业链，集合产业园区、循环经济等多种发展模式，围绕西部地区的资源开发利用对相关要素进行整合，依靠资源但不依赖资源，既利用本地资源，也利用外地资源，不仅利用资源，更重要的是在资源的加工过程中生产知识，通过资源产业链优化实现西部科学发展。资源产业链的企业整合、产业与区域整合、区域整合既为包容性矿产资源管理体制和矿业社区合作治理机制具体贯彻到企业实践提供了操作方法，也为资源企业融入国家矿产资源管理和矿区治理，以及企业生态发展提供了可行机制。

四　资源企业生态发展机制

资源企业是西部矿产资源开发利益统筹机制实现的微观载体。资源企业的利益相关者主要包括：自然、股东、债权人、员工、顾客、社区等利益主体，这些利益主体是以自然契约与社会契约为基础的耦合共生关系，他们以企业产生的生态利润为基础，获取各自的收益。资源企业的可持续发展以人与自然关系的和谐共生为基础。工业文明下利润计量目标的本末倒置和前提假设的逻辑悖论要求资源企业的获利导向由经济利润向生态利润转变。基于生态循环的资源企业发展战略地图倡导新型的生产方式和消费方式，为会计循环和生态循环的对接、获得导向和具体行动的统一提供了可行路径。需要通过经营观念变革、商品理念重塑、价值网体系再造、会计系统重建、评价机制更新等促进资源企业在追求生态利润过程中实现发展，为矿产资源开发利益统筹与区域科学发展提供微观基础。

1. 基于生态循环的资源企业发展战略地图

生态循环会计等式体现出资源企业经营是为了创造生态利润，而人与自然的生态和谐是资源企业实现可持续发展战略的核心。为将资源企业应对生态危机的理念和资源企业追求生态利润的导向落实到具体行动上，借鉴平衡计分卡的思想，使用战略地图（卡普兰，2005）这一工具将资源企业的会计循环与生态循环进行对接，构建资源企业生态发展的操作框架，如图8—14所示。从人与自然和谐相处的生态价值观出发，把平衡计分卡的四个层次发展成为：学习与成长、生产流程、利益相关者、价值，每个层间都有不同的战略目标和相应的评价指标，各个层次之间存在着逻辑因果关系，最高层的社会意识形态是资源企业追求生态效益最重要的外部基础。资源企业生态发展的战略路径就是要在内部及外部树立生态价值观，并经过四个层次的修炼和提升，分别实现相应的子目标，达到会计循环和生态循环的对接，形成资源企业乃至全社会的生态声誉。

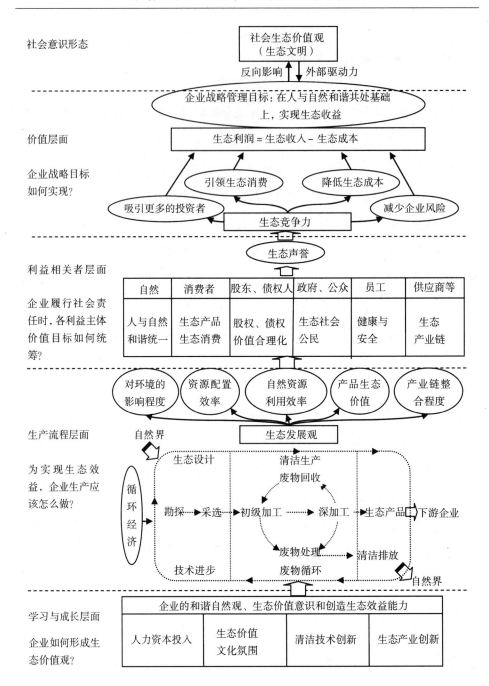

图8—14 资源企业生态发展战略地图

资料来源：作者整理。

第一层,学习与成长层面。学习与成长层面解决资源企业如何形成生态价值观的问题,是资源企业与利益相关者共同学习与成长的过程,主要反映资源企业和谐自然观、生态价值意识和创造生态效益的能力。要实现生态效益,追求宏观生态价值,资源企业首先需要转变工业文明的发展思路,树立和谐价值观和生态价值意识。资源企业通过人力资本投资,提高员工素质和能力,使每个员工都有生态价值的观念,在资源企业形成良好的生态价值文化氛围。在人与自然和谐共生思想的基础上,通过不断技术创新和产业创新,改进资源企业运作流程,发展循环经济,为资源企业实现生态效益创造条件。资源企业和谐自然观与生态价值的思想,向外传达出资源企业对自然环境的使命感和责任感,增强资源企业的声誉,增加客户对企业的忠诚度,同时优化财务能力,良好的财务能力又为资源企业实现社会责任提供了经济基础。

第二层,生产流程层面。生产流程层面解决资源企业为实现生态效益如何生产的问题。生产流程不再局限于资源企业内部流程的改进,而是扩展到整个产业链,通过发展循环经济,建立生态循环产业链,形成生态发展观。资源企业的生产原料直接来源于自然界,通过勘探、采选、初级加工、深加工形成线性产业链。为实现对自然界零排放,资源企业必须设计循环经济流程将线性产业链转换为非线性生产体系,并通过产业链对接形成人类经济体系统产业链,使物质与能量在更大的闭合系统中循环利用,最大限度地减少生产流程上的浪费。通过自然资源利用效率、对环境影响程度、产品的生态价值、资源的配置效率、产业链整合程度等指标评价资源企业生态化生产效率,以整体生态化反压产业链的各个环节,协调局部生产体系与整体生产体系。利用企业在产业链上的传导效应,将资源企业生产的生态产品向关联企业传递,同时将追求生态价值的思想和战略理念传递给关联企业,在整个产业链上确立循环经济理念,优化产业组织结构,促进产业链的循环发展。通过整个生态产业链的传输,资源最终变成生态商品进入消费市场。

第三层,利益相关者层面。利益相关者层面解决资源企业履行社会责任时如何统筹各利益主体的目标。利益相关者包括自然、消费者、股东、债权人、政府、公众、员工、供应商等，利益主体之间合作与冲突围绕生态效益展开。生态效益是所有利益相关者生存发展的底线，没有人与自然的和谐共处，没有循环经济和产业链整合就无法实现资源企业与自然的和谐统一。实现生态效益，必须合理统筹各利益主体之间的利益矛盾。自然环境与其他利益主体一样拥有对企业的权利，人类要维持自己在自然界的持续生存与发展，就必须与自然和谐相处。人与自然关系的紧张与对立，会导致人与人之间的关系紧张。只有处理好资源企业与自然的关系，才可以更好地统筹其他利益主体间的矛盾。在处理好人与自然关系的基础上，资源企业可以与其他的利益相关者建立一种新型的生态关系。需要通过发展循环经济，资源企业生产环境友好型的生态产品，引导消费者选择有益于环境的产品。生态效益要求资源企业对股东合理回报化，而不是实现股东价值最大化；对于政府和社会公众而言，资源企业应树立良好生态公民的形象；保障员工的安全与健康是资源企业最基本的社会责任；通过产业链整合，与供应商、销售商等产业链上的相关者，形成生态产业链。最终，通过这种新型关系平台，树立资源企业良好的生态声誉，形成生态竞争力，建立资源企业战略优势。

第四层，价值层面。价值层面解决资源企业战略目标如何实现的问题。价值层面是指资源企业通过合理创造生态利润，在实现人与自然可持续发展的基础上，将生态利润在各利益相关者之间进行合理统筹。生态价值是对生态循环会计等式的分解运用，它成为资源企业会计循环与生态循环的接口。从生态利益链来看，生态利润的产生有赖于生态收入和生态成本两部分。生态收入除了货币可计量的社会收入外，还有生态声誉、生态竞争力、创新生态产品等不可具体计量的非物质形态；生态成本并不是与现有成本相对应的成本概念，而是让现有成本生态化，即资源企业从自然中取得原料的时候就包含对自然产生影响的成本，而不是污染自然后花费的治理成本。生态利润是资源企业在引领生态消费、吸引投资者、降低生态成本、减少生态风险基础上凭借生态竞争力获得的生态溢价,既是社会对资源企业的生态评价,也是资源企业对社会的生态回馈。

社会和资源企业之间存在一种生态共生力。企业战略不仅是资源企业本身微观层面可持续发展的体现,通过资源企业在各个循环中与社会的互动,也会影响社会宏观层面的和谐发展。应通过生态价值观的传导,使社会大众建立生态消费观,引导社会消费行为向有利于环境保护、有利于生态平衡的方向演变,形成整个社会的生态价值观,实现人与自然、人与人的和谐共生。而社会生态价值观则是驱动资源企业追求生态利润的外部动力,只有整个社会的意识形态发生转变,形成生态文明,资源企业才有可能更好的实现生态生产,实现社会生态价值。

2. 资源企业生态发展路径

思考的逻辑起点决定行动的终点。作为凝结人与自然矛盾载体的企业组织,资源企业承载着众多利益主体的权力要求,其演化的逻辑不仅仅在于解释已经发生了什么,更重要的是思考即将发生什么。人与自然关系的深刻变革要求资源企业反思价值流程,通过经营观念变革、商品理念重塑、价值网体系再造、会计系统重建、评价机制更新等促进资源企业在追求生态利润过程中实现生态发展。

第一,变革资源企业生态价值观,引领社会生产与消费方式的根本性变革。生态价值观是资源企业实现生态利润的先决条件,是企业利益相关者理念的共同性变革。树立资源企业生态价值观的关键是认识资源企业的逻辑需要进行根本性改变,以未来观、整体观、导向观反思资源企业命题,为资源企业生态价值观的形成奠定理论基础。资源企业未来观需要一种直面未来问题式的综合性企业逻辑,思考资源企业将会给人与自然的关系产生怎样的影响,如何从根本上改变资源企业对自然的不利影响。资源企业的整体观需要学科间樊篱的破除与思想的无障碍沟通,通过学科整合推动资源企业命题反演;局部成立的逻辑可能正是整体问题的症结所在,特别是经济学关于企业重要问题的系列假设恰恰是其他学科视为必须解决的基本前提。学科间的整合程度某种意义上反衬着人类关于人与自然关系的理解程度，并从根本上影响着企业行为。资源企业的导向观是适应生态系统演化需要对利益相关者的引领作用，从自然契约衍生社会契约的自然法则下理解的企业观，为从根本上引领社会进行生产与消费方式的变革奠定了基础，是社会生态利润实现的微观基础。

第二，重塑商品理念，实现资源企业经营生态化。资源企业生态价值观通过商品生态化集中体现出来。商品生态化是关于商品功能、权利与营销的根本性变革。生态商品的功能是满足顾客获得自身发展所需要的物质与精神能量，能量需要与人体有效配比，过度则会引发人体超载。商品演化趋势的发展路径是降低商品实体，而提高单位商品实体的服务功能，向轻巧、精致、敏捷、虚拟角度发展。商品本质上是能量转移的载体，是服务功能实现的物质基础。顾客获得商品的目的在于服务需求，而不是商品实体本身。[①] 商品实体所有权与服务所有权可以在不同条件下进行分离，产生问题的症结主要在于顾客获得商品服务之后将商品实体等同于废物处理掉。实际上，商品实体经过重新组合以后依然能够提供具有同等质量的服务。企业可以只出售商品服务所有权，而保留实体所有权，在顾客完成消费之后，回收商品实体，实现商品实体的循环使用。商品功能与权利观的生态化需要资源企业营销生态化。资源企业营销需要提升商品服务内涵，避免过度包装异化消费，引发消费过度对自然产生负面影响。

第三，整合生态价值网，再造资源企业生产体系。资源企业生产体系生态网络化是实现商品生态化的工业工程基础。再造资源企业生产体系需要全流程

---

① 对于耐用消费品而言，顾客消费商品的目的是享受商品提供的服务，而不是获得商品实体。企业可以在保留商品实体所有权的基础上，通过出租等方式满足顾客消费商品的需求。根据商品实体所有权与服务所有权的组合关系可以建立商品所有权组合模型（程宏伟，2004）。具体参见程宏伟《隐性契约、专用性投资与资本结构》，《中国工业经济》2004 年第 8 期。

设计、生产体系空间布局、社会化物流循环体系的价值网整合。首先，以生态化商品为导向进行全流程生态化商品设计，以商品实体减量与商品服务增值为设计原则，最优化商品实体生产流程与商品服务功能内置流程；其次，根据区域与产业生态园区循环经济流程进行企业循环经济子系统的生产流程布局，实现资源在不同空间层次的循环利用，并通过清洁生产等先进生产方式进行生态化生产；最后，通过市场生态物流体系，链接顾客商品消费过程，有效指导顾客生态化消费过程，并合理回收商品实体，实现商品在全社会范围内的广义循环。通过整合生态价值网将商品再设计、再减量、再制造、再利用、再循环贯穿于全社会生产流程体系。

第四，构建生态会计系统，反映资源企业生态效益。生态利润通过生态会计系统确认与计量向社会报告资源企业经营情况。生态会计系统将生态价值观作为会计信息生成的基础，建立生态价值会计流程。扩展会计基本前提的内涵，将会计主体扩展为包含自然在内的利益主体，将持续经营扩展为生态可持续，将会计分期扩展为生态周期，将货币计量扩展为能值与货币计量。以生态循环会计等式为会计要素确认基础，将生态资本划分为自然资本、物质资本、人力资本、社会资本，建立反映物质流、能量流、价值流、信息流的会计账户，向利益相关者提供生态会计报表，反映资源企业的生态化经营行为。建立生态财务分析体系，评价资源企业经营的生态效应，为利益相关者生态化投融资提供评价信息，引导自然与社会资源进行生态化配置。

第五，形成生态声誉评价机制，规范资源企业经营行为。生态利润是资源企业生态声誉的价值回报。生态声誉评价机制通过压力、动力与引力耦合作用规范资源企业追求生态利润的经营行为，是约束资源企业经营行为生态化的社会基础并决定自然与社会资源的生态化配置。生态压力是社会整体在形成人与自然和谐共生的价值观基础上对资源企业经营行为提出的基本要求，通过生态贴现率内化于生态成本，成为资源企业进行资源配置效率的生态评判标准。生态动力是资源企业在追求生态利润过程中为社会提供生态化商品，平均生态利润是资源企业提供标准生态商品后的回报，而超额生态利润则是资源企业提供超值生态商品后的价格升水。生态引力是通过产业链的链接导向作用产生的示范效应，资源企业生态化生产通过产业链传递对相邻企业产生引力，生态利润对上游企业产生诱导效应，生态成本对下游产生推动作用。生态声誉是资源企业成为生态商业时代的理念引领者与规则制定者的核心能力。

结　　论

　　矿产资源开发利益统筹是在根本上探索一条适合于西部资源富集地区的科学发展之路，将资源存在的客观性与资源利益分配的主观性有机的统一起来，从而建立有效的资源开发与利益分配体制，使资源开发的过程成为人与自然、人与人的和谐相处的过程。科学发展的核心是以人为本，而人类生存与发展的基础是生态，以人为本只有在资源地居民的基本权利得到保证的基础上才能够真正实现，人与人的关系嵌入人与自然的关系是实现人类社会和谐、人与自然和谐的基本前提。因此，科学发展是在自然契约与社会契约耦合基础上的人与自然和谐、人与人和谐的统一。

　　本书的主要研究结论：

　　（1）矿产资源开发与区域经济发展的关系：矿产资源开发对区域经济发展的影响具有时间差异。短期内，矿产资源开发能显著促进我国各省区经济增长，然而随着时间流逝，这种促进效应逐步减弱；从长期来看，我国经济增长并非矿产资源开发驱动型，而是投资驱动型。对于西部地区而言，矿产资源开发在短期内显著促进西部各省区经济增长；在长期内，矿产资源开发与经济增长之间的关系并不明确，即"资源诅咒"命题在西部地区并不成立。

　　（2）西部矿产资源开发与科学发展现状：①矿产资源开采业与加工业发育

程度不配比。西部地区具有矿产资源分布优势，采矿业主要集中在西部地区，而矿产资源加工业主要集中在东部地区。通过矿业区位商分析表明，东部矿产资源产业专业化低于西部，而西部地区矿产资源加工制造能力明显低于东部和中部地区。②西部各省区科学发展程度较低，差异较小。在以人为本和以生态为本有机统一的基础上构建要素资本平衡表，衍生出科学发展评价指标体系，采用逼近理想点法评价得出：西部各省区总体科学发展程度偏低，内部差异较小；科学发展程度从高到低排序为陕西、内蒙古、重庆、新疆、四川、云南、青海、甘肃、宁夏、贵州、广西、西藏；生态资本、人力资本、人造资本、知识资本、社会资本、外贸资本得分最高的分别为重庆、宁夏、新疆、重庆、青海、广西；对西部各省区科学发展程度影响相对较大的指标是矿山占用和破坏土地面积占辖区面积比例、文盲人口占 15 岁及以上人口比例、新型农村合作医疗覆盖率；对西部各省区科学发展程度影响相对较小的指标是科技经费筹集总额占地区生产总值比例、主要矿产资源基础储量经济价值、地质勘察投入。

（3）西部矿产资源开发利益结构：不同利益主体在矿山生命周期不同阶段具有不同的利益组合。矿产资源开发利益主体的利益结构是生态利益、经济利益、社会利益、政治利益的组合。中央政府、地方政府、资源地居民、资源企业等不同利益主体在矿山生命周期的原初自然状态、生产阶段、生态恢复状态等不同阶段具有不同的利益组合。在原初自然状态，居民直接得到经济利益，所有利益主体同时可以分享生态利益。在生产阶段，企业得到最多的经济利益、政府次之、居民则最少，居民同时承担最大的生态成本。在生态恢复阶段，政府与居民主要负担生态恢复成本。矿产资源开发利益的分阶段配比与全周期错位，导致居民在资源开发中成为最大的成本负担者，企业成为最大的受益者。

（4）西部矿产资源开发利益矛盾：

中央与地方的利益矛盾：①财权矛盾。中央政府的经济利益来源主要有两种：一种是作为国家管理者，对矿产资源开采企业、运输企业、销售企业等相关企业征收税费；另一种是作为中央企业的控股人，从企业赢利中分红。地方政府的经济利益主要分为两种：一种是作为地方管理者，对地方矿产资源开采企业、运输企业、销售企业等相关企业征收税费；另一种是作为地方国企的控股人，参与地方国企分红。地方矿权及矿产资源土地所有权的缺失直接导致地方在矿产资源利益分配上处于弱势地位，地方利益的分配比例完全由中央决定。②事权矛盾。地方必须为矿产资源的开发承担相应的事务，如日常设施维护、移民安置、环境治理等。矿产资源开发导致的地方政府财权上的损失及事权上的付出，使地方政府面临着税费和资源的双重流失。③区域矛盾。中央在资源分配上更注重资源的使用效率和宏观调控，相同的资源中央更倾向于输送到效率更高的东部使用，从而造成地方间矿产资源利益分配矛盾。宏观政策决定了区域经济发展会产生差异，而各地区资源分布的客观性和差异性在微观上决定了区域经济发展差异不可避免。实证结果表明，矿产资源开发是影响区域经济差距的主要因素。资源的输出除了直接导致资源地资源的流失，还间接导致资源地资源加工业发展机会的流失，从而造成资源加工业利益的流失。数据说明，从 2005 年到 2009 年，税收转入地主要为东部沿海地区，而税收转出地主要为中西部地区，我国税收收入总体上由中西部欠发达区域向东部发达区域横向转移。

政府与企业的利益矛盾：①矿权矛盾。矿权矛盾的核心是行政垄断性供给与市场化需求之间的关系。行政垄断性供给对应市场化需求的错位引发矿权不同利益主体成本与收益的不配比，进而引发矿权各利益主体之间的矛盾。②税收矛盾。资源行业上缴的税收数量较多，而收到的政府税收返还却较少，资源企业的整体税负较重，不仅高于国外资源企业，也高于国内其他行业企业，并且资源企业的税种结构在资源企业内部不同行业、不同区域、不同性质也有明显差异。石油天然气开采业与煤炭开采业的税负高于有色金属开采业和黑色金属开采业。除了所得税、营业税、土地税和特殊税费外，西部的其他税种税负都高于东部和中部。总体税负最重的是中央企业，其次是地方国企，最后是民营企业。③收益分配矛盾。政府与资源企业的收益分配矛盾主要体现在政府对企业生态环境成本的约束、红利分配比例以及生态利益责任主体上。我国资源企业的收益水平表现出高于社会平均收益水平的现象，是由于企业并未对环境损害成本和资源耗减成本进行确认计量，这部分未扣除的隐形成本转化为企业的利润，造成利润虚增。资源企业分红比例与国际上的国有企业的分红比例相比较低。从总体支出结构看，资源企业收取的国有资本收益也并未用于矿业地区生态补偿。

居民与政府、企业利益矛盾：①补偿矛盾。矿产资源开发中，资源地居民获得一定的补偿，主要包括以征地补偿为主的直接补偿和以基础设施改善为主的间接补偿。然而，由于资源地居民利益补偿机制的不完善，所获得的补偿不能弥补为之承担的负担，从而引发利益补偿矛盾，主要表现为失地与征地补偿不足的矛盾和基础设施改善与其导致的生活成本增加的矛盾。②就业矛盾。资源地居民以农民为主，失去土地也就等于失业。虽然资源开发企业与资源地政府提供了一些就业机会，但这些就业机会几乎都是暂时的，且岗位供给远小于需求，导致就业机会不足。同时，由于资源地居民原有生活技能的失效与其他技术的匮乏，导致结构性失业。资源地居民由于生产性就业不充分，导致其家庭收入水平下降，家庭生活水平下降，从而引发矛盾。③环境矛盾。矿产资源开发导致资源地地面塌陷、地下水位下降、地形地貌破坏、地表植被与生物多样性破坏等生态破坏，地表水资源污染、空气污染、噪声污染等环境污染，从而引发水土流失、泥石流等地质灾害，影响资源地居民生活，威胁资源地居民生存。资源开发地在资源开发中将增加大量外来人员，从而增加教育、医疗卫生、治安等方面的公共需求，增加资源地政府与居民的社会成本。同时，由于外来人员与当地居民生活习惯与风俗的差异，影响资源地居民与外来人员的关系，打破了资源地居民原有社会关系网络，使资源地社会关系复杂化。

（5）西部矿产资源开发利益矛盾产生的原因：矿产资源开发利益矛盾是资源分布客观性与资源利益分配主观性共同作用的结果，矿产资源开发利益矛盾产生的主要原因是资源分布的不平衡与资源利益分配的不均衡，直接原因是利益主体的收益与成本不配比，间接原因是现行矿产资源管理体制对相关利益主体博弈能力缺乏必要的制衡机制，根源则在于缺乏生态正义基础上的资源平等与制度公正统筹机制，从而导致利益主体之间的冲突协商缺乏必要的共同基础。中央政府、地方政府、资源地居民、资源企业等不同利益主体围绕生态利益、经济利益、社会利益、政治利益的偏好组合排序差异形成错综复杂的利益关系，在矿山生命周期的原初自然状态、生产阶段、生态恢复状态等不同阶段的配比错位，产生不同程度的利益矛盾。

本书提出的西部矿产资源开发利益统筹机制：

生态正义、资源平等、制度公正是处理西部地区矿产资源开发利益统筹的基本原则。生态正义是矿产资源开发利益统筹机制的核心基础。资源平等是天赋的人类生而平等，是自然赋予人类生命的现实，是客观存在的自然之物。制度公正是人类在决定资源配置时具有公正力的保证，既要保证资源原初状态的平等，又要防止因人类之间博弈而导致的资源不公。资源利益统筹的实质是在制度公正的基础上，通过资源平等分配机制，最终实现生态正义。

针对西部地区矿产资源开发中的主要利益矛盾，结合西部特殊区情，以科学发展观为指导原则，以生态正义导向、生命周期发展红利测度、生计能力可持续、生态利润评价为机制设计原则，构建以包容性矿产资源管理体制为核心，以资源产业链优化整合为纽带，矿业社区合作治理与资源企业生态发展互动的矿产资源开发利益统筹机制：

（1）包容性矿产资源管理体制。包容性矿产资源管理体制以矿产资源全民所有为基础，形成以全国人民代表大会为决策者和监督者，以 ENGO（环境非政府组织）和居民为主体组成专门委员会，构建民众参与型权力结构；建立隶属于各级人民代表大会的专门委员会以搭建矿产资源开发利益相关者合作治理平台，形成以资源地政府为主体、资源地民众广泛参与、资源企业生态发展的矿产资源管理组织结构；构建以法律机制、组织机制、转化机制、信息机制与监督机制为主的利益协调机制，实现矿产资源开发利益主体内部与主体之间以生态利益为核心，生态利益、经济利益、社会利益、政治利益协调发展，利益主体收益与成本配比，促进区域要素资本结构动态优化。

（2）矿业社区合作治理机制。统筹矿产资源开发利益，实现矿业社区科学发展，需要从法规环境建设、组织机制创新与利益共享机制设计入手，通过构建权利保护法规、合作治理结构、利益分享机制的统筹体系，实现利益主体权力保障、决策过程有效参与、资源利益长效分享，增加各利益主体可持续发展资本。优化法规建设从宏观层面出发，要以生态政治民主为基础，建立与资源空间分布、利益主体能力、矿权管理相匹配的政策法规，从法律上保障利益主体参与矿产资源开发管理的权益。矿业社区合作治理委员会隶属于地方人民代表大会，是包容性矿产资源管理体制在微观层面具体运作的支撑，提供资源开发利益主体参与协商平台、利益诉求平台与利益分享平台。创建决策参与和信息交流平台，提高失地农民信息获取能力；建立政府、企业与居民协商对话制度，扩展失地农民利益诉求通道；提供法律援助平台，提升失地农民博弈能力；搭建就业与创业平台，增强失地农民就业与经济发展能力。设立矿业社区科学发展基金，源于资源开发利益，用于资源地人力资本发展与经济产业延伸，实现自然资本向人力资本的转化，资源优势向经济优势转化，进而达到区域要素资本结构动态优化，促进资源地居民全面发展与区域科学发展。

（3）资源产业链优化整合机制。资源产业链整合是从中观角度出发，在资本与知识的驱动下，掌握产业链关键环节的资源控制权，通过循环经济管理构建企业资源产品输入和输出结构，以获取生态利润的发展观来统筹与服务企业、政府、居民等的利益关系，从而实现以有形产品为载体的资源流动与知识流动、资本流动、生态流动和谐的优化共生系统的过程。资源产业链整合机制包括工艺技术层面的企业间整合、资源产业与区域间整合、区域与区域间整合。企业整合是根据资源产品本身的物理化学性质，按照既定的工艺技术流程，通过资源产品的精深加工，产业园区、工业园区的发展，与第三产业服务配套企业的合作，实现资源产业链的纵向整合、横向整合与侧向整合；资源产业与区域整合是将企业整合的正向影响辐射到产业链所在区域，以产业链优化配置区域要素资本来巩固区域现有发展优势，并培育新的发展机会，使得资源产业链的整合与区域经济发展互相促进；区域与区域整合既包括国内东、中、西部之间，各省市之间的整合，也包括世界范围内的整合。

（4）资源企业生态发展机制。以生态利润为准则，将资源企业的会计循环与生态循环进行对接，构建资源企业生态发展战略地图。变革资源企业生态价值观，引领社会生产与消费方式的根本性变革；重塑商品理念，实现资源企业经营生态化；整合生态价值网，再造资源企业生产体系；构建生态会计系统，反映资源企业生态效益；形成生态声誉评价机制，规范资源企业经营行为，促进资源企业在追求生态利润过程中实现可持续发展，引导企业在追求生态利润中统筹利益相关者的利益要求。

资源利益优化分配是西部大开发新十年战略的主题，是一个庞大而复杂的系统，矿产资源开发涉及利益主体范围广、数量多，利益矛盾在不同区域、不同阶段的表现形式具有差异性，由于时间所限及资料与数据收集上的困难，本书研究存在以下局限性：

（1）在对西部各省区进行科学发展评价时，局限于静态评价，缺乏动态预测与评价。

（2）由于数据收集上的困难，只给出了区域科学发展、利益统筹与发展红利的数量关系，没有运用区域实际数据测量区域的发展红利。

（3）鉴于矿产资源开发利益矛盾在不断更新，未对利益矛盾的表现形式作出动态评价与预测，未能给出随矛盾演变而不断优化的动态利益统筹机制。

未来需要继续深入研究的问题。科学技术的发展和国际政治经济关系的演变会对矿产资源社会需求结构与供给结构带来变革性影响，矿产资源开发利用主体边界的模糊化和格局的复杂化使得矿产资源开发利益结构呈现动态变化的特征，新的利益矛盾表现形式在逐渐涌现，这必然带来矛盾统筹机制的随之调整。鉴于此，课题研究的理论深度还需要进一步强化，在不同的历史阶段，针对不同的资源种类，设计差异化的利益矛盾统筹机制；研究方法需要持续优化，融合行为科学、公共组织等多学科视角，扩展研究思路，对矿产资源开发与区域科学发展关系、矿产资源开发利益矛盾表现形式等作动态评价和追踪；建立矛盾预警监控机制以及在矛盾激化条件下的应急机制。

参考文献

1. ［印］阿马蒂亚·森：《以自由看待发展》，任赜、于真译，中国人民大学出版社 2002 年版。

2. ［英］安德鲁·多布森：《政治生态学与公民权理论》，郭晨星译，郇庆治：《环境政治学：政府与实践》，山东大学出版社 2007 年版。

3. ［美］保罗·霍肯：《商业生态学：可持续发展的宣言》，夏善晨、余继英、方塑译，上海译文出版社 2007 年版。

4. ［美］保罗·霍肯：《自然资本论：关于下一次工业革命》，王乃粒、诸大建、龚义台译，上海科学普及出版社 2000 年版。

5. ［美］保罗·克鲁格曼：《地理和贸易》，张兆杰译，北京大学出版社 2000 年版。

6. ［美］彼得·德鲁克：《管理实践》，齐若兰译，上海译文出版社 1999 年版。

7. ［美］彼得·S. 温茨：《环境正义论》，朱丹琼、宋玉波译，上海人民出版社 2007 年版。

8. ［加］布鲁斯·米切尔：《资源与环境管理》，蔡运龙译，商务印书馆 2004 年版。

9. ［美］丹尼尔·贝尔：《后工业社会（简明本）》，彭强译，科学普及出版社 1985 年版。

10. ［美］丹尼尔·科尔曼：《生态政治：建设一个绿色社会》，梅俊杰译，上海译文出版社 2006 年版。

11. ［美］德内拉·梅多斯、乔根·兰德斯、丹尼斯·梅多斯：《增长的极限》，李涛译，机械工业出版社 2006 年版。

12. ［美］哈尔·R. 范里安：《微观经济学：现代观点（第六版)》，费方域译，上海人民出版社 2006 年版。

13. ［美］赫尔曼·E. 戴利：《超越增长：可持续发展的经济学》，诸大建、胡圣译，上海译文出版社 2006 年版。

14. ［美］亨利·戴维·梭罗：《瓦尔登湖》，徐迟译，中国国际广播出版社 2008 年版。

15. （世界银行）K. 哈密尔顿：《里约后五年——环境政策的创新》，张庆丰译，中国环境科学出版社 1998 年版。

16. 美国科罗拉多矿业学院，全球资源政策和管理研究院：《全球矿业税收比较研究》，国土资源部信息中心译，地震出版社 2006 年版。

17. ［美］蕾切尔·卡森：《寂静的春天》，吕瑞兰、季长生译，上海译文出版社 2008 年版。

18. ［法］卢梭：《社会契约论》，杨兆武译，商务印书馆 2003 年版。

19. ［美］罗伯特·卡普兰、大卫·诺顿：《战略地图：化无形资产为有形成果》，刘俊勇、孙薇译，广东经济出版社 2005 年版。

20. ［美］罗德里克·弗雷泽·纳什：《大自然的权利：环境伦理学史》，杨通进译，青岛出版社 1999 年版。

21. ［美］道格拉斯·C. 诺思：《制度、制度变迁与经济绩效》，杭行译，格致出版社 2008 年版。

22. ［德］马克思：《资本论（第三卷）：政治经济学批判》，曾令先、卞彬、金永译，人民出版社 1954 年版。

23. 〔美〕马斯洛：《动机与人格》，马良诚译，华夏出版社 1987 年版。

24. 〔美〕迈克尔·T. 克莱尔：《资源战争：全球冲突的新场景》，童新耕，之也译，上海译文出版社 2002 年版。

25. 〔加〕莫德·巴洛、托尼·克拉克：《水资源战争》，张岳、卢莹译，当代中国出版社 2008 年版。

26. 〔美〕默里·布克金：《自由生态学：等级制的出现与消解》，郇庆治译，山东大学出版社 2008 年版。

27. 〔加〕乔尔·巴肯：《公司：对利润与权力的病态追求》，朱近野译，上海人民出版社 2008 年版。

28. 〔日〕速水佑次郎、神门善久：《发展经济学——从贫困到富裕（第三版）》，李周译，社会科学文献出版社 2009 年版。

29. 〔希〕塔基斯·福托鲍洛斯：《当代多重危机与包容性民主》，李宏译，山东大学出版社 2008 年版。

30. 〔英〕托马斯·霍布斯：《利维坦》，黎思复、黎廷弼译，商务印书馆 1985 年版。

31. 〔英〕托马斯·孟：《英国得自对外贸易的财富》，李琼译，华夏出版社 2006 年版。

32. 〔英〕威廉·配第：《赋税论·献给英明人士·货币略论》，马妍译，商务印书馆 1963 年版。

33. 〔美〕西奥多·W. 舒尔茨：《论人力资本投资》，吴珠华译，北京经济学院出版社 1990 年版。

34. 〔英〕亚当·斯密：《国富论》，郭大力、王亚南译，华夏出版社 2005 年版。

35. 〔美〕约翰·伽思维尼恩：《能源战争：非洲石油资源与生存状态大揭秘》，伍铁译，国际文化出版公司 2008 年版。

36. ［美］约翰·罗尔斯：《正义论》，何怀宏译，中国社会科学出版社 1988 年版。

37. ［美］约瑟夫·阿洛伊斯·熊彼特：《经济发展理论：对利润、资本、信贷、利息和经济周期的探究》，叶华译，中国社会科学出版社 2009 年版。

38. ［英］朱迪·丽丝：《自然资源：分配、经济学与政策》，蔡运龙译，商务印书馆 2002 年版。

39. 《财经文摘》编辑部：《资源越富，百姓越穷？——资源富，良民穷》，《财经文摘》2006 年第 7 期。

40. 财政部企业司：《〈企业财务通则〉解读》，中国财政经济出版社 2007 年版。

41. 蔡昉：《中国人口与劳动问题报告 No.6（2005）：资源型城市的就业与社会保障问题》，社会科学文献出版社 2005 年版。

42. 陈丽萍、王威：《2005 年世界矿业政策与管理新动态》，《国土资源情报》2006 年第 2 期。

43. 成金华、吴巧生：《中国工业化进程中的环境问题与"环境成本内化"发展模式》，《管理世界》2007 年第 1 期。

44. 程宏伟、冯茜颖、王艳：《自然契约、生态利润与企业可持续发展》，《中国工业经济》2010 年第 5 期。

45. 程宏伟、冯茜颖、张永海：《资本与知识驱动的产业链整合研究——以攀钢钒钛产业链为例》，《中国工业经济》2008 年第 3 期。

46. 程宏伟：《隐性契约、专用性投资与资本结构》，《中国工业经济》2004 年第 8 期。

47. 程琳琳、胡振琪、宋蕾：《我国矿产资源开发的生态补偿机制与政策》，《中国矿业》2007 年第 4 期。

48. 程昔武：《资源开采企业超额收益率及其会计上的制度含义——基于 2001—2005 年度采掘类上市公司的实证研究》，《会计研究》2008 年第 3 期。

49. 迟国泰、杨中原：《基于循环修正思路的科学发展评价模型》，《系统工程理论与实践》2009 年第 11 期。

50. 崔光莲、贾亚男：《厘清新疆能源资源开发中地方与中央利益关系的建议》，《新疆财经》2007 年第 4 期。

51. 戴波：《生态资产与可持续发展》，人民出版社 2007 年版。

52. 丁菊红、邓可斌：《政府干预、自然资源与经济增长：基于中国地区层面的研究》，《中国工业经济》2007 年第 7 期。

53. 丁任重：《西部经济发展与资源承载力研究》，人民出版社 2005 年版。

54. 段治平、周传爱、史向东：《中外矿业税收制度比较与借鉴》，《煤炭经济研究》2005 年第 11 期。

55. 樊纲、王小鲁、朱恒鹏：《中国市场化指数——各地区市场化相对进程 2009 年报告》，经济科学出版社 2010 年版。

56. 方颖、纪衍、赵扬：《祸兮福兮：中国存在"资源诅咒"吗?》，厦门大学王亚南经济研究院工作论文，2008。

57. 冯茜颖、程宏伟：《基于利益统筹视角的资源企业绩效评价》，《资源与产业》2010 年第 2 期。

58. 冯宗宪、姜昕、王青：《中国省际层面"资源诅咒"问题的再检验》，《中国人口·资源与环境》2010 年第 10 期。

59. 冯宗宪、姜昕、赵驰：《资源诅咒传导机制之"荷兰病"——理论模型与实证研究》，《当代经济科学》2010 年第 4 期。

60. 冯宗宪、于璐瑶、俞炜华：《资源诅咒的警示与西部资源开发难题的破解》，《西安交通大学学报》（社会科学版）2007 年第 2 期。

61. 高萍：《我国矿产资源开发利益分配实践与改革建议》，《中国矿业》2009 年第 7 期。

62. 高小萍：《价、税、费、租联动：矿产资源分配体制改革的思考》，《财政与发展》2007 年第 5 期。

63. 耿建新、张宏亮：《基于企业视角的自然资源耗减估价的理论框架及案例分析》，《软科学》2006 年第 6 期。

64. 耿建新、张宏亮：《资源性资产超额收益、隐性价值及其收益分配实证研究》，《管理科学》2008 年第 6 期。

65. 广东省人民政府：《广东省市厅级党政领导班子和领导干部落实科学发展观评价指标体系及考核评价办法（试行)》，《广州日报》2008 年 8 月 13日（A9）。

66. 郭亚军：《综合评价理论、方法及应用》，科学出版社 2007 年版。

67. 国务院发展研究中心发展战略和区域经济研究部课题组：《中国区域科学发展研究》，中国发展出版社 2007 年版。

68. 韩中庚：《数学建模方法及其应用》，高等教育出版社 2005 年版。

69. 何怀宏：《生态伦理：精神资源与哲学基础》，河北大学出版社 2002年版。

70. 何金祥、李茂：《美国国土资源与产业管理》，地质出版社 2007 年版。

71. 何金祥：《澳大利亚生态与矿业可持续发展的简要回顾及给我国的启示》，《国土资源情报》2008 年第 7 期。

72. 何金祥：《简论澳大利亚国土资源管理的发展趋势（上）》，《国土资源情报》2009 年第 4 期。

73. 何金祥：《简论澳大利亚国土资源管理的发展趋势（中）》，《国土资源情报》2009 年第 5 期。

74. 何金祥：《简论澳大利亚国土资源管理的发展趋势（下）》，《国土资源情报》2009 年第 6 期。

75. 何金祥：《美国国土资源管理考察观感》，《国土资源》2004 年第12 期。

76. 何金祥：《美国矿产资源与矿业管理基本政策的介绍》，《中国金属通报》2007 年第 12 期。

77. 何伊凡、孙雅男：《澳洲铁矿风云》，《中国企业家》2009 年第 12 期。

78. 胡健、吴文洁：《油气资源矿权与土地产权的冲突——以陕北油气资源开发为例的分析》，《资源科学》2007 年第 5 期。

79. 胡健：《油气资源开发与西部区域经济协调发展战略研究》，科学出版社 2007 年版。

80. 胡援成、肖德勇：《经济发展门槛与自然资源诅咒——基于我国省际层面的面板数据实证研究》，《管理世界》2007 年第 4 期。

81. 黄比智、霍军：《西部资源跨区域开发与政府间税收管辖权协调问题研究》，《税务与经济》2004 年第 2 期。

82. ICMM，ESMAP，WB：《社区发展工具包》，2005，www. cimg. org. cn.

83. 金碚：《资源环境管制与工业竞争力的关系的理论研究》，《中国工业经济》2009 年第 3 期。

84. （春秋）李耳：《道德经》，蓝天出版社 2006 年版。

85. 李国平、吴迪：《使用者成本法及其在煤炭资源价值折耗测算中的应用》，《资源科学》2004 年第 3 期。

86. 李军杰：《经济转型中的地方政府经济行为变异分析》，《中国工业经济》2005 年第 1 期。

87. 李社宁：《资源利益约束下西部经济持续增长的财税对策》，《财政研究》2007 年第 4 期。

88. 李天籽：《自然资源丰裕度对中国地区经济增长的影响及其传导机制研究》，《经济科学》2007 年第 6 期。

89. 李义天：《地区共同体：生态政治学的典型处方及其问题》，《绿叶》2008 年第 6 期。

90. 李同升、陈文言：《我国西部自然资源开发的体制创新与立法问题》，《地理学与国土研究》2000 年第 5 期。

91. 李章华、朱嬿：《三重基线——21 世纪企业可持续发展解码》，机械工业出版社 2008 年版。

92. 林毅夫：《以共享式增长促进社会和谐》，中国计划出版社 2008 年版。

93. 刘灿：《我国自然资源产权制度构建研究》，西南财经大学出版社 2009 年版。

94. 刘传江、徐建玲：《利益补偿与分享机制缺失下的政策失效问题探讨——基于西北地区环境重建的分析》，《经济评论》2006 年第 4 期。

95. 刘金红、段庆林、董明辉：《我国农村社会保障制度研究》，《中国软科学》2001 年第 1 期。

96. 刘思华：《生态马克思主义经济学原理》，人民出版社 2006 年版。

97. 刘羽羿：《我国矿业税费现状及其改善措施》，《矿业研究与开发》2003 年第 5 期。

98. 鹿心社、叶冬松：《全国省级矿产资源总体规划》，地质出版社 2004 年版。

99. 罗志军：《关于建立科学发展评价考核体系的调研报告》，《群众》2008 年第 10 期。

100. Martha G. Roberts，杨国安：《可持续发展研究方法国际进展——脆弱性分析方法与可持续生计方法比较》，《地球科学进展》2003 年第 1 期。

101. 马衍伟：《中国资源税制——改革的理论与政策研究》，人民出版社 2009 年版。

102. 梅付春：《失地农民合理利益完全补偿问题探析》，《农业经济问题》2007 年第 3 期。

103. 牛文元：《中国科学发展报告 2009》，科学出版社 2009 年版。

104. 漆先望、赵西：《四川钒钛产业发展的路径选择与对策建议》，《四川省情》2006 年第 8 期。

105. 陕西省国家税务局课题组：《税收与税源背离问题探讨》，《税务研究》2007 年第 5 期。

106. 邵帅、齐中英：《西部地区的能源开发与经济增长——基于"资源诅咒"假说的实证分析》，《经济研究》2008 年第 4 期。

107. 邵帅、齐中英：《自然资源开发、区域技术创新与经济增长——一个对"资源诅咒"的机理解释及实证检验》，《中南财经政法大学学报》2008 年第 4 期。

108. 邵腾伟、丁忠民：《科学发展观的评价指标体系构建》，《西南农业大学学报》（社会科学版）2006 年第 2 期。

109. 施训鹏：《国外如何促进矿区的可持续发展》，《中国矿业》2005 年第 5 期。

110. 世界经济年鉴编辑委员会：《世界经济年鉴 2009/2010》，经济科学出版社 2010 年版。

111. 世界银行、国家民族事务委员会项目课题组：《中国少数民族地区自然资源开发社区受益机制研究》，中央民族大学出版社 2009 年版。

112. 宋国明：《加拿大国土资源与产业管理》，地质出版社 2005 年版。

113. 孙钢：《我国资源税费制度存在的问题及改革思路》，《税务研究》2007 年第 11 期。

114. 孙立平：《中国进入利益博弈时代》，《经济研究参考》2005 年第 68 期。

115. 滕飞：《煤炭开发与欠发达地区经济增长——对"资源诅咒"的再考察》，《浙江社会科学》2009 年第 7 期。

116. 铁卫、王军：《略论对资源开发地政府利益的尊重与保护》，《理论导刊》2006 年第 3 期。

117. 汪生金：《矿产资源开发活动中企业与政府的利益关系分析》，《集团经济研究》2007 年第 2 期。

118. 王必达、王春晖：《"资源诅咒"制度视域的解析》，《复旦学报》（社会科学版）2009 年第 5 期。

119. 王慧博：《失地农民可持续生计问题分析》，《宁夏社会科学》2008 年第 5 期。

120. 王克强：《从地产对农民的生活保障效用谈农村社会保障机制建设的紧迫性》，《社会科学研究》2000 年第 2 期。

121. 王立彦、耿建新：《环境会计与管理（第 2 版）》，北京大学出版社 2004 年版。

122. 王利清、马建荣：《矿产资源开发中政府、企业与牧民的利益博弈——以锡林郭勒盟矿产资源开发为例》，《前沿》2010 年第 5 期。

123. 王庆新：《我国矿产资源管理的问题及对策研究》，华中师范大学 2006 年版。

124. 王小萍：《矿产资源利益分配法律制度研究》，生态文明与环境资源法——2009 年全国环境资源法学研讨会（年会）论文集，2009。

125. 王延明：《上市公司所得税负担研究——来自规模、地区和行业的经验证据》，《管理世界》2003 年第 1 期。

126. 王雁、刘红亮：《能源经济发展中的利益分配问题探析——以陕北地区为例》，《资源与产业》2007 年第 5 期。

127. 蔚永胜：《"资源诅咒"论：一个伪命题》，《消费导刊》2010 年第 4 期。

128. 魏铁军：《矿产资源法律改革初步研究》，中国地质大学出版社 2005 年版。

129. 温素彬、薛恒新：《基于科学发展观的企业三重绩效评价模型》，《会计研究》2005 年第 4 期。

130. 吴延兵：《R&D 与生产率——基于中国制造业的实证研究》，《经济研究》2006 年第 11。

131. 武盈盈：《资源产品利益分配问题研究——以油气资源为例》，《中国地质大学学报》2009 年第 3 期。

132. 邢新田：《矿业权市场矛盾关系研究》，《中国国土资源经济》2010 年第 9 期。

133. 徐康宁、王剑：《自然资源丰裕程度与经济发展水平关系的研究》，《经济研究》2006 年第 1 期。

134. 徐玉高、侯世昌：《可持续的、可持续性与可持续发展》，《中国人口·资源与环境》2000 年第 1 期。

135. 许家林：《资源会计学的基本理论问题研究》，立信会计出版社 2008 年版。

136. 杨俊青：《金融危机、工资激励职能与我国企业可持续成长》，《经济管理》2009 年第 11 期。

137. 杨宁、殷耀、刘军：《利益冲突搅乱能源开发》，《瞭望》2005 年第 22 期。

138. 杨云彦、赵锋：《可持续生计分析框架下农户生计资本的调查与分析——以南水北调（中线）工程库区为例》，《农业经济问题》2009 年第 3 期。

139. 姚慧琴：《中国西部经济发展报告（2008）》，社会科学文献出版社 2008 年版。

140. 于永达、王智辉：《基于集聚优势视角的资源诅咒现象分析》，《中国人口·资源与环境》2009 年第 4 期。

141. 袁纯清：《共生理论——兼论小型经济》，经济科学出版社 1998 年版。

142. 张复明：《矿业寻租的租金源及其治理研究》，《经济学动态》2010 年第 8 期。

143. 张复明：《资源型经济：理论解释、内在机制与应用研究》，中国社会科学出版社 2007 年版。

144. 张贡生、李伯德：《驳资源诅咒论》，《经济问题》2010 年第 3 期。

145. 张宏亮：《企业资源会计研究》，经济科学出版社 2009 年版。

146. 张金麟：《区域资源开发中当地居民利益的保障问题》，《经济问题探索》2007 年第 7 期。

147. 张景华：《自然资源是"福音"还是"诅咒"：基于制度的分析》，《上海经济研究》2008 年第 1 期。

148. 张雷：《矿产资源开发与国家工业化：矿产资源消费生命周期理论研究及意义》，商务印书馆 2004 年版。

149. 张亮亮、张辉明：《比较优势和"资源诅咒"悖论与资源富集地区经济增长路径选择——基于对中国地区间经济增长差异原因的扩展分析》，《当代财经》2009 年第 1 期。

150. 张伟：《集体土地所有权法律制度研究》，《中国地质矿产经济》2003 年第 4 期。

151. 张新安、杨培英、魏培军：《现代市场经济国家矿业税收制度研究》，地震出版社 1997 年版。

152. 张新伟、吴巧生、孟刚：《西部能源矿产资源产权价值实现中存在的问题与对策探讨》，《中国国土资源经济》2008 年第 10 期。

153. 张云：《非再生资源开发中价值补偿的研究》，中国发展出版社 2007 年版。

154. 张云华：《构筑收益共享型矿产资源开发新模式——青海省天峻县调查报告》，国务院发展研究中心调查研究报告，2006。

155. 赵全军：《中央与地方政府及地方政府间利益关系分析》，《行政论坛》2002 年第 2 期。

156. 赵仕玲：《中国与外国矿业税费比较的思考》，《资源与产业》2007 年第 5 期。

157. 《中共中央关于完善社会主义市场经济体制若干问题的决定》，人民出版社 2003 年版。

158. 《中国矿业年鉴》编辑部：《中国矿业年鉴 2009》，地震出版社 2010

年版。

159. 中国煤炭工业协会、中国煤炭经济研究会:《关于煤炭企业税收负担的调研报告》,《煤炭经济研究》2003 年第 4 期。

160. 中国人民大学中国调查评价中心:《中国发展指数(2008)编制成果研究》,《中国人民大学学报》2009 年第 1 期。

161. 中国人民大学中国调查评价中心:《中国发展指数的编制研究》,中国人民大学中国调查评价中心,2006 年。

162. 中国有色金属工业协会课题组:《减轻税负促进发展》,《有色金属工业》2004 年第 2 期。

163. 中华人民共和国国土资源部:《中国国土资源统计年鉴2009》,地质出版社 2009 年版。

164. 周黎安:《晋升博弈中政府官员的激励与合作——兼论我国地方保护主义和重复建设问题长期存在的原因》,《经济研究》2004 年第 6 期。

165. 周其仁:《产权与制度变迁——中国改革的经验研究》,北京大学出版社 2004 年版。

166. A. M. Esteves. *Mining and social development: Refocusing community in-vestment using multi-criteria decision analysis*, Resources Policy, 2008 (33): 39—47.

167. Arezki R., Ploeg F. V.. *Can the Natural Resource Curse Be Turned into A Blessing? The Role of Trade Policies and Institutions*, Washington D. C.: International Monetary Fund Working Paper, 2007.

168. Asea P. K., Lahiri A.. *The Precious Bane*, Journal of Economic Dynamics and Control, 1999, 23 (5—6): 823—849.

169. Australian Government. *Community Engagement and Development*, 2006, http://www.minerals.org.au/_data/assets/pdf_file/0003/17643/CED.pdf.

170. Auty R. M.. *Sustaining Development in Mineral Economies: The*

Resource Curse Thesis, London: Routledge, 1993.

171. Biatrice Labonne. *The mining industry and the community: Joining Forces for Sustainable Social Development*, Natural Resources Forum, 1999 (23): 315—322.

172. Brunnschweiler C. N. , Bulte E. H. . *The Resource Curse Revisited and Revised: A Tale of Paradoxes and Red Herrings*, Journal of Environmental Economics and Management, 2008, 55 (3): 248—264.

173. Bulte E. H. , Damania R. , Deacon R. T. . *Resource Intensity, Institutions, and Development*, World Development, 2005, 33 (7): 1029—1044.

174. Camey D. . *Implementing a Sustainable Livelihood Approach*, London: Department for International Development, 1998.

175. Chambers R. , Conway G. . *Sustainable Rural Livelihoods: Practical Concepts for the 21st century*, IDS Discussion Paper 296. Brighton, England: Institute of Development Studies, 1992.

176. Cobb C. W. , Douglas P. H. . *A Theory of Production*, The American Economic Review, 1928, 18 (1): 139—165.

177. Connor J. O. . *Monitoring Environmental Progress: A Report on Work in Progress*, Washington D. C. : World Bank Publications, 1996.

178. Corden W. M. , Neary J. P. . *Booming Sector and De -industrialization in A Small Open Economy*, Economic Journal, 1982, 92 (12): 825—848.

179. D. Humphreys. *Sustainable Development: Can the Mining Industry Afford It?* Resources Policy, 2001 (27): 1—7.

180. Daly H. E. , Cobb J. B. , Cobb C. W. . *For the Common Good: Redirecting the Economy toward Community, the Environment and a Sustainable Future*, Boston: Beacon Press, 1989.

181. Daniel Franks. *Avoiding mine – community conflict: From Dialogue to Shared Futures*, ENVIROMINE 2009 – International Seminar on Environmental Issues in the Mining Industry, Santiago, Chile.

182. Davis G. A.. *Learning to Love the Dutch Disease: Evidence from the Mineral Economies*, World Development, 1995, 23 (10): 1765—1779.

183. DFID. *Sustainable Livelihoods Guidance Sheets*, London: Department for International Development, 2000.

184. Dunning T.. *Resource Dependence, Economic Performance, and Political Stability*, Journal of Conflict Resolution, 2005, 49 (4): 451—482.

185. Fardmanesh M.. *Dutch Disease Economics and Oil Syndrome: An Empirical Study*, World Development, 1991, 19 (6): 711—717.

186. Friedman M.. *The Social Responsibility of Business is to Increase its Profits*, The New York Times Magazine, 1970 (13): 211—234.

187. Gylfason T., Zoega G.. *Natural Resources and Economic Growth: The Role of Investment*, Copenhagen K.: University of Copenhagen Economic Policy Research Unit Working Paper, 2001.

188. Gylfason T.. *Natural Resources, Education, and Economic Development*, European Economic Review, 2001, 45 (4—6): 847—859.

189. Hicks J. R.. 1946. *Value and capital (2nd ed)*, Oxford: Oxford University Press.

190. Higgins R. C.. *Analysis for Financial Management*, New York: McGraw – Hill Higher, 1998.

191. Hodler R.. *The Curse of Natural Resources in Fractionalized Countries*, European Economic Review, 2006, 50 (6): 1367—1386.

192. Jean – Philippe C.. Stijns. *Natural Resource Abundance and Economic Growth Revisited*, Resources Policy, 2005 (30): 103—124.

193. John Elkington. *Cannibals with Forks: The Triple Bottom Line of 21st Century Business*, Capstone, Oxford, 1997.

194. Jonas Hjort. *Citizen funds and Dutch Disease in developing countries*, Resources Policy, 2006 (31): 183—191.

195. Kathryn McPhail. *Global governance challenges in industry sectors and sup-ply chains Contributing to sustainable development through multi-stakeholder processes: practical steps to avoid the "resource curse"*, Corporate Gover-nance, 2008 (4): 152—171.

196. Kortenkamp K. V., Moore C. F.. *Ecocentrism and Anthropocentrism: Moral Reasoning About Ecological Commons Dilemmas*, Journal of Environmental Psychology, 2001, 21 (3): 261—272.

197. Lederman D., Maloney W. F.. *In Search of the Missing Resource Curse*, Washington D. C.: World Bank Policy Research Working Paper, 2008.

198. Leite C., Weidmann J. *Does Mother Nature Corrupt? Natural Sources, Corruption and Economic Growth*, Washington D. C.: International Monetary Fund Working Paper, 1999.

199. Lutz M.. *The Effects of Volatility in the Terms of Trade on Output Growth: New Evidence*, World Development, 1994, 22 (12): 1959—1975.

200. Mackey J.. *Putting Customers Ahead of Investors*, Reason, 2005 (10): 132—141.

201. Manzano O., Rigobon R.. *Resource Curse or Debt Overhang?*, Cambridge: National Bureau of Economic Research Working Paper, 2001.

202. Marcello M.. Veiga, Malcolm Scoble, Mary Louise McAllister. *Mining with communities*, Natural Resources Forum, 2001 (25): 191—202.

203. Matsuyama K.. *Agricultural Productivity, Comparative Advantage, and Economic Growth*, Journal of Economic Theory, 1992, 58 (2):

317—334.

204. Michel Serres. *The Natural Contract*, Ann Arbor: The University of Michigan Press, 1990.

205. Mikesell R. F.. *Explaining the Resource Curse, with Special Reference to Mineral - Exporting Countries*, Resources Policy, 1997, 23 (4): 191—199.

206. Millennium Ecosystem Assessment. *Ecosystems and Human Well - being: Synthesis*, Washington, DC: Island Press, 2005.

207. Odum H. T.. *Emergy in Ecosystems in: Polunin N, Environmental Monographs and Symposia*, New York: John Wiley, 1986.

208. Odum H. T.. *Environmental Accounting: Emergy and Environmental Decision Making*, New York: John Wiley & Sons, Inc, 1996.

209. Organisation for Economic Co - operation and Development. *OECD Environmental Indictors* 2001: *Toward Sustainable Development*, Paris: Organisation for Economic Co - operation and Development, 2001.

210. Papyrakis E. , Gerlagh R.. *Natural Resources, Innovation, and Growth*, Kiel: Economic Growth, and International Trade Working Paper, 2005.

211. Papyrakis E. , Gerlagh R.. *Resource Abundance and Economic Growth in the United States*, European Economic Review, 2007, 51 (4): 1011—1039.

212. Papyrakis E. , Gerlagh R.. *Resource Windfalls, Investment and Long - term Income*, Resources Policy, 2006, 31 (2): 117—128.

213. Papyrakis E. , Gerlagh R.. *The Resource Curse Hypothesis and its Transmission Channels*, Journal of Comparative Economics, 2004, 32 (4): 181—193.

214. Pendergast S. M. , Clarke J. A. , van Kooten G. C.. *Corruption, Development and the Curse of Natural Resources*, Victoria: Resource Eco-

nomics and Policy Analysis Research Group, Department of Economics, University of Victoria Working Paper, 2008.

215. Pinto B.. *Nigeria During and After the Oil Boom: A Policy Comparison with Indonesia*, World Bank Economic Review, 1987, 1 (3): 419—445.

216. Porter M. E., van der Linde C.. *Toward a new conception of the environment - competitiveness relationship*, The Journal of Economic Perspectives, 1995, 9 (4): 97—118.

217. Ramey G., Ramey V. A.. *Cross - Country Evidence on the Link between Volatility and Growth*, American Economic Review, 1995, 85 (5): 1138—1151.

218. Rees W. E.. *Ecological Footprints and Appropriated Carrying Capacity: What Urban Economics Leaves Out*, Environment and Urbanization, 1992, 4 (2): 121—130.

219. Robinson J. A., Torvik R., Verdier T.. *Political Foundations of the Resource Curse*, Journal of Development Economics, 2006, 79 (2): 447—468.

220. Ross M. L.. *Does Oil Hinder Democracy?*, World Politics, 2001, 53 (3): 325—361.

221. Sachs J. D., Warner A. M.. *Natural Resource Abundance and Economic Growth*, Cambridge: Center for International Development and Harvard Institute for International Development Working Paper, 1997.

222. Sachs J. D., Warner A. M.. *Natural Resource Abundance and Economic Growth*, Cambridge: National Bureau of Economic Research Working Paper, 1995.

223. Sachs J. D., Warner A. M.. *Natural Resources and Economic Development: The Curse of Natural Resource*, European Economic Review, 2001 (45): 827—838.

224. Sala－i－Martin X. , Subramanian A. . *Addressing the Natural Resource Curse：An Illustration from Nigeria*，Cambridge：National Bureau of Economic Research Working Paper，2003.

225. Sarageldin I. . *Sustainability and the Wealth of Nations：First Steps in an Ongoing Journey*，Ecological Economics，1996（3）：112—129.

226. Scoones. *Sustainable Rural Livelihood：A Framework for Analysis*，Working Paper 72. Brighton：Institute of Development Studies，1998.

227. Scotti M. , Bondavalli C. , Bodini A. . *Ecological Footprint as A Tool for Local Sustainability：The Municipality of Piacenza（Italy）as A Case Study*，Environmental Impact Assessment Review，2009，29（1）：39—50.

228. Sen A. . *Famines and Poverty*，London：Oxford University Press，1981.

229. Siche R. , Pereira L. , Agostinho F. , Ortega E. . *Convergence of Ecological Footprint and Emergy Analysis as A Sustainability Indicator of Countries：Peru as Case Study*，Communications in Nonlinear Science and Numerical Simulation，2010，15（10）：3182—3192.

230. Siegfried J. . *Effective average U. S. Corporation Income Tax Rates*，National Tax Journal，1974（27）：245—259.

231. Stijns J. P. C. . *Natural Resource Abundance and Economic Growth Revisited*，Resources Policy，2005，30（2）：107—130.

232. Theresa Garvin, Tara K. McGee, Karen E. . *Smoyer－Tomic, Emmanuel Ato Aubynn. Community－company relations in gold mining in Ghana*，Journal of Environmental Management，2009，（90）：571—586.

233. Torvik R. . *Natural Resources, Rent Seeking and Welfare*，Journal of Development Economics，2002，67（2）：455—470.

234. United Nations. *Indicators of Sustainable Development：Guidelines*

and Methodologies (Third Edition), New York: United Nations, 2007.

235. Yang Z. F., Jiang M. M., Chen B., Zhou J. B., Chen G. Q., Li S. C.. Solar Emergy Evaluation for Chinese Economy, Energy Policy, 2010, 38 (2): 875—886.

236. Zimmerman J.. Taxes and firm size, Journal of Accounting and E-conomics 1983 (5): 119—149.

附录 案例研究

案例一 矿产资源开发对资源地经济、环境、 社会影响案例研究
——四川省攀枝花市等七地区调查数据分析

西部地区矿产资源丰富，并且多处于开发初中期阶段，是国家信息化、工业化进程中重要的资源供给基地。但由于自然、历史、社会等原因，西部地区经济发展相对落后，生态环境比较脆弱。西部大开发以来，西部地区整体经济、社会水平得到较大提高。然而，在资源开发地却出现了"富饶的贫困"、"富财政穷百姓"等现象，而且，矿产资源开发还破坏了当地的水源、土壤等生态环境，导致资源地经济社会发展滞后。为反映资源地在资源开发中的真实情况，课题组深入四川省攀枝花市、四川省甘孜藏族自治州、内蒙古自治区包头市、陕西省榆林市、青海省西宁市、宁夏回族自治区固原市、贵州六盘水市

等西部矿产资源富集地区，以资源地居民为调研对象，以问卷法与结构式访谈为调研方法，从资源开发切身利益相关者中收集数据，分析西部矿产资源开发对经济、环境、社会的综合影响。

一 调研概况

（一）调研地概况[①]

1. 四川攀枝花地区矿产资源概况

"中国钒钛之都"——攀枝花市位于四川省西南部、川滇交界处，是典型的资源开发型城市、工业城市、移民城市。由于其得天独厚的矿产资源，被誉为"富甲天下的聚宝盆"，已发展成为中国西部重要的钢铁、钒钛、能源基地和新兴工业城市。

攀枝花市矿产资源种类多、储量大。截至 2008 年底，已发现矿产 76 种，得到开发利用的矿产 45 种，探明储量的矿产 39 种，发现矿产地 490 余处（含矿点、矿化点），其中大型、特大型矿床 45 个，中型矿床 31 个。在占全国国土面积千分之一的区域内，蕴藏着全国 20％的铁、63％的钒、93％的钛、98％的钪和 33％的钴、铬、镍资源，以及丰富的与发展钢铁钒钛工业相配套的冶金辅助矿产煤、熔剂灰岩、熔剂白云岩、耐火黏土和其他金属、非金属矿产资源（攀枝花市矿产资源及矿产地分布如表 1 所示），其中探明的钛资源占世界第一位，钒资源占全国第一位、世界第三位。同时，宝玉石资源也较为丰富，计有各类矿点 81 个（其中：宝石矿点 14 处，玉石矿点 41 处，工艺矿物岩矿点 26 处），保有储量 1200 万吨，攀枝花地区主要矿产资源储量如表 2 所示。

---

① 本部分资料除特殊说明外均来自各调研地政府网站资料。

表 1　　　　　　　　　　攀枝花地区矿产资源种类及矿产地分布

矿产种类		矿产地分布
黑色金属矿	铁矿	①钒钛磁铁矿，特大型矿床有攀枝花、红格、白马 3 处，大型矿床有中干沟、安宁村、白草 3 处，中型矿床有马鞍山、弯子田、中梁子、新街 4 处，小型矿床有普隆半山 1 处，矿点有萝卜地 1 处。 ②磁铁矿、赤铁矿、菱铁矿，分布于米易沙坝、二滩、头滩、断崖山、黄泥嘴及盐边东巴湾 6 处矿点
	锰矿	有氧化锰和碳酸锰矿石两种，盐水河、东巴湾 2 处产地
煤矿	烟煤	产地 11 处，主要分布在仁和区宝鼎
	无烟煤	产地 6 处，主要分布在红坭地区
有色金属及贵重金属矿	铜镍矿	矿产地有盐边冷水箐、米易阿布郎当及仁和区红格炳山箐等
	铅锌矿	产地有盐边龙塘、仁和银厂箐、米易厂坡、麻陇等
	铝土矿	产地有米易二滩、雷打石、杉木洞 3 处
	锡矿	主要分布在仁和区平地镇
	金矿	砂金矿分布于盐边惠民乡
	铂	伴生于钒钛磁铁矿中，主要分布于红格和新街
稀有金属矿	铌矿	产地 11 处，中型矿床 1 处、矿点 3 处、矿化点 7 处
	钽矿	产地 6 处，均为矿点和矿化点
	锆矿	产地仅红格 1 处，是铌钽矿伴生小型矿床
	稀土矿	铈族元素（轻稀土）和钇族元素（重稀土），矿产地 3 处
	镓矿	大型矿床 1 处
	铀矿	产地 10 处，其中矿点 5 处
非金属矿	冶金辅助原料	熔剂石灰岩	矿产地有大火山、巴关河、大水井 3 处大型矿床，挂榜、小水井、沙坝 3 处中型矿床
		熔剂白云岩	矿产地有大水井大型矿床和米易观音中型矿床
		耐火黏土	矿产地有 2 处，都是中型矿床
	特种非金属	水晶	矿产地 1 处，在米易县余家沟
		玛瑙	零星分布于盐边县朵格、菁河一带二叠纪玄武岩里
	化工原料	硫铁矿	矿产地 7 处，均为矿点和矿化点
		伴生硫	产地 2 处，均与钒钛磁铁矿伴生，且都是大型矿床
		磷	矿产地 4 处，其中大型矿床（属伴生）1 处，矿化点 3 处
		重晶石	矿产地 1 处，位于盐边红宝乡

续表

矿产种类			矿产地分布
非金属矿	建材原料	白云母	3 处矿点和矿化点,即米易撒莲菩萨岩、盐边红坭大庙沟、仁和同德
		石棉	矿化点 5 处,都在盐边县境内
		石膏	矿化点 2 处,在仁和区跌打和石坎子
		高岭土	矿产地 5 处,其中 4 处为矿点,1 处矿化点,分别为米易顶针村西、米易横山陶瓷厂、米易草场、米易大草坝、盐边后山
		石墨	矿产地有中坝、新生、大箐沟、田坪、大田 5 处,其中小型矿床 1 处,矿点 3 处,矿化点 1 处
		水泥用石灰岩	矿产地 8 处,其中大型矿床 2 处,中型矿床 2 处,小型矿床 3 处,矿点 1 处
		水泥配料	矿产地 12 处,其中大型矿 2 处,中型矿床 1 处,小型矿床 1 处,矿点 7 处,矿化点 1 处
		建筑石料	矿产地 7 处,均为矿点。主要有大理石、角闪石英正长岩、石英正长闪长岩、白云质灰岩和硅质白云岩等
	其他	硅藻土	主要分布在米易回汉沟、新民村、沙坝及仁和区大田、红格等地
		天然油石	有矿点 1 处,产于盐边荒田—回龙一带
		蔷微辉石、碧玉	有矿点 1 处,产于盐边惠民回龙
		蛭石	有矿点 2 处:仁和区同德、仁和区啊喇乡官房坪子

资料来源:攀枝花市政府网。

表 2 　　　　　　　　　　　　攀枝花市主要矿产资源储量

矿产资源种类	保有储量	累计储量	单位
煤	39878	67107.1	万吨
钒钛磁铁矿	672900	718000	万吨
伴生钛	42968	54872	万吨
伴生钒	1050.2	1553	万吨
熔剂石灰石	29598	31139	万吨
冶金用白云岩	7528	7741.1	万吨
耐火黏土	1032.75	1273.6	万吨
晶质石墨	1547.5	1555.2	万吨
硅藻土	1355.6	—	万吨

续表

矿产资源种类	保有储量	累计储量	单位
水泥用灰岩	20166	23211	万吨
水泥砂岩	1194.05	1936	万吨
大理石	5400	—	万立方米
饰面用花岗石	8395	—	万立方米
苴却砚石	2098.5	—	万吨

资料来源：攀枝花市政府网。

2. 四川甘孜地区矿产资源概况

"中国的乌拉尔"——甘孜藏族自治州位于四川省西部，青藏高原东南缘，与西藏、青海、云南等省区为邻，是资源富集大州。2009 年，矿山企业实现工业增加值 6.35 亿元，增长 13.4%，对全州规模以上工业增长的贡献率为 38.8%。

甘孜州地处三大构造体系的复合部位，复杂的地质构造，为成矿、储矿创造了优越的地质条件，因而矿产资源丰富。甘孜州已发现矿产 74 种，形成固体矿产地 1581 处，矿点 512 处。黑色金属以铁矿为主，其次为铁锰矿、锰矿、铬铁矿、钛铁矿，矿产地 90 处。有色金属有铜、铅、锌、镍、钨、锡、汞、锑、钼 9 种。贵金属有大型共生铂（钯）矿，超大型银矿，以及储量较多的砂金矿和岩金矿，已探明超大型和大型矿床 30 余处，中型矿床 40 余处，小型矿床近百处，矿产地 490 处，其中包括亚洲第一大矿——康定呷基卡锂辉矿，"西南三颗明珠"之一的白玉呷村银多金属矿。稀有金属及分散元素，是国家重要的成矿区，其中花岗伟晶岩型锂、铍、铌、钽矿床居州内主导地位，共发现矿产地 56 处。

甘孜州境内有白玉—理塘—巴塘—得荣地区远景区等 12 个重点调查评价区，主要调查铅、锌、铜、银、金、铁等矿；康定大渡河重点勘察区等 2 个重点勘察区，主要勘察铁、铜、铅、锌、锰、金、银、锡、铂等矿；丹巴杨柳坪重点开采区等 3 个重点开采区，主要开采铜、铅、锌、银等矿；康定呷基卡鼓励开采区等 2 个鼓励开采区，鼓励开采锂、铍、铌、钽、大理石等矿，如表 3 所示。

表 3　　　　　　　　甘孜州重点调查评价区、勘察区与开采区

类别	名称	面积（km²）	主要矿种
重点调查评价区	白玉—理塘—巴塘—得荣地区远景区	12158	铅、锌、铜、金
	稻城邓波—木里菜园子远景区	4272	铜、金、铅、锌、银
	稻城—木里美沟远景区	1651	铜、铁、铅、锌、银
	理塘虐颜—当卓沟远景区	1715	铜、铅、锌、银
	白玉赠科—昌台远景区	4664	铅、锌、铜、银、金、汞、重晶石
	石渠洛须—新龙卓达纳远景区	5842	铜、铅、锌、锡、银、铁
	木里松机庚—金山远景区	3466	金、铜（镍）
	理塘阿加隆洼—查瓦额远景区	1597	金、铜、铅、锌、锡
	道孚菜子坡—农戈山远景区	2069	铅、锌、铜、铁、金、银、锡
	丹巴—康定远景区	3002	铂、镍、铜、金
	巴塘雅洼—得荣奔都远景区	3130	铜、金、铅、锌、铁、锰
	九龙三垭远景区	1297	铜、锌、铅、金
勘察区	康定大渡河重点勘察区	18141	铁、铜、铅、锌、锰、金、银、锡、铂
	西南三江重点勘察区	41125	铜、铅、锌、锡、银、金
开采区	九龙里伍重点开采区	457	铜
	白玉呷村重点开采区	1671	铅、锌、银
	丹巴杨柳坪重点开采区	289	镍、铂、铜
	康定呷基卡鼓励开采区	430	锂、铍、铌、钽
	小金鼓励开采区	301	大理石

资料来源：《四川省矿产资源总体规划（2008—2015）》。

3. 内蒙古包头地区矿产资源概况

"稀土之乡"——包头市位于内蒙古高原的南端，北部与蒙古国接壤，南临黄河，东西接土默川平原和河套平原，是内蒙古最大的工业城市，是国家重要的基础工业基地，是中国最重要的稀土、钢铁、冶金、机械制造和军工基地。

包头市地处阴山—天山纵向成矿带上，矿产资源丰富，种类多、储量大、

品位高、分布集中、易于开采。已发现矿物 74 种矿产类型 14 个。主要金属矿有：铁、稀土、铌、钛、锰、金、铜等 30 个矿种 6 个矿产类型。非金属矿有：石灰石、白云岩、脉石英、萤石、蛭石、石棉、云母、石墨、石膏、大理石、花岗石、方解石、珍珠岩、磷灰石、钾长石、珠宝石、紫水晶、芙蓉石、铜兰、膨润土、高岭土、增白黏土、砖瓦黏土等 40 个矿种。能源矿有：煤、油页岩等。其中最为著名的白云鄂博矿山，是举世罕见的金属共生矿山，铁的探明储量约为 10 亿多吨，铌的储量居全国之首，稀土储量居世界之最，稀土储量不仅巨大而且品位高、生产成本低，占到全国稀土储量的 91.6％，占世界已探明储量的 54.2％。

4. 陕西榆林地区矿产资源概况

中国的"科威特"——榆林市位于陕西省的最北部，在黄土高原和毛乌素沙漠的交界处，地处陕甘宁蒙晋五省（区）接壤地带，东临黄河与山西相望，西连宁夏、甘肃，北邻内蒙古鄂尔多斯市，南接延安，是 21 世纪中国的能源接续地，是正在建设的国家能源化工基地，是西气东输、西电东送、西煤东运的重要源头。

榆林市发现 8 大类 48 种矿产资源，煤炭、石油、天然气、岩盐等能源矿产资源富集一地，分别占全省总量的 86.2％、43.4％、99.9％和 100％，且组合配置良好，开发潜力巨大，国内外罕见。榆林市平均每平方公里地下蕴藏着 622 万吨煤、1.4 万吨石油、1 亿立方米天然气、1.4 亿吨岩盐。

煤炭资源预测储量 2800 亿吨，探明储量 1500 亿吨，约占全国储量的 1/5。侏罗纪煤田是榆林市的主力煤田，探明储量 1388 亿吨，占全市已探明煤炭总量的 95.7％，埋藏浅，易开采，单层最大厚度 12.5 米，属特低灰（7％—9％）、特低硫（小于 1％）、特低磷（0.006％—0.35％）、中高发热量（28.470—34.330mj/kg）的长烟煤、不粘煤和弱粘煤，是国内最优质环保动力煤和化工用煤。煤田主要分布在榆阳、神木、府谷、靖边、定边、横山六县区。石炭一二叠纪煤田是稀缺的焦煤和肥气煤，探明储量 54.74 亿吨，单层厚度 15.47 米，煤田主要分布在吴堡和府谷两县。

天然气资源预测储量 4.18 万亿立方米，探明储量 1.18 万亿立方米，是迄今我国陆上探明的最大整装气田，气源中心主储区在榆林市靖边和横山两县。气田储量丰度 0.66 亿立方米/平方公里，属干气，甲烷含量 96%，乙烷含量 13%，有机硫极微，在燃烧中不产生灰渣，面积 2300 平方公里。

岩盐资源预测储量 60000 亿吨，约占全国岩盐总量的 26%，探明储量 8854 亿吨，主要分布在榆林、米脂、绥德、佳县、吴堡等地。湖盐资源预测储量 6000 万吨，探明储量 330 万吨，如表 4 所示。此外，还有丰富的高岭土、铝土矿、石灰岩、石英砂等资源。

表 4   榆林市主要矿产资源储量

矿产种类	预测储量	探明储量	单位
煤炭	2800	1500	亿吨
天然气	4.18	1.18	万亿立方米
岩盐	60000	8854	亿吨
湖盐	6000	330	万吨

资料来源：榆林市政府网。

5. 青海西宁地区矿产资源概况

"中国夏都"——西宁市位于青海省东部，黄河支流湟水上游，是青藏高原的东方门户。西宁市矿产资源丰富，已发现各类矿产资源 123 种，探明储量的 97 种。在全国的总储量中，有 51 种的储量居前 10 位，11 种居首位。已经国家审定上储量表的矿产有 70 余种，保有储量的潜在价值达 81200 亿元。其中，盐湖资源、石油天然气资源、金属和黄金资源等具有突出优势。

盐湖资源品位高，类型全，分布集中，组合好，开采条件优越。被誉为聚宝盆的柴达木盆地，共有 33 个盐湖，经济价值最大的是全国独一无二的锂矿区——东台吉乃尔湖和全国最大的钾镁盐矿区——察尔汗盐湖。已初步探明氯化钠储量 3263 亿吨，氯化钾 4.4 吨，镁盐 48.2 亿吨，氯化锂 1392 亿吨，锶矿 1592 万吨，芒硝 68.6 亿吨，均居全国第一位。其中，镁、钾、锂盐储量占全国已探明储量的 90%。

石油与天然气资源丰富。共发现 16 个油田、6 个气田。石油资源预计储量 12 亿吨，已探明 2.08 亿吨；天然气资源预计储量 2937 亿立方米，已探明 663.29 亿立方米。

金属和黄金资源矿种多，品位高。有色金属矿产有：铜（储量 180 万吨）、铅（110 万吨）、锌（153 万吨）、镍、钴、锡、钼、锑、汞等。黑色金属矿产有：铁、锰、铬、钛、钒等。另有贵重金属矿产：金、银、铂；稀有金属和分散元素矿产：锗、镓、铟、镉、锶、铍等，保有储量占全国的 63%。非金属矿产资源共发现 36 种，有 5 种列全国第一，主要有石棉、石墨、石膏、溶剂石英石、石灰岩、白云岩、耐火石英岩、硅石、耐火黏土等。

6. 宁夏固原地区矿产资源概况

黄土高原的"绿色明珠"——固原市位于宁夏南部六盘山区，地处西安、兰州、银川三个省会城市构成的三角地带中心，是全国主要的回族聚居区之一，也是著名的革命老区。

固原市矿产资源丰富。境内煤产地 5 处，总储量 9.30 亿吨；硫铁矿 1处，储量 5.9 万吨；铜矿 5 处，储量 893 万吨；磷矿 1 处，储量 13.9 万吨；石英砂矿 4 处，总储量 16 万吨；石膏矿 10 处，总储量 30 亿吨；石灰石矿 4处，总储量 1.3 亿吨；陶土储量 133 万吨；芒硝储量 200 万吨；白云岩储量 5900 万吨；黄金矿石储量 10 万吨；花岗岩、闪长石、盐等也有相当储量。2008 年，自治区地矿部门在原州区中河乡硝口一带勘察发现岩盐资源，盐矿核心区硝口 30 平方公里范围内初步探明储量 17 亿吨以上，属国家大型盐矿，远景预测储量达到 100 亿吨以上，具有埋藏浅、厚度大、品位较高、易开采等特点。

7. 贵州六盘水地区矿产资源概况

"江南煤都"——六盘水市位于贵州西部，地处川、滇、黔、桂四省接合部，是长江上游和珠江上游的分水岭，是"攀西—六盘水资源综合开发区"的重要组成部分。六盘水市矿藏储量丰富，矿种较多，已发现煤、铁等矿种 30余种，已探明储量 16 种。

能源矿藏是六盘水市最主要的矿产资源，主要有煤、油页岩和铀矿三种。煤的蕴藏量最为丰富，预测储量 569 亿吨，保有储量 147.7 亿吨，占贵州省保有储量的 30.2％。煤矿品种齐全，已探明的煤种有气煤、肥煤、焦煤、瘦煤、贫煤、无烟煤，其中，炼焦用煤 94.3 亿吨，占全市煤炭总量的 63.2％。油页岩分布在盘县亦资孔、水城格木底，估计储量 1.755 亿吨，折合焦油 444 万吨。铀矿含油品位 0.045％—1.04％，工业开采品位 0.05％，且矿床中含镍、硒元素较高。

冶金辅助原料矿藏主要有石灰石、白云岩、萤石、硅石四种。石灰石累计探明储量 3.19 亿吨，保有储量 3.12 亿吨。白云岩储量 6991.6 万吨，保有储量 3760 万吨。萤石分布于六枝特区境内，均为小型矿床，未开采。硅矿已探明储量 884.51 万吨。

非金属的建筑原材料，主要有用作水泥原料的石灰石，用作水泥配料的黏土、页岩、砂岩，以及石膏、砂石、石棉、大理石等矿种。化工矿产主要有硫铁矿、砷、重晶石三个品种。硫铁矿有两个类型：一为铅锌矿床中的伴生矿，分布在水城杉树林、上石桥、横塘等地，杉树林硫铁矿储量 68.1 万吨，含硫 13.35％—20.81％；另一类型产于二迭系龙潭组与玄武岩接触部或下二迭统梁山组中，矿体呈透镜状和结核状，分布在郎岱茅草坝，水城的化乐马场、法那大水井等地。

有色金属矿主要有铅、锌、铜、镍、汞、锑，伴生矿有银、锗、镉、镓、铟等。铅锌矿储量 40.99 万吨，已开采 15.1 万吨。汞矿储量 790 吨，未开采。钛矿均为伴生矿，分布在盘县老厂铁矿中，二氧化钛储量 500 万吨。

铁矿石探明储量 1.24 亿吨，重要产地有 3 处，主要矿点 13 处。矿石类型有热液型、沉积型和风化残余型 3 种。热液型铁矿分布在水城观音山、响水河、双井一带。沉积型铁矿分布在盘县的老厂、西冲、火铺及水城的南开、二塘等地，风化残余铁矿分布于莲花山背斜、水杉背斜、威水背斜等构造带上，矿点 61 处，多为含铁岩石、玄武岩、含铁砂岩、黄铁矿、铅锌矿及菱矿氧化而成的褐铁矿。

（二）调研设计与样本概况

此次问卷调查的对象是西部矿产资源开发地居民。由于客观条件的限制，本次调查未能做到完全随机抽样，而是采用判断抽样的方法，抽取了四川省攀枝花市西区和盐边县、四川省甘孜藏族自治州丹巴县和九龙县、内蒙古自治区包头市白云鄂博矿区、陕西省榆林市榆阳区和神木县、青海省西宁市湟中县、宁夏回族自治区固原市原州区、贵州六盘水市六枝特区和水城县等 7 市 11 县。在所抽取的区县中随机抽取一至两个行政村或社区，在所抽取的村中，采取随机入户进行调查。调查对象为样本家庭的户主（如果户主不在，则调查其配偶或其他 18 周岁以上的家庭成员）。此次调查中实际抽取的调查对象的分布情况如表 5 所示。

此次调研旨在了解矿产资源开发对资源地的综合影响，因此，在问卷设计中，从基本情况、经济影响、生态环境影响、社会影响四个层面设计问题。每个层面设计 6—10 个评价和感受的问题作为变量进行测量。问卷主要从被调查者的性别、年龄、民族、文化程度、职业等方面反映调查样本的基本情况；从被调查者的经济来源变化，生活条件改善情况，对矿产资源开发给当地物价、商业发展、基础设施建设带来的影响评价等方面反映经济影响；从矿产资源开发对农作物、山体和植被、水质、空气、地质灾害的影响，被调查者对当前居住环境与生态环境的整体评价等方面反映生态环境影响；从矿产资源开发对治安状况、就业机会、社会关系、教育水平、医疗水平的影响等方面反映社会影响。此次调查采用结构式访问的方式进行。此次调查完成调查问卷 350 份，剔除不完整问卷 31 份，分析中用到有效问卷 319 份，有效回收率 91.14%，样本基本情况如表 6 所示。在数据统计处理时，由于青海省、宁夏回族自治区、

表 5　　　　矿产资源开发对经济、环境、社会影响问卷调查样本分布

调查地点			样本数
四川省攀枝花市	西区格里坪镇	大水井村	22
		格里坪村	28
	盐边县新九乡	平谷村	25
		孟良村	19
四川省甘孜藏族自治州	丹巴县格宗乡	江达村	38
	九龙县魅多乡	江朗村	31
		里伍村	20
内蒙古自治区包头市	白云鄂博矿区	宝山社区	15
		西矿社区	18
陕西省榆林市	榆阳区鱼河镇	李家沟村	18
	神木县孙家岔镇	柳树峁村	26
青海省西宁市	湟中县多巴镇	城中村	9
宁夏回族自治区固原市	原州区彭堡镇	胡大堡村	30
贵州省六盘水市	六枝特区大用镇	泔港村	11
	水城县汪家寨镇	那罗村	9
合计			319

资料来源：根据调研数据整理所得。

贵州省的样本量较小，因此将这三个地区作为一个统计区域处理，统称为青海宁夏贵州地区。

表 6　　　　　　　　　调查样本基本情况

调研地 基本情况		四川攀枝花地区（N_1＝94）		四川甘孜地区（N_2＝89）		内蒙古包头地区（N_3＝33）	
		样本	比重	样本	比重	样本	比重
性别	男	53	56.38％	56	62.92％	17	51.52％
	女	41	43.62％	33	37.08％	16	48.48％
年龄	20 岁及以下	14	14.89％	4	4.49％	3	9.09％
	21—30 岁	20	21.28％	22	24.72％	7	21.21％
	31—40 岁	12	12.77％	27	30.34％	11	33.33％
	41—50 岁	29	30.85％	25	28.09％	9	27.28％
	51 岁及以上	19	20.21％	11	12.36％	3	9.09％

调研地 基本情况		四川攀枝花地区（N_1＝94）		四川甘孜地区（N_2＝89）		内蒙古包头地区（N_3＝33）	
		样本	比重	样本	比重	样本	比重
民族	汉族	92	97.87％	32	35.96％	31	93.94％
	藏族	—	—	56	62.92％	—	—
	白族	2	2.13％	—	—	—	—
	羌族	—	—	1	1.12％	—	—
	蒙古族	—	—	—	—	2	6.06％
文化 程度	初中以下	19	20.21％	26	29.21％	4	12.12％
	初中毕业	40	42.55％	30	33.71％	11	33.33％
	高中或中专毕业	20	21.28％	10	11.24％	11	33.33％
	大专及以上	15	15.96％	23	25.84％	7	21.22％
职业	农民	26	27.66％	46	51.69％	1	3.03％
	工人	29	30.85％	17	19.10％	14	42.42％
	个体工商户	9	9.57％	9	10.11％	12	36.36％
	公务员	2	2.13％	7	7.87％	—	—
	学生	10	10.64％	6	6.74％	5	15.15％
	教师	2	2.13％	1	1.12％	0	0.00％
	其他	16	17.02％	3	3.37％	1	3.04％
户口	农村户口	50	53.19％	67	75.28％	15	45.45％
	城镇户口	44	46.81％	22	24.72％	18	54.55％

调研地 基本情况		陕西榆林地区（N_4＝44）		青海宁夏贵州地区（N_5＝59）		总体（N＝319）	
		样本	比重	样本	比重	样本	比重
性别	男	29	65.91％	44	74.58％	199	62.38％
	女	15	34.09％	15	25.42％	120	37.62％
年龄	20 岁及以下	3	6.82％	9	15.25％	33	10.34％
	21—30 岁	19	43.18％	22	37.29％	90	28.22％
	31—40 岁	11	25.00％	15	25.43％	76	23.82％
	41—50 岁	8	18.18％	12	20.34％	83	26.02％
	51 岁及以上	3	6.82％	1	1.69％	37	11.60％
民族	汉族	44	100.00％	51	86.45％	250	78.38％
	藏族	—	—	—	—	56	17.55％
	白族	—	—	—	—	2	0.63％

续表

调研地 基本情况		陕西榆林地区（N₄=44）		青海宁夏贵州地区（N₅=59)		总体（N=319）	
		样本	比重	样本	比重	样本	比重
民族	羌族	—	—	—	—	1	0.31%
	蒙古族	—	—	—	—	2	0.63%
	回族	—	—	7	11.86%	7	2.19%
	苗族	—	—	1	1.69%	1	0.31%
文化 程度	初中以下	3	6.82%	12	20.34%	64	20.06%
	初中毕业	6	13.64%	28	47.46%	115	36.05%
	高中或中专毕业	6	13.64%	11	18.64%	58	18.18%
	大专及以上	29	65.90%	8	13.56%	82	25.71%
职业	农民	3	6.82%	19	32.20%	95	29.78%
	工人	3	6.82%	22	37.29%	85	26.65%
	个体工商户	7	15.91%	4	6.78%	41	12.85%
	公务员	3	6.82%	12	20.35%	24	7.52%
	学生	6	13.64%	—	—	27	8.46%
	教师	20	45.44%	1	1.69%	24	7.52%
	其他	2	4.55%	1	1.69%	23	7.22%
户口	农村户口	12	27.27%	39	66.10%	183	57.37%
	城镇户口	32	72.73%	20	33.90%	136	42.63%

资料来源：根据调研数据整理所得。

二 矿产资源开发对经济的影响

矿产资源开发带动资源地居民家庭收入小幅增加。资源地居民反映，虽然矿产资源开发使家庭收入有所增加，但幅度较小。调研总体数据表明，75.24%的居民认为矿产资源开发使家庭收入增加，21.00%的居民认为矿产资源开发对家庭收入无影响，仅3.76%的居民认为矿产资源开发使家庭收入减少。收入增加的家庭中21.32%认为收入增加较为明显，53.92%的居民认为收入只有小幅度增加。从各调研地数据看，均认为矿产资源开发使家庭收入小幅度增加。四川省攀枝花地区77.66%的居民认为家庭收入增加，但58.51%

的样本家庭认为增加幅度较小；四川省甘孜地区 73.04％的居民认为家庭收入增加，但 51.69％的居民认为增加幅度较小；84.85％的内蒙古自治区包头地区居民认为家庭收入增加，但 51.52％的样本家庭认为增加幅度较小；陕西省榆林地区 61.36％的居民认为家庭收入增加，但仅有 15.91％的样本家庭认为收入明显增加；青海宁夏贵州地区 79.66％的样本家庭认为收入增加，但 57.63％的居民认为增加幅度较小，具体数据如图 1 所示。

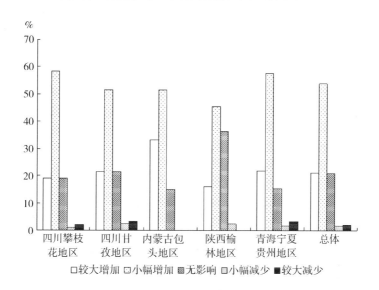

图 1　矿产资源开发对资源地居民收入的影响

资料来源：根据调研数据整理所得。

矿产资源开发导致资源地居民主要经济来源显著变化。整体上看，79.00％的样本家庭认为矿产资源开发使主要经济来源变化（其中，32.29％的居民认为变化较为明显，46.71％的居民认为变化较小），由以农业收入为主改变为以当地务工收入和经商收入为主。具体来看，四川省攀枝花地区 75.53％的居民认为矿产资源开发使家庭主要经济来源变化，其中，30.85％的居民认为变化显著，44.68％的居民认为变化较小；四川省甘孜地区 80.90％的样本家庭认为主要经济来源发生变化，其中，53.93％的家庭认为变化较小，

26.97％的家庭认为变化显著；内蒙古自治区包头地区 69.69％的居民认为矿产资源开发使家庭主要经济来源变化，其中，42.42％的居民认为变化明显，27.27％的居民认为变化较小；75.00％的陕西省榆林地区样本家庭认为主要经济来源发生变化，其中，36.36％的家庭认为变化显著，38.64％的家庭认为变化较小；青海宁夏贵州地区 89.83％的样本家庭认为主要经济来源发生变化，其中，33.90％的家庭认为变化较大，55.93％的家庭认为变化较小。矿产资源开发使资源地居民主要经济来源变化情况如图 2 所示，开发前后样本家庭主要经济来源分别如图 3 和图 4 所示。

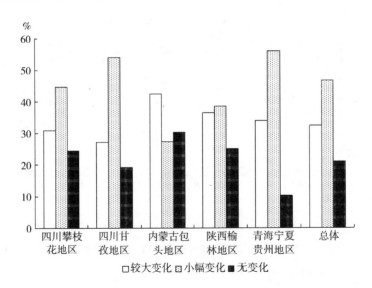

图 2　矿产资源开发使资源地居民主要经济来源变化情况

资料来源：根据调研数据整理所得。

矿产资源开发致使资源地日常用品物价显著上涨。调研数据表明，矿产资源开发使资源地物价显著上涨。总体上，91.54％的居民认为矿产资源开发使物价上涨，其中，25.08％的居民认为上涨幅度很大，36.99％的居民认为物价有较大上涨，29.47％的居民认为上涨幅度较小。各调研地数据表明，四川省攀枝花地区 93.61％的居民认为矿产资源开发使物价上涨，其中，28.72％的

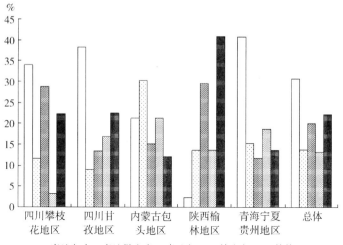

图3 矿产资源开发前居民主要经济来源

资料来源：根据调研数据整理所得。

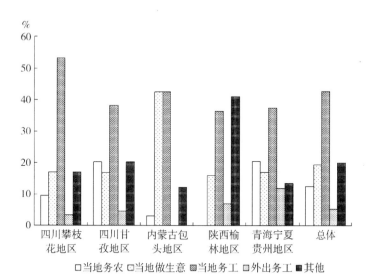

图4 矿产资源开发后居民主要经济来源

资料来源：根据调研数据整理所得。

居民认为上涨幅度很大，45.74％的居民认为物价有较大上涨，19.15％的居民认为上涨幅度较小；四川省甘孜地区91.02％的居民认为矿产资源开发使物价上涨，其中，17.98％的居民认为上涨幅度很大，30.34％的居民认为物价有较大上涨，42.70％的居民认为物价上涨幅度较小；93.94％的内蒙古自治区包头地区居民认为矿产资源开发使物价上涨，其中，33.33％的居民认为上涨幅度很大，51.52％的居民认为物价有较大上涨，9.09％的居民认为上涨幅度较小；95.55％的陕西省榆林地区居民认为矿产资源开发使物价上涨，其中，36.36％的居民认为上涨幅度很大，40.91％的居民认为物价有较大上涨，18.18％的居民认为物价上涨幅度较小；青海宁夏贵州地区84.74％的居民认为矿产资源开发使物价上涨，其中，16.95％的居民认为上涨幅度很大，22.03％的居民认为物价有较大上涨，45.76％的居民认为物价上涨幅度较小，具体数据如图5所示。

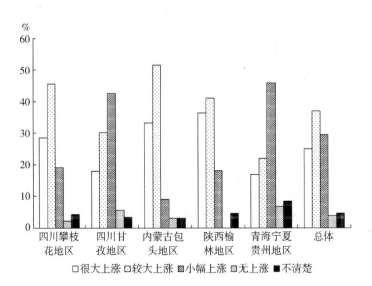

图5　矿产资源开发对资源地物价水平影响

资料来源：根据调研数据整理所得。

矿产资源开发使资源地居民家庭支出明显增加。调研总体数据表明，

84.02％的资源地居民认为矿产资源开发使家庭支出增加，13.17％的居民认为矿产资源开发对家庭支出无影响，仅有 2.82％的居民认为家庭支出减少。各调研地数据表明，四川省攀枝花地区 88.30％的居民认为矿产资源开发使家庭支出增加，且有 47.87％的居民认为支出增加幅度较大，10.64％的居民认为矿产资源开发对家庭支出无影响，仅 1.06％的居民认为家庭支出减少；四川省甘孜地区 92.14％的居民认为矿产资源开发使家庭支出增加；78.77％的内蒙古自治区包头地区居民认为矿产资源开发使家庭支出增加；77.27％的陕西省榆林地区居民认为矿产资源开发使家庭支出增加，且 40.91％的居民认为增加幅度较大，仅 6.82％的居民认为家庭支出减少；青海宁夏贵州地区 72.88％的居民认为矿产资源开发使家庭支出增加，如图 6 所示。

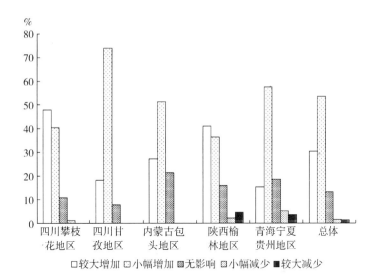

图6　矿产资源开发对资源地居民家庭支出影响

资料来源：根据调研数据整理所得。

　　矿产资源开发带动资源地居民生活条件有所改善，但幅度较小。调研总体数据表明，92.47％的居民认为家庭收入增加超过支出的增加，其中，24.45％的居民认为家庭生活条件并未因此而改善，而认为家庭条件得到改善的

68.02％的居民中有58.93％认为改善幅度较小。各调研地数据表明，四川省攀枝花地区88.30％的居民认为家庭收入的增加超过支出的增加，其中，68.09％的居民认为家庭生活条件得到改善，但63.83％的居民认为改善的幅度较小；四川省甘孜地区91.01％的居民认为家庭收入的增加超过支出的增加，其中，认为家庭生活条件得到改善的53.93％的居民中有41.5％认为改善幅度较小；93.93％的内蒙古自治区包头地区居民认为家庭收入的增加超过支出的增加，其中，60.60％的居民认为家庭生活条件得到改善，但48.48％的居民认为改善幅度较小；95.45％的陕西省榆林地区居民认为家庭收入的增加超过支出的增加，其中，77.27％的居民认为家庭生活得到改善，但68.18％的居民认为改善幅度较小；青海宁夏贵州地区91.52％的居民认为家庭收入的增加超过支出的增加，其中，72.88％的居民认为家庭生活条件得到改善，但有57.63％的居民认为改善幅度较小，如图7所示。

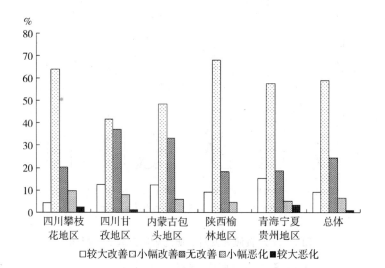

图7　矿产资源开发对资源地居民生活条件影响

资料来源：根据调研数据整理所得。

　　矿产资源开发对资源地商业发展具有显著促进作用。总体调研数据表明，80.56％的居民认为矿产资源开发促进当地商业发展，其中，52.03％的居民认为促进作用明显，28.53％的居民认为促进作用较小。各调研地数据表明，四川省攀枝花地区 77.66％的居民认为矿产资源开发对当地商业发展具有促进作用，其中，58.51％的居民认为促进作用显著，19.15％的居民认为促进作用较小；77.52％的四川省甘孜地区居民认为矿产资源开发促进当地商业发展，其中，35.95％的居民认为促进作用显著，41.57％的居民认为促进作用较小；内蒙古自治区包头地区 69.69％的居民认为矿产资源开发促进当地商业发展，其中，48.48％的居民认为促进作用明显，21.21％的居民认为促进作用较小；97.73％的陕西省榆林地区居民认为矿产资源开发带动当地商业发展，其中，75.00％的居民认为带动效应显著，22.73％的居民认为带动效应较小；83.05％的青海宁夏贵州地区居民认为矿产资源开发促进当地经济发展，其中，50.85％的居民认为促进作用明显，32.20％的居民认为促进作用较小，如图 8 所示。

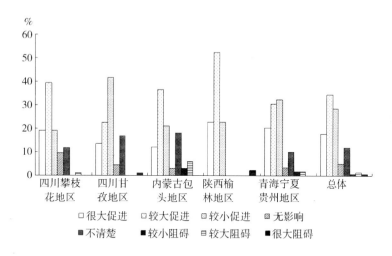

图 8　矿产资源开发对资源地商业发展影响

资料来源：根据调研数据整理所得。

矿产资源开发显著促进资源地基础设施建设。总体调研数据表明，70.22％的居民认为矿产资源开发带动当地基础设施建设，其中，39.50％的居民认为带动效应显著，30.72％的居民认为带动效应较小。各区域调研数据表明，四川省攀枝花地区 67.02％的居民认为矿产资源开发促进当地基础设施建设，其中，32.98％的居民认为促进作用明显，34.04％的居民认为促进作用较小；四川省甘孜地区 59.55％的居民认为矿产资源开发促进当地基础设施建设，其中，28.09％的居民认为促进作用显著，31.46％的居民认为促进作用较小；内蒙古自治区包头地区 66.66％的居民认为矿产资源开发带动当地基础设施建设，其中，42.42％的居民认为带动效应显著，24.24％的居民认为带动效应较小；86.36％的陕西省榆林地区居民认为矿产资源开发带动当地基础设施建设，其中，70.45％的居民认为带动效应明显，15.91％的居民认为带动效应较小；81.35％的青海宁夏贵州地区居民认为矿产资源开发促进当地基础设施建设，其中，42.37％的居民认为促进作用显著，38.98％的居民认为促进作用较小，如图 9 所示。

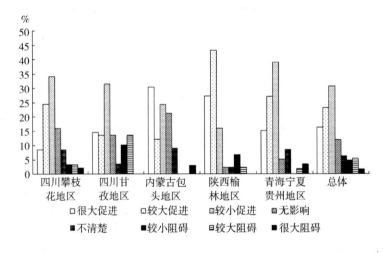

图 9 矿产资源开发对资源地基础设施建设影响

资料来源：根据调研数据整理所得。

矿产资源开发改变资源地居民经济来源的同时，使居民收入有所增加，且家庭收入增加幅度超过支出的增加，小幅度改善居民生活条件，而且对当地商业发展与基础设施建设具有显著带动效应。因此,矿产资源开发对资源地经济具有较强的正向影响。

三　矿产资源开发对生态环境的影响

矿产资源开发导致当地农作物减产。总体调研数据表明,82.45％的居民认为矿产资源开发使当地农作物减产,其中,26.02％的居民认为农作物大幅度减产,56.43％的居民认为减产幅度较小。各调研地数据表明,92.55％的四川省攀枝花地区居民认为矿产资源开发使当地农作物减产,其中,41.49％的居民认为农作物大幅度减产,51.06％的居民认为减产幅度较小;89.89％的四川省甘孜地区居民认为矿产资源开发导致当地农作物减产,其中,22.47％的居民认为减产幅度较大,67.42％的居民认为减产幅度较小;内蒙古自治区包头地区72.73％的居民认为矿产资源开发致使当地农作物减产,其中,12.12％的居民认为减产幅度较大,60.61％的居民认为减产幅度较小;84.09％的陕西省榆林地区居民认为矿产资源开发导致当地农作物减产,其中,20.45％的居民认为减产幅度大,63.64％的居民认为减产幅度较小;青海宁夏贵州地区59.32％的居民认为矿产资源使农作物减产,其中,18.64％的居民认为农作物大幅度减产,40.68％的居民认为减产幅度较小,如图10所示。

矿产资源开发使资源地山体、植被受到破坏。总体调研数据表明,87.77％的居民认为矿产资源开发使当地山体和植被遭到破坏,其中,42.63％的居民认为破坏程度较大,45.14％的居民认为破坏程度较小。各调研地数据表明,90.43％的四川省攀枝花地区居民认为矿产资源开发使当地山体和植被受到破坏,其中,54.26％的居民认为破坏程度较大,36.17％的居民认为破坏程度较小;97.75％的四川省甘孜地区居民认为当地山体和植被在矿产资源开发中受到破坏,其中,56.18％的居民认为山体和植被受到较大程度的破坏,41.57％的居民认为破坏程度较小;内蒙古自治区包头地区72.73％的居民认

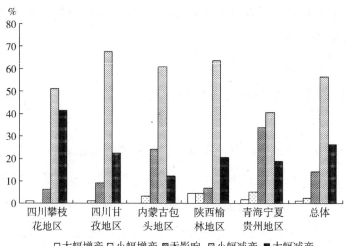

图 10 矿产资源开发对资源地农作物影响

资料来源：根据调研数据整理所得。

为矿产资源开发使当地山体和植被受到破坏，其中，18.18％的居民认为破坏程度较大，54.55％的居民认为破坏程度较小；88.63％的陕西省榆林地区的居民认为当地山体和植被在矿产资源开发中受到破坏，其中，36.36％的居民认为破坏程度较大，52.27％的居民认为破坏程度较小；青海宁夏贵州地区76.27％的居民认为矿产资源开发使当地山体和植被受到破坏，其中，22.03％的居民认为破坏程度较大，54.24％的居民认为破坏程度较小，如图11所示。

矿产资源开发地山体和植被未能得到实质性生态恢复治理。调研数据表明，总体上有66.14％的居民认为山体和植被没有得到生态恢复治理，其中，四川省攀枝花地区80.85％的居民、四川省甘孜地区82.02％的居民、陕西省榆林地区75.00％的居民认为在矿产资源开发中受到破坏的山体和植被没有得到生态恢复治理。同时，认为山体和植被得到治理的居民表示，由于政府或企业等治理主体由于治理方式不合理等原因，使得山体和植被只是短时间内表面性治理，未能得到实质性恢复治理。

矿产资源开发使当地水资源受到污染。调研总体数据表明，92.79％的居

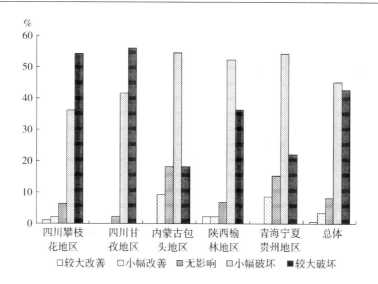

图 11　矿产资源开发对山体和植被影响

资料来源：根据调研数据整理所得。

民认为当地水资源在矿产资源开发中受到污染，其中，38.24％的居民认为污染较为严重，54.55％的居民认为污染程度较小。各调研地数据表明，95.74％的四川省攀枝花地区居民认为矿产资源开发使当地水资源受到污染，其中，50.00％的居民认为污染较为严重，45.74％的居民认为污染程度较小；四川省甘孜地区95.50％的居民认为当地水资源在矿产资源开发中受到污染，其中，50.56％的居民认为污染程度较大，44.94％的居民认为污染较小；内蒙古自治区包头地区93.94％的居民认为矿产资源开发污染了当地水资源，其中，21.21％的居民认为污染较重，72.73％的居民认为污染较小；95.45％的陕西省榆林地区居民认为矿产资源开发使当地水资源受到污染，其中，25.00％的居民认为污染较重，70.45％的居民认为污染较小；青海宁夏贵州地区81.36％的居民认为当地水资源在矿产资源开发中受到污染，其中，20.34％的居民认为污染较重，61.02％的居民认为污染较小，如图12所示。

矿产资源开发使当地空气质量明显下降。调研总体数据表明，92.79％的

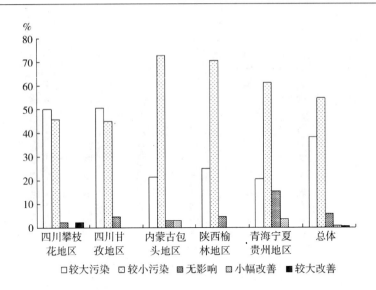

图12 矿产资源开发对水资源影响

资料来源：根据调研数据整理所得。

居民认为矿产资源开发使空气受到污染，空气质量下降，其中，35.11％的居民认为下降程度较大，57.68％的居民认为下降程度较小。各调研地数据表明，97.87％的四川省攀枝花地区居民认为矿产资源开发使当地空气质量下降，其中，70.21％的居民认为下降程度较大，27.66％的居民认为下降程度较小；四川省甘孜地区91.01％的居民认为矿产资源开发使当地空气质量下降，其中，17.98％的居民认为下降幅度较大，73.03％的居民认为下降幅度较小；93.94％的内蒙古自治区包头地区居民认为矿产资源开发使当地空气质量变差，其中12.12％的居民认为下降程度较大，81.82％的居民认为下降程度较小；97.72％的陕西省榆林地区居民认为矿产资源开发使当地空气质量下降，其中，36.36％的居民认为下降幅度较大，61.36％的居民认为下降幅度较小；青海宁夏贵州地区83.05％的居民认为矿产资源开发使当地空气质量下降，其中，16.95％的居民认为下降程度较大，66.10％的居民认为下降程度较小，如图13所示。

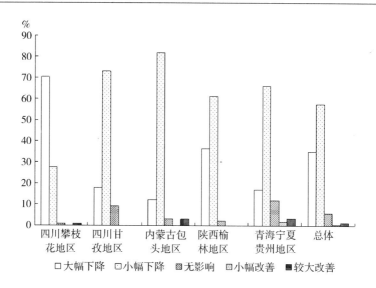

图 13　矿产资源开发对空气质量影响

资料来源：根据调研数据整理所得。

矿产资源开发产生噪声污染，但在居民忍受范围之内。调研总体数据表明，87.15％的居民表示在矿产资源开发过程中产生噪声，其中，19.44％的居民表示对噪声无法忍受，67.71％的居民表示可以忍受。各调研地具体数据表明，四川省攀枝花地区80.85％的居民表示矿产资源开发过程中产生噪声污染，其中，35.11％的居民表示对噪声无法忍受，45.74％的居民表示可以忍受；93.26％的四川省甘孜地区居民表示矿产资源开发产生噪声，其中，14.61％的居民表示无法忍受，78.65％的居民表示可以忍受；内蒙古自治区包头地区81.82％的居民表示矿产资源开发产生噪声污染，其中，72.73％的居民表示可以忍受，只有9.09％的居民表示无法忍受；陕西省榆林地区86.36％的居民表示矿产资源开发产生噪声，其中，70.45％的居民表示能够忍受，仅15.91％的居民表示对噪声无法忍受；91.53％的青海宁夏贵州地区居民表示矿产资源开发产生噪声，且81.36％的居民表示可以忍受，仅10.17％的居民表示对噪声无法忍受，如图14所示。

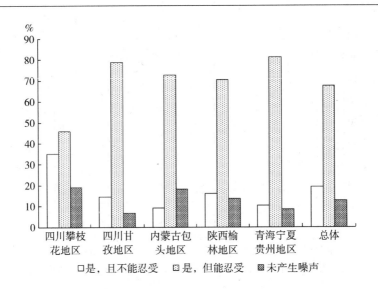

图 14 矿产资源开发噪声污染情况

资料来源：根据调研数据整理所得。

矿产资源开发引发山体滑坡崩塌、地面塌陷等地质灾害。调研总体数据表明，64.58％的居民表示矿产资源开发导致地面塌陷，53.29％的居民表示矿产资源开发引发山体滑坡崩塌，32.92％的居民表示矿产资源开发引发泥石流。各调研地数据表明，四川省攀枝花地区69.15％的居民表示矿产资源开发引发山体滑坡崩塌，47.87％的居民表示矿产资源开发引发泥石流和地面塌陷；四川省甘孜地区78.65％的居民表示矿产资源开发引发山体滑坡崩塌，57.30％的居民表示矿产资源开发引发泥石流，34.83％的居民表示矿产资源开发导致地面塌陷；内蒙古自治区包头地区30.30％的居民表示矿产资源开发导致地面塌陷，24.24％的居民表示矿产资源开发加重沙尘暴影响；77.27％的陕西省榆林地区居民表示矿产资源开发导致地面塌陷；青海宁夏贵州地区71.19％的居民表示矿产资源开发使地面出现塌陷现象，37.29％的居民表示矿产资源开发引发山体滑坡崩塌，如图15所示。

资源企业在矿产资源开发中采取的环保措施未能达到实质目的。调研数

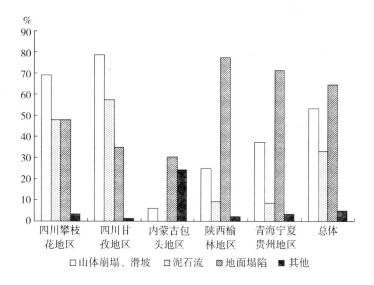

图 15　矿产资源开发所引发的地质灾害情况

资料来源：根据调研数据整理所得。

据表明，57.37％的总体样本认为资源企业在矿产资源开发过程中采取了相应的环保措施。各调研地具体来讲，68.09％的四川省攀枝花地区居民和43.82％的四川省甘孜地区居民认为资源企业在矿产资源开发过程中没有采取环保措施，而84.85％的内蒙古自治区包头地区居民、83.05％的青海宁夏贵州地区居民、59.09％的陕西省榆林地区居民和56.18％的四川省甘孜地区居民认为资源企业在矿产资源开发过程中采取了相应的环保措施。但是，由于企业所采取的环保措施方法不尽合理且财力、人力、物力等不足，使得所采取的环保措施的效果不明显，没有达到生态环境恢复的实质性目的。

　　资源开发地当前水资源污染、空气污染、山体植被破坏等较为严重。调研数据表明，总体样本中，77.74％的居民认为水资源污染严重，73.67％的居民认为空气污染严重，52.66％的居民认为山体植被破坏较为严重。各调研地具体来讲，四川省攀枝花地区95.74％的居民认为空气污染严重，85.11％的居民认为水资源污染严重，65.96％的居民认为山体植被破坏严重；四川省甘孜地区92.13％的居民认为水资源污染严重，74.16％的居民认为山体植被破坏严重，67.42％的居民认为空气污染较为严重；63.64％的内蒙古自治区包头地区居民认为当地水资源污染严重；陕西省榆林地区79.55％的居民认为当地空气污染严重，56.82％的居民认为水资源污染较为严重；青海宁夏贵州地区67.80％的居民认为水资源污染严重，57.63％的居民认为空气污染较为严重，如图16所示。

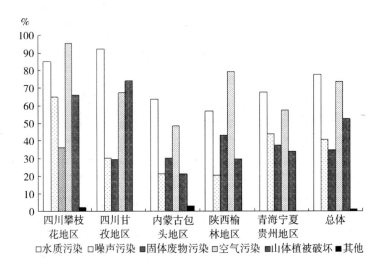

图16 矿产资源开发地最突出的环境问题

资料来源：根据调研数据整理所得。

矿产资源开发对资源地山体植被破坏、水资源污染、空气污染、噪声污染等比较严重，使农作物减少较为明显，同时，引发山体滑坡崩塌、地面塌陷、泥石流等地质灾害。而且资源地政府和资源企业所采取的环保措施和生态恢复治理措施不尽合理以及财力等方面的不足，使生态恢复效果不明显。因此，矿产资源开发对资源地生态环境具有显著的负面影响。

四　矿产资源开发对社会环境的影响

西部矿产资源开发增加资源地就业机会。调研总体数据表明，85.27%的居民认为矿产资源开发增加了当地就业机会，增加的就业机会主要为从事矿业相关运输业以及矿业开发、服务业等。各调研地数据表明，四川省攀枝花地区71.28%的居民认为矿产资源开发使当地就业机会增加，增加的就业主要为从事矿业相关运输业和矿业开发；87.64%的四川省甘孜地区居民认为矿产资源开发增加当地就业机会，主要为从事矿业相关运输业、服务业，从事矿业开发和商业贸易；内蒙古自治区包头地区87.88%的居民认为矿产资源开发使当地就业机会增加，主要为从事矿业相关运输业、矿业开发和商业贸易；97.73%的陕西省榆林地区居民认为矿产资源开发增加当地就业机会，主要为从事矿业相关运输业、矿业开发和服务业；93.22%的青海宁夏贵州地区居民认为矿产资源开发增加当地就业机会，主要为从事矿业开发、矿业相关运输业和商业贸易，如图17和图18所示。

矿产资源开发对当地治安状况无明显影响。调研总体数据表明，39.81%的居民认为矿产资源开发对当地治安状况无影响，38.24%的居民认为治安状况得到改善，同时还有21.94%的居民认为治安状况变差。各调研地数据表明，四川省攀枝花地区39.36%的居民认为矿产资源开发对当地治安状况无影响，37.23%的居民认为治安状况得到改善，23.41%的居民认为治安状况变差；四川省甘孜地区51.69%的居民认为矿产资源开发对当地治安状况无影响；内蒙古自治区包头地区39.39%的居民认为矿产资源开发对当地治安状况无影响，而36.36%的居民认为当地治安状况得到改善，也有24.24%的居民认为治安状况变差；陕西省榆林地区27.27%的居民认为矿产资源开发对当地治安状况无影响，34.10%的居民认为治安状况得到改善，同时也有38.64%的居民认为治安状况变差；青海宁夏贵州地区32.20%的居民认为矿产资源开

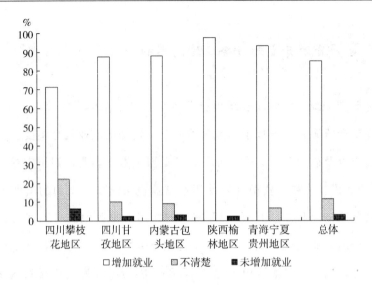

图 17　矿产资源开发地就业机会增加情况

资料来源：根据调研数据整理所得。

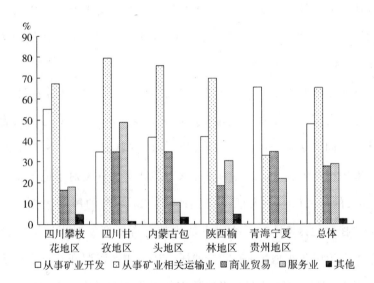

图 18　矿产资源开发地就业机会增加结构

资料来源：根据调研数据整理所得。

发对当地治安状况无影响，45.76％的居民认为治安状况得到改善，同时22.03％的居民认为治安状况变差，如图 19 所示。

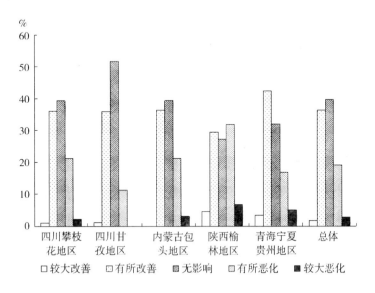

图 19　矿产资源开发对资源地治安状况影响

资料来源：根据调研数据整理所得。

矿产资源开发对当地人际交往及信任水平无显著影响。调研总体数据表明，46.08％的居民认为矿产资源开发对当地人际信任水平无影响，26.64％的居民认为人际信任水平有所提高，同时 27.27％的居民认为人际信任水平有所降低。各调研地数据表明，四川省攀枝花地区 47.84％的居民认为矿产资源开发对当地人际信任水平无影响，29.79％的居民认为人际信任水平有所提高，同时 22.35％的居民认为人际信任水平有所下降；四川省甘孜地区 42.70％的居民认为矿产资源开发对当地人际信任水平无影响，14.60％的居民认为信任水平提高，而 42.70％的居民则认为人际信任水平有所降低；内蒙古自治区包头地区 54.55％的居民认为矿产资源开发对当地人际信任水平无影响，30.30％的居民认为信任水平有所提高，同时 15.15％的居民认为信任水平有所下降；陕西省榆林地区 45.45％的居民认为矿产资源开发对当地人际信任水平无影响，22.72％的居民认为信任水平有所提高，而31.82％的居民认为信任水平降低；青海宁夏贵州地区44.07％的居民认为矿产资源开发对当地人际信任水平无影响，40.68％的居民认为信任水平提高，同时15.25％的居民认为信任水平降低，如图20所示。

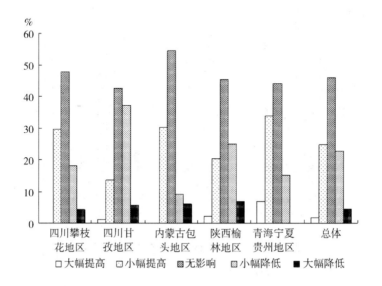

图20 矿产资源开发对资源地居民信任水平影响

资料来源：根据调研数据整理所得。

矿产资源开发使当地教育水平有所提高，但不明显。调研总体数据表明，49.53％的居民表示矿产资源开发使当地教育水平提高，但程度较小，39.50％的居民认为矿产资源开发对当地教育水平无影响，仅10.97％的居民认为教育水平下降。各调研地数据表明，四川省攀枝花地区44.69％的居民表示矿产资源开发使当地教育水平提高，37.23％的居民表示矿产资源开发对教育水平无影响，18.08％的居民认为教育水平降低；四川省甘孜地区56.18％的居民认为矿产资源开发对当地教育水平无影响，34.83％的居民认为教育水平有所提高；内蒙古自治区包头地区54.54％的居民表示矿产资源开发使当地教育水平提高，42.42％的居民认为矿产资源开发对教育水平无影响，仅3.03％的居民

认为教育水平下降；陕西省榆林地区 63.64％的居民表示矿产资源开发使当地
教育水平提高，但提高幅度较小；青海宁夏贵州地区 66.10％的居民表示矿产
资源开发使当地教育水平提高，但提高幅度较小，如图 21 所示。

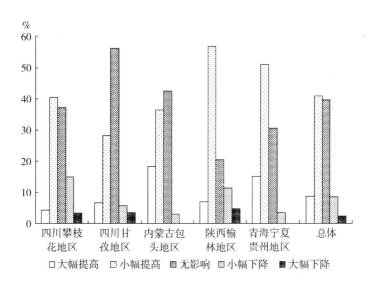

图 21　矿产资源开发对资源地教育水平影响

资料来源：根据调研数据整理所得。

矿产资源开发提高当地医疗保障水平。调研总体数据表明，61.13％的居
民认为矿产资源开发使当地医疗水平提高，31.03％的居民认为矿产资源开发
对医疗水平无影响，仅 7.83％的居民认为矿产资源开发使当地医疗水平下降。
各调研地数据表明，四川省攀枝花地区 74.47％的居民认为矿产资源开发使当
地医疗水平提高，21.28％的居民认为矿产资源开发对当地医疗水平无影响，
仅 4.25％的居民认为医疗水平降低；内蒙古自治区包头地区 72.73％的居民认
为矿产资源开发提高了当地医疗水平，24.24％的居民认为当地医疗水平未受
影响，仅 3.03％的居民认为医疗水平降低；陕西省榆林地区 77.27％的居民认
为矿产资源开发使当地医疗水平提高，15.91％的居民认为矿产资源开发对当
地医疗水平无影响，仅 6.82％的居民认为矿产资源开发使当地医疗水平下降；

青海宁夏贵州地区 64.41％的居民认为矿产资源开发提高当地医疗水平，25.42％的居民认为无影响，仅 10.17％的居民认为矿产资源开发使当地医疗水平下降，如图 22 所示。

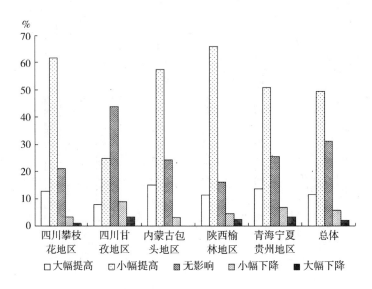

图22 矿产资源开发对资源地医疗保障水平影响

资料来源：根据调研数据整理所得。

　　矿产资源开发虽然对当地治安状况、人际交往和信任水平无明显影响，但增加资源地就业机会，且提高当地教育水平，改善医疗保障水平。因此，矿产资源开发对资源地社会发展具有正向影响和促进作用。

　　西部矿产资源开发对资源地经济、社会发展具有一定促进作用，然而，与此同时也使资源地生态环境遭到一定程度的破坏，使资源地在享受开发利益的同时承担严重的环境负担。在未来十年深入实施西部大开发战略中，应加强矿产资源开发管理，统筹各利益主体相关利益，强化生态环境治理与防护，实现生态良好基础上的矿产资源科学开发，让资源地真正享受矿产资源开发带来的经济、环境、社会利益。

案例二　普光气田开发利益博弈案例研究

矿产资源开发涉及多个利益主体，包括中央政府、地方政府、地方居民、中央企业和地方企业，各利益主体由于目标既具有一致性又具有差异性，所以既有共同利益也有各自利益。在争取各自的利益时，各利益主体不可避免地会发生利益矛盾，并因此而展开利益博弈。为了具体研究矿产资源开发中利益主体的利益关系及为此展开的博弈行动，选择达州普光气田开发事件作为案例，重点研究普光气田开发中所涉及的各利益主体间的利益关系及其矛盾，以及达州政府和居民为争取自身利益所采取的博弈行动。

一　普光气田开发基本概况[①]

达州市位于四川省东北部，大巴山南麓。北接陕西省安康市和湖北省十堰市，南与广安市接壤，东南与重庆市万州区城口县、开县及重庆市梁平县、垫江县相邻，西抵巴中市和南充市，是中国中西部四大名城——重庆、成都、武汉、西安交汇辐射的中心地带。达州资源富集，已探明天然气、煤、钾盐、页岩、石灰石等矿产28种，其中天然气资源总量达3.8万亿立方米，探明储量6600亿立方米，是国家"十一五"天然气开发的重点地区和"川气东送"工程的起点，有"中国气都"之称。地处川渝鄂陕四省市接合部和长江上游成渝经济带，交通便捷，襄渝铁路、达成铁路、达万铁路在此交汇；国道318线、

---

① 本部分资料除特殊说明外均来自达州调研资料，包括调研问卷、政府资料及张艺编著《燃烧的土地——宣汉县支持中石化建设普光气田纪实》。

210线纵贯全境；河市机场可直飞广州、成都、北京等地；渠江航运经重庆可直达上海。目前，达州集陆、水、空运输于一体，是四川通江达海的东通道和第二大交通枢纽，是四川省的人口大市、农业大市、工业重镇和四省市接合部的商贸中心和交通枢纽。

普光气田位于达州市宣汉县普光镇内，面积达58平方公里，是我国迄今为止规模最大、丰度最高的特大型整装海相气田，已探明储量3561亿立方米，可稳定供气20余年①，其地理位置如图1所示。

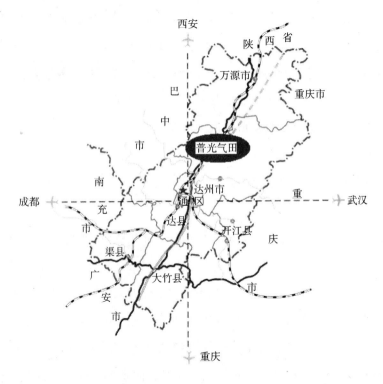

图1 普光气田地理位置

资料来源：http：//www.enpctn.com.cn/Article/zyqynews/200604/293.html.

普光气田的勘探开始于1986年。1999年5月，中石化南方油气勘探项目

---

① 达州资料来源于达州政府网站：http：//www.dazhou.gov.cn/ZJDZ/DZGK/index.html。

经理部成立，2000年进一步加大对普光气田的勘探研究工作。2002年4月南方勘探开发分公司成立，中国石化继续把达州宣汉地区作为重要勘探领域，不断加大投入。2003年在普光1井飞仙关5610.3—5666.24米段测试，获得日产42.37万立方米的高产工业气流，其后相继完钻的普光2井、4井也获得高产工业气流。普光气田在勘探思路上实现了两个重大突破：一是从钻探构造气藏为主转向钻探构造—岩性复合气藏；二是实行"深浅并重，油气并举"。在普光1、2、4井钻探获得高产气流，普光气田被探明其开采价值后，中国石油化工集团将开发建设经营的任务交给中原油田分公司。2005年11月，国家发改委批准了普光气田开发的立项。2006年12月，国家环保总局通过了环境影响评价报告。至此，普光气田开发被确定为国家重点能源建设工程。

2007年4月9日，国务院正式核准"川气东送"工程为国家"十一五"规划的重大能源建设项目。"川气东送"是继"三峡电站"、"西气东输"、"南水北调"、"青藏铁路"之后中国第五大重点工程，为基本形成覆盖全国的天然气基干管网和中东部地区管线联网创造了条件，也为在2010年以前基本形成覆盖全国的天然气基干管网创造了条件。"川气东送"工程总投资627亿元人民币，主要包括三大部分：一是气田产能建设工程，二是天然气净化厂工程，三是天然气管道工程。"川气东送"工程输气路线西起四川达州市，主气源就是普光气田，东至上海，途经重庆、湖北、江西、安徽、江苏、浙江，同步建设四川普光到上海的川气东送管道以及向四川达州、重庆、江西、江苏等地的供气专线、支线以及相应储气设施，从川东到上海的干线管道全长1702公里。"川气东送"将在合理供应川渝用气的前提下，主要供应江苏、浙江和上海，兼顾沿线的湖北、安徽和江西，其管道如图2所示。

二　天然气气量分配与产业发展

达州矿产资源开发利益矛盾主要表现为达州在普光气田开发中所得到的收

图 2　川气东送工程管道图

资料来源：http://www.hljepb.gov.cn/html/ShowArticle.asp? ArticleID=29.

入和所付出的成本不配比。天然气开发对达州的利益影响有两个方面：一是"气"，二是"税"。在气量方面，达州得到天然气后可以发展本地天然气加工业及零售业，这可以带动地方天然气相关产业发展，增加就业，从而提高地方经济收入。在税收方面，天然气开发产生的地方税收可以直接增加地方财政收入。

（一）气量分配博弈

在普光气田开发过程中，中央与地方存在着气量与税费上的矛盾，实质都是利益矛盾。根据已经被国务院核准的《国家发改委关于核准川气东送工程项目的请示》，到 2010 年，位于四川达州的普光气田每年将向东部地区输送 120 亿立方米净化气，其中四川 20 亿立方米、重庆 20 亿立方米、江苏 23.5 亿立方米、上海 19 亿立方米、浙江 18.5 亿立方米、湖北 8 亿立方米、安徽 8 亿立方米、江西 3 亿立方米。120 亿立方米的天然气，四川仅留下了 1/6 的气量，其余全部输送到省外。

达州政府与中央政府的争利行为就是一种博弈，可以建立博弈模型来研究双方关于天然气气量的博弈过程和均衡点。

1. 前提假设

假设天然气产品价格在全国范围内短期内保持不变，则资源开发地利润可表示为：

$$y_1 = p f (q_1) - w_1 q_1 - k_1 \tag{1}$$

式中 y_1 为资源开发地利润，单位为元；p 为天然气产品平均价格，单位为元/立方米；$f(q_1)$ 为天然气产品生产函数，单位为立方米；w_1 为天然气购买价，单位为元/立方米；q_1 为资源开发地分配得到的天然气年产量，单位为立方米；k_1 为资源开发地对天然气产业链下游固定资产等资源的投资，单位为元。

资源输入地利润可表示为：

$$y_2 = p f (q_2) - w_2 q_2 - k_2 \tag{2}$$

式中 q_2 为自变量，表示为资源输入地分配得到的天然气年产量，单位为立方米；k_2 为固定值，表示资源输入地对天然气产业链下游固定资产等资源的投资，单位为元；w_2 为资源输入地天然气购买价，元/立方米。

中央的利润为资源开发地与资源输入地利润之和，表示为：

$$y = p \left[f (q_1) + f (q_2) \right] - w_1 q_1 - w_2 q_2 - k_1 - k_2 \tag{3}$$

其中 $q_1 + q_2 = q$。

最优投资与气量间的关系假设为 $k^e = g(q)$，k^e 表示最优投资量，单位为元。投资初期，气量与所需投资成正相关，所以该函数为增函数，并且一般只有投资过剩的情况，不会有投资不足的情况，因为地方为了追求利益最大化，不会让多余的天然气闲置，必然会追加投资，并且如果天然气产量过多，中央会选择出口或者降低产量，所以 $k_1 \geqslant k^e = g(q_1)$。

民用天然气是中央分配气量时所必须考虑的，假设输入地民用天然气量为 q_0，单位为立方米；则资源开发地所能争取到的天然气最多为 $q - q_0$，所以 $q_1 \leqslant q - q_0$。

2. 博弈过程

第一种情况，中央先行博弈（中央强势博弈），中央给定地方气量分配 q_1，地方根据 q_1 选择让利润最大化的投资量：

$$\max_{k_1} y_1 = p f (q_1) - w_1 q_1 - k_1 \tag{4}$$

当气量既定时，资源开发地的收入和原料成本已定，只需让投资规模达到最优，即 k_1 最小时，y_1 达到最大。k_1 最小为最优投资规模 $k_1 = k^e = g(q_1)$，此即为地方投资对所分气量的反应函数。

中央政府在分配气量时知道地方政府会根据自己的反应函数选择投资额，所以中央政府的最大化问题为：

$$\max_{q_1} y = p[f(q_1) + f(q_2)] - w_1 q_1 - w_2 q_2 - g(q_1) - k_2 \qquad (5)$$

其中 $q_1 \leqslant q - q_0$

把 $q_2 = q - q_1$ 代入式（5）并求一阶条件得：

$$y' = p[f'(q_1) - f'(q - q_1)] - w_1 + w_2 - g'(q_1) \qquad (6)$$

使之等于零便可得该情况下天然气量均衡，记为 q_1^*，从而可得投资均衡 $k_1^* = g(q_1^*)$。

第二种情况，地方先行博弈（地方不管中央命令，强行投资），地方给定投资量 k_1，中央的最大化问题为：

$$\max_{q_1} y = p[f(q_1) + f(q_2)] - w_1 q_1 - w_2 q_2 - k_1 - k_2 \qquad (7)$$

其中 $q_1 \leqslant q - q_0$。

此函数需分两种情况讨论：

情况一，$g(q_1) \leqslant k_1 \leqslant g(q - q_0)$，即地方投资还未造成投资过剩，所有投资都是有效的，此时通过对式（7）求一阶条件得：

$$y' = p[f'(q_1) - f'(q - q_1)] - w_1 + w_2 \qquad (8)$$

使之等于零便可得该情况下天然气量均衡，记为 q_1^{**}，代入地方利润函数得：

$$y_1 = pf(q_1^{**}) - w_1 q_1^{**} - k_1 \qquad (9)$$

式（7）求最大值可得该情况下的投资均衡 k_1^{**}。

情况二，$k_1 > g(q - q_0)$，即地方投资造成投资过剩，超过中央所能分配的气量。该种情况下地方所能争取到的气量最多为 $q - q_0$，超过 $g(q - q_0)$ 的投资都是无效的，并且地方政府可能因为盲目投资而受到中央政府的惩罚，增加了博弈的成本和风险，所以该情况下的投资是不理性的，明智的地方政府不会选择该种情况下的投资额。

模型表明，地方与中央关于天然气量的博弈存在两个均衡：一个是中央先行博弈下的均衡，另一个是地方先行博弈下的均衡，但最终博弈会处于哪一个均衡取决于地方的投资能力及中央的约束能力，这就是为什么地方与中央博弈的结果会出现不一致的原因。

为了争取更多的天然气，避免重复山西大同、辽宁阜新等资源枯竭型城市的老路，达州政府与中央政府展开了一场关于天然气的博弈。根据达州市"十一五发展规划纲要"，关于发展天然气化工产业的内容明确提出："构建天然气化工产业链，重点发展甲醇、合成氨及尿素等大型天然气化工项目，最大限度地延伸下游产品精深加工产业链条，打造具有较强市场竞争力的天然气化工产业集群。"但规划强调的前提是"加大天然气用气份额的争取"。面临巨大的利益流失及高额的成本付出，达州政府为了争取更多的利益以补偿成本，与中央政府和中石化展开了博弈。只有通过博弈获得更多的补偿，达州政府才能利用天然气富集的资源禀赋优势，带动当地经济发展。

（二）化工产业发展

早在普光气田开采之初，达州政府就在筹建天然气能源化工产业区，以此来作为与中央政府博弈的资本，发展地方的天然气下游工业，延伸资源产业链，提高天然气化工产品的附加价值。天然气能源化工产业区的建设进程如表1所示。

表1显示达州政府为了增强地方博弈能力，积极进行招商引资，工业园的建设实际上在和川气东送管道建设开展进度竞赛。工业园区越早建成，留在地方的气量越多。入驻园区公司已达27个，投资额达210亿元以上，其中包括中石化齐鲁达州化肥分公司、达州市汇鑫能源有限公司、达州市玖源化工有限公司等以天然气为原料的化工加工公司，以及达州润发石油气投资有限责任公司、达州市金龙塑料包装有限公司、达州市精诚建材有限公司等与天然气化工产业直接相关的公司，既包括中央企业、地方控股的国有企业，也包括香港企

表 1   **天然气能源化工产业区建设过程中重要事件**

时间	重要事件
2005 年 6 月	达州市天然气能源化工产业区开始建设
2005 年 6 月 17 日	成都大业集团有限公司董事长罗蜀杭，新加坡瑞杰亚洲公司董事长、总经理尤河一行 6 人来达州考察 100 万吨甲醇及二甲醚项目
2005 年 7 月 1 日	四川化工控股集团董事长党委书记赵彦博一行 8 人考察达州化工项目
2005 年 7 月 6 日	中广核能开发有限责任公司杨兆刚副总经理考察达州天然气发电项目
2005 年 10 月 18 日至 19 日	云南云天化股份有限公司总经理刘和兴率专家组一行 13 人来达州投资考察天然气化工项目
2005 年 11 月 7 日	中国石油天然气集团公司廖永远，西南油气田公司李鹭光率团专程赴达州考察调研
2006 年 1 月 10 日	达州市汇鑫能源天然气综合利用项目奠基
2007 年 3 月 11—14 日	相关部门主要负责人专门赴北京向国家各部委汇报天然气能源化工基地建设工作
2007 年 9 月 11 日	中石化在达州普光天然气净化厂举行川气东送建设工程奠基仪式
2008 年 8 月 11 日	与贵州瓮福集团有限责任公司就磷硫化工基地建设项目正式签约
2008 年 12 月 18 日	瓮福集团达州磷硫化工基地正式奠基
2010 年 1 月 16 日	达州化工园区用上本土天然气
2010 年 4 月 8 日	达州收到普光气田首笔资源税
2010 年 5 月 7 日	瓮福达州磷硫化工基地 60 万吨/年磷铵装置正式开工建设
2010 年 8 月 9 日	达州市国家税务局普光税务管理分局成立

资料来源：达州市天然气能源化工产业区：http：//www.dzcip.com/Html/yuanquqiye/。

业等。达州政府通过对天然气化工产业的投资，引进不同背景的企业入驻园区，增强了地方与中央博弈的能力，最终 2010 年 1 月 16 日普光气田开始向达州天然气能源化工产业区供应天然气。四川达州天然气电厂已纳入四川省"十二五"规划。① 面对巨大的利益流失，达州政府并没有选择第一种情况下的博

---

① 《四川省国民经济和社会发展第十二个五年规划纲要（草案）》提出："加快川东北、川西地区天然气开发，建成全国重要的天然气生产和转化利用基地。在负荷中心和天然气资源地合力布局燃气电厂，适度发展天然气发电。在能源生产和利用方式上，将大力提高非化石能源和清洁能源的比重，优先发展水电，优化发展煤电，积极发展核电，适度发展天然气发电。"资料来源：四川在线：http：//sichuan.scol.com.cn/dwzw/content/2011-01/22/content_1840538.htm。

弈均衡，而是自行投资，以争取更多的气量，从而在与中央的第二轮博弈中实现了新的博弈均衡。为了使中央与地方间的博弈均衡状态能够长期维持，达州政府需要注意投资临界点，避免投资过量。

三 天然气税收博弈

普光气田探明可采储量为 3561 亿立方米，假设天然气全部被开采并运输到上海，根据《国家发展改革委关于川气东送天然气价格有关问题的通知》（发改价格〔2009〕1604 号）规定的"川气东送"平均出厂价为每立方米 1.28 元，全线管道平均运输价格为每立方米 0.55 元，中石化可得收入为 4558.08 亿元，再根据中石化 2009 年报表披露的利润率（5.87%）测算出税前利润为 267.56 亿元，而沿途管道运输可得 1958.55 亿元。根据《中华人民共和国资源税暂行条例》（国务院〔1993〕139 号）规定中石化在四川天然气资源税为从量税，每千立方米 9 元；所得税按照西部大开发优惠政策为 15%，并且根据《跨省市总分机构企业所得税分配及预算管理暂行办法》（财预〔2008〕10 号）① 规定，中石化所得税直接上缴北京中央政府；而按照《中华人民共和国营业税暂行条例》（国务院令〔2008〕540 号）第十四条规定："纳税人提供应税劳务应当向其机构所在地或者居住地的主管税务机关申报纳税"，因此中石化在"川气东送"工程中 1702 公里的运输量所形成的营业税源虽然分布在沿途各省，但营业税都在中石化川气东送分公司注册地武汉缴纳，并且《中华人民共和国营业税暂行条例》规定交通运输业营业税率为 3%，从而计算出中央政府、达州政府、企业间的收益分配如表 2 所示。

---

① 办法规定中国石油天然气股份有限公司、中国石油化工股份有限公司以及海洋石油天然气等企业总分机构缴纳的企业所得税（包括滞纳金、罚款收入）为中央收入，全额上缴中央国库，从而转移了资源地所得税。

表2 中央政府、达州政府、企业间的收益分配

指标	利润（亿元）	比率（%）
武汉政府管道运输营业税	58.76	18
达州可得资源税	32.05	9.8
中央可得所得税	40.13	12.3
中石化税后利润	195.38	59.9
合计	326.32	100

资料来源：根据普光气田天然气量及相关税费分配比率计算所得。

表2计算了缴纳给资源地的资源税和缴纳给中央的所得税，以及缴给武汉政府的营业税三种主要税种，数据表明普光气田目前探明天然气开采完毕，能够创造出厂利润267.56亿元，其中，中石化分得最多为195.38亿元，占所有收益的59.9%；中央政府得40.13亿元，占所有收益的12.3%；达州市仅得32.05亿元，占所有收益的9.8%，而其他沿途各省区和居民虽然为"川气东送"工程提供资源，比如相关的移民、占地、治安等，但在当地形成的税源并没有成为当地的税收，营业税58.76亿元全部缴给了武汉市政府，占所有收益的18%。数据说明达州在利益分配中处于弱势地位，所得利益在各利益主体中占最少份额。企业得到了大部分利益，中石化分公司注册地政府与中央政府分别得到了营业税和所得税，而达州仅得数额较小的资源税。达州资源税为每千立方米9元，普光气田从量征收的资源税为32.05亿元，而若按照新疆资源税改革后的征收比率5%计征资源税，普光气田资源税可达到233.66亿元（按平均市场价格1.28元/立方米计算），比从量计收多了201.61亿元。

（一）争取就地纳税

为了让中石化向当地政府上缴税收，达州市国税局主要领导多次深入新疆和鄂尔多斯，去濮阳，上北京，到成都实地考察。经过调研，达州市政府发现如果普光气田项目在达州不成立分公司，就会导致税务管理机构与税款实现地跨省脱节，区域税收与税源背离，既不利于经营管理，也极不利于税收征管，容易造成税收流失和加大资源开发地贫困；只有协调解决普光气田项目就地成

立分公司，才能实现税款就地缴纳。对此，达州市国税局就普光气田天然气税收问题及时向达州市委和市政府主要领导做了专题汇报，积极组织相关方召开会议谈判。

2006 年 6 月 20 日，国家税务总局流转税司召集四川省国税局、河南省国税局、达州市国税局、濮阳市国税局以及中石化、中原油田等有关负责人在北京召开专题座谈会，就普光气田成立分公司和就地纳税进行了磋商。

2006 年 6 月 28 日，宣汉县县委、县政府向达州市委、市政府做专题报告，请求市委、市政府及时帮助协调中石化将普光净化厂在宣汉登记注册，并列举三条理由：一是拉动革命老区经济社会发展的迫切需要；二是百万宣汉人民的迫切要求；三是必将促进油地双方更加友好合作。

2007 年 3 月，达州市市委书记、市人大常委会主任李向志向国家税务总局专门汇报普光气田涉税问题。

2007 年 7 月 11 日，中石化股份公司财务副总监、财务部主任刘运，中石化川气东送指挥部党工委副书记张旭，中石化股份公司油田部总会计师王凤阁等就中石化普光气田项目部公司注册、税务登记、税收缴纳事宜与达州市国税局的领导进行洽谈。这意味着中石化中原油田普光气田项目部的就地纳税问题进入了实质性的解决和落实阶段。

2007 年 8 月 24 日，中石化中原油田普光分公司在达州成立，并在市国税局直属税务分局办理了税务登记和增值税一般纳税人认定，税企双方达成了普光气田增值税全额在达州缴纳的协议，这标志着普光气田开发建设项目在达州"就地注册分公司、就地办理税务登记、就地纳税"的目标实现。

2008 年 8 月 7 日，达州市政府与达州市国税系统、中石化召开座谈会。通过大量宣传、服务和沟通协调工作，中石化中原油田普光分公司与税务机关签订了天然气劳务增值税代扣代缴协议，严格按施工单位的承包金额和工程进度代扣代缴税款。各承包施工单位也积极主动依法登记、依法申报、依法纳税。至此，原来"漫山遍野找、围着工地转、守着井口看、全国各地跑、税款征收难"的天然气劳务税收征管被动局面得到彻底改变，达州政府探索出了"源头控管、发包方代扣"的征管模式。

（二）成立地税分局

为了更合理的征收普光气田开发所产生的税费，达州市政府专门成立了税务局油气田分局，以作为地方的利益诉求通道，向中央争取利益分享。分局根据省委机构编制委员会川编发〔2009〕10 号文件于 2009 年 7 月 9 日挂牌成立，在全省范围内属于首家征管天然气及其相关产业地方税收的副处级单位，内设 6 科 1 室。

达州市地方税务局油气田分局征管范围：

负责中石油、中石化及其他企业在达州市境内进行石油、天然气勘探、采输、净化、开发利用和石油、天然气销售、管输，硫磺销售、物流配送及其相关产业项目建设期间的建筑安装以及建成后设立的全资企业、控股企业的地方各税及其附加和各级政府委托地税机关代征的基金、费的征收管理。

负责中石化天然气"川气东送"管道分公司实现的地方各税及其附加、基金、费的征收管理。

负责达州市天然气能源化工产业区规划区域范围内的所有纳税人的地方各税及其附加、基金、费的征收管理。

负责化工产业区内的建筑安装项目、房地产开发项目的地方各税及其附加、基金、费的征收管理。

负责征管范围内的纳税人在达州市城区投资的建筑安装项目（房地产开发项目除外）所产生的营业税及其附加、基金、费的征收管理。

（三）加强税收管理

达州政府除了成立税务局油气田分局以管理普光气田产生的税务问题，还采取了以下举措，以更合理地管理天然气相关税务问题。

成立天然气税收征管工作领导小组，指定市局流转税科协调市局直属税务分局和宣汉县国税局两级机构落实专人、分井口进行征管。通过网络搜索、电话联系、蹲点等候等办法，与各施工单位负责人取得联系，主动上门宣传《油气田企业增值税暂行管理办法》、《国家税务总局关于油气田企业增值税问题的补充通知》等税收法律法规。

国税局直属税务分局税源管理科成员分周到达州钢铁集团有限责任公司和宣汉普光气田，进行税收宣传和服务。

整理了天然气钻探、开发、管输、土建、安装等涉及的相关税收政策，规范各环节管理，责任到人；规范资料收集和整理，严格建档跟踪管理，并建立了定期报告制度、竣工前后的保全清算制度、上级局监控管理制度、信息反馈制度。

实行专人、专责、专户、专表、专图、专账管理办法，制作了《天然气井口电子分布图》，每个钻探井口、脱硫厂、集输站（点）用不同的图标注明，并在电脑中适时更新。根据"一户式"管理要求，制作了建筑工程项目基本情况表，将企业工商营业执照、税务登记证、工程合同（协议）、身份证、外出经营税收管理证明、纳税申报表、发票使用、征收台账、代扣责任书等信息资料全部录入计算机，建立了天然气开发基本情况和税源数据。同时导入纳税评估制度，完善评估指标体系，建立了纳税评估模型库。

四 拆迁安置

（一）拆迁工作

普光气田移民拆迁工作包括净化厂拆迁、"1、3、8"① 安全距离拆迁、管道拆迁、铁路专用线拆迁、集输管线拆迁，总计拆迁3445户，涉及12339人，征地面积5437.44亩。

2006年2月5日，根据中石化中原油田普光分公司的规划和普光镇政府

---

① 管线两边100米范围内、井场300米范围内、净化厂周围800米范围内的居民应拆迁。

核实，天然气净化厂选址在普光镇铜坎村赵家坝，占地面积750亩，涉及该村7、8、9三社，拆迁群众308户，总计1261人，需拆除房屋508间，圈舍215间，拆迁面积76385平方米。随着普光气田勘探规模不断扩大，2006年6月，普光净化厂进入二期工程，其扩充建设包括：在第一期征地750亩基础上，再向东、北扩征173亩，即总共征地达到923亩，涉及铜坎村7社78亩，8社44亩，9社51亩；第二期向西征地1949亩，涉及铜坎村2社3亩，4社166亩，5社53亩，6社471亩，7社188亩，8社534亩，9社25亩，11社75亩，铜坎村集体土地9亩，土主乡石人村7社422亩，2社3亩；火炬区片地324亩，涉及铜坎村7社39亩，9社279亩，12社6亩；建2号桥征地22亩，涉及铜坎村2社范围；净化厂一、二期弃土临时占地1894亩，涉及铜坎村9社、11社。第二期扩能拆迁和弃土临时拆迁共涉及普光、土主两个乡镇拆迁户536户，总计1597人。

由于普光气田属高含硫化氢气田，地层压力高、资源埋藏深、地质情况复杂。管线和井场拆迁工作按照补偿自建的原则，拆迁456户，总计2055人，拆迁房屋860间，总计91200平方米，落实拆迁补偿资金2280万元。2008年7月中石化加紧对普光301井、302井、303井的开发建设，拆迁涉及普光镇铜坎村、陡梯村、新滩村农户312户，总计1269人，面积达63442平方米，落实拆迁补偿资金2498万。普光净化厂周边800米范围拆迁涉及普光镇铜坎村、土主乡石人村两个乡镇986户，总计2821人，拆迁房屋面积近30万平方米，其中：农房面积约25万平方米，国有土地面积约5万平方米。由于此次拆迁是集中统建安置房，不需要征用拆迁户的土地，导致拆迁户原有的3200余亩土地因为距离遥远不便耕种。因此，该次拆迁涉及面广、具体问题多、情况复杂、拆迁难度非常大。为此，2007年10月30日，宣汉县人民政府与中石化中原油田普光分公司签订《普光天然气净化厂800米拆迁安置工作框架协议》，该项协议明确了净化厂800米范围拆迁、资金补偿原则、及时启动成熟的工作项目、甲乙双方的权利义务等。2008年4月，800米安全范围拆迁任务完成，补偿农房拆迁经费约 8118 万元，解决不便耕种土地费用约 6832 万元。

"川气东送"管道工程贯穿宣汉县境内 69 公里，从普光净化厂出线后，途经普光、土主、柳池、东乡、三河、天生、七里、柏树、清溪 9 个乡镇。"川气东送"管道工程采用临时占地方式，临时占地青苗补偿每亩每年 1000 元，土地复垦由用地单位自行复垦，符合复垦要求后交还被占地村社，不能复垦的依法征用。其首站工程位于普光镇铜坎村 4 社，占地面积 157 亩，拆迁安置 86 户。

铁路专用线建设属普光净化厂附属工程。铁路线全长 8.8 公里，投资 3.3 亿元，征地 220.44 亩，拆迁 45 户，涉及 180 人。一、二号集输管线建设是普光气田开发重要组成部分，其 100 米范围内的房屋拆迁事关普光气田开发总体建设进度和安全生产，需要拆迁 394 户，涉及 1763 人。

（二）移民安置工作

2006 年 3 月中旬，宣汉县政府结束了拆迁工作，便开始进行移民安置工作。第一期安置房以户为单位，每户一套房子一个门市，总面积 147 平方米，其中房屋面积 114 平方米，门市 33 平方米，拆迁户每户按每平方米 250 元交款购房。第一期安置房总共占地 152 亩，建筑面积 77343 平方米，修建安置房 517 套，总投资 4500 万元，2006 年 6 月动工，于 2007 年 10 月建成。第二期安置房占地 96 亩，建筑面积 75066 平方米，修建安置房 513 套，总投资 6200 万元，2007 年 5 月动工，于 2008 年 8 月建成。第三期安置房占地面积 267 亩，规划修建安置房 150 个单元，1050 套安置房，建筑面积 153886 平方米，总投资 13550 万元，2007 年 12 月动工，于 2009 年 10 月完工。

县政府为了方便新区移民生活，修建了一系列配套设施：①40 米大道、32 米干道、24 米干道三条交通主骨架。40 米大道西起土主乡红旗桥，东至普光净化厂 2 号桥，规划长度 3.8 公里，宽度 40 米，是一条与川陕高速公路土主、普光段并行的新区大道。整条大道分为三期工程，一、二期工程总投资 1500 万元，总长 1.193 公里，于 2009 年 5 月全面建成，第三期自 2009 年 4 月动工，总长 0.66 公里，总投资 800 万元，于 2009 年 11 月建成。32 米干道是贯穿普光新区南北向的一条城镇街道，全长 0.23 公里，投资 184 万元，于 2008 年 12 月底建成。24 米干道是贯穿普光新区东西向的一条城镇街道，全长 0.9 公里，投资 540 万元，于 2008 年 12 月底建成。②普光新区水厂。普光新区水厂按城镇人口 3 万人来设计供水规模，管线长 7 公里，总投资 800 余万元，于 2009 年 4 月动工，2009 年 9 月建成。③新区供电网络。宣汉县电力局在普光新区安装 630 千伏变压器 7 台，800 千伏变压器 2 台，架设单回路 10 千伏线路 6.534 公里，新立电杆 69 根。④新区广电网络。宣汉县在普光新建光缆 28 公里，电杆 150 余根，同轴电缆 8 万余米，钢绞线 1.2 万公斤，架设管道 11611 米，安装放大器 63 台，安装可寻址终端器 400 台，用去人工工时 11411 个，投资近 200 万元。

（三）修理公路

清普公路是双河清水滩加油站至普光街道的一条山岭重丘三级公路，路面陈旧破烂，严重制约普光气田开发和净化厂建设。为了加快普光净化厂建设步伐，畅通双河到普光交通主干线，中石化中原油田普光气田开发项目管理部决定硬化清普公路。清普公路改建硬化全长约 20 公里，路基 7.5 米，技术标准为三级公路，重修两座桥。修建公路需要占地 10 亩，拆迁房屋面积 650 平方米，中石化负责投入 3400 万改建资金，宣汉县政府出资 90 万负责征地和拆迁房屋。

（四）协商征地补偿

在征地拆迁问题上，达州市政府 [2000] 233 号文件显示，中石化项目部提出以每亩 6 万元包干的方案，由宣汉县政府负责代征土地以及支付各类安置补偿，并负责安置拆迁群众。而宣汉县国土部门经过计算，每亩需征地费、开垦费、拆迁费、耕地占用税等多项费用合计共达 11.6 万元，于是提出按工业用地标准征地，出台了针对性的达州市国土局 [2006] 13 号文件，但双方多次协商无果。达州市委于 2005 年 12 月下旬召开达州市国土局、宣汉县政府参加的协调会，提出按每亩总额包干，由中石化向宣汉县政府支付土地补偿费、拆迁安置费、相关税费等。宣汉县政府为了支持中石化建设，最终同意了这个暂定包干的方案，并由国土部门与中石化普光气田开发项目部签订了合同。

五　环境治理

矿产资源开发除了会给当地造成显性的成本，如人力、物力等，也会给当地的生态环境造成一定程度的影响。普光气田属高含硫化氢气田，硫化氢含量高达 14％—19％，气层埋藏深，一般钻探尝试在 5000—7000 米之间，气压高、井场分布广、集输管线长，这都导致了普光气田在开发过程中不可避免会对当地的生态环境造成影响。

2006 年 4 月 8 日上午 11 点 15 分，普光气田 7 号井左侧泥浆池围墙发生坍塌，泥浆流入普光中河支流，造成河水污染。当天下午 3 点整，污染带约 3 公里长，水体呈深黑色。相关部门到现场查看，约有 500 立方米泥浆流入中河支流，立即组织 10 余条大船，100 名民工，运送 30 吨净化剂和氧化剂、固化剂等处理药剂到现场进行治理。并且作出决定：一是宣汉县江口电站立即停止发电，进行蓄水，减缓污染带下移速度，确保宣汉县居民饮用水安全；二是做好宣传工作，防止普光镇沿河群众从河中取水；三是环保部门和治理队伍认真做好监测工作，及时报告；四是通告施工单位，进行安全环保检查。当天晚上 21 时 50 分，在技术人员指导下，民工对河水污染带进行喷洒处理，同时进行污水池治理和泥浆固化处理。9 日 10 时整，经西南石油局环境监测站对水体进行采样分析，中河支流与中河汇合口处石油量仍然超过标准。10 时 30 分，民工开始对污染口下 2 公里至普光大桥下喷洒处理剂，确保残留污染物得到处理。截至 4 月 9 日晚上 10 时整，环保部门对治理后的河水进行检测，相关数据才符合环保标准，至此，该次水污染事件得到处理。

清溪 1 井位于宣汉县清溪镇境内，是中石化运用海相勘探理论部署在川东北地区的一口重点预探井，设计井深 5620 米，设计目的层为石炭系储层。2006 年 12 月 21 日 17 时，清溪 1 井发生天然气溢流事件。气流从 4700 多米深的地下喷出，发出巨大声响，中石化立即对该井实施放空点火卸压。实施点火是降低地层压力、控制溢流局面恶化升级的关键环节，也是最危险的时刻，稍有不慎，就有可能引发爆炸。工作人员使用长竹竿直接点火后，气流从井口喷出，泥浆四处扩散，弥漫在空气中。达州政府针对具体情况，采取紧急措施：一是马上安排涉及井场周边范围的清溪、三河两乡镇党委、政府全力以赴做好群众疏散工作，立即撤离井场 1 公里范围内的居民群众；二是组织公安、安监、环保、医疗卫生人员、民兵预备役人员赶赴现场，组织群众撤离；三是与中石化南方公司联系，确保信息畅通。截至 22 日早晨，井场 8 个村、50 个社 12386 名村民全部安全撤离。

达州天然气开发涉及的利益主体包括中央政府、中石化，达州政府和居民、天然气产业相关企业，天然气输入地政府、居民和天然气产业相关企业。各利益主体存在的利益矛盾主要是因为收入与成本不配比形成的，具体表现为气量矛盾和税收矛盾。达州在天然气开发过程中提供日常设施维护等服务，进行房屋拆迁、移民安置、环境治理等工作，但所得到天然气量和税收却占小部分。这既阻碍了达州天然气产业发展，又降低了达州税收收入。为了争取自身利益，达州政府采取了一系列博弈行动。在争取气量方面，积极谈判争取气量，招商引资增加谈判能力等；在争取税收方面，争取企业就地纳税，成立地税分局加强税收管理等。在达州政府积极博弈的情况下，自身利益在一定程度上得到保障。

矿产资源开发涉及利益主体范围广、数量多，涉及利益数量大、种类繁，因此在利益分配过程中不可避免地会出现各种矛盾，实质都是利益分配不公平，即利益主体付出成本与取得收入不配比。利益矛盾降低了相关主体的积极性，从而阻碍了矿产资源开发进程，甚至影响社会稳定。因此，作为矿产资源管理者的中央政府，作为矿产资源开发者的企业，作为矿产资源开发协助的地方政府，应该积极协调各方利益，进行良性博弈，以使矿产资源利益分配公平化，所得利益与所付出成本配比，这样矿产资源开发才能顺利进行，才会造福社会。

案例三　西部钒钛产业链整合案例研究

钒钛产业链是西部最具代表性的传统优势资源产业链，陕西宝鸡钛产业链、四川攀枝花钒钛产业链、贵州遵义钛产业链依托丰富的钒钛资源禀赋，经过多年的发展，为其他类型资源产业链提供了可资借鉴的整合路径。为化解以产业链为载体的钒钛企业利益矛盾，统筹资源企业利益关系，促进西部地区科学发展，本案例通过分析西部钒钛产业链的整合背景和整合现状，从钒钛企业资本与知识驱动的产业链整合、钒钛产业链整合优化区域要素资本结构、基于钒钛产业链整合的区域间利益统筹角度提出西部钒钛产业链的整合路径。

一　西部钒钛产业链整合的背景

（一）钒钛资源

钒和钛属于金属元素。钒常与铌、钽、钨、钼并称为难熔金属，钒的氧化物通常有四种：一氧化钒、三氧化二钒、二氧化钒、五氧化二钒，钒可以用于碳素钢、高合金钢、工具钢、化学制品等的冶炼中，加大钢的强度、韧性、抗腐蚀能力、耐磨能力和承受冲击负荷的能力等。全球已知钒储量有98%产于钒钛磁铁矿，部分赋存于磷块岩矿、含铀砂岩、粉砂岩、铝土矿、含碳质的原油、煤、油页岩及沥青砂中。钛有延伸性，机械强度大，容易加工，有良好的抗腐蚀性能。钛和钛合金大量用于航空、造船、化学、医药等工业。钛通常伴生在金红石、钛磁铁矿等矿物中。

全球钒钛资源的分布。钒资源广泛分布在世界各个地方，由图1可知，钒主要蕴藏在中国、俄罗斯、南非、澳大利亚西部和新西兰的钛铁磁铁矿，委内瑞拉、加拿大阿尔伯托、中东和澳大利亚昆仕兰的油类矿藏，以及美国的钒矿石和黏土矿中。钒在钛铁磁铁矿中的蕴藏量最大，其次是在油类矿藏中，钒的可开采储量主要存在于中国、俄罗斯和南非的钛铁磁铁矿，而保有储量主要存在于美国的钒矿石和黏土矿、北欧的钛铁磁铁矿以及巴西和智利矿藏中。①

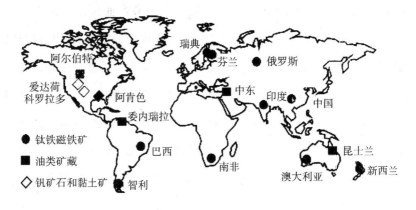

图1 全球钒资源分布

资料来源：P. S. 米歇尔：《世界钒的生产与使用》（2007 - 07 - 13），http：//www. mining120. com/html/0707/20070713 _ 9769. asp? pay＝＆page＝1。

根据美国地质调查局公布的统计数据，美国、中国、俄罗斯、南非是世界四大主要钒储藏和生产国，如表1所示。钒储量按从大到小依次是中国、俄罗斯、南非、美国，钒产量按从大到小依次是中国、南非、俄罗斯，美国将钒作为资源储备，暂时还未大规模开发利用，而是通过资本运作控制他国钒矿资

---

① 具体参见来自英国 Kent TN16 1AQ，国际钒技术委员会的 P. S. 米歇尔关于"世界钒的生产与使用"的论述（中国选矿技术网：http：//www. mining120. com/html/0707/20070713 _ 9769. asp? pay＝＆page＝1，2007 - 07 - 13）。

源，满足国内钒产品使用需求①。中国的钒产量 2008—2010 年分别占到全球产量的 36％、39％、41％，产量和比重均逐年递增，而其他国家的产量和比重却呈下降趋势。按照目前的开发速度发展下去，钒储量最为丰富的中国可能最先面临钒耗竭的资源危机。

表 1　　　　　　　　　　　　主要国家钒的产量与储量

国别	钒产量（公吨）			钒储量（公吨）
	2008 年	2009 年	2010 年	
美国	—			45000
中国	20000	21000	23000	5100000
俄罗斯	14500	14500	14000	5000000
南非	20000	17000	18000	3500000
其他国家	1000	1000	1000	—
全球总计	55500	53500	56000	13600000

资料来源：美国地质调查局，Mineral Commodity Summaries 2010—2011。

钛在地球上储量十分丰富，在地壳中含钛矿物有 140 多种，由图 2 可知，钛资源主要分布在弗吉尼亚（美）、阿拉德（加）、挪威、乌拉尔（俄）、乌克兰、攀枝花（中）、喀拉邦（印）、斯里兰卡、马来西亚、卡伯尔（澳）、巴西、新西兰、佛罗里达（美）、广西（中）、云南（中）等地，以岩矿床和砂矿床形式存在。

根据美国地质调查局公布的统计数据，中国、澳大利亚、印度、南非、巴西是世界主要的钛精矿储藏和生产国（见表 2），全球钛精矿绝大部分来自对钛铁矿的提炼。尽管中国金红石储量并不丰富，但是由于钛铁矿储量居世界首位，因此，钛精矿的产量仍居全球第四位。除了澳大利亚、加拿大两个发达国家对全球钛精矿的生产贡献较大之外，包括美国在内的其他发达国家由于缺少

---

① 2000 年，美国科罗拉多州品尼高（Pinnacle）资源勘探公司以 2100 万美元取得了南非钒和磁铁矿勘探和开发公司（V – MED）钒资源的 30 年租赁权，该资源是世界最大的地下钒矿床，2002 年品尼高（Pinnacle）资源勘探公司开始就地生产钛、钒和铁。

图 2　全球钛资源分布

资料来源：作者根据中国矿权交易网披露的国内外钛矿分布数据整理。

钛资源，或者出于资源储备战略的考虑，钛精矿的产量都较小，世界钛需求多数是由发展中国家，甚至是贫穷落后的非洲国家在供应。

中国钒钛资源的分布。中国钒矿分布于 19 个省、市、自治区，主要集中在四川攀枝花地区，河北承德地区，陕西汉中地区，湖北郧阳、襄阳地区，广东兴宁及山西代县等地，占到全国钒储量的九成以上，如图 3 所示。典型矿区有四川红格钒钛磁铁矿矿床、湖北兴山百果园钒银矿床、河北承德大庙钒钛磁铁矿矿床、甘肃敦煌方山口钒磷铀矿床、湖北丹江口杨家堡钒矿床、安徽马鞍山凹山含钒磁铁矿矿床等。根据中国选矿技术网公开披露资料显示，我国钒矿资源的特点表现为矿床类型单调，多系共生或伴生矿，矿石综合利用价值大，矿床地理分布相对集中，但是矿石品位低，勘探程度低。

中国钛矿分布于十多个省区，如图 4 所示。钒钛磁铁矿中的钛主要产于四川攀枝花、红格、米易的白马，西昌的太和；河北承德的大庙、黑山，丰宁的招兵沟；崇礼的南天门；山西左权的桐峪；陕西洋县的毕机沟；新疆的尾亚；河南舞阳的赵案庄；广东兴宁的霞岚；黑龙江的呼玛；北京市昌平的上庄和怀柔的新地。金红石岩矿中的钛主要产于湖北枣阳的大阜山，山西代县的碾子沟，河南新县的杨冲，山东莱西的刘家庄；金红石砂岩中的钛主要产于河南

表 2 　　　　　　　　　　　主要国家钛精矿的产量和储量

国别		钛精矿产量（千公吨）			钛精矿储量（千公吨）
		2008 年	2009 年	2010 年	
钛铁矿	美国	200	200	200	2000
	澳大利亚	1320	1020	1070	100000
	巴西	54	43	43	43000
	加拿大	850	650	700	31000
	中国	600	500	600	200000
	印度	432	420	420	85000
	马达加斯加	—	47	150	40000
	莫桑比克	197	283	350	16000
	挪威	410	302	320	37000
	南非	1050	1050	1120	63000
	斯里兰卡	—	30	40	—
	乌克兰	300	300	300	5900
	越南	330	412	410	1600
	其他国家	55	34	35	26000
	全球总计	5798	5291	5758	650500
金红石	美国	*	*	*	*
	澳大利亚	309	266	280	18000
	巴西	2	3	3	1200
	印度	20	20	20	7400
	马达加斯加	—	2	6	—
	莫桑比克	6	2	2	480
	塞拉利昂	75	61	67	3800
	南非	121	127	130	8300
	斯里兰卡	—	11	12	—
	乌克兰	57	57	57	2500
	其他国家	—			400
	全球总计	590	549	577	42080
总计		6388	5840	6335	692580

注：美国产于金红石的钛精矿产量和储量数据包含在了产于钛铁矿的钛精矿产量和储量数据中，用"*"以示区分。

资料来源：美国地质调查局，Mineral Commodity Summaries 2010—2011。

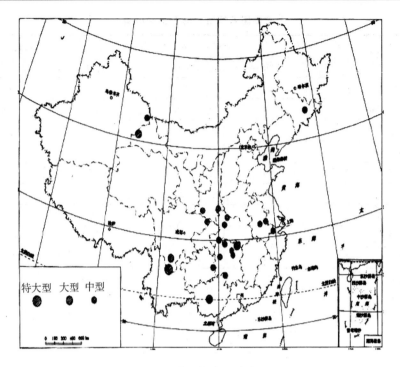

图 3　中国钒资源分布

资料来源：中国选矿技术网。

西峡的八庙子沟，山东莱西的刘家庄和诸城的上崔家沟，湖北枣阳的大阜山，湖南湘阴的望湘、岳阳的新墙河、华容的三郎堰，安徽潜山的黄铺古井，海南万宁的保定。钛铁矿砂矿中的钛主要产于海南万宁的保定、长安、兴隆，琼海的沙老、南港，陵水的乌石—港坡、万洲坡，文昌的辅前；广西藤县的东胜、三吉壤；广东化州的平定；云南保山的板桥；江西定南的车步、赤水；湖南岳阳的新墙河、华容的三郎堰；陕西安康的月河恒口、大同。根据中国选矿技术网公开披露资料显示，我国钛矿资源的特点表现为储量大、分布广，原生矿多，砂矿少，钛铁矿多，金红石矿少，贫矿多，富矿少，无单一钛矿，均为多金属共生矿等。

　　从全国钒钛资源的储量分布来看，表 3 中，西部钒钛分别占到全国基础储量的 75.72％和 97.94％，西部的钒矿主要分布在四川、广西、甘肃、陕西、

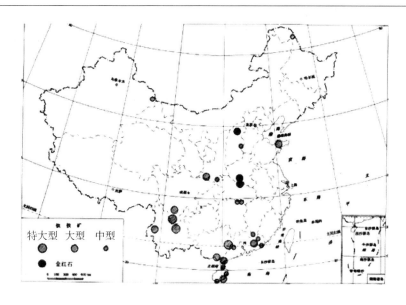

图 4　中国钛资源分布

资料来源：中国选矿技术网。

内蒙古，钛矿主要分布在四川和新疆，四川攀西的钒和钛分别占到西部基础储量的 72.37% 和 99.79%，可见四川在西部钒钛资源的开发中具有重要地位。目前，四川经过长期建设发展，以攀钢为龙头，聚集了一大批科技型、创新型钒钛开发企业，形成了产业集群式发展的格局，已成为国内第一、世界第二的钒制品生产基地和国内最大的钛产业基地。

　　根据《中国矿业年鉴 2009》数据显示，2008 年我国钒钛资源的开发利用情况如表 4 所示。表 4 中，钛矿企业几乎比钒矿企业多了一倍，但是就比例来看，钛矿企业以小型企业和小矿为主，钒矿企业以中小型企业为主，钛矿的大型企业多于钒矿；尽管钒矿的从业人员多于钛矿，但是年产矿量却远不如钛；利润总额差别不大的情况下，钒矿的工业总产值和矿产品销售收入远大于钛矿，说明钛矿的利润空间更大，可能是缘于其较高的综合利用水平，体现在钛矿的综合利用产值远远高于钒矿。

表 3   **2009 年中国各地区钒钛资源基础储量**

省（市、区）	钒矿（万吨）	原生钛铁矿（万吨）	区域
北京	0.2	7.1	东
河北	13.7	373.4	东
内蒙古	0.8	—	西
江苏	5.4	—	东
安徽	8.3	—	中
江西	2.2	—	中
山东	—	99.5	东
河南	—	0.5	中
湖北	49.8	—	中
湖南	226.1	—	中
广西	171.5	—	西
四川	689.8	22763.3	西
云南	0.1	—	西
陕西	0.9	—	西
甘肃	89.9	—	西
新疆	0.2	47.6	西
全国	1258.9	23291.4	—

资料来源：中国统计年鉴 2010。

表 4   **2008 年全国钒钛资源开发利用情况**

指标	矿种	钒矿	钛矿
矿山企业数（个）	大型	7	12
	中型	13	9
	小型	42	85
	小矿	9	35
从业人员（人）		5862	4223
年产矿量（原矿，万吨）		215.19	1324.94
工业总产值（万元）		71061.75	24590.56
综合利用产值（万元）		1330	5384.36
矿产品销售收入（万元）		56099.75	22195.63
利润总额（万元）		3169.1	3150.45

资料来源：《中国矿业年鉴 2009》。

（二）西部钒钛产业的发展

中国钒工业起步于 20 世纪 50 年代，1958 年恢复并扩建辽宁锦州铁合金厂提钒车间，以承德大庙含钒铁矿精矿为提钒原料，1960 年以后中国的其他提钒厂相继建成投产，70 年代攀枝花钢铁公司建成投产，从此中国的钒工业便进入一个新的历史时期，至 80 年代中已成为世界主要产钒国家之一，能生产各种钒制品，钒的推广应用也取得较快的发展。目前，攀钢集团和承德钒钛在国内钒生产方面构成寡头竞争格局，两家公司是我国钒产品生产的重要基地。此外，湖南、湖北、河南、陕西、甘肃、贵州、广西等地还有许多石煤提钒厂，基本上是采用氯化钠作焙烧添加剂来生产，既加剧了行业无序竞争程度，又对生态环境造成了严重污染。[①]

中国钛工业起步于 20 世纪 50 年代，1954 年，北京有色金属研究总院开始进行海绵钛制备工艺研究，1956 年国家把钛当作战略金属列入了十二年发展规划，1958 年在抚顺铝厂实现了海绵钛工业试验，成立了中国第一个海绵钛生产车间，同时在沈阳有色金属加工厂成立了中国第一个钛加工材生产试验车间。20 世纪 60—70 年代，在国家的统一规划下，先后建设了以遵义钛厂为代表的 10 余家海绵钛生产单位，建设了以宝鸡有色金属加工厂为代表的数家钛材加工单位，同时也形成了以北京有色金属研究总院为代表的科研力量，成为继美国、苏联和日本之后的第四个具有完整钛工业体系的国家。80 年代初期，由于钛材的高价格限制了钛材的应用，我国钛工业陷入困境，全国钛应用推广领导小组通过专门调研协调，遵义钛厂、宝鸡有色加工厂等行业骨干企业分别承担多项国家级钛冶金、钛加工攻关课题，实施一系列重大技术改造，促成了 80 年代中后期至今钛工业平稳发展的局面。[②] 贵州遵义是海绵钛的主要

---

① 根据《2008—2010 年钒产业市场调研及投资前景分析报告》（北京世贸通经济信息咨询有限公司 2007 年版）提供资料整理所得。

② 根据《2008—2010 年钛产业市场调研及投资前景分析报告》（北京世贸通经济信息咨询有限公司 2007 年版）提供资料整理所得。

产地，以宝钛集团有限公司和西北有色金属研究院为代表的西北片区、以沈阳金驰钛业有限公司和抚顺欣兴特钢为主的东北片区、以上海宝钢股份特殊钢公司和南京宝色钛业有限公司为主的华东片区主要生产和加工钛材。

西部钒钛产业发展大致可以分为以陕西为主，内蒙古、新疆、甘肃为辅的西北片区，和以四川、贵州为主，广西、云南为辅的西南片区（见图5）。西部钒钛产业的发展可以在陕西宝鸡、四川攀枝花、贵州遵义地区集中体现，发展路径均是"以一个大型企业为龙头，众多中小企业集群式发展"。

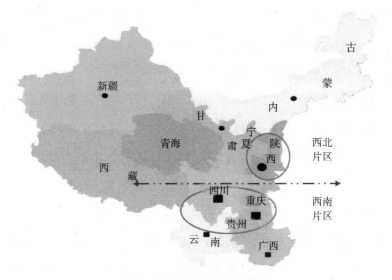

图5　西部钒钛产业发展片区

资料来源：作者根据西部钒钛产业区域发展现状，对西部地图加工绘制所得。

陕西宝鸡。宝鸡的第一主导产业是钛产业，拥有以宝钛为龙头，众多中小民营企业共同参与钛资源开发的产业格局。其中，宝鸡钛业是以钛、锆、镍为主要产品的大型国有控股公司，是我国最大的钛及钛合金生产、科研基地，主导产品钛材2009年产量位居世界同类企业第二，是国际四大钛合金专业加工企业之一。作为中国钛工业的龙头企业，宝鸡钛业是钛材国家标准和国军标的主要制订者，可以生产国际上所有的钛合金牌号，代表了我国钛加工技术的最高水平①。以宝钛为主导，宝鸡的中小民营企业也是宝鸡钛产业发展不可或缺的重要一极（见表5）。

表5　　　　　　　　　　宝鸡钛产业的代表性民营企业

主营业务	代表性民营企业
钛标准件加工	宝鸡市华昊钛制品有限公司、宝鸡弘森钛制品公司等
钛及钛合金板材加工	宝鸡市腾鑫工贸有限公司、宝鸡市渭滨新金属设备厂、宝鸡市锦秀稀有金属制品厂、宝鸡市金山钛业有限公司等
钛及钛合金棒材加工	宝鸡英耐特医用钛有限公司、宝鸡泰特有色金属制造有限公司、宝鸡坤鹏有色金属加工厂等
钛及钛合金锻造	宝鸡市兴隆钛业有限责任公司、宝鸡力兴钛业集团、宝鸡钛城金属福利制品厂等
钛设备加工	宝鸡力兴钛业集团、宝冶钛镍制造有限公司、宝鸡六维特种材料设备制造公司、宝鸡市双扶钛制造总厂等
钛熔炼加工	宝鸡力兴钛业集团、宝鸡德尔钛业有限公司、宝鸡巨隆钛业有限公司等
钛丝材加工	宝鸡三立有色金属有限公司、宝鸡虹华有色金属加工厂、宝鸡钛星金属有限公司等
钛管材加工	宝冶钛镍制造有限公司、宝鸡力兴钛业集团、宝鸡金凯科工贸有限公司等
钛复合材加工	宝鸡钛城金属复合材料公司、宝鸡永兴化工设备制造公司等
钛粉加工	宝鸡富士特钛业有限公司、宝鸡迈特钛业有限公司等
钛阳极加工	宝鸡市昌立特钟金属有限公司等
钛异形材	宝鸡双臣有色金属材料有限公司等
钛管件、泵阀	宝鸡市方园稀有金属有限责任公司、宝鸡市春雨钛镍设备制造有限公司等
钛工艺品、钛体育用品	宝鸡欧亚化工设备制造公司、宝鸡宝钛礼品公司等

资料来源：作者根据由宝鸡市华昊钛制品有限公司调查披露的"宝鸡民营钛工业发展的状况"数据整理（http://www.huahao917.com/news/Article_Show.asp? ArticleID=194）。

通过宝钛集团和中小民营企业的竞争优势互补，构建了以钛产业为主导的陕西宝鸡高新区，形成了产业集群式的规模经济发展模式。宝鸡高新区聚集了以钛及其合金产品研发、生产、贸易和流通为主的企业400多家，依靠龙头企业，整合优势资源，优化发展环境，加速以钛材为代表的新材料产业发展，形

① 根据宝鸡钛业股份有限公司官方网站（http://www.baoti.com/cn/zjbt/gsjj.asp）介绍整理。

成了较为完整的工业体系和强大的新材料产业集群。纵向从钛矿采选、冶炼、压延加工、回收再利用到应用产品的研制和生产建立了一体化的产业链，横向在钛及钛合金新材料领域自主研发了高新钛产品，侧向形成了产、学、研、资、介等较为完善的产业服务体系。宝鸡高新区以国际市场为导向，以推动关键技术研发为突破口，相继被国家有关部委确定为"宝鸡国家新材料高技术产业基地""国家火炬计划钛材料特色产业基地""国家科技兴贸创新基地""国家钛材料高新技术产业化基地"等。

四川攀枝花。根据 2010 年 12 月 31 日四川省政府公布的攀枝花市钒钛产业现状调查报告，钒钛产业已成为攀枝花市经济发展的战略重点，近几年发展迅速，众多企业参与其中，产量产值逐年快速增长，已呈集群式发展态势。目前，攀枝花有涉钒、涉钛规模以上企业 35 家，其中，东区 9 户，仁和区 13 户，米易县 6 户、盐边县 7 户。初步形成了以钒、钛初级原料、钒氧化物、钒铁、钒氮合金、钛白粉、纳米钛白、海绵钛、钛锭等产业链为主的产业集群。钒钛产品产量快速增长，据 2010 年 3 季度统计，钒渣 192478 吨，增长 7.2％；五氧化二钒 6980 吨，增长 79.11％；三氧化二钒 11019 吨，增长 8.78％；钒氮合金 1970 吨，增长 11.8％；高钒铁 17683 吨，增长 19.1％；钛精矿 852860 吨，增长 52.27％；微细粒级钛精矿 116045 吨，增长 18.91％；高钛渣 141937 吨，增长 68.59％；钛白粉 169473 吨，增长 61.85％；海绵钛 882 吨，下降 27.3％。产量的快速增长直接导致产值的增加，2010 年 3 季度的统计数据显示，攀枝花规模以上工业中钒钛产业完成总产值 48.82 亿元，增长 67.14％，约占规模以上工业总产值的 7.08％。目前，攀枝花已经成为生产规模位居国内第一、世界第二的钒制品生产基地，钒制品国内市场占有率达到 80％，国际市场占有率达到 20％；拥有自主知识产权的核心技术，钒氮合金系列产品及其产业化技术成果整体技术处于国际领先水平；产业集中度较高，初步形成以攀钢为主体、国有和民营多种经济成分共同开发的钒产业集群，联合承德钒钛的攀钢—承德钒制品销售公司占据了 1/4 的市场份额；钒产业链较完整，能生产从钒渣—钒氧化物—钒铁—钒氮合金等系列产品。全流程的钒钛产业链及其配套产业体系正在形成。正在建设的 2 个万吨钛白粉项目，以及攀钢 1.5 万吨海绵钛项目的投产，2011 年将使攀枝花市成为国内最大的钛白粉、钛金属全流程工业基地。废酸浓缩、硫酸亚铁深度二次利用等环保项目，也将逐步形成工业化生产能力。

　　主导攀枝花地区钒钛产业发展的龙头企业是攀钢集团。根据 2010 年年度报告，攀钢集团钢铁钒钛股份有限公司全年生产铁 760.87 万吨、钢 747.66 万吨、钢材 693.80 万吨，比上年分别增长 2.17％、3.14％、5.19％；钒钛铁精矿 787.83 万吨，比上年增长 12.17％；钒制品 2.05 万吨，比上年增长 7.33％；钛精矿 34.19 万吨、钛白粉 6.26 万吨、高钛渣 5.38 万吨，比上年分别增长 46.59％、5.94％、24.32％，公司 2010 年实现营业收入 432.46 亿元，实现利润 10.90 亿元，比上年增加 24.02 亿元。攀枝花的钒钛中小企业自钒钛产业园区的开发建设开始，正式大规模地涉足对攀西钒钛资源的开发，打破了攀钢集团独家垄断的局面。据攀枝花学院材料工程学院院长杨绍利介绍：攀枝花民营钒钛企业涉足钛产业的较多，有 60 余家，涉及钒产业的企业较少，也有 20 余家，遍布攀枝花三区两县，几乎每一个区县的工业园区都有与钒钛有关的民营企业。由于民营企业的进入，攀枝花钒钛产品基本形成了全流程的产业链，如从钛金矿到钛渣、钛白粉到海绵钛的产业链，只是产业链在环节上还不够完善，上游产品品种多、产量大，下游产品品种少、产量低，整个钒钛产业链还需要做进一步延伸。民营企业大多分布在攀枝花钒钛工业园区、高粱坪工业园区、安宁工业园区等园区，按战略资源"多进少出"的原则，其产品一般在国内市场销售，且价格不菲，一路走高，也有部分产品进入欧美发达国家和一些发展中国家①。从事攀西钒钛资源开发的代表性中小企业如表 6 所示。

---

　　① 梁波：《民营钒钛企业：有活力　有潜力——攀枝花学院材料工程学院院长杨绍利访谈》，《攀枝花日报》2010 年 3 月 4 日（第 6 版）。

表 6　　　　　　　　　　攀枝花钒钛产业的代表性民营企业

企业名称	特殊说明
四川省川威集团有限公司	凉山区域主要生产生铁、钒钛铁精矿、原煤、精煤等
四川德胜集团钢铁有限公司	铁矿资源开发和钒钛磁铁矿资源综合利用
四川龙蟒矿冶有限责任公司	生产建材砂石、铁精矿、钛精矿、硫钴精矿
攀枝花市攀阳钒钛工贸有限公司	系攀钢之外，第二家炼钢在线提钒企业
四川恒为制钛科技有限公司	生产粗四氯化钛、精四氯化钛与海绵钛等相关产品
攀枝花市源通钛业有限公司	生产高钛渣，1800 吨的炉子有 3 台
攀枝花兴中钛业有限公司	钛白粉规模上万吨
攀枝花东方钛业有限公司	自产 40 万吨/年高品位优质钛精矿，开发特有的硫酸法金红石钛白粉生产工艺
攀枝花市钛海科技有限责任公司	主营以锆、铝包膜的高档用型金红石产品，拥有攀西地区规模最大的单条钛白生产线
攀枝花大互通钛业有限公司	主营化纤级钛白粉、硫磺制酸、高钛渣、金红石钛白粉
攀枝花攀航钛工业有限公司	将海绵钛进一步熔炼生产出钛锭
攀枝花鼎星钛业有限公司	基本具备年产 3 万吨锐钛型钛白粉的生产能力
攀枝花市柱宇钒钛有限公司	主营五氧化二钒及钒钛相关产品
攀枝花市红杉钒制品有限公司	专业生产片状五氧化二钒、粉状五氧化二钒、钒铁等
米易兴辰钒钛铁合金有限公司	从弃渣中回收钒镍钴金属以及开发钒电池
四川华铁钒钛科技股份有限公司	建国内第一条"SCR 脱硝催化剂载体二氧化钛产品"生产线，形成成熟的载体二氧化钛产品工业化生产技术
四川安宁铁钛股份有限公司	投资建成了 4 万吨/年硫酸法金红石型钛白粉生产装置
攀枝花源丰钛业有限公司	生产四氯化钛 16000 吨/年、纯度 99% 以上高纯度钛白 2000 吨/年
攀枝花泓兵钒镍有限责任公司	生产镍铁合金 15000 吨/年
攀枝花市仁通钒业有限公司	以弃渣为原料年产钛铁合金达 2000 吨

　　资料来源：作者根据四川攀枝花钒钛产业园区和产业集群中代表性民营企业的官方网站披露资料整理。

　　表 6 中，攀西地区具有代表性的民营企业充分发挥经营机制灵活，研发力量集中等运作优势，展示出了惊人的发展速度，许多生产线不仅在产能规模上可以和大型国有企业竞争，而且由于独具特色，并将循环经济、清洁生产等理念运用到生产中，更加巩固了其核心优势。此外，通过以人才为载体的知识流动，高薪引进专业人员和技术，不断地在钒钛产业链上的"小、精、细"处谋

求变革和突破，已积累了可以吸引外资和大型国有企业与之合作的开发领域。但是除了上述发展较好的民营企业，仍然不排除存在一些为了争夺初级资源，仅靠贩卖资源，而没有能力再加工的中小企业，在个别地区形成了无序竞争的现象，造成了重复建设和投资过剩、投资效率不高的局面。

贵州遵义。贵州遵义没有钛矿资源，海绵钛生产所用的高品位钛矿主要分布在邻近的两广及海南、云南等省区，利用毗邻的钛矿资源，钛业成为了遵义的主要产业之一，其龙头企业是遵义钛厂。根据官方网站的企业简介，遵义钛厂前身为1965年开始建设的八五厂一分厂，后改为贵州遵义钛锆厂、九零六厂、遵义有色金属冶炼厂、中国钛公司遵义钛厂、遵义钛厂，经营范围为钛材、钛粉、工业硅、涂料、硅系列、有色金属矿产品、非金属矿产品、机械设备加工、普通货物运输、金属包装物；目前，遵义钛厂是国内最大的、唯一的全流程海绵钛生产企业，拥有遵义钛业股份有限公司、遵义播宇钛材有限责任公司、遵义盛钛机械设备制造公司、遵义钛厂劳动服务公司和遵宝钛业有限公司五个子公司。遵义钛厂注重产业的升级换代和工艺设备的研制开发，分别与贵州大学、中南大学、中国科学院地球化学研究所、北京有色研究总院、西北有色金属研究院、广州有色金属研究院、重庆大学、复旦大学等建立了产学研合作机制：还原蒸馏炉从炉产1吨、3吨到5吨、8吨、12吨，氯化炉从Φ0.8米、Φ1.2米到Φ2.4米沸腾氯化炉；掌握先进的海绵钛工艺主流技术，自行研发具有国际先进水平的"倒U形8吨还原蒸馏联合炉技术"、"Φ2.4米无筛板沸腾氯化炉"等。

遵义钛业在规模化生产海绵钛，实施BOT（"建设—经营—转让"）模式治理污染项目，朝着钛钢结合模式发展上的优势吸引了宝钢、攀钢等大型企业与其合作，联手投资新建生产线；作为我国第一家正式进入欧洲航空领域的海绵钛企业，标志着钛产品的品质得到世界的认可。

与此同时，海绵钛产业扩张无序和企业恶性竞争的现象在遵义地区表现得尤其突出。遵义钛产业发展中具有代表性的民营企业有：贵州遵义东方实业股份有限公司、遵义美誉工贸有限公司、遵义夸克贸易有限责任公司等，另外还有许多小型的钛企业也掺杂其中。海绵钛近几年价格的暴涨驱使这些中小企业争相竞逐，直接后果就是造成资源争夺战，加快优良矿山的资源枯竭速度，同时，生产海绵钛是典型的高能耗、高污染工业，中小企业不具备生产海绵钛的全流程工艺，在获利驱动下采取最直接的原始生产方法提炼钛，导致完整的产业链缺失，中间产品无法得到有效利用，造成环境污染和资源浪费。除了生态受到严重影响外，知识资本也在恶性竞争的氛围中得不到整合，企业间互相"挖人和挖技术"，商业秘密流失的同时，也给了国外投资者和走私分子可乘之机。疯狂扩张和无序竞争的局面在个别地方政府的庇护下长期得不到有效治理。

（三）西部钒钛产业链

陕西宝钛的钛产业链、四川攀钢的钒钛产业链、贵州遵义的钛产业链分别从不同的角度代表了西部钒钛产业链的发展水平。根据对西部钒钛产业的分析，以及宝钛、攀钢的 2010 年年报，遵义钛业的招股说明书资料，可以得到各自产业链的最终产出形式（见表7）。

表7　　　　　　　　　　　西部钒钛产业链产出对比

企业名称	产业链产出
宝钛	铜锭、镍锭、钨、钼及其合金丝、棒、钼顶头等难熔金属产品生产、铸件及金属复合材生产以及宽厚板轧制和有色金属设备制造；钛及钛合金等稀有金属材料、各种金属复合材料的生产、加工和销售
攀钢	钒氮合金、钒铁、片状五氧化二钒；锐钛型钛白粉，钛渣，金红石型钛白粉，四氯化钛，钛精矿，氯化法金红石型钛白粉等
遵钛	海绵钛、金属镁、氯化镁、四氯化钛等系列产品

资料来源：作者整理。

西部的钒主要提取自钒钛磁铁矿，经过第一道工艺后得到含钒铁水和高炉渣，再运用转炉法、铁水雾化法等方法从含钒铁水中提炼出钒渣和半钢，钒渣成为生产五氧化二钒、三氧化二钒等钒氧化物，以及钒氮合金、钒铁等的原料，半钢用作继续炼钢，而高炉渣则可以被深入开发利用，产出铁、二氧化钛、碎石和路边砖等建材,以及钙硫硅肥等化学材料。钛产业链主要是指以钛精矿、金红石等为原料生产高钛渣,进而加工成四氯化钛,得到四氯化钛后链条走向分为两部分:第一部分为以四氯化钛为原料制取海绵钛,海绵钛是各种成型钛材的上游产品,将海绵钛进行精炼等工艺处理可制成钛锭、钛棒和钛板等钛材,也可与其他金属合成钛合金粉末等,主要用于国防军工、化工和体育领域;第二部分以四氯化钛为原料生产钛白粉,主要用于日用产品、涂料、电子、电力工业部分。

将钒产业链(见图6)和钛产业链(见图7)与西部钒钛产业链的产出对比可以看出,目前钒产业链的生产技术基本上已能达到产品链末端,但是不足之处在于:第一,对冶炼钒钛磁铁矿过程中产生的高炉渣利用程度不够,大型企业通过和其他类型企业合作,对高炉渣进行了一定程度的再开发,而中小型企业由于资本和知识的积累不足,无法深加工高炉渣,只能将其废弃,造成资源浪费和环境污染;第二,钒产品局限于钒的氧化物,以及钒和其他金属的合金,而没有继续向新的附加价值高的产品领域进行深入开发。而对于钛产业链,攀钢和遵钛选择了不同的产业链延伸方向,攀钢构建的是"钛精矿—高钛渣—四氯化钛—钛白粉"的横向链条,而遵钛构建的是"钛精矿—高钛渣—四氯化钛—海绵钛"的纵向链条,宝钛则是通过和遵钛的战略合作,借助遵钛在海绵钛市场的龙头地位,共建大规模的海绵钛生产线,从而利用海绵钛进一步深加工,生产钛及钛合金等稀有金属材料、各种金属复合材料,达到了钛产品链的最末端。可以看出,西部的三大钛企业龙头实现了差异化发展,图8是西部钒钛产业的区域发展阶梯,反映出了不同地区在区域钒钛产业链中的地位。

综合西部钒钛产业链的区域发展特征,从技术层面来看,较为完善的钒钛产业链已经初具规模,钒渣——五氧化二钒——钒铁,钛精矿——高钛渣——四氯化钛——钛白粉——钛金属——钛材(钛锭、钛板、钛管、钛棒等)这两条产业链的主渠道已经达到成熟的阶段,产业链下游已经逐步地延伸到了宇航、

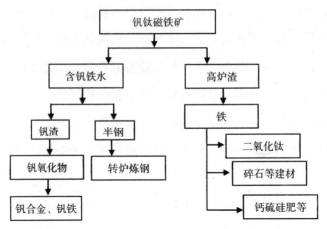

图 6　钒产业链

资料来源：作者整理。

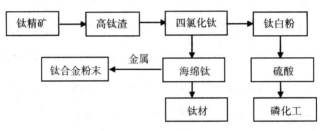

图 7　钛产业链

资料来源：作者整理。

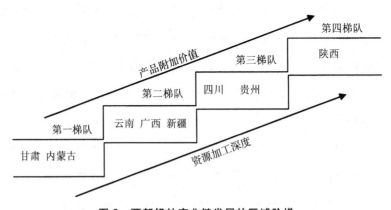

图 8　西部钒钛产业链发展的区域阶梯

资料来源：作者整理。

医疗、建材、化工、电力等终端消费行业（见图9）。尽管攀枝花具有丰富的钒钛磁铁矿资源和攀钢集团的资源整合优势，遵义具有海绵钛生产的规模优势，宝鸡具有生产高端钛材的技术和人才优势，三大地区各自以核心企业为主导，以产业集群为平台的钒钛产业链已经具备较强竞争实力，但是西部钒钛产业链仍然拥有广阔的拓展空间，具体表现在：面临我国高品位钛矿少，人工金红石钛矿缺乏的客观现实，钛产业链急需完善对高炉渣利用和表外矿的产业设计；从钒钛磁铁矿中提取高品位钛矿的技术有待优化，需要拓展钒钛产业链向新的利用领域延伸；污染物的处理技术不成熟，导致钒钛企业对生态环境的破坏程度较强；需要进一步通过资本与知识的驱动，加强各地区钒钛产业链的协作程度。

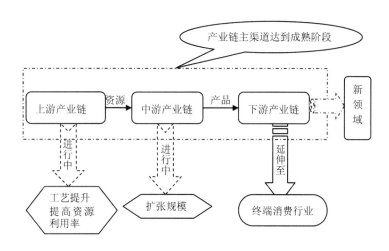

图9　西部钒钛产业链发展现状

资料来源：作者整理。

二　西部钒钛产业链的整合现状

（一）西部钒钛企业整合

1. 龙头企业整合

西部钒钛龙头企业间的整合主要是指宝钛、攀钢和遵钛之间的合作关系，合作关系可以通过原料供给、产品销售、信息交流等方式达成,通过企业合作,将西部钒钛产业链连接成一个整体,龙头企业各自专注于产业链上的某一环节,在实现差异化发展的同时,有效延伸了钒钛产业链。

图 10 反映了西部钒钛龙头企业间的合作关系。

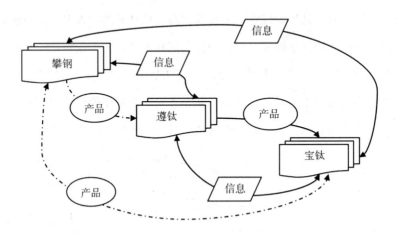

图 10 西部钒钛龙头企业间的合作关系

资料来源:作者整理。

第一对关系:宝钛和遵钛。宝钛和遵钛长期以来建立了产品生产和信息交流的合作关系。根据宝钛的招股说明书描述,宝钛生产钛材的主要原材料是海绵钛,约占产品制造成本的 70%,海绵钛主要由遵义钛厂供应,同时也进口一部分,宝钛与遵义钛厂建立了长达 30 多年的友好合作关系,形成了比较稳定的供货渠道。宝钛对遵义钛厂的依赖程度较大,如果遵义钛厂的生产经营或产品销售政策出现巨大变化,或产品价格出现波动,或向宝钛的产品供应出现不稳定的情况,将给宝钛经营带来较大影响。为此,宝钛采取了一些措施来缓解这一问题,如随时关注信息,做好海绵钛供应预测;适时储备海绵钛,以备不时之需;强化与遵义钛厂的合作关系,并拓宽原材料购买渠道,特别是从国外进口海绵钛。表 8 是宝钛股份自上市以来向前五名供应商采购以及向前五名客户销售的金额对比,可以看出,宝钛的采购对象一直处于比较集中的状态,直到最近几年才有所缓解，宝钛的主要供应商是遵义钛业、抚顺铝业、抚顺钛厂（现改名为抚顺金铭钛业），后来也加入了民营企业，如朝阳百盛锆业有限公司。

表8　　　　　　　　　　宝钛的采购和销售额历年对比　　　　　　　　（单位：元）

年份 \ 指标	向前五名供应商合计采购额	占年度采购总额的比重（％）	向前五名客户销售金额合计	占公司年度销售总额的比重（％）
2002	98761334.94	54.91	103082077.29	29.76
2003	138275400	69.12	88476200	23.02
2004	199225200	56.47	185494500	29.60
2005	557832300	72.03	357790600	30.98
2006	1080742800	76.92	501080000	29.12
2007	9060600084100	82.46	4688282906000	21.22
2008	1164187899.58	57.79	590698858.15	28.90
2009	475708651.61	38.42	704210359.75	30.41
2010	642213976.94	27.39	805799842.44	33.11

资料来源：作者根据宝钛股份年报整理。

　　第二对关系：**攀钢和遵钛**。目前，攀钢和遵钛没有重大的合作项目，但是均有合作意向，只是协商的层次较低。攀钢曾在2004年计划重组遵义钛业，根据当时的报道，攀钢依托世界三大产钒企业，中国钒制品生产行业老大的产业地位，开始逐渐通过资本驱动整合钛产业，除了先后重组控股锦州钛业，收购控股渝钛白，借此拥有了国内唯一的氯化法钛白生产线和中国最大的硫酸法钛白生产基地，又将整合对象瞄准了多家钛业公司，遵义钛业就是当时的重点拟重组对象[①]，甚至还包括海南、广西以及新西兰等地的钛企业。尽管攀钢的重组意向早就酝酿，但是到目前为止，仍然没有付诸行动，原因在于：其一，攀钢调整了以资本快速驱动钛产业整合的战略计划，在市场竞争越来越激烈，

---

　　① 黄志凌：《跻身世界三大产钒企业　攀钢整合做大钛业》（2004 - 03 - 04），http：//sichuan. scol. com. cn/pzhxw/20040304/20043430515. htm。

原材料价格不断攀升，对供应商和销售商依赖程度较高的背景下（见表9），改变了原定的战略构思，转而将攀钢钒钛、攀渝钛业和长城股份的整体上市作为优先选择；其二，遵钛的实力逐渐增强，重组成功的可能性有所减弱，尤其是在2007年，遵钛与宝钢贸易有限公司、北京中北钛业有限公司、北京百慕航材高科技股份有限公司、西部钛业有限责任公司、西部超导材料科技有限公司、沈阳兴达钛业有限公司、大连盛辉钛业有限公司、南京宝泰特种材料有限公司等八家公司合资设立遵宝钛业有限公司，遵宝主营海绵钛、金属镁、氯化镁、四氯化钛的生产销售，攀钢想要重组遵钛，必然触动其他大型企业的利益，甚至是宝钢的利益，面临错综复杂的利益格局，地方政府的阻挠，以及宏观行业环境向好后，遵钛随时都有可能上市的局面，攀钢只得暂时搁置重组计划。

表9　　　　　　　　　　攀钢的采购和销售额历年对比　　　　　　　　（单位：元）

指标 年份	向前五名供应商合计采购额	占年度采购总额的比重	向前五名客户销售金额合计	占公司年度销售总额的比重
2001	—	84.51%	—	44.63%
2002	2889400000	64.45%	4608300000	60.09%
2003	3351617825.24	65.08%	5597998603.56	60.32%
2004	5542753115.13	60.48%	8162778570.83	60.74%
2005	6440869315.77	51.19%	10015104738.30	65.85%
2006	6037467745.08	45.83%	8536605119.21	54.00%
2007	6443286169.33	44.49%	7395249033.15	38.29%
2008	12268161042.68	57.47%	9730607213.08	34.61%
2009	3178198765.72	15.18%	4654416989.86	12.16%
2010	5901444154.11	22.39%	6093964137.93	14.09%

资料来源：作者根据攀钢钒钛年报整理。

第三对关系：宝钛和攀钢。宝钛和攀钢目前在产品流上仍然没有交集，但是信息上的对接与合作却是频繁发生，企业高层也经常互访考察，攀钢通过与陕西省有色金属行业和西北科研院所的交流，以共同寻求合适的项目为切入点，加强在资源、技术、资金、市场等多层次全方位的合作，重点是钛材加工、钛及钛合金的技术沟通、产品研发、科研项目、产权嫁接等领域；而宝钛也对攀钢年产 5000 吨的海绵钛表示出了极大的关注，如果攀钢具备大规模生产海绵钛的能力，那么将使多年以来宝钛单一的原材料采购渠道发生彻底的变化。

2. 龙头企业与中小企业整合

龙头企业之间的整合往往是决定产业格局和产业发展趋势的里程碑，而龙头企业与中小企业的整合则是奠定里程碑的基础和实现产业技术创新的重要来源。龙头企业整合涉及资本运作、产权转让、利益分享比例的确定等复杂问题，政府、行业组织、外资企业、社会组织可能都会参与其中，一项整合计划要实施面临许多硬性的约束。但是龙头企业与中小企业的整合没有了过多利益主体的加入，实施起来要容易得多，而且整合方式也相当灵活，中小企业愿意依托龙头企业谋求自己的专属市场。

攀钢与中小企业整合。攀钢与中小企业的整合主要采用的是"以循环经济管理贯通钒钛产业园区和产业集群"的横向整合模式。

钒钛产业园区。根据攀枝花市公众信息网提供的资料显示：四川攀枝花钒钛产业园区，原名四川省攀枝花高耗能工业园区，是经国家批准的"直购电"试点开发区，是四川省 23 个重点开发区之一，是四川省循环经济试点园区和生态工业园区。2005 年 8 月，国家再次清理整顿开发区。2006 年 1 月，国家发改委发布 2006 年第 8 号公告，高耗能园区通过审核，作为特色园区统一更名为"四川攀枝花钒钛产业园区"，主要产业为"有色金属、化工、电冶"。园区位于攀枝花市仁和区金江镇团山—马店河地区，处于市区东南 24 公里的金沙江畔，海拔 1000—1500 米，地形较平坦。园区距飞机场 10 公里，成昆铁路的攀枝花车站、迤资车站紧邻园区；正在建设的成昆高速公路穿过园区；园区近水、近电、近路，是发展大工业项目的理想选址。攀枝花市委、市政府建立了园区党工委，作为市委的派出机构；设立了园区管委会，作为市政府的派出机构，行使市级行政、经济管理权力，对园区实行依法自主管理；决定园区财政独立，2007 年前实行"全收全留，定额补助，滚动发展"的财政体制；设立了国有独资性质的投资开发公司，作为园区开发建设的主体。市有关部门在园区设立了派出机构。

园区享受四川省省级重点开发区有关优惠政策，作为国家"直购电"试点开发区，还可以向国内各大电厂直接购电，具有充足的电量和较优惠的电价政策。园区依托攀枝花丰富的矿产和能源资源，以诚取信，热情服务，搞好招商引资。至 2009 年 6 月底，建成投产和在建的企业共计 34 户，总投资 48.3 亿元，已完成固定资产投资 22.08 亿元，全部建成后年销售收入可达到 97.6 亿元。其中钒钛产业企业 13 户，总投资 16.6 亿元，年销售收入可达 35.4 亿元。无论企业户数、投资比例、产品销售收入，钒钛产业企业均占到了 1/3。现有已签订了入园协议的项目中钒钛产业占 70.59%。

已建成的部分企业：

攀西最大、国内最高技术水平、国家重点工程——兴钛科技公司 18 万吨高钛渣项目。该项目由攀钢集团公司投资建设，引进乌克兰冶炼技术，开发出了具有国际水平、适合攀西钛资源的钛渣冶炼技术，填补了国内高品位大型钛渣电炉冶炼技术的空白。2004 年 4 月开工建设，现已建成投产。

国内装备水平最高的钛白粉生产企业——兴中钛业公司。该公司设备大型化，年产 3.6 万吨钛白粉，一期工程 1.2 万吨，2005 年 2 月建成，使攀枝花市钛白粉产量翻了一番，产品通过了芬兰和美国质量鉴定，产销率达 100%，为国家印钞厂"指定供应商"。二期工程（1.8 万吨）于 2006 年 10 月建成。三期工程（3.6 万吨）于 2007 年建成。

国内最先进的氯化钛渣生产企业——源通钛业公司。该公司年产 2 万吨氯化钛渣，2005 年 5 月建成投产，为目前国内最先进的氯化法工艺，产品含钛量可达 92% 以上，供不应求。

攀西最大金红石钛白生产企业——卓越投资公司。4400 吨五氧化二钒项目已经建成投产，4 万吨金红石钛白、4000 吨高钒铁在建。

全球领先、国内最大的黄磷生产企业——川投化工公司。该公司具有年产 12 万吨黄磷（园区 6 万吨）、8 万吨三聚磷酸钠生产能力，总投资 10 亿元，2004 年 5 月全部建成，其优质黄磷和磷酸盐系列产品畅销国内外，使攀枝花市连续多年黄磷产量全国第一。

煤—电—冶联动、资源综合开发企业——攀煤电冶公司。该公司是攀枝花煤业集团建设的年产 10 万吨化学硅生产企业，2005 年 6 月一期工程（1.67 万吨）建成投产，成功地走出了一条煤—电—冶联动、资源综合开发之路。

攀枝花钒钛工业园区的运作模式是以民营企业围绕大型国有企业，通过打造园区模式和循环经济模式以及建立钒钛资源综合利用产学研技术创新联盟来实现钒钛产业链的优化（见图 11）。① 通过建立联盟公共创新平台，联盟成员之间分工合作，共同推进钒钛资源综合开发，利益共享，风险共担，全方位多角度推进钒钛资源综合利用领域的产学研合作，加强钒钛资源综合利用的关键、共性、瓶颈技术攻关，提升钒钛资源综合利用领域的自主创新能力。联盟拟攻克影响钒钛产业发展的关键瓶颈技术，对联盟成员申请的产学研结合科技攻关项目、成果转化项目或研发平台建设，共同争取政府支持，打造全流程的钒钛产业链，运用高新技术改造提升传统产业，实现钒钛资源的综合利用。②

攀枝花钒钛产业园区发展循环经济的思路是"再利用"、"资源化"。循环经济有三个层次。

一是园区与园区外的循环。攀枝花市外的铜矿厂选矿尾矿、铅锌矿厂选矿

---

① 钒钛资源综合利用产业技术创新联盟由攀钢（集团）公司牵头，攀钢（集团）钢城企业总公司、四川龙蟒集团攀枝花矿冶公司、四川恒鼎实业有限公司、四川恒为制钛科技有限公司、攀枝花源丰钛业有限公司、攀枝花钢铁研究院、四川大学、攀枝花学院、攀钢设计院矿山分院、四川省高钛型高炉渣工程技术中心、四川省钒钛材料工程技术中心、攀枝花钒钛产业园区、四川省钒钛产品监督检验研究中心联合组建。

② 资料来源：攀枝花钒钛资源综合利用产业技术创新联盟挂牌运行，http://www.panzhihua.gov.cn/xxgk/zzjg/pzhskxjsj/gzdt/81362.shtml。

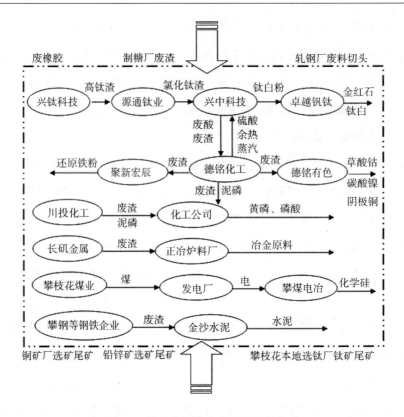

图 11 攀枝花钒钛产业园区运行模式

资料来源：作者整理。

尾矿，攀枝花本地选钛厂钛矿尾矿，轧钢厂废料切头，制糖厂废渣，社会产生的废橡胶等进入园区作为企业原料。

二是园区内企业与企业之间的循环。德铭化工公司生产硫酸供给周边钛白粉生产企业，回收钛白粉生产企业的废酸生产硫酸；德铭有色公司回收德铭化工公司废渣"硫酸烧渣"生产草酸钴、碳酸镍、阴极铜、铁粉；鼎泰化工公司、磷通化工公司、乙源化工公司、逸丰化工公司、宏捷冶化公司回收磷产业企业的废渣泥磷生产黄磷和磷酸；金沙水泥公司回收钢铁产业企业的废渣生产水泥；正冶炉料厂回收硅产业企业废渣分选成冶金原料；聚新宏辰公司回收德铭化工公司废渣生产还原铁粉等。

三是园区企业内车间与车间之间的循环。长矾金属公司、玉典电冶公司的除尘车间回收冶炼车间的废气生产二氧化硅微粉；川投化工公司拟建三聚磷酸钠车间回收黄磷车间尾气生产三聚磷酸钠；德铭化工公司拟建余热发电车间利用硫酸车间蒸汽发电，拟建制砖车间回收铁粉车间废渣生产建筑砖等。

园区循环经济典范企业和环保典范企业分别是德铭公司和台商独资企业长矾金属公司。德铭公司是典型的循环经济企业。主要原料是废铜矿，年产硫酸30万吨（攀西最大），供给周边的钛白粉企业，还将余热蒸汽供周边钛白粉企业生产，又回收钛白粉企业的废酸、废渣再利用，提取700吨草酸钴、160吨碳酸镍、480吨阴极铜、16万吨铁精粉，循环再利用创造的价值达主产品硫酸的73.2%。台商独资企业长矾金属公司于2005年8月全部建成，年产金属硅2万吨，产品雄踞台湾省金属硅市场龙头地位，企业的环保投入占总投资的24%，省环保局检验后认为是"全省合金冶炼企业烟尘治理的典范"。

钒钛产业集群。四川省拥有红格钒钛磁铁矿、攀枝花钒钛磁铁矿、白马钒钛磁铁矿、太和钒钛磁铁矿四座特大型矿床，形成了以攀钢为中心，以龙蟒、宏达、恒鼎等民营企业为支撑，以多所科研机构（如四川省钒钛新材料工程技术研究中心）为依托的钒钛产业集群（见图12）。

2003年以攀钢为首开始进行区域产业整合，也正是在同一时期，代表性的钒钛民营企业龙蟒集团与攀枝花市、盐边县两级人民政府签订战略合作协议，启动钒钛磁铁矿综合开发战略，正式加入攀枝花的钒钛产业园区，成为攀钢钒钛产业链下游主要民营企业。

龙蟒集团在发展过程中不断提升自身生产技术。首先，提高钒钛磁铁矿资源利用率。在原料开发方面，开发了钒钛磁铁矿的高效选矿技术，使钛资源利用率提高了2—3倍，有效解决了我国钒钛磁铁矿资源利用率长期低下、钛白粉生产中大量浪费钛资源的问题；其次，根据硫酸法钛白粉的生产原理测算每

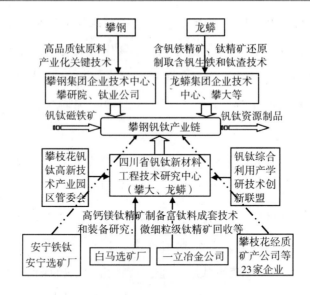

图 12　攀枝花钒钛产业集群运行模式

资料来源：根据 2006 年 8 月高新技术及产业化处的"产业化科技

推进行动情况汇报"所提供的资料整理。

生产 1 吨钛白粉约耗硫酸 4 吨，而龙蟒自主开发的"废酸浓缩技术"（见图
13）使得每生产 1 吨钛白粉仅耗硫酸 2.92 吨，有效节约了资源；再次，龙蟒
通过自主研发余热利用等 5 种节能技术，降低钛白粉生产过程中的能耗，每吨
钛白粉的能耗为 1.635 标准煤，远远低于钛白粉行业平均值（2.15 标准煤）
和先进企业平均值（2.1 标准煤）。钒钛磁铁矿利用率的提高从源头上降低了
资源消耗量，废酸浓缩技术减少了二氧化硫的排放量，实现了经济成本和生态
成本的同时降低。

　　攀枝花钒钛产业的初始资源属于矿产资源，在对钒钛磁铁矿的开发过程
中，会产生大量的中间品和衍生品。这些看似被钒钛产业链内在化学属性排斥
掉的废弃物恰恰成为钒钛产业链与其他类型资源产业链，如化工产业链、煤电
产业链、有色金属产业链、钢铁产业链等进行横向整合的接口。在平行发展的
资源产业链中，寻找和定位这些潜在接口是资源产业链横向整合的关键。龙蟒

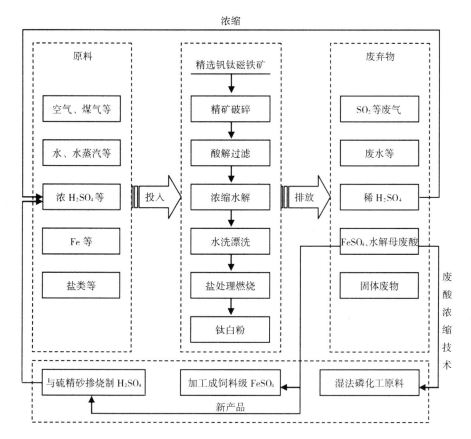

图 13　龙蟒集团硫酸法钛白粉生产全过程

资料来源：根据龙蟒工艺流程介绍资料整理。

集团运用高效选矿技术合理利用攀钢钢铁生产中产生的富钛渣，同时将钛白粉制备过程中产生的废料，接入自身已经具备的磷酸盐生产工艺中，打造"钛—硫—磷"循环经济模式，在技术上成功融入攀枝花钒钛产业集群。通过集群式发展，龙蟒集团利用攀钢的资源控制能力，增强自身上游原材料的稳定程度，同时利用攀钢完整的下游产业链和销售渠道不断进行自身的产业延伸，实现了攀钢和民营企业的共赢。

遵钛与中小企业整合。遵钛与中小企业的整合主要采用的是"产业链纵向合作＋工业园区"的"纵向＋横向"的复合整合模式。

遵钛与中小企业的产业链纵向合作。根据遵义钛业股份有限公司首次公开发行股票招股说明书资料显示，遵义钛业生产所需的主要原材料是高钛渣、金属镁、液氯，占产品生产成本的 35％以上，目前高钛渣主要由云南和广西等地的厂商供应，四氯化钛由广西、河北等地的厂商供应（见表10）。

表 10   遵钛的民营企业供应商

企业名称	成立日期	地址	注册资本	经营范围	控制权比例	原材料
广西博白县宏鹏钛业有限责任公司	2004 年 9 月 28 日	广西博白县文地镇农垦国有茂青农场	150 万元	高钛渣、钛精矿、锆英、金红石、铁矿加工等	33.33％	高钛渣
博白县华宜钛业有限责任公司	2005 年 6 月 29 日	广西博白县文地镇国营茂青农场	1000 万元	高钛渣、钛精矿、锆英、金红石、铁矿加工等	40％	高钛渣
武定永丰钛业有限责任公司	2006 年 2 月 21 日	云南省武定县近城镇白邑村委会猫跳潭	2010 万元	金红石、高钛渣、生铁加工、矿产品等	14.9％	高钛渣
南宁市神宇钛业有限公司	2005 年 12 月 14 日	广西南宁隆安华侨经济区浪湾农场 17 队	1100 万元	高钛渣、四氯化钛、矿产品等	18.18％	四氯化钛
黄骅市华源科技有限公司	2006 年 7 月 5 日	河北省黄骅市新立村	1000 万元	销售钛白粉等	20％	四氯化钛

资料来源：作者根据遵钛招股说明书整理。

表 10 和表 11 反映出尽管遵钛所处地区的钛资源并不丰富，但是通过资本运作的方式，参股民营企业，将位于周边甚至是距离更远的具有资源禀赋地区的民营企业纳入产业链的统筹边界。遵钛的上游供应商以中小民营企业为主，长期以来的原材料供应使龙头企业与区域周边的中小企业形成了良好的合作关系，遵钛获得了原料的同时，也带动了资质优良的中小企业发展。

遵义钛工业园区。遵义和钛产业相关的市级和县级工业园区主要有五个，功能定位和重点产业规划见表12。

表 11　　　　　　　　　　遵钛向前五名供应商的采购情况

序号	供应商名称	2007 年（万元）	2006 年（万元）	2005 年（万元）
1	遵义供电局	15197.42	9549.19	6262.25
2	遵义钛厂	3979.88	3383.18	2087.35
3	宁夏惠冶镁业有限公司	3763.21	—	—
4	广西宜州市洛东电石厂	—	2832.71	—
5	天津渤天化工有限公司	—	—	3269.61
6	广西博白华宜钛业有限公司	3288.26	—	—
7	闻喜县信达金属制品有限公司	—	—	2112.18
8	贵州翔龙商贸有限公司	—	—	1874.61
9	广西宜州市水工电冶厂	—	2013.33	—
10	遵义钛厂劳动服务公司	2354.28	2232.17	—
前五名供应商的采购额合计（万元）		28583.05	20010.58	15606.00
总采购额（万元）		66197.73	56154.96	47614.59
占总采购额的比例（％）		43.18	35.63	32.77

资料来源：作者根据遵钛招股说明书整理。

表 12　　　　　　遵义和钛产业相关的工业园区功能定位和重点产业

园区名称		功能定位	重点产业
市级	红花岗区湘江工业园区	承接东部产业转移重要基地、新材料产业化基地	加工制造工业、精密铸造工业、生产性服务业
	遵义和平工业园区	承接东部产业转移重要基地、新材料产业化基地	有色金属制品加工产业、高新技术产业
	桐梓煤电化循环经济工业园区	循环经济工业基地	煤及煤化工、铝及铝加工
县级	务正道煤电铝循环经济工业园区	循环经济示范基地	煤电铝一体化项目及其配套产业
	遵义县苟江冶金循环经济工业园区	金属及其加工、新材料工业园区	金属及其加工、新材料以及配套产业

资料来源：遵义市"十二五"工业发展规划。

　　其中，遵义将钛产业纳入重点规划的工业园区主要有三个[①]。

――――――――――

　　①　资料来源：遵义工业园区官网介绍，http：//219.151.7.40：81/web91/。

遵义市红花岗区湘江工业园区。园区位于遵义市红花岗区东南部，划分为"三个组团"，即居住综合配套服务组团、加工制造物流组团、精密铸造组团，并形成"二横、五纵、三组团"的平面布局结构。入园的钛产业项目有：年产5000吨钛合金精密铸造铸件，新建新型钛合金综合加工厂等，前者主要依托遵义钛资源和湘江园区交通物流优势，生产航空航天、化工、电子、体育、医疗、民用品及装饰品等精密铸件；后者依托遵义钛厂年产14000吨海绵钛的生产能力，致力于生产钛锭、钛合金锭等较为高端的钛产品。

遵义市和平工业园区。园区重点发展高新技术产业和有色金属制品加工产业。其中，高新技术产业园区主要发展电子材料、光电子材料与器件、纳米材料与技术、超导材料等产业；有色金属制品加工产业园规划面积15平方公里，主要依托上游中国铝业集团遵义铝业股份有限公司生产的铝水直接联铸联压，发展航空航天用铝合金材料、高速铁路材料、铝板带箔材、车用铝合金轮毂、家用电器、环保型节能灯等铝、镁、钛合金制品产业。

桐梓煤电化循环经济工业园区。这是遵义市重点规划建设的7个园区之一，由南部煤化工组团、火电厂组团、钛及钛加工组团、北部煤化工组团四大组团构成，入园企业主要有桐梓煤化工、桐梓火电厂、金兰伟明铝业公司、遵宝钛业公司等大型企业，坚持循环经济发展理念，加强资源综合利用，大力发展煤及煤化工、铝及铝加工、钛及钛加工、热电、冶金、建材等，着力打造黔北重要的煤电化循环经济工业基地。其中，钛及钛加工组团位于楚米镇元田村，建设内容为：还蒸、氯化、精制、镁电解、纳电解生产系统以及相关辅助设施等。主要工艺为：粗四氯化钛、精四氯化钛、海绵钛。

桐梓煤电化循环经济工业园区中的钛企业是以生产海绵钛和初级钛产品为主，依托的龙头企业是遵宝钛业，而和平工业园区和红花岗湘江工业园区则定位于生产钛合金等高端产品，依托的龙头企业分别是中国铝业遵义铝业股份有限公司和遵义钛厂。可以看出，遵义和钛产业发展相关的工业园区都采用了以龙头企业为核心，带动中小企业实现园区规模化生产的建设思路。工业园区内的中小民营钛企业可以通过园区管理部门的综合统筹规划，以及和龙头企业的良性互动，在竞争激烈的钛产品市场中分得一杯羹，但是还有很多资质达不到入园条件的中小民营企业受利益驱使，同样在大力上马初级的钛加工项目，虽能快出产品，但是由于产业链脱节，产品质量受到质疑，同时也造成资源浪费和环境污染，以及整个海绵钛行业的低端产能过剩。

宝钛与中小企业整合。宝钛和攀钢类似，与中小企业的整合主要采用的是"以龙头企业为核心，发展工业园区和产业集群"的横向整合模式，但整合程度不如攀枝花钒钛工业园，宝钛与民营钛企、甚至是科研院所之间的利益关系错综复杂。

不同于多数地区工业园区的打造由政府牵头实施，在宝钛的强势推动下，2007年宝钛工业园区项目正式入驻宝鸡市国家高新开发区开始建设。该工业园区是宝钛集团为扩大公司规模，提升企业核心竞争力而投资兴建的现代化工业园区，园区的主要建设项目均代表着钛工业的最前沿水平，包括"钛带生产线技改项目"、"钛棒丝材生产线技改项目"、"复合材技改项目"、"钛及钛合金残废料处理生产线技改项目"、"宝鸡欧亚化工设备制造厂体育用品生产线"、"宝鸡中色特种金属有限责任公司中间合金生产线"等。可以看出，宝钛工业园区和攀枝花钒钛工业园区、遵义与钛产业有关的工业园区不同，宝钛工业园区的企业主体就是宝钛本身，中小民营企业并没有过多地参与其中，发挥特有的作用，而攀枝花和遵义地区的中小民企要么通过循环经济管理，具有核心技术优势，要么具有和龙头企业纵向合作的资源控制权，共同点是都拥有了一定的能够和龙头企业平等协商的话语权，而宝鸡民企却没有特殊的亮点能够吸引宝钛与之深入合作。

宝钛提出了以自我为中心的"钛城"概念，而宝鸡高新区致力于打造的却是把政府、协会、民企、科研院所等共同包含在内的"钛谷"。2007年，宝鸡高新区管委会在国家工商管理局完成"钛谷"商标注册，中国钛谷产业集群也被科技部列入全国50个产业集群试点之一，重点发展钛、锆、铪等有色金属及其合金材料加工业。地方政府想要全力推动龙头企业和中小民企有效整合的战略意图相当明显，支持中小民企在产业竞争中站稳一极，发挥应有的作用，通过建立宝鸡钛谷产业集群中小企业创新服务平台，及时和中小民企进行产业信息沟通等方式支持中小民企的发展，但是却仍然没有改变宝钛在宝鸡钛产业中独大垄断的强势地位，以及中小企业散乱开发的无序局面。这也许就是宝鸡高新区新材料基地申报第二批国家新型工业化产业示范基地没有获批的原因之一。具体表现如下[①]：

宝钛过于强势。民营钛企的所有者大多是宝钛的出走者，和宝钛具有千丝万缕的联系，甚至有的时候会共享技术人员和生产能力，宝钛自恃央企的雄厚地位，在一定程度上忽略了民营钛企的话语权。

中小民企的混乱开发。早期的宝鸡民营钛企在 2000 年左右发展相当迅猛，几乎与宝钛平分秋色，但是过快的发展速度背后往往隐藏着危机，具体表现在缺少产业规划的民营钛企将薄利多销的策略运用到了极致，能够通过加工增加附加价值的初级产品直接被低价销售；产品质检平台的缺失带来的是近亿元出口订单的损失；民营钛企依靠宝钛的边角合同存活，在行情大涨的 2007—2008 年，宝钛的产能不足使民营钛企看到了商机，纷纷上马熔炼炉，而当宝钛具备了足够产能，没有边角合同余下供民营钛企分享时，钛产业立刻出现产能过剩现象；中小民企缺乏跨行业尝试的勇气，宁愿维持现状，也不愿冒第一个改革的风险，对现有生产流程稍作调整，走差异化发展的道路。

产研矛盾。宝钛和西北有色金属研究院之间由于体制改革的历史原因，存在产研矛盾。90 年代初期，西北有色金属研究院从宝钛独立出来的同时，带走了宝钛许多技术人才，矛盾由此产生；在以后的运作中，西北有色金属研究院由陕西省科技厅主管，宝钛由陕西省国资委主管，科技厅在审批项目时往

---

① 具体参见刘洋《谁的"钛谷"》，《中国经济和信息化》2011 年第 1 期。

往会偏向于西北有色金属研究院，加深了矛盾；本来西北有色金属研究院和宝钛分别担任"研"和"产"的角色，但是分开以后，西北有色金属研究院和宝钛的定位都是"既研又产"，直接导致双方存在重复建设的项目，造成了双方合力的削弱，目前宝钛也在想方设法申请设立自己的研究院，产研矛盾继续深化。

（二）西部钒钛产业与区域整合

钒钛产业必须要融入西部，为西部的经济社会进步作出贡献，才能实现西部钒钛产业以及西部地区的科学发展。西部钒钛产业与区域的整合程度取决于钒钛资源开发是否有效促进了当地人力资本、人造资本、知识资本、社会资本、外贸资本和生态资本等区域要素资本的形成，从而优化资本结构，积累区域发展红利。

限于各省市对钒钛产品产值、产量，以及社会经济发展的其他指标在披露口径和披露时间连续性上存在差异，区域与区域之间不可比，因此，难以从正面来评价西部钒钛产业与区域发展的整合程度，或者说西部钒钛产业对区域发展的贡献度。但是可以转换思路，从反面入手进行分析。西部钒钛产业与区域整合的最佳效果是通过开发利用钒钛资源，带动其他相关产业的发展，在生产资源的同时，生产资本和知识，促进区域环境的改善，实现西部科学发展；而如果西部钒钛产业与区域发展没有达到有效整合，那么最为显著的利益矛盾表现就是西部地区陷入"资源诅咒"困境，西部的某些矿业城市将沦为典型的资源型城市，人力资本、人造资本、知识资本、社会资本、外贸资本和生态资本的积累力度均不够，在资源耗竭之后城市没有主导产业支撑，最终失去可持续发展的动力。因此，分析发展钒钛产业的省份拥有的矿业城市概况，可以从侧面反映出西部钒钛产业与区域的整合程度。

根据中国矿业网提供的矿业城市数据，西部发展钒钛产业的省份：西北片区的陕西、甘肃、新疆、内蒙古和西南片区的四川、贵州、广西、云南主要矿业类型为有色、冶金的矿业城市概况如表13所示。

表 13 钒钛产业西北和西南片区的矿业城市概况

省区	城市名称	行政级别	发展阶段	主要矿业类型	总数
陕西	渭南市	地级市	中年	有色	3
	商州市	县级市	幼年	有色	
	金堆城镇	建制镇	中年	有色	
甘肃	金昌市	地级市	中年	有色	5
	白银市	地级市	中年	有色	
	嘉峪关市	地级市	中年	冶金	
	成县	县城	中年	有色	
	张掖市	县级市	老年	有色	
新疆	巩留县	县城	中年	有色	1
内蒙古	白云矿区	县级	中年	冶金	1
四川	攀枝花市	地级市	中年	冶金	9
	凉山州	地级	中年	有色	
	米易县	县城	中年	冶金	
	汉源县	县城	中年	有色	
	会理县	县城	幼年	有色	
	冕宁县	县城	中年	有色	
	会东县	县城	中年	有色	
	甘洛县	县城	老年	有色	
	乌斯河镇	建制镇	中年	有色	
贵州	清镇市	县级市	中年	有色	5
	修文县	县城	幼年	有色	
	乌当区	县级	中年	有色	
	遵义县	县城	中年	冶金	
	万山特区	县级	老年	有色	
广西	河池市	县级市	中年	有色	7
	环江县	县城	中年	有色	
	南丹县	县城	幼年	有色	
	大新县	县城	中年	冶金	
	天等县	县城	幼年	冶金	
	平果县	县城	幼年	有色	
	钟山县	县城	老年	有色	

省区	城市名称	行政级别	发展阶段	主要矿业类型	总数
云南	个旧市	县级市	中年	有色	8
	东川区	县级	老年	有色	
	兰坪县	县城	幼年	有色	
	牟定县	县城	老年	有色	
	禄汁镇	建制镇	老年	有色	
	六旦镇	建制镇	中年	有色	
	矿山镇	建制镇	中年	有色	
	都龙镇	建制镇	中年	有色	

资料来源：根据中国矿业网提供的矿业城市数据整理。

表 13 中，发展钒钛产业的西北片区四省共有 10 个矿业城市，处于中老年发展阶段的占到绝大多数，西南片区四省共有 29 个矿业城市，远远大于西北片区。矿业城市的分布印证了之前对钒钛产业链企业整合现状的分析，西南片区的钒钛企业大多致力于钒钛产业链上游和中游环节的生产，以输出原始资源产品和初级资源加工产品为主，对产业链下游高端产品生产触及的不多，而西北片区的甘肃、新疆、内蒙古钒钛产业并不算特别发达，钛业大省陕西走的又是专攻深加工产品的高端路线，因此造成西南片区比西北片区出现更多的矿业城市。

区域科学发展的根本要义就是要转换生产要素的利用结构，借矿产资源开发之势，尽可能开发利用劳动力、人力资本、资金、技术、信息等可再生资源，通过资源开发积累未来发展的资本与技术，在减少自然资源的过程中积累人力资本，从根本上实现在保持资本总量的基础上的资本结构优化，从而实现要素利用结构的升级，为产业多元化发展打下坚实的资本和要素基础。而矿业城市的大量出现说明西部钒钛产业尚未有效融入所在区域的经济发展中，城市单一地依赖矿业经济，将同属于广义资源范畴的矿产资源、人力资源、知识资源、资本资源等人为割裂开来，就矿产资源论矿产资源，矿产资源储量的有限决定了矿产资源开发利用时间的有限，如果城市不抓住机会，在有限的矿产资源开发时期内积累充足的可以支撑城市后续发展的其他要素资本，那么将在不久的将来面临资源耗竭，其他产业无一能接替矿业继续维持城市发展的局面。因此，利用矿产资源开发优化区域要素资本结构不仅是西部钒钛产业发展急需解决的问题，也是西部矿业发展所面临的共性问题。

（三）钒钛产业的区域整合

钒钛产业的区域整合包含四个基本层次：西部省区内部整合，西部省区之间整合，东西部整合以及国内外整合。其中，西部省区内部整合体现在了以龙头企业为主导，中小民营企业共同发展的钒钛工业园区和产业集群建设上，西部省区之间的整合体现在了钒钛龙头企业的合作关系上。因此，钒钛产业的区域整合着重分析东西部整合与国内外整合。表 14 是西部龙头钒钛企业宝钛、攀钢和遵钛的代表性区域外整合。

宝钛在辽宁、上海、江苏和海南四省设有子公司，其中，由于辽宁和海南具有少量的钒钛资源禀赋，因此，这两地的子公司主要负责海绵钛的生产和钛合金产品的深加工，既弥补原材料供应不足的劣势，又强化高端钛材生产的优势，而在地理位置条件优越的南京和上海则分别布局了装备的生产研发和国内外贸易。

表 14　　　　　　　　**西部龙头钒钛企业代表性的区域外整合**

企业名称	整合区域	整合方式
宝鸡宝钛	辽宁锦州	宝钛华神钛业有限公司，由宝钛和锦州华神钛业有限公司共同投资组建，宝钛持股 66.67%，主要产品为海绵钛。
	辽宁沈阳	宝钛（沈阳）销售有限公司，宝钛 100% 控股，主营钛及钛合金、稀有金属材料、符合材料销售加工；技术咨询服务。
	上海	上海远东钛设备公司，由宝钛、中国有色金属实业技术开发公司和上海市康桥镇集体资产管理有限公司联合创办，主营宝钛产品的国内国际贸易。
	江苏南京	南京宝色股份公司。由宝钛和山西华鑫海贸易有限公司共同投资组建，下设全资子公司宝色特种设备有限公司，主营钛、锆、镍、高级不锈钢等大型特材压力容器和管道管件的研产安装。
	海南海口	海南富鑫钛业有限公司，由上海复星集团、宝钛、海南矿业联合有限公司共同出资组建，主营钛锆深加工。

企业名称	整合区域	整合方式
攀枝花攀钢	辽宁鞍山	鞍钢，攀钢的实际控制人，产销热轧板、冷轧板、镀锌板、彩涂板、硅钢、中厚板、线材、大型材、无缝钢管及其他钢铁产品。
	辽宁锦州	锦州钒业公司，由攀钢、承德新新钒钛股份有限公司和锦州铁合金股份有限公司合资组建，主营钒产品。
	辽宁锦州	锦州钛业有限公司，由攀钢与中信锦州铁合金股份有限公司、承德新新钒钛股份有限公司共同出资组建，主营钛白粉系列产品。
	广西北海	攀钢集团北海钢管公司，攀钢全资子公司，主营直缝钢管生产。
	广西北海	攀钢集团北海特种铁合金公司，攀钢全资控股，主营含钒系列合金及其他特殊合金冶炼、焊管。
	北京	北京攀承钒业贸易有限公司，攀钢持股51％，主营钒产品、有色金属、化工产品销售。
	江苏无锡	长城特钢无锡经销有限公司，四川川投长城特殊钢（集团）有限责任公司的驻外销售机构，经销各类钢材。
	广东中山	中山市金山物资有限公司，攀钢控股子公司，售金属材料、化工原料、建筑材料、国产汽车、五金家电、钢材及碎料。
	广东广州	广州攀长钢贸易有限公司，全资子公司，销售长钢产品及制品，销售五金家电、建材，技术咨询，场地出租。
	广东深圳	深圳市攀鹏实业有限公司，攀钢全资子公司，主营国内商品贸易。
	广东惠阳	惠阳华益实业发展公司，攀钢全资子公司，主营房地产开发销售。
	广东广州	广州攀兴金属加工有限公司，是攀钢、广东兴隆贸易有限公司和外商香港兴昶实业有限公司共同经营的合资公司，长期经营攀钢各类优质产品及部分进口钢材。
	广东珠海	珠海市西区攀矿工贸公司，攀钢全资控股，主营建筑材料、汽车及摩托车配件、矿产品、有色金属、黑色金属、化工产品等。
	广西防城港	防城港攀达工贸有限公司，攀钢全资子公司，主营批发零售、仓储、货物代理、中介服务。
	香港	香港攀港有限公司，攀钢全资子公司，主营钒铁产品贸易和服务。
	德国	德国攀欧贸易公司，攀钢全资子公司，主营进出口贸易。
	重庆（中日合资）	攀成伊红石油钢管有限责任公司，中日合资企业，主营钢铁材料及金属制品的贸易、生产加工。

续表

企业名称	整合区域	整合方式
遵义遵钛	广西玉林	宏鹏钛业有限责任公司，遵钛持股 33.33%，主营高钛渣、钛精矿、锆英、金红石、铁矿加工等。
	广西玉林	华宜钛业有限责任公司，遵钛持股 40%，主营高钛渣、钛精矿、锆英、金红石、铁矿加工等。
	云南楚雄	永丰钛业有限责任公司，遵钛持股 14.9%，主营金红石、高钛渣、生铁加工、矿产品等。
	广西南宁	神宇钛业有限公司，遵钛持股 18.18%，主营高钛渣、四氯化钛、矿产品等。
	河北沧州	华源科技有限公司，遵钛持股 20%，生产销售钛白粉。

资料来源：作者根据企业官网、年报、招股说明书等公开资料整理。

攀钢的区域外整合关系最为复杂，在辽宁、广东、广西、北京、江苏，甚至中国香港和德国都设立具有控制关系的子公司或合资企业，具体而言，区域整合路线一：整合辽宁钒钛资源，在辽宁，鞍钢是攀钢的实际控制人，为攀钢在辽宁的资源整合奠定良好基础，锦州地区拥有钒钛资源，锦州的两个合资组建公司从钒产品和钛产品两个方面入手，双管齐下地完善了攀钢的主营产品链；区域整合路线二：在距离四川较近的广西设立子公司，负责传统优势产品钢管的生产和钒铁合金的产研，既利用了地理便捷，容易互通信息和物资的优势，也利用了广西当地的钒资源；区域整合路线三：和国内钒业巨头承德钒钛在北京组建了国内最大的钒贸易公司，从销售平台的统一上提升两大巨头在钒贸易上的话语权；区域整合路线四：在地理条件优势，交通运输便捷的江苏和广东设立了多家加工、经贸、实业公司，主营传统优势产品和关联产品的销售，开展多元化经营，进行区域外的侧向整合；区域整合路线五：在香港、德国设立全资子公司，主营进出口贸易，和日本企业合资组建公司，同样主营产品的加工贸易。与宝钛和遵钛相比，五条区域整合路线显示出攀钢的区域外整合较为全面，覆盖到了产业链传统产品的优势维持、产业链新型产品的延伸、销售平台的扩大、产业多元化发展以及在国际贸易上的循序渐进。

遵钛的区域整合基本上是和控股的周边省区中小民营合作，目的是为了获取生产海绵钛的原材料高钛渣、四氯化钛等，与宝钛和攀钢相比，缺少了专注于产品销售和贸易的平台建设。

西部钒钛产业的国内外整合除了采用直接在国外设立销售子公司、吸收引进国外先进技术、先进设备和管理经验之外，营业收入的国内外对比可以从侧面反映出钒钛企业经营的国际化程度（见表15）。表15中，攀钢的国际化程度最高，其次是遵钛，再次是宝钛，攀钢2010年的国外营业收入是宝钛的15倍，遵钛2007的国外营业收入甚至也高于宝钛2010年的国外营业收入，反映了遵钛作为世界七家拥有万吨级海绵钛生产能力的企业销售优势。

表15　　　　　　　**西部龙头钒钛企业营业收入分地区对比**

企业名称（年份）	国外营业收入（元）	国内营业收入（元）
宝钛（2010）	174896609.01	2389201569.74
攀钢（2010）	2716873800	38710969300
遵钛（2007）	331799981.84	931498378.64

　　资料来源：作者根据企业年报、招股说明书等公开资料整理。

三　西部钒钛产业链的优化路径

产业链整合是产业链优化的途径，而产业链优化是产业链整合的最终目标。尽管西部钒钛产业链已经代表了国内发展的较高水平，但仍然具有整合和优化的空间和潜力。对应资源产业链整合机制的三个层面，西部钒钛产业链的优化路径可以分为：微观层面的钒钛企业资本与知识驱动的产业链整合；中观层面的钒钛产业链整合优化区域要素资本结构；宏观层面的基于钒钛产业链整合的区域间利益统筹。

（一）钒钛企业资本与知识驱动的产业链整合

产业链的本质是打破资源流动空间约束的一种整合资源的机制。面对资源约束强化和竞争日益激烈的客观环境，产业链整合必须从资源驱动型向资本与知识驱动型转变。产业链演化表现为在资源、资本与知识相互作用下上升或下降的非线性结构态势，具有明显的阶段演化特征，每一次转型都需要跨越势垒，而资本与知识则在其中发挥决定作用。只有当资本与知识积累到一定程度，才能推动产业链进化成高度有序的动态共生系统。产业链整合是产业链演化的重要途径。纵向、横向、侧向的三维整合路径实现了产业链由点到线、由线到面、由面到网的演化突破。作为产业链整合主体的企业，通过资本与知识驱动可以拓展资源空间，扩大企业边界，为获得持续竞争优势提供更广义的资源基础。根据资本与知识驱动的产业链整合逻辑，分别设计西部三条主导钒钛产业链的内部整合路径。

攀枝花钒钛产业链。资本与知识驱动的产业链整合路径的重点是"深化纵向整合，强化横向整合，增加侧向整合"。

深化纵向整合。我国拥有钒钛资源或重点发展钒钛产业的地区除四川、重庆、河北、辽宁外，还有陕西、云南、贵州、海南等省份。基于攀钢集团与辽宁锦州、河北承德的钒钛企业在一定程度上已经有了资金流的关联，以资本驱动来实现攀枝花钒钛产业链的纵向整合更容易在贵州和陕西有所突破。攀钢集团利用初始资源钒钛磁铁矿生产钛渣和钛精矿，遵义钛厂利用钛渣和钛精矿生产海绵钛，并作为原材料向宝鸡钛业输出，宝鸡钛业再利用海绵钛生产高端钛材。可见，攀枝花钒钛产业链在下游出现了缺失。攀钢集团一是可以通过成为贵州、陕西钒钛龙头企业的上游原材料供应商，在延长自身产业链，扩展销售平台的同时，又能使钒钛资源相对不丰富的贵州、陕西与四川结成联盟，为稳定的上游供给提供保障；二是和当地钒钛龙头企业合作开发技术或直接收购具有技术优势的民营企业，使得攀枝花钒钛产业链在保证现有产品竞争力的前提下，向钛材、钛合金等高端产品结构过渡。

强化横向整合。要避免和其他地区钒钛产业链出现同构，途径之一就是和不同类型的资源产业链进行横向整合。通过资源的综合利用来开发新型产品，实现产品结构差异化。目前攀枝花钒钛产业链横向整合局限在攀西地区，整合力度还远远不够。根据钒钛资源的化学特点以及钒钛产业链终端可能延伸到的领域，能横向整合的资源还有铅锌矿、稀土等。由于钒钛和稀土在生产特种钢中都是核心材料，而且钒钛和稀土大多是伴生在其他矿产中，要求有较高的选矿和冶炼技术，下游同样会延伸到合金、塑料等领域，因此可以通过挖掘钒钛和稀土资源提炼技术中的共性，开发同时运用两种资源的产品领域，如稀土钒钛高铬磨球等新兴产品，在两条产业链的下游实现对接。铅锌矿可用于电气、机械、军事、冶金、化学、医药等行业，同样与钒钛资源在下游有重叠的应用领域，因此无论是在技术研发或产品销售上，两条资源产业链都有可能产生交集。

四川省的稀土矿分布在攀西的冕宁、西昌、德昌等地，它们同时也是钒钛资源的富集地；铅锌矿在江油地区有分布，而攀钢在江油设有生产基地，地理位置上的接近为资源产业链间横向整合提供了有利条件。由于四川的铅锌矿和稀土资源都不如钒钛资源优势明显，因此，可以形成以攀枝花钒钛产业链为主导，铅锌矿和稀土产业链为辅的资源产业集群。此产业集群覆盖了川内以江油、攀枝花、西昌为顶点的狭长三角区域。

增加侧向整合。攀枝花钒钛产业链是依赖丰富的钒钛资源发展起来的，但矿产资源不可再生，要实现可持续发展，攀枝花钒钛产业链势必要经历转型，转型的途径之一就是依靠资本驱动来实现侧向整合，走利用资源而不依赖资源的道路。攀枝花钒钛产业链上的节点企业应该利用产业链纵向与横向整合所积累的商气、财气、人气来借势整合提供辅助性服务的第三产业。四川省重点发展优势产业链的地区主要集中在东南、西南和东北。攀枝花、凉山、甘孜、阿坝除钒钛、稀土产业链外，技术服务也是重点发展的产业链之一。这为攀枝花钒钛产业链在川西地区内部的侧向整合提供了有利条件。除此之外，四川发达的第三产业主要集中在成都、资阳、雅安、南充等地，因此攀枝花钒钛产业链也可以跨区域侧向整合，一方面利用现代通信技术与电子化服务加快企业信息系统的改造，另一方面保证第三产业为攀枝花钒钛产业链在全国范围内的快速整合提供及时高效的服务。

遵义钒钛产业链。资本与知识驱动的产业链整合路径的重点是"资本驱动保证上游供给，知识驱动延伸下游产品"。

首先，由于遵义地区的钛资源并不丰富，而遵义钒钛产业链要实现可持续发展，必须掌握资源控制权。目前，遵钛的原材料供应商几乎全是周边省区的中小民企，外部环境的变化对生产连续性的影响较大，一旦这些中小企业不能按时保质地提供高钛渣等原材料，遵义的钒钛产业链将因失去最原始的能量输入而濒于断裂。因此，作为龙头企业的遵钛一是可以运用资本手段，在矿藏比较丰富的地区，投资参股生产原材料的中小民企，借资本控制权掌握资源控制权；二是可以利用周边地区资源丰富的优势，通过收购矿山等方式，就近自建或合资建设高品位富钛料生产加工基地，借纵向一体化掌握资源控制权；三是和外资企业合作，打通从国外进口富钛矿或高品位人造金红石的通道，借拓宽渠道掌握资源控制权，保证原材料稳定供应。

其次，遵义生产的海绵钛除了极少部分实现了就地再加工，绝大部分都作为生产高端钛材的原材料向区域外部企业进行了输送。既然已经拥有世界上排名靠前的海绵钛生产能力，就具备了向钛产业链高端过渡的基本条件。遵义钛企可以通过知识驱动，充分发挥当地海绵钛量产的优势，运用自主研发、购买技术、联合开发、引进人才等多种知识创新和积累方式，尽快掌握对海绵钛进行深入加工转化的技术和能力，将单一的钛产品结构扩展到多元化的钛材领域，就地实现钛产业链的延伸与完善。

宝鸡钒钛产业链。资本与知识驱动的产业链整合路径的重点是"资本驱动保证上游供给，知识驱动强化横向整合"。

首先，宝鸡钛产业的龙头企业宝钛主营钛材、钛合金等产品，只集中于产业链高端，而中端和低端产品缺乏，走没有中低端产品支撑的高端产品路线尽管可以快速地触及产业链终端，直面钛材精品市场，塑造企业的品牌形象，但是导致的直接后果就是生产所需原材料基本上完全依赖于遵义海绵钛的供应，而遵义钛企生产海绵钛所需的高钛渣、四氯化钛等原材料又是由周边地区的中小民企负责，使得宝钛的原材料供应风险双倍递增，受外部环境变化的影响很大。因此，宝鸡钛产业链整合的首要任务就是由资本驱动保证上游供给，通过参股、控股、合资建立等资本运作方式，尽可能将游离在企业边界之外的原材料供给源头纳入产业链的控制范围，掌握产业链的全流程和完整的产品链。只生产中低端产品，没有高端产品的产业链不具备市场竞争力，但是只有高端产品，而没有中低端产品作为原材料稳定供给的产业链同样面临着极大的经营风险，不同于一般的产业链提倡向下游进行延伸，由资本驱动对产业链上游进行"反延伸"，保证原料供应安全是宝鸡钒钛产业链的当务之急。

其次，宝鸡钒钛产业链需要以知识驱动强化横向整合。比起攀枝花和遵义的钒钛产业竞争格局，宝鸡所呈现出来的显著特点是龙头企业与中小民企各自为政，政府竭尽全力地扶持中小民企，但是却由于宝钛的过于强势，以及中小民企众多投资行为的不理性，导致产业竞争秩序不合理，横向整合为这一现象的缓解提供了可行路径。宝钛转换对民营钛企的态度，从宝鸡整个钛产业发展的总体利益出发，进行自我产业链的完善，强化资本与知识驱动的产业链整合，巩固龙头企业地位，但是在获得了龙头企业的角色之后，更为重要的是扮演好这一关键的角色，充分意识到宝鸡钛产业的发展只靠宝钛单独的力量是绝对不够的，"中国钛谷"的竞争力来自宝钛、中小民企、科研机构等组织的合力，尤其是民营钛企在填补产业链断裂的细微之处，产业链横向整合，创新关键技术，扩大就业等方面具有比大型企业更为灵活、更加便捷的运作优势，因此，要带动地方经济的发展，钛产业这块大蛋糕只由宝钛独享是不可能的，宝钛应真正发挥龙头企业对中小民企在产业发展方向、产业高端技术研发等方面的引领作用，在掌握核心产能的同时，和民营钛企展开技术研发、产品深加工、创造新产品等方面的合作，给民营钛企留出生存和发展的空间，实现双方的共赢；而民营钛企的经营思路也应该适当变革，避免走以前只顾眼前利润，不顾长远利益的老路，将眼光放得更高更远，在行业协会等组织的引领下科学规划，牢牢把握钛产业链关键环节的资源控制权，不受当前利益的驱使大搞重复建设，一旦出现产能过剩，沉没成本的大量耗费将予以民营钛企的发展致命的打击，在产业链的设计上不与宝钛雷同，也不去和其他民营钛企疯狂竞争宝钛的边角合同，而是延伸产业链和创新新产品，走差异化的精细生产路线，树立自己的品牌形象。

四川龙蟒集团作为攀枝花钒钛产业链上不可或缺的一环，为宝鸡民营钛企的发展提供了经验借鉴。四川龙蟒集团前身为一家成立于 1985 年，以磷化工为主的民营企业；集团依托原有的磷化工优势，于 2000 年涉足钛化工行业，并成功开发了"钛白粉—硫酸—磷化工"相互嫁接的循环经济产业链技术体系，形成了资源链、产品链、知识链并行的"硫—磷—钛产业相互嫁接，二次资源再生利用"的循环经济模式；为了实现企业快速发展，2001 年 2 月 21 日成立四川龙蟒钛业有限责任公司；2005 年四川龙蟒钛业有限责任公司整体变更为四川龙蟒钛业股份有限公司；2009 年申请 A 股上市，钛白粉总产量已跃居行业第三，成为钛白粉行业的领军企业。

龙蟒集团在进行资本与知识驱动的产业链整合之前，首先变革了企业的发展思路，确立了以生态绩效为目标的生态发展战略，根据生态—结构—行为—绩效法（E-S-C-P），模拟出龙蟒产业链利益矛盾解决的一般框架，如图 14 所示。

龙蟒集团充分地意识到产业链上各个利益主体均是企业利益结构网中的一个节点，利益相关者与企业，以及利益相关者内部之间均存在各种契约，形成企业现实的利益结构。在一定的利益结构框架下，企业会自发产生相应的管理行为，自上而下包括：企业愿景、行动目标、管理制度、发展战略、实施路径、操作规范。管理行为是企业在经营过程中选择的最适合于当前利益结构稳定的行动方式，利益结构协调程度决定了企业的最终产出——生态绩效。生态绩效是企业的最终经营成果，它不仅是企业当前利益结构与行为的表现，同时也能通过利益相关者的行动反作用于当前利益结构。当利益主体不能获取与其

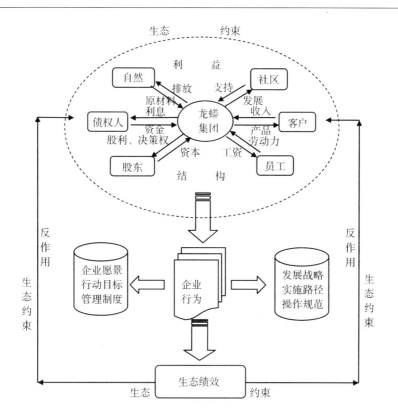

图 14　龙蟒集团产业链利益矛盾解决的一般框架

资料来源：作者整理。

付出配比的生态绩效时，就会对当前稳定的利益结构产生冲击，进而影响企业经营行为，并最终影响企业生态绩效，迫使企业重新改变生态绩效的分配方式。按照产业链利益矛盾解决的一般框架，龙蟒开始生态发展之路。

　　龙蟒集团从 2000 年开始，集中重点利用我国优势钛资源，生产高品质金红石型钛白粉，大力进行技术创新，成功开发了"钛白粉—硫酸—磷化工"相互嫁接的循环经济技术体系，较好地解决了制约我国传统硫酸法钛白粉生产的瓶颈，为我国钛白粉工业发展闯出了一条新路。龙蟒集团资本与知识驱动的循环经济运作模式如图 15 所示。

　　从资源链来看，在发展初期，龙蟒集团立足于四川德阳地区丰富的磷矿

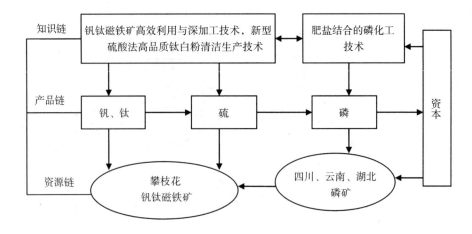

图 15 资本与知识驱动的龙蟒集团循环经济模式

资料来源：作者整理。

石、石灰石矿、天然气等基本原料，生产饲料磷酸盐、高浓度磷复肥、工业硫酸等十余种农用及精细化学品，龙蟒集团的产业范围限制在德阳。通过积累资本，以及在磷资源加工中生产肥盐结合的磷化工技术，龙蟒集团完成了第一阶段在资源链、产品链、知识链三个链的布点。

第二阶段，龙蟒集团以资本与知识为基础拓展资源空间，突破了磷资源的地域限制，对云南省寻甸县、湖北省南漳县的磷矿资源进行了整合。

第三阶段，根据钛、硫、磷资源加工中的内在逻辑，以及对环保约束强化的重视，龙蟒集团集中攻克了钒钛磁铁矿高效利用与深加工技术，研发新型硫酸法高品质钛白粉清洁生产技术。采用自主研发的浓缩净化技术，将每年生产2万吨钛白粉产生的3万吨硫酸亚铁以及水解母废酸一部分通过净化处理后加工成饲料添加剂，另一部分15万吨浓度为20％—25％的稀硫酸加工成5万吨浓度为60％的浓缩净化酸，通过浓缩净化处理后用作湿法磷化工原料，实现了资源的二次循环。位于攀枝花的钒、钛等资源被龙蟒集团整合，由于钛白粉加工难题的突破，以及"钛—硫—磷"产业链的正式形成，龙蟒集团形成了资源链、产品链、知识链并行的循环经济模式。

根据产业链利益矛盾解决的一般框架，龙蟒对除产业链利益主体之外的其他利益主体设计的生态发展路径如表 16 所示。龙蟒集团生态发展利益协调路径确保了人与人、人与自然的和谐共生，为资本与知识驱动的产业链整合创造了良好的外部环境。

表 16　　　　　　　　　　　龙蟒集团生态发展利益协调路径

相关者	战略层	策略层	评价指标	措施
员工	人才战略	战略人才技术人才	管理人员比率技术人员比率专业人员培训支出员工流动比率人均工资	建立员工培训档案制定人均工资最低标准职业疾病预防措施职业安全计划
股东债权人	财务战略	环境会计社会责任报告	财务层面可持续增长社会责任报告评级内部以及第三方审计报告次数	建立以能量为单位的财务核算体系形成以社会责任报告体系为主的财务控制体系
	技术战略	循环经济节能技术	能源投入产出率水循环利用率生产单位产品原材料消耗量环境资产	成本核算部门与技术部门实现共同控制，通过技术层面提升降低产品成本
客户	产品战略	生态消费观绿色产品	环保产品销售比重广告的社会效应消费者对企业产品应用领域的了解程度产品质量	在产品设计生产过程中注重环保产品开发和环保领域的应用
供应商	产业链战略	生态供应链资源控制力	环保供应商比重企业主要产品生产原材料控制程度企业公平竞争状况	与攀钢等大型国企的深度合作，扩展资源控制力和产业整合力工业园区发展模式
社区	文化战略	生态意识内部制度改进	企业履行社会责任政策与主动性生态保护计划与政策实现率	保障社区居民的基本权利与社区实现共同发展
自然	生态战略	环境友好	单位产出温室气体排放（二氧化碳当量）单位产品综合资源消耗量废弃物处理率	发展清洁生产体系和循环经济

资料来源：作者整理。

（二）钒钛产业链整合优化区域要素资本结构

西部矿产资源开发的最终目的是要优化区域要素资本结构，从而实现区域科学发展。钒钛作为西部拥有的优势矿产资源，在西部钒钛产业链发展已经较为成熟的情况下，更应该有效地发挥资源开发带动区域发展的本质功能，尤其是在西部多省钒钛资源丰富但已出现矿业城市的地区。

钒钛产业链整合积累人力资本。人力资本是知识资本的载体，钒和钛均属于伴生矿，在西部赋存的介质主要是钒钛磁铁矿，要从钒钛磁铁矿中提炼出高品位的钒和钛需要的工艺流程较为复杂，对生态环境的负面影响较大，各个生产环节都需要具有专业知识的人才进行精密地设计。通过钒钛产业链的整合，关键是要创造条件，吸引科研人才、技术人才、管理人才、环评专家、资本运作专家等智力团队，围绕钒钛产业链上的资源流、资本流、知识流、生态流，产生无形的知识成果，并将钒钛开发的经验、技术和数据固化下来，培育了解区情的、能长期服务于西部钒钛产业发展的资源专家，避免大型企业在当地的钒钛资源开发完成后撤离，人力资本也随之撤离的现象，建立连续的"人才招揽、人才培养、人才转换、人才激励"的人力资本长效积累机制。

钒钛产业链整合积累人造资本。人力资本运作产生的直接成果是人造资本，具体包括了矿业收入、基础设施建设的改善、对区域经济发展的贡献程度等。西部开采钒钛资源的企业除了少数类似遵宝钛业的合资企业外，大多是西部本土企业。西部本土企业依赖钒钛资源生存和发展，企业的利益相关者也主要集中在本地，因此更有义务和责任在钒钛产业链的整合过程中积累人造资本，将矿业收入反哺当地社区和自然环境，以企业公民的角色自律，以获取生态利润为目标导向，充分意识到周边环境对于企业长期发展和钒钛产业链有效整合的重要性，自觉地同资源地居民、资源地政府建立和谐的合作关系，在开发钒钛资源的同时，为当地居民可持续生计的优化提供支持，严格按照环保规定，限制污染物的排放，定期治理周边生态环境，维持企业与社会和自然的共生关系。

钒钛产业链整合积累知识资本。知识资本是钒钛产业链整合的驱动力。目前，西部钒钛产业链已经掌握的关于钒钛提取的制造工艺技术涉及了多种从含钒铁水中提钒、钒合金的冶炼及深加工、钛氧化物和钛氯化物的冶炼等方法，但是钒钛产业链要实现有效整合，对新技术的需求是源源不断的，如钛渣的电化学还原、二氧化钛与液体钙合金电解、氯还原四氯化钛蒸气、四氯化钛等离子氯还原、石煤钒矿碱浸工艺工业化应用、石煤发电炉灰提钒工艺、钒电池的研发与应用，如何提高冶钒转浸率并减少污染等，如何采用最低的成本、最高的效率、最和谐的方法冶炼出钒钛产品是西部钒钛产业链整合的持续追求。以尖端技术为主要内容的知识资本既是驱动钒钛产业链整合的力量来源，同时也是钒钛产业链整合所要积累的关键资本。这要求西部钒钛企业一方面要加快自主研发的进度，永久地依赖初级资源只会使企业集中在产业链上游互相恶斗和内耗，陷入和稀土资源类似的产业发展困境，企业只有抓住其中一项或几项有可能在钒钛产业链的纵向和横向整合上有所突破的关键技术深入钻研，最终才能掌握对钒钛产业链布局的自主设计权，拓宽和其他企业合作的商机来源；另一方面企业不仅要积累钒钛专业技术领域的知识资本，同时也要积累管理领域的知识资本，没有有效的资本运作管理技巧，专业技术知识的研发可能由于缺乏资金而无法进行，已有的专利技术也不能高效地运用到最能发挥其作用的生产环节。

钒钛产业链整合积累社会资本。社会资本是决定区域发展的资本基础，钒钛产业链整合积累社会资本落到微观层面实际上就是钒钛企业积累市场声誉，社会资本是各个利益相关者对于钒钛企业的认可度，市场声誉的积累就是企业与利益相关者谋求和谐共生的过程。钒钛企业的利益相关者包括了政府、资源地居民、产业协会组织、上下游企业、自然界等，错综复杂的利益关系需要钒钛企业基于生态利润的视角进行合理统筹，不以损害其中一方的利益来为自己谋利，将企业放到社会网络系统中进行综合考察，实现企业和利益相关者的共同发展。当各利益相关者均从钒钛企业的资源开发中获益，企业受到广泛好评时，区域社会资本也在逐渐形成。

钒钛产业链整合积累外贸资本。外贸资本是钒钛产业链整合效应的区域外溢。钒钛产业链构建的基本前提是其产出要得到市场的认可，而发展和壮大则必须要有来自市场的利润持续反哺，这里的市场既包括了西部，也包括了全国乃至全球市场，因此，钒钛产业链整合还必须积累外贸资本，通过建立贸易公司、统一贸易平台、公开价格信息等方式来增强在市场上的话语权，巩固已有市场对钒钛产品的吸纳量，同时挖掘潜在市场，增加销售渠道，使产业链下游的延伸范围逐渐扩宽，从而稳定并增加产业链的价值产出。

钒钛产业链整合积累生态资本。生态资本是其他类型资本积累的前提，但是对生态资本重要性的认识不够不仅是西部钒钛企业，甚至是所有的矿产资源企业的通病。目前，西部的钒钛产业除了宝鸡地区走的是高端产品路线，对环境的污染相对较轻以外，攀枝花和遵义都存在不同程度的生态破坏问题，攀枝花钒钛产业园区建在金沙江北岸，以不交或缓交排污费作为入园的吸引条件，个别企业在顺利入园后，超标排污严重，逾期未完成限期治理任务，存在重大环境安全隐患，违法转移、利用危险废物，都会对长江上游的金沙江水质造成污染。省批的攀枝花钒钛产业园区尚是如此，盐边县安宁工业园区、攀枝花市东区银江镇高粱坪工业园区、西区格里平营经济创业园区等市批园区的环保情况更是可想而知了[①]。而在海绵钛的生产环节中，将产生大量的氯化氢、矾渣、四氯化硅等废弃物，极易造成环境污染，海绵钛的生产企业在发达国家属于实时监测的高危对象，经过时间的洗礼和竞争的淘汰，全球只剩下了七家主要的海绵钛生产企业[②]，众多的海绵钛小企业其环保资质是否能达标让人置疑。生态资本是企业与自然和谐共生效应的积累，是企业为资源地居民及其后代留下的生态财富，如果西部钒钛产业链没有生态资本作为基础进行整合，那么其他表征人与人关系的资本形式也将逐渐丧失，因此，西部钒钛企业应该变

---

① 具体参见郤建荣《攀钢集团钛业有限公司污染问题》（2008 - 10 - 29），http://istock. jrj. com. cn/article，031002，525820. html。

② 日本的住友公司尼崎分公司、日本的东邦钛公司、美国的钛金属公司、俄罗斯的阿维斯玛钛镁联合企业、乌克兰的扎波罗什钛镁联合企业、哈萨克斯坦的乌斯特卡明诺戈尔斯克钛镁联合企业、遵义钛业股份有限公司，产能总和占到全球75%以上。

革经营理念，意识到对环保的投资实质上不是企业的一项支出，未来形成的生态资本和生态利润才是企业的核心竞争力，企业需要在产业链的各个环节，尤其是资源产品的生产环节强化环保治理，将废弃物实现综合利用，通过钒钛产业链与其他资源产业链的横向整合，研发新型产品，积累企业和区域共同的生态资本，促进西部地区科学发展。

（三）基于钒钛产业链整合的区域间利益统筹

西部的钒钛产业要发展和壮大，仅将整合范围局限在西部是不可能的，基于钒钛产业链整合的区域间利益统筹既是西部科学发展的需要，也体现了区域合作共赢的思路。以西部钒钛龙头企业为主导的区域整合已经触及了东部和境外，对发达地区和欠发达地区的区域利益起到了均衡作用。根据西部钒钛产业的区域发展阶梯，以及西北片区和西南片区钒钛产业发展现状，分别设计了钒钛产业链的跨区域整合路线。将西部钒钛产业链的整合区域划分为西部、东部和国外，按照西部钒钛产业区域发展阶梯的分级，各阶梯省区的钒钛产业链跨区域整合路径如图 16 所示。

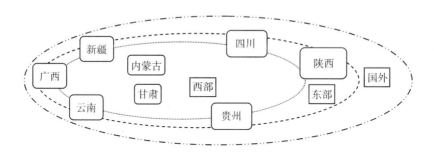

图 16　西部钒钛产业的跨区域整合

资料来源：作者整理。

位于阶梯底层的内蒙古和甘肃。内蒙古阿拉善盟境内有少量钒铁磁铁矿，目前主要从中采选冶炼钒的氧化物，而甘肃主要是从肃北地区的石煤中提钒，同样以生产钒的氧化物为主，总体而言，内蒙古和甘肃地区的钒产业链基本上还没有切入钒铁合金等高端产品的生产，而且资源整合范围局限在省区以内。

就当前钒钛产业的发展现状来看，内蒙古和甘肃较为现实的选择是在西部进行产业链的整合，加强和西部其他钒钛大省的联系，尤其是和周边的新疆、陕西等省，建立起技术研发、产品供销、项目投资等的合作关系，尽快将产业链延伸到钒合金等高端产品的生产，从而完善产业链的布局，合理统筹产业链上的企业关系。

位于阶梯第二层的黑龙江、广西和云南。黑龙江佳木斯和西南片区的广西、云南等地钒钛产业的发展重心是海绵钛，同时广西和云南的中小钛企还承担了为遵义钛厂生产海绵钛提供原材料的任务，产业链基本上也还没有切入钒铁合金、钛材等高端产品的生产。由于黑龙江、广西和云南均地处我国的边疆，和俄罗斯、马来西亚、印度等国毗邻，这些国家也不同程度地具有钒钛资源禀赋，为国内外合作提供了良好的机遇，这是内陆省区的企业不具有的独特优势，因此，黑龙江、广西、云南三省钒钛产业链的跨区域整合可以采用境外整合与境内整合并行的方式，目前由中铝公司与俄罗斯的阿里阔姆公司共同投资建设的海绵钛项目已经在佳木斯破土动工。

位于阶梯第三层的四川和贵州。四川以攀钢集团为龙头的钒钛企业跨区域整合已经覆盖了国内的多个省市，甚至是境外地区，在跨区域的钒钛产业链整合上取得了相对突出的成效，未来的重心是继续巩固并强化区域整合的优势，完善钒钛生产环节，保证充足的生产能力和满足市场的供应。贵州以遵义钛业为龙头的钒钛企业整合范围尚局限在周边省区，这和贵州本身不具备钒钛资源禀赋有关，需要就近获取初级原料，作为全球前七大海绵钛的量产企业，遵义钛业除了需要继续在国内外寻求新的原材料来源基地之外，还需要延伸产业链至高端产品，扩宽销售渠道，使销售能力和生产能力相匹配。

位于阶梯顶层的陕西。尽管目前以宝钛为龙头企业的陕西钛产业位于阶梯顶层，以生产高端钛材为主要业务的宝鸡钛产业看似已经将产业链延伸到了最末端，产出的是附加价值最高的产品，但是其潜在的风险因素却是西部钒钛大省中最为严重的，根本原因就在于宝钛对上游原材料供给的双重依赖和下游销售渠道的缺失，一旦向遵钛提供原材料的中小钛企经营出现问题，宝钛将面临原材料不足的局面，而且面对国外更为先进的钛材产品，在国内尚具竞争力的宝钛产品在国外是否同样受到认可值得商榷。因此，不同于四川攀枝花的钒钛产业链整合应该侧重于中游的生产环节，陕西钒钛产业链跨区域整合的当务之急是向上游的"反延伸"和向下游销售市场的"正延伸"，尽快和西部的新疆、四川等钒钛大省合作，扩大海绵钛的获取渠道，或者合资建厂，将海绵钛生产纳入可控的企业边界；另一方面，在研发和塑造创新产品的同时，打通国内和国外的销售渠道，增强钛材的国际竞争力。

后　记

　　本书系国家社会科学基金项目"矿产资源开发利益统筹与西部地区科学发展研究（批准号：09XJY002）"的最终研究成果。

　　主要研究成果之一"关于重视和加强矿业社区合作治理的建议——以达州普光新区为例"被列为四川省政协第十届四次会议第155号提案，得到达州市政府的重要批示，并在提案办理工作汇报会上，和达州市人民政府、宣汉县人民政府就提案的试点应用达成共识；矿业社区合作治理、资源产业链优化整合、资源企业生态发展等主要对策建议被四川省工业化城镇化工作领导小组、达州市人民政府、中国石油西南油气田分公司天然气经济研究所等采纳，已经应用到地方政府和资源企业统筹矿产资源开发利益矛盾的实践中，对地方社会经济发展产生积极作用。

　　课题研究过程中发表了系列论文。基于要素资本共生的区域科学发展评价、矿产资源开发利益统筹原理、全生命周期发展红利测度、资源地居民可持续生计框架、资源企业生态利润评价等有关矿产资源开发利益统筹的系列研究成果，已在《中国工业经济》、《中国人口·资源与环境》、《中国矿业》、《资源与产业》、《天然气技术与经济》等刊物发表论文9篇，部分研究成果被《高等学校文科学术文摘》等期刊转载。

　　本书是研究团队的合作成果。程宏伟教授作为课题负责人主持全面研究工作，课题组主要成员冯茜颖、向玉凡、周国栋、张永海、熊运高、黄薪萌、赵平飞、王艳、丁宁、梁晓路、覃琳、王川、杨雪等在课题研究的数据整理与分析、研究报告的撰写等方面做了大量工作；其他参与人员祝源、王淼恬、汪莉、何林娟、童小燕等在文稿校对与补充方面发挥了重要作用；成都理工大学工商管理专业学生王亚婷、简艾、邓姗、李小庆、王晗豪、罗婷、格江、熊雅妮、王二英、张佳、曹生菊、马应祥、唐伟、吴凯、钟晓等协助进行了问卷调查。

　　我们对在课题研究过程中给予支持和帮助的相关部门与人员表示衷心的感谢。感谢国家社科基金对本项目研究的资助；感谢四川达州地区、四川攀枝花地区、四川甘孜地区、内蒙古包头地区、陕西榆林地区、青海西宁地区、宁夏固原地区、贵州六盘水地区、四川龙蟒集团等资源地与资源企业在课题调研过程中的协调与配合；感谢四川省工业化城镇化工作领导小组、中国石油西南油气田分公司天然气经济研究所等对研究成果的采纳与应用；感谢达州市委、市政府及宣汉县相关部门对研究成果作出的积极反应；感谢四川省侨联主席冯文广教授在研究成果提交政协提案过程中的支持；感谢四川大学杜肯堂教授、西南财经大学郭复初教授、凉山州副州长唐浩博士对课题研究提出的中肯建议；感谢成都理工大学谭书敏教授、郭科教授、张霞教授在课题研究中的支持与建议；感谢中国社会科学出版社郭晓鸿老师在本书出版过程中的细致与认真工作；感谢四川大学引进人才项目对本课题研究的支持。